《近代中国》编委会

主　任　高小玫

委　员（按姓氏笔画为序）

　　　　王慧敏　厉震林　沈祖炜

　　　　严　军　陈永亮　易惠莉

　　　　章义和　韩昭庆　葛剑雄

　　　　廖大伟　戴鞍钢

近代中国
JIN DAI ZHONG GUO
上海中山学社 主办

【第三十三辑】

主　编：廖大伟
副主编：戴鞍钢　易惠莉
编辑部主任：陆兴龙

上海社会科学院出版社
SHANGHAI ACADEMY OF SOCIAL SCIENCES PRESS

目　录

外交与政治

从多边到双边：孙中山联俄外交策略新论(1917—1925)
………………………………………… 陈丹丹　李炳南 / 3
进退之间：台事交涉与李鸿章的面相变化 …………… 黄　飞 / 22
抗战时期田赋征实政策新探
　　——以国民政府高层间的互动为中心 ………… 李向远 / 39
建构与转换：抗战时期国民政府省级卫生行政专管
　　机关的形成 ……………………………………… 杨　阳 / 67

社会经济

水权与神权：清代五台山境域水利纠纷与庙宇权威
　　——以代州峨河为例 …………… 赵新平　王超宇 / 93
1920年代前后日商在华交易所考察
　　——以岛系上海、天津、汉口交易所为中心 … 虞建新 / 108
从农贷竞争到农贷联合：中华农业合作贷款银团述论
　　………………………………………………………… 石　涛 / 134
晚清时期南方省份对西北经略的协济
　　——以湖北为例 ………………………………… 刘锦增 / 157
转型与困境：中国近代酒精业研究 …………………… 梁　坤 / 179

教育与体育

渲染与管控：南京国民政府初期国耻教育及两难之境
（1927—1930）……………………………………… 熊　斌／201
南京学生生活社与国民党CC系的学运制控（1934—
1937）…………………………………………… 胡锐颖／228
比附西学与立足传统：民国时期清代史学诠释的两种
倾向 …………………………………………… 贾红霞／247
巅峰的写照
——从参加柏林奥运会的中国足球队看近代巅峰时期的
中国足球 …………………………………… 赵　宇／269

专题笔会：孙中山与博爱莲

孙中山与莲花 ………………………………………… 熊月之／291
博爱莲应时而生 ……………………………………… 王慧敏／293
中山思想的具象化传承与弘扬 ……………………… 廖大伟／300
孙中山的莲花情结与中山人的荷花世界 …………… 胡　波／304

札记与史料辑存

令人肃然的学术论著
——陈伟桐《谭嗣同〈仁学〉研究》评介 ………… 丁凤麟／311
谈谈光绪十四年王韬的山东之行
——读王韬晚年信函的札 …………………… 陈正青／313
胡佛研究所藏宋庆龄与索克思往来信函译析 ……… 徐　涛／326
李鸿章佚文五篇拾补 ……………………… 王建勇　整理／348
陈宝箴集外诗文拾遗 ……………………… 刘　猛　整理／359

征稿启事 ……………………………………………………／376

外交与政治

从多边到双边：孙中山联俄外交策略新论(1917—1925)

陈丹丹　李炳南

孙中山的联俄政策是孙中山联合苏俄，利用苏俄的经济、军事的非正式外交援助，反对帝国主义侵略，实现中国革命胜利的重要外交举措。联俄是孙中山晚年外交政策的重大转向，但此举却饱受争议，甚至形成针锋相对的观点。① 本文将孙中山的多边外交策略，

---

① 学界研究孙中山联俄相关论著如下：李云汉：《从容共到清党》，中国学术著作奖助委员会1966年版；谢信尧：《国父联俄容共政策研究》，(台北)帕米尔书店1981年版；邱捷：《孙中山的对俄观》，《历史教学》1997年第11期；周兴樑：《孙中山的伟大思想与革命实践》，广东高等教育出版社1998年版；克思明：《早期国共关系新论——从联俄、联共到三大政策的辩证》(修订版)，(台北)学生书局2005年版；敖光旭：《失衡的外交——国民党与中俄交涉(1922—1924)》，《近代史研究所集刊》2007年第58期；史台丽：《从外交观看孙中山的联俄容共》，《东方学报》2011年第32期；李杨：《孙中山"联俄"：不得已的权宜之计？》，《开放时代》2013年第1期；周阳山：《孙中山与列宁：革命生涯和政治遗产的比较》，《传承与创新：纪念国父孙中山先生150岁诞辰》下册，(台北)国父纪念馆2016年版等。

比较有代表性争议的观点如："联俄说""防俄说""抗俄说""仇俄说"等。例如：林家有在《试论孙中山联俄的主要原因和目的》中认为，孙中山联俄的本意是"以俄为师"，孙中山联俄是为了实现"中俄携手将完成亚洲的解放"[参考：林家有《试论孙中山联俄的主要原因和目的》，载金冲及主编《孙中山研究论文集(1949—1984)》下册，四川人民出版社1986年版，第1035页]。而谢信尧对孙中山联俄三重用意的分析中，认为孙中山联俄有基于防止俄患与分化列强兼筹并顾的目的[参考：谢信尧《国父联俄容共政策研究》，(台北)帕米尔书店1981年版，第244～245页]。

分为左翼陆军国外交圈和右翼海军国外交圈。左翼陆军国外交圈，包括苏俄、德国等陆军弱国，构建中俄德三边外交，力求日本加入，拓展成中俄德日四边外交，也包含中俄日三边外交；右翼海军国外交圈，包括美国、英国等海军强国。其中，右翼海军强国外交简称为"强国外交"，左翼陆军弱国外交简称为"弱国外交"。孙中山的双边外交则专指中俄之间的外交关系。本文以十月革命后孙中山的新联盟对象苏俄的出现，探讨孙中山联俄的起点，对孙中山联俄的过程进行分期。从多边到双边的角度，重新分析孙中山联俄外交策略。

一、新联盟对象的出现

孙中山与列宁的友谊，是双方联盟的坚定基础。孙中山关注俄国革命及其领袖列宁，并将俄国视为中国的潜在盟友。孙中山认为俄国革命与中国革命有着相近的革命奋斗目标：推翻专制，实现政治革命和社会革命。① 孙中山坚信俄国革命成功不过是迟早问题，他的新联盟对象将在俄国革命成功之后出现。

十月革命后，苏俄的目标、任务和对孙中山的态度，决定了她将成为孙中山的新联盟对象。苏俄是新型社会主义国家，她的哲学基础建筑在唯物史观上。苏俄的目标是将这种"模范国家"推广，扩大为全世界无产阶级的联合阵营。苏俄的任务是反对帝国主义、反对资本主义。苏俄同情孙中山的革命，并愿意给予孙中山一定援助。孙中山准备实施联俄政策，"急转之下，掉头迎向苏俄，联好列宁，寄予最大希望"。②

孙中山认为苏俄革命与中国革命关系重大，苏俄革命可以救

---

① 《中国革命之难易》(1910年2月28日)，载秦孝仪主编：《国父全集》第3册，(台北)近代中国出版社1989年版，第18页。

② 张朋园：《从民权到威权：孙中山的训政思想与转折兼论党人继志述事》，(台北)"中央研究院"近代史研究所2015年版，第34页。

从多边到双边：孙中山联俄外交策略新论（1917—1925）

中国危亡，并成为将来中国革命模范。① 孙中山想要通过邻近俄境的中国西北，打破广州与莫斯科的地理障碍，建立起与苏俄的直接联系，使苏俄成为中国统一、独立革命进程中的有力盟友。1918年1月28日，孙中山在广州宴会中发言，"此后我国形势，应注意于西北，若俄国现在之革命政府能稳固，则我可于彼方期大发展也"②。同年3月13日，孙中山提醒重庆总司令代省长黄复生，"将来对俄关系，不可不预注意于西北边"③。1919年6月，孙中山提出具体的联俄西北军事计划，"1.利用苏俄援助，招募旅俄华侨，在西伯利亚为孙中山编练军队。2.待到时机成熟，就由苏俄帮助，派这支军队从北方南下，孙中山则从南方北上，合击北京政府"。④ 1920年9月8日，在《批章炅欲经营西北以联俄函》中，孙中山对其通过经营西北联络苏俄的建议予以肯定，"酌答奖励"⑤。且据1920年9月15日《兴华》报纸所载，"孙中山确与列宁有所接洽。现其计划将会师武汉以为根据。再以余力扩张西北，以与俄境勾通"。⑥ 可见，孙中山对西北的筹划与其联俄政策密切相关。

二、联俄的起点

十月革命后，建立在孙中山与列宁革命友谊上的联盟计划逐

---

① 《庆祝俄国革命成功之意义》（1924年11月7日），载秦孝仪主编：《国父全集》第3册，（台北）近代中国出版社1989年版，第515页。
② 《此后应注意西北》（1918年1月28日），载秦孝仪主编：《国父全集》第2册，（台北）近代中国出版社1989年版，第516页。
③ 《致黄复生嘱讨逆及对俄应注意西北边电》（1918年3月13日），载秦孝仪主编：《国父全集》第5册，（台北）近代中国出版社1989年版，第42页。
④ 克思明：《早期国共关系新论——从联俄、联共到三大政策的辩证》（修订版），（台湾）学生书局2005年版，第157页。
⑤ 《批章炅欲经营西北以联俄函》（1920年9月8日），载秦孝仪主编：《国父全集》第6册，（台北）近代中国出版社1989年版，第191页。
⑥ 《中外大事记：孙中山联俄政策》，《兴华》1920年9月15日，第28页。

步开展。但由于双方政府均不稳固,交通远隔,信息不能及时传递,帝国主义国家和北洋政府等因素交困影响,联俄进行得异常缓慢。此时孙中山的联俄处于多边的联俄中,孙中山外交策略的重心是筹划中俄德三边关系。此时孙中山的外交策略是:以"弱国外交"的"王道"抵抗"强国外交"的"霸道",即联合对"霸道"强国不满的陆军弱国与帝国主义海军强国相抗衡。苏俄新生政权不稳固,德国在"一战"中重创,俄德俱是弱国。因而孙中山不断加强与苏俄的联系,并争取德国的加入。

1918年夏,孙中山在《致列宁和苏维埃政府电》中表明中俄两党合作的意愿,"中国革命党对贵国革命党所进行的艰苦斗争表示十分钦佩,并愿中俄两党团结斗争共同斗争"①。苏俄外交人民委员契切林进而提出,"这个伟大的任务就是两国劳动阶级团结起来,建立普遍和平"。② 孙中山与契切林互相表明联合意愿,达成共识,这主要是由于苏维埃政府与孙中山南方政府同处危机,产生联合需要。苏维埃政府成立后陷入帝国主义的包围干涉和本国捷克斯洛伐克兵团叛乱中,为对内平反叛乱、对外得到国际承认,苏俄决定在东亚,特别是在中国组成一个新的反帝战线。③ 孙中山也需要获得更多的援助,以便重新掌握并维持南方政府稳定以及实现全国统一。

关于孙中山联俄的起点,正是1918年孙中山与契切林达成非正式外交联合的共识,并不是汪精卫所说的1921年。汪精卫认

---

① 《致列宁和苏维埃政府电》(1918年夏),载广东省社会科学院历史研究室、中国社会科学院近代史研究所中华民国史研究室、中山大学历史系孙中山研究室合编《孙中山全集》第4卷,中华书局1981年版,第500页。

② 《契切林致孙中山的信》(1918年8月1日),载中共中央党史研究室第一研究部译:《共产国际、联共(布)与中国革命文献资料选辑(1917—1925)》,北京图书馆出版社1997年版,第48页。

③ [联邦德国]郭恒钰:《共产国际与中国革命》,李逵译,生活·读书·新知三联书店1985年版,第23页。

从多边到双边：孙中山联俄外交策略新论(1917—1925)

为,马林来后孙中山才知道苏俄的新经济政策与他的《实业计划》类似,这便是孙中山联俄的起点。① 1921年12月23日马林来华是确定联合南方政府的具体计划和联共准备时期,并不是联俄的起点。马林向孙中山提出三条建议:(1)改组国民党,联合社会各阶级,尤其是农工阶级;(2)创办军官学校,作为建立革命武装力量的基础;(3)谋求国共合作。

对于苏俄是否采用新经济政策等国家内政问题,并不是影响双方联盟的关键因素。孙中山南方政府与苏俄的外交合作关系,可以从三个维度进行考察:(1)理念冲突与理念契合,(2)制度冲突与制度契合,(3)权力冲突与权力合作。由以上三个维度,可以推导出主要的四种关系类型:(1)理念冲突—制度契合—权力冲突型,(2)理念契合—制度契合—权力冲突型,(3)理念契合—制度冲突—权力合作型,(4)理念契合—制度契合—权力合作型。他们之间的外交合作关系属于第三种:理念契合—制度冲突—权力合作型。

孙中山的联俄政策,不会因为苏俄内政措施及其主义不同而发生变化,他主要着眼于权力合作,获得苏俄援助,孙中山认为,"苏维埃是什么,我并不介意,只要他们能够帮助我反对北京,也就行了"。② 在经济制度层面上,苏俄采用新经济政策是孙中山联俄的充分非必要条件,两国经济政策基本一致,经济制度契合,推助政治联盟进程。尽管双方在实行经济政策上的一些具体问题不同,也不会妨碍联俄进行。在政治制度层面,孙中山南方政府与苏俄的政治组织、政治制度冲突,并不会影响权力合作。孙中山认

---

① 汪精卫:《报告者政治委员会汪精卫(续)》,《中国国民党第二次全国代表大会日刊》1926年第14期,第18页。

② 《与美国布罗克曼的谈话》(1923年3月),载陈旭麓、郝盛潮主编:《孙中山集外集》,上海人民出版社1990年版,第289页。

为,"共产组织,甚至苏维埃制度,事实上均不能引用于中国"①。越飞则向孙中山保证,"中国当得俄国国民最挚热之同情,且可以俄国援助为依赖"②。在理念层面上,孙中山自信他的三民主义是可以融合一切主义。无论是自由主义,还是共产主义,三民主义才是最适合中国的主义。虽然权力合作主导联俄,但是理念的契合度上升与制度的冲突度降低,将会提升权力合作,促进双方联盟。

孙中山在联俄之际,加强联德。1918年,孙中山派曹亚伯赴德,试图获取援助。但德国战败,该计划被德方否决,孙中山亦被排挤出广州,退居上海,联德计划失败。第一次世界大战后巴黎和会即将召开,国际关系格局开始发生变化,中国将作为战胜国参与其中,处理被侵占领土、废除不平等条约、收回治外法权、关税自主权和租借地等问题。③ 而德国将作为对立面的战败国,孙中山的外交策略随之发生变化,对德政策暂时收紧。孙中山构建中俄德三边关系向中俄双边关系内在转变,苏俄成为孙中山联合的主要对象。

三、盟友关系的确立

孙中山联俄跨越8年,分为五个时期、三个阶段。五个时期指中断期(1918年6月—1918年7月)、恢复期(1918年8月—1920年12月)、加速期(1921年1月—1922年12月)、协调期(1923年1月—1923年12月)和提携期(1924年1月—1925年3月)。三

---

① 《为中俄关系与越飞联合宣言》(1923年1月26日),载秦孝仪主编:《国父全集》第2册,台北:近代中国出版社1989年版,第116页。

② 《为中俄关系与越飞联合宣言》(1923年1月26日),载秦孝仪主编:《国父全集》第2册,(台北)近代中国出版社1989年版,第116页。

③ 巴黎和会中国拟提出与解决的问题,参考陈三井:《中国跃向世界舞台:从参加欧战到出席巴黎和会》,秀威信息科技股份有限公司2009年版,第107~112页。

个阶段:第一阶段,非正式外交接触阶段(中断期和恢复期);第二阶段,非正式外交交涉阶段(加速期);第三阶段,非正式外交关系建立阶段(协调期和提携期)。

(一)非正式外交接触的尝试

1918年6月—1918年7月是联俄的中断期。十月革命后苏俄与孙中山建立的联系,不久就因捷克斯洛伐克军团叛乱中断,契切林在致孙中山的信中写道:"我们同我们的朋友——中国南方无产阶级的联系被切断了,两个月来,同您的联系也中断了。"①在中断期双方尝试重新建立联系。列宁想要通过派遣旅俄华工,到中国同孙中山建立联系。孙中山决定先派廖仲恺、朱执信和李章达到苏俄去,为此孙中山请俄语老师教他们学习俄语。宋庆龄除继续担任秘书处理英语函电外,又学习俄语和德语,为加强联俄作准备,并设法与列宁取得联系。② 在中断期双方准备互派使者,尝试进行非正式外交接触。

1918年8月—1920年12月是联俄的恢复期。苏俄平定国内叛乱后,孙中山与苏俄联系恢复,非正式外交接触得以继续开展。《加拉罕第一次对华宣言》(1919年7月25日)、《加拉罕第二次对华宣言》(1920年9月27日)这些文件表明双方联盟计划,苏俄已进入主动公开阶段。这与苏俄在十月革命后,倡言"公开外交""不兼并领土""民族自决"的新外交理论有关。③ 而孙中山对俄暂取"秘密外交",这与中国本身复杂的政情及帝国主义对中国的干涉

---

① 《契切林致孙中山的信》(1918年8月1日),载中共中央党史研究室第一研究部译:《共产国际、联共(布)与中国革命文献资料选辑(1917—1925)》,北京图书馆出版社1997年版,第49页。

② 尚明轩主编:《宋庆龄年谱长编》上册,社会科学文献出版社2009年版,第94页。在促成孙中山联俄方面,宋庆龄做了非常多的工作。参考邱启埧:《宋庆龄与民国政府之政治关系》,(台北)中国文化大学社会科学院博士学位论文,2019年12月,第60页。

③ 王聿均:《中苏外交的序幕》,(台北)"中央研究院"近代史研究所1978年版,第23页。

密切相关。

此时孙中山的联俄还处于多边的联俄中,其外交策略既发展左翼陆军国外交圈,构建中俄德三边关系,争取日本加入,又不断开展右翼海军国外交圈。《实业计划》表明,孙中山希望利用国际资本开发中国,与各国建立开放式友好合作关系,不仅在经济上,而且希冀借此拓展到政治上、外交上,进而建立军事同盟。在联俄之外,孙中山寻找的第三个联盟国确定为德国。由于"一战"后国际情势的限制,而且多数国家承认的是北洋政府,孙中山能够寻求合作的国家只有苏俄与德国。在这种情况下,孙中山曾先与德国谈判,他多次派代表去德国进行非正式外交接触,因为德国的军事实力和经济实力都比苏俄强,且广州政府与柏林之间早就已有往来;而苏俄当时在国际上是孤立的,而且还处在内战中。①

孙中山积极争取日本加入左翼陆军国外交圈。1919年,孙中山派朱执信联日进行非正式外交接触,朱执信向日本友人阐明护法目的与护法军政府成立的重要性,争取日本舆论支持。孙中山也积极开展右翼海军国外交圈。1920年6月,孙中山在与《字林西报》记者访谈中表示,极端反对英日同盟,但赞成中英同盟,"如以攻守同盟言,中国不能多所贡献,惟既得英国之助,中国亦能贡献其商务与和平"②。1920年日俄矛盾激化,日本反对中俄任何形式的交往。苏俄的外交政策是激化日美中之间的矛盾,但要避免日俄冲突。并且监督国民党不与帝国主义妥协,脱离革命路线。③在复杂的国际关系中,孙中山施展灵活外交手腕,通过非正式外交

---

① 汤绍成著译:《从中国看德国:1870—1989》上册,海峡学术出版社2014年版,第109~110页。

② 《英日续订同盟有伤于中国》(1920年6月11日),载秦孝仪主编:《国父全集》第5册,(台北)近代中国出版社1989年版,第532页。

③ [联邦德国]郭恒钰:《俄共中国革命秘档(1920—1925)》,(台北)东大图书股份有限公司1996年版,第1页。

接触,尽力争取各国对他的政党和政府的支持。如孙中山在英美对其政策友好之机,利用日英美之间的矛盾,希望日本放弃军阀侵华政策,转而支持南方政府,否则他将"亲英美以排日也"①。

(二) 非正式外交交涉的进行

1921年1月—1922年12月是联俄的加速期。由于双方任务、目标相近,非正式外交交涉不断加强,联俄加速进行。但是他们之间的非正式外交交涉并不顺利。由于俄方认为南方政府并不能代表中国,谋求先与北洋政府建立正式外交关系,对孙中山则采取更为秘密的联络方式。相反,孙中山加快联俄步伐,于1921年12月派遣广州全权代表张秋白远赴莫斯科参加远东劳苦大众会议,进行非正式外交交涉。张秋白向共产国际派驻远东全权代表舒米亚茨基提出,"希望建立正式关系,如果不能,就建立非正式的公开关系"。② 可见孙中山在苏俄积极筹划与北洋政府建立正式外交关系时,想要使苏俄放弃与北洋政府建交,而与他的南方政府建立正式外交关系,如若不行,非正式的公开关系亦可。

但是在1921年12月底马林来桂林与孙中山进行非正式外交交涉时,孙中山变更主张,拒绝与苏俄建立正式外交关系,这也体现在1922年达林与孙中山非正式外交交涉时得到类似的回应,"希望同苏俄联盟,希望在将来的革命事业中能够得到苏俄的帮助,但目前却不能与苏俄建立联盟"。③ 孙中山主要考虑到英国反对他,英国的势力范围在香港,时刻威胁着南方政府的安全,而且

---

① 《复宫崎寅藏望纠正日本军阀侵华政策书》(1920年10月5日),载秦孝仪主编:《国父全集》第5册,(台北)近代中国出版社1989年版,第261页。
② 《第14号文件:杜霍夫斯基与舒米亚茨基的支线电话记录》(1921年12月2日),载李玉贞译:《联共、共产国际与中国(1920—1925)》,(台北)东大图书股份有限公司1997年版,第45页。
③ 陈锡祺主编:《孙中山年谱长编》下册,中华书局1991年版,第1444页。达林与孙中山会谈的经过与具体内容,参考[苏] C. A. 达林:《中国回忆录》,侯均初、潘荣、张亦工等译,中国社会科学出版社1981年版,第99~133页。

国民党内有一批亲英美而反对苏俄的人。① 在弱国的联合还没形成强大到与帝国主义强国相抗衡的实力前,孙中山的外交策略是极为谨慎的。华盛顿会议后国际关系格局发生变化,双方认识到必须同盟,以反对帝国主义国家联盟。1922年1月10日,马林在《中国的复兴和同俄国的关系》备忘录中指出,在反抗四国联盟方面,中俄两国必须互相合作、互相帮助。② 在孙中山的亚洲外交策略中,苏俄是与欧美对抗的重要角色。虽然正式承认苏俄的时机尚不成熟,但联俄并非没有任何进展。

1922年6月,陈炯明叛变客观上推动联俄进程加速,苏俄成为孙中山考虑的忠实盟友,"陈炯明叛变是使孙中山从原本对苏俄保持保留态度,转为后期较积极联俄容共的关键"③。尤其是陈炯明公开孙中山中俄德三国同盟计划后,推进了孙中山外交公开化进程。孙中山答复香港《电信报》:"今日中国之外交,以国土邻接、关系密切言之,则莫如苏维埃俄罗斯。至于以国际地位言之,其与吾国利害相同,毫无侵略顾忌,而又能提携互助策进两国利益者,则德国是也。"④此时孙中山的联俄还处在多边的联俄中,既注重和右翼海军国联系,又留意与左翼陆军国联络,"今后吾国之外交,对于海军国,固当注重,而对于欧亚大陆之俄、德二国,更不能不特别留意"⑤。

---

① [苏] C. A. 达林:《中国回忆录》,侯均初、潘荣、张亦工等译,中国社会科学出版社1981年版,第113页。

② 陈锡祺主编:《孙中山年谱长编》下册,中华书局1991年版,第1417页。(原载:马林档案第3111号和3112号)。

③ 吴展良:《共和主义式革命路线的顿挫与转型:五四之后孙中山建国思想的演变》,"第六届孙文论坛:民族复兴与文明对话"研讨会,(台北)国父纪念馆中山讲堂,2018年8月,第47页。

④ 《外交上应取的态度》(1922年8月9日),载秦孝仪主编:《国父全集》第2册,(台北)近代中国出版社1989年版,第560页。

⑤ 《外交上应取的态度》(1922年8月9日),载秦孝仪主编:《国父全集》第2册,(台北)近代中国出版社1989年版,第560页。

从多边到双边:孙中山联俄外交策略新论(1917—1925)

但是孙中山联德失败,汤绍成依据德国机密档案指出,柏林拒绝与孙中山联盟的原因:第一,为了遵守《凡尔赛条约》第170条与第179条,德国被禁止出售武器与外派军事顾问;第二,孙中山在南方的地位很不稳定。他暂时还没有完全控制广东与广西两省,况且德国也必须关注与北洋政府的关系。因而从1922年夏天起,孙中山开始加强与苏俄的联系。① 陈炯明叛乱与联德失败,加速联俄进程。

联俄进程加速,也表现在孙中山与马林、格克尔等人的非正式外交交涉中。1922年8月25日,孙中山在上海会见越飞的代表马林,进行非正式外交交涉,孙中山告诉马林,"现在感到与苏俄建立一个更紧密的联系是绝对必要的"②。同年9月26日,孙中山与越飞的助手格克尔、马林进行非正式外交交涉,商谈孙中山与吴佩孚同盟的可能性。孙中山询问格克尔,苏俄是否能帮助他在西北组建武装力量,双方联盟的协议尚在商讨中。

在1922年11月共产国际第四次代表大会召开后,联俄加速进行,"孙中山开始宣传与苏俄亲善,甚至发出建立广泛的反西方联盟的威胁"③。孙中山奉行以"弱国外交"的联合抵抗"强国外交",迫使海军强国完全放弃甚至部分放弃帝国主义,转而援助中国革命,孙中山"冀图借此一方面使苏俄消除疑虑,另一方面也许能引起西方列强震惊而改变主意"④。在英日同盟期满后,孙中山争取日本加入,构建中俄日三边关系,"孙中山极力主张日本和俄

---

① 汤绍成著译:《从中国看德国:1870—1989》上册,海峡学术出版社2014年版,第110～113页。
② 陈锡祺主编:《孙中山年谱长编》下册,中华书局1991年版,第1496页。
③ [美]史扶邻:《孙中山与中国革命》下卷,邱政权、符致兴译,山西人民出版社2010年版,第421页。
④ [美]史扶邻:《孙中山与中国革命》下卷,邱政权、符致兴译,山西人民出版社2010年版,第421页。

国联手'反对盎格鲁-撒克逊的侵略'"①。但是这一主张,没有得到日本政府支持。1922年12月,中俄双方联合更需要苏俄的助力,孙中山认为,苏俄将帮助他创造一种便于并加速俄中共同工作的局面②,双方进入公开外交层面的努力。

(三) 非正式外交关系的建立

1923年1月—1923年12月是联俄具体政策的协调期。《孙文越飞联合宣言》签订(1923年1月26日)、孙逸仙博士代表团派出(1923年9月2日—1923年11月29日),表明联俄进入主动公开阶段。《加拉罕第三次对华宣言》(1923年9月4日)是中俄双方建立正式外交关系的前声。协调期是双方对具体军事计划与国民党改组以及联共问题进行细节讨论时期。其中,《孙文越飞联合宣言》是孙中山实行联俄政策以来,外交上的极大胜利。该宣言标志着孙中山联俄政策确定。

此时孙中山的联俄逐渐转向以双边为中心的联俄,但他并未放弃右翼海军国多边外交。在《孙文越飞联合宣言》公布的第二天,"陈友仁向列强宣布孙中山与苏俄一起走多远,将取决于西方的政策"③。孙中山也积极促成日俄双边关系,为中俄日三边关系作准备。在1923年1月31日与日本《朝日新闻》记者谈话中,孙中山呼吁日本国人利用越飞访日,改善日俄关系,"以日俄关系之重要,此实为日本人民表白真正意见之绝好机会"④。孙

---

① [美]史扶邻:《孙中山与中国革命》下卷,邱政权、符致兴译,山西人民出版社2010年版,第421页。
② 《孙中山致列宁的信》(1922年12月),载中共中央党史研究室第一研究部译:《共产国际、联共(布)与中国革命文献资料选辑(1917—1925)》,北京图书馆出版社1997年版,第397页。
③ [美]史扶邻:《孙中山与中国革命》下卷,邱政权、符致兴译,山西人民出版社2010年版,第422~423页。
④ 《望日人善用越飞访日机会》(1923年1月31日),载秦孝仪主编:《国父全集》第2册,(台北)近代中国出版社1989年版,第572页。

从多边到双边:孙中山联俄外交策略新论(1917—1925)

中山也未放弃左翼中俄德三边关系构建,他不断强化中俄双边外交,并争取德国加入。为此他派出孙逸仙博士代表团,远赴莫斯科进行非正式外交交涉。他也派出邓家彦赴德,希望中德互相提携。

作为孙逸仙博士代表团团长蒋介石向斯克良斯基和加米涅夫讲述新的作战任务是:在陕西成立对付吴佩孚的兵团;在库伦以南邻近蒙中边界地区建立一支孙中山的新军,从蒙古南部发起第二纵队的进攻。① 代表团还有更庞大的军事计划,即中俄德三国联盟计划,共同反对世界资本主义,取得世界革命成功。② 但是联俄西北军事计划被拒绝,联德计划得不到有力回应,右翼海军国英美亦无意援助孙中山的革命。在 1923 年孙中山曾说:"我向英国和美国求救,他们站在河岸上嘲笑我。这时候漂来苏俄这根稻草。因为要淹死了,我只好抓住它。"③在犬养毅加入第二次山本内阁后,孙中山希望日本加强联中、加快联俄,推动中俄日三边关系建立。然而日本政府内部情形复杂,得不到积极回应。

陈炯明叛乱与孙中山左翼陆军国多边外交策略中联德、联日失败,加之右翼海军国英美的漠视,国内外局势双重变奏,促使孙中山的联俄从多边转向以双边为中心。尤其是"一战"后的国际关系格局,是孙中山联俄外交政策变化的根本原因。欧陆右翼海权国家虽然胜利,但国力已大不如前,且又着眼于战后分赃。对于中国南方政府孱弱势力,不甚注意。因此,孙中山不得不从多边转向

---

① 《巴拉诺夫斯基关于国民党代表团拜会斯克良斯基和加米涅夫情况的书面报告》(1923 年 9 月 10 日),载中共中央党史研究室第一研究部译:《联共(布)、共产国际与中国国民革命运动(1920—1925)》,北京图书馆出版社 1997 年版,第 287 页。

② 《有国民党代表团参加的共产国际执行委员会会议速记记录》(1923 年 11 月 26 日),载中共中央党史研究室第一研究部译:《联共(布)、共产国际与中国国民革命运动(1920—1925)》,北京图书馆出版社 1997 年版,第 332~333 页。

③ 《与□□记者的谈话》(1923 年),载陈旭麓、郝盛潮主编:《孙中山集外集》,上海人民出版社 1990 年版,第 299 页。

以双边为中心。孙中山南方政府与苏俄的外交合作关系,仍是理念契合—制度冲突—权力合作型。在理念维度上,契合度的重要性降低;在制度维度上,是否契合的重要性降低;在权力维度上,合作的重要性上升。也就是说,当时孙中山之所以联俄,权力合作的面向重一些,理念契合、制度契合的面向轻一些。这些因素最终使孙中山在 1923 年从多边的联俄转向以双边为中心的联俄。应该注意的是:从形式的结果来看,孙中山的这一转变,还带有从右翼到左翼的样貌。因而孙中山的联俄也有了实质性进展,推动孙中山南方政府与苏俄非正式外交关系建立。

1924 年 1 月—1925 年 3 月是联俄的提携期。在中国国民党第一次全国代表大会召开之际,加拉罕在致孙中山电文中表明,"苏俄对于中国人民为民族自由与独立之勇猛奋斗表示其友爱之同情,并致其同情与希望于我公"[1]。孙中山回复:"中俄两国人民将共同提携,以进于自由正义之途。"[2]苏俄成为孙中山南方政府盟友,苏俄已是友邦,互相提携。

此时孙中山南方政府与苏俄外交合作关系,仍是理念契合—制度冲突—权力合作型。但是其中,理念契合度上升,制度冲突度下降,权力合作加强。在联俄联共政策受到国民党部分党员怀疑之时,孙中山不仅发表言论说明联俄的重要性,并在意识形态领域做民生主义与共产主义趋同的努力,提升双方理念契合度,试图融合苏联—国民党—共产党之间的裂隙。即便党内意见分歧,甚至国民党右派中也有党员看重苏俄与南方政府

---

[1] 《苏联全权代表加拉罕致孙中山电》(1924 年 1 月 15 日),载中共中央党史研究室第一研究部译:《共产国际、联共(布)与中国革命文献资料选辑(1917—1925)》,北京图书馆出版社 1997 年版,第 570 页。

[2] 《孙中山复苏联全权代表加拉罕电》(1924 年 1 月 24 日),载中共中央党史研究室第一研究部译:《共产国际、联共(布)与中国革命文献资料选辑(1917—1925)》,北京图书馆出版社 1997 年版,第 571 页。

从多边到双边：孙中山联俄外交策略新论(1917—1925)

建立非正式外交关系。1924年6月25日谢持、张继在与鲍罗廷的会谈中表示，"中国革命与俄国革命，互相提携，或可得互相利用之好结果"①。他们并未因为联共问题，对中俄盟友关系心生动摇。在苏俄帮助下，国民党改组、第一次国共合作、黄埔军校建立。在制度维度中，双方军事制度与政治组织制度契合度上升。在权力维度中，权力合作加强。双方建立非正式外交关系，获得实质援助。

然而双方未能建立正式外交关系，其原因在于孙中山坚持革命尚未成功，尚未入主北京，成立中国正式政府，不能与苏俄建立正式外交关系。而且孙中山认为没有必要达成形式外交，"我的政府与俄国之间的友好关系一直在继续。这种关系从未中断过，因此也不会产生以专门的、形式上的承认来恢复这种关系的问题，因为我的政府实际上已毫无条件地承认了俄国"②。在英国、意大利等国相继承认苏俄后，虽然孙中山一度表现出错失正式承认苏俄外交先机的失落情绪，但还是坚定非正式外交关系。孙中山没有正式承认苏俄，后来也为加拉罕所理解，加拉罕认为，"等孙中山在北京掌握政权以后，签署政治协议才有意义"③。

中俄互相提携，苏俄加强舆论攻势，公开声援孙中山。而甚嚣尘上的"中俄德大联合"之说，所谓柏林与苏俄磋商反对帝国主义干涉中国内订问题的"非军事反动"，柏林方面予以否定。孙中山向德国派去邓家彦和古斯塔夫·阿曼两名代表，主要接洽与德国

---

① 《谢持张继与俄人鲍罗廷谈话纪要》(1924年6月25日)，载秦孝仪主编：《革命文献》第9辑，国民党党史会1973年版，第1289页。
② 《南方政府与俄国的关系不受北京政府承认俄国之影响(译文)》(1924年3月)，载秦孝仪主编：《国父全集》第2册，(台北)近代中国出版社1989年版，第607页。
③ 《文件109：加拉罕给齐契林的信》(1924年2月9日)，载[联邦德国]郭恒钰：《俄共中国革命秘档(1920—1925)》，(台北)东大图书股份有限公司1996年版，第106页。

的经济合作,也涉及一定限度的军事合作①,然而该计划失败。中俄德日左翼陆军国四边关系得不到德国积极响应,孙中山便加强中俄日三边关系,苏俄也极力主张建立中日俄三边关系,并希望法国加入,以反对英美联合。②

孙中山此时的联俄是以双边为中心的联俄,中俄关系是最重要的双边关系,但他仍未放弃"强国外交"。孙中山曾对刘成禺说:"吾则以外交政策联俄,以威胁英美日,英美日能与我改善外交,何必专在俄国?"③"强国外交"也体现在孙中山与美使舒尔曼的谈话与在日本神户高等女子学校演讲大亚洲主义中,"当舒尔曼来见时,中山先生即询以美国是否诚意愿为中国之至友,并谓如美国欲对中国表示真正之友谊,应先归还上海、汉口之租界以为诚意之保障"④。俄方据此认为孙中山,"完全忘记了他的反帝高论,要求美国前来干涉中国内政"⑤。孙中山希望日本做东方王道的干成,不做西方霸道的鹰犬。⑥ 俄方又批评孙中山与日本总是眉来眼去,又支持日德俄三国合作。⑦ 看似矛盾的孙中山外交路线,实源于孙中山的外交策略。

1917—1925 年,孙中山秉持的外交策略是以俄德为中心、联

---

① 邓家彦和古斯塔夫·阿曼在德国接洽具体的经济合作与一定限度的军事合作内容,详见马振犊主编:《战时德国对华政策》,载胡德坤主编:《反法西斯战争时期的中国与世界研究》第 9 卷,第 16 页。

② 《俄报主张中日俄联盟反对英美联合》,1924 年 9 月 29 日《晨报》,第 3 版。

③ 刘成禺:《先总统旧德录》,载尚明轩、王学庄、陈崧编:《孙中山生平事业追忆录》,人民出版社 1986 年版,第 687 页。

④ 李云汉:《从容共到清党》,(台北)中国学术著作奖助委员会 1966 年版,第 168 页。

⑤ [联邦德国]郭恒钰:《俄共中国革命秘档(1920—1925)》,(台北)东大图书股份有限公司 1996 年版,第 91 页。

⑥ 《大亚洲主义》(1924 年 11 月 28 日),载秦孝仪主编:《国父全集》第 3 册,(台北)近代中国出版社 1989 年版,第 542 页。

⑦ [联邦德国]郭恒钰:《俄共中国革命秘档(1920—1925)》,(台北)东大图书股份有限公司 1996 年版,第 93 页。

合亚洲国家的左翼陆军弱国外交与以英美为中心、联合欧美国家的右翼海军强国外交相竞合。其中,孙中山争取亚洲区强国日本加入左翼陆军国外交圈。孙中山希望日本放弃追随欧美,回归亚洲,达成中俄日三国同盟。以亚洲民族团结,"排除欧美之压迫"①,从而实现中国统一与独立。

孙中山认为,"强国外交"优于"弱国外交",其主要原因是:第一,强国能更快助他完成中国统一与独立。第二,他想借用欧美日强权的经济力量以推动中国现代化(特别是铁路建设),因而他花费很大精力去完成《实业计划》。所以孙中山对帝国主义本质之一:经济性帝国主义,认识还不够透彻。第三,三民主义与欧美民有、民治、民享等思想贴近。"弱国外交"是建立在"强国外交"可能性不高的基础上,采取必要的联盟,尤其是借助苏俄、德国,来对抗帝国主义强国。一旦强国完全放弃,甚至部分放弃帝国主义,则转而优先考虑强国。这就解释了为什么国民党一大明确提出反对帝国主义,而孙中山又发表亲美、亲日的言论。这是孙中山强国外交路线优先实施的结果。不是孙中山不反帝,而是他仍然希望,海军强国可以因为中俄结盟,而放弃帝国主义的政策,转而废除不平等条约,与中国重新订立平等条约,达到左翼陆军国外交圈与右翼海军国外交圈统一,从而使南方政府得到各国承认,扩大自身实力和影响力,助他推翻北洋政府,完成统一中国。并在战后帮助中国发展经济,从而实现中国的快速富强,得到真正的独立与自由。

四、结　语

苏俄在孙中山的多边外交策略中,属于左翼陆军国外交圈,中

---

① 《附录:亚细亚民族之结合》(1924年12月5日),载秦孝仪主编:《国父全集》第2册,(台北)近代中国出版社1989年版,第624页。

俄关系是重要的双边关系。中俄盟友关系影响着孙中山南方政府的稳定，苏俄是孙中山实现中国统一的重要助力。联俄政策是孙中山确定不移的外交政策。

孙中山秉持的外交策略是以俄德为中心、联合亚洲国家的左翼陆军弱国外交与以英美为中心、联合欧美国家的右翼海军强国外交相竞合。1918年是孙中山联俄的起点。在非正式外交接触时期与非正式外交交涉时期，孙中山不愿与苏俄缔结公开的非正式外交关系宣言，主要在于构建左翼陆军国外交圈时，不肯放弃右翼海军国多边外交圈。所以那时他联美联英联德联日也联俄，是多边的联俄。但由于陈炯明叛乱，左翼陆军国多边外交与右翼海军国多边外交皆失败，以及"一战"后国际关系格局变化等因素，促使孙中山在1923年从多边转向双边为中心的联俄。在孙中山的外交策略中，"强国外交"始终优于"弱国外交"，以"弱国外交"为手段，达成"强国外交"为目的。

在非正式外交关系建立时期，孙中山南方政府与苏俄确立盟友关系。孙中山在《致苏联遗书》中，最后表明他的联俄遗志，"希望不久即将破晓，斯时苏联以良友及盟国而欢迎强盛独立之中国，两国在世界被压迫民族自由之大战中携手并进以取得胜利"①。该遗书也标志着孙中山的联俄从以双边为中心转向双边。孙中山联俄经历多边—以双边为中心—双边三个阶段，实现从多边到双边的转向。

联共作为联俄的结果，是孙中山联俄计划的一部分。关于联俄联共，孙中山还有一个重要努力，就是重新解释民生主义，即民生主义就是共产主义。孙中山在社会问题的基础上将民生主义和共产主义趋同，也是将国民党的三民主义精神和苏俄十月革命精

---

① 《致苏联遗书》，载上海书店编：《革命尚未成功同志仍须努力》，上海书店出版社1926年版，第31页。

神趋同。然而孙中山对民生主义重新解释,使国民党党员思想更加混乱,成为国民党—苏俄—共产党黏合剂的新民生主义,变成了分裂的祸机,无论是三方内部还是三方之间,分裂不可避免。

(陈丹丹,武汉大学历史学院博士生;
李炳南,(台北)中国文化大学社会科学院教授)

进退之间:台事交涉与李鸿章的面相变化*

黄 飞

　　1870年起,李鸿章开始担任北洋大臣,随后参与诸多外交事务的处理,学界对其参与处理的外交事务及发挥的作用进行了充分的研究,然而,对其与总理衙门之间的互动缺乏充分考察。1870年代初期,初涉外交事务的李鸿章面临自我定位以及处理自身与总理衙门之间关系的考验,对于其如何应对,学界未有足够关注。1874年4月,日本政府借口琉球漂民被杀一事,组建台湾生番探险队,①拉开侵台序幕。学界关注到李鸿章在处理日本侵台一事所发挥的作用,却甚少注意他在参与台事处理过程中对自身与总理衙门关系的考量与处置。查阅史料时,笔者注意到台事议结后,李鸿章曾致函文祥:"柳原过津来谒,当即答拜,谈及前事,谓鄙人主战,赖执事肯与议和。"②此信显示李鸿章被日本视为主战派,与

---

* 本文为2019年上海市社科规划青年课题《清政府对日本拆解宗藩体制的认知与应对研究(1861—1895)》(2019ELS014)的阶段性成果,并得到上海财经大学教育部直属高校基本科研业务费项目"李鸿章的对外观与中日关系研究"(2017110726)的支持;曾在2017年12月北京大学历史系举办的"近百年中日关系史青年学术论坛"上报告主要内容,对同组讨论中诸位师长的帮助和建议,谨致谢忱。

① 日本外务省调查部编纂:《日本外交文书》,第7卷,第9号文书,第18页。
② 《复文中堂》(同治十三年十一月初四日),顾廷龙、戴逸主编:《李鸿章全集》第31册,安徽教育出版社2008年版,第141页。

进退之间：台事交涉与李鸿章的面相变化

学界视其为主和派的形象形成反差。① 李鸿章的真实面相为何？文祥为枢廷核心，主导总理衙门，李鸿章在信中突出自身与总理衙门在日本视域内的不同面相是否别有深意？初涉外交事务的李鸿章如何认识与处理自身同总理衙门之间的关系？笔者希望能对以上问题予以解答。

研究台事交涉中李鸿章对自身与总理衙门之间关系的认识与处理，不应仅仅关注事发之时其态度，更应从更广阔的时间范畴内进行考察，从其思想均质状态出发，把握他的思维活动。1862 年，李鸿章出任江苏巡抚，江苏巡抚任上的经历也帮助李鸿章思考应对外来威胁与挑战，维护国家安全与稳固的方法，其"备夷防变"思想应运而生。李鸿章的"备夷防变"思想是一种"大国防安全"设想，不仅为了防备夷人维护本土安全，也为了保护藩属，捍卫宗藩。李鸿章的设想不仅包括以河海为基础的本土安全维护，同时涉及一些海外部署。在此期间，李鸿章视野大开，形成了处理对外关系的系统构想。② 李鸿章不仅对怎么看待与应对对外关系进行了思

---

① 雷颐：《从"联为外援"到"永久大患"——李鸿章对日观演变浅论》，《抗日战争研究》2006 年第 3 期；邵建东：《李鸿章与 1874 年日本侵台事件》，《安徽史学》1998 年第 2 期；陆方：《1874 年日本侵略我国领土台湾与李鸿章》，《东北师大学报》1987 年第 1 期；蔡学海：《李鸿章与中日台湾番社交涉事件》，《台湾文献》1973 年第 2 期。此外还有一些著作亦对李鸿章与台事交涉有所涉及，如李细珠：《李鸿章对日本的认识及其外交策略：以 1870 年代为中心》，《社会科学辑刊》2013 年第 1 期；雷颐：《从"联为外援"到"永久大患"——李鸿章对日观演变浅论》，《抗日战争研究》2006 年第 3 期；刘学照：《略论李鸿章的对日观》，《历史研究》1990 年第 3 期；苑书义：《李鸿章传》，人民出版社 2004 年版；藤井志津枝：《近代中日关系史源起——1871—1874 年台湾事件》，金禾出版社 1992 年版；蔡东杰：《李鸿章与清季中国外交》，文津出版社 2001 年版；赵军：《李鸿章と近代中国対日政策の決定——1870 年代を中心にして》，《千葉商大紀要》2011 年第 38 卷第 4 号；冈本隆司：《李鸿章——東アジアの近代》，岩波书店 2011 年版；王瑞成：《危机与危机利用：日本侵台事件与李鸿章和淮军的转型》，《近代史研究》2016 年第 2 期等。

② 关于李鸿章对外关系的构想，详细论述请参拙作《巡抚江苏与李鸿章早期国防思想》，《安徽大学学报》(哲学社会科学版)2017 年第 2 期。

考,他还对政府内部的外交处理机制与运作有所思考,他认为:"媚夷,失之过弱","抗夷,失之过刚";总理衙门"似趋柔和","须外有重臣阴持其柄也"。李鸿章推崇刚柔并济的御夷方式,并产生构建总理衙门与重臣二元配合的外交处理机制的想法。他还认为,曾国藩可以担当"阴持其柄"的角色,"吾师威望为西人所慑,调剂与刚柔之间,当能为国家增重"①。依据李鸿章的设想,承担重臣角色的人在对外交涉中需要刚强持重,调剂刚柔,"为国家增重",具有超然地位。1872年,曾国藩去世,李鸿章设想的在外交机制中"阴持其柄"的角色缺失。居于地方督抚之首并正式开始处理外交事务的李鸿章,试图取得这一超然地位,成为处理对外关系的持重之臣。李鸿章的二元外交机制构想是其对清政府对外关系处理机制的设想,并依此构想处理自身与总理衙门之间的关系。在处理中日台事交涉的外交实践活动中,李鸿章的构想得以展现并被践行。

一、台事处理基调的奠定与辩阻柳原

1874年4月18日,总理衙门从英国公使威妥玛处获悉了日本准备侵台的消息,随后立即致函北洋大臣李鸿章和南洋大臣李宗羲,请两人查证此消息。② 李鸿章查证了日本将要侵台的消息,致函总理衙门,并提出"设日本兵擅自登岸,一面理谕情遣,一面整队以待,庶隐然劲敌无隙可乘"③。李鸿章主张的"谕以情理""示以兵威"的处置策略被总理衙门接受,成为清政府解决台事的基本

---

① 《上曾制帅》(同治元年六月初九日),《李鸿章全集》第29册《信函》,第96页。
② 宝鋆等编:《筹办夷务始末》(同治朝)卷93,故宫博物院1930年影印版,第26页。
③ 《致总署论日本图攻台湾》(同治十三年三月二十五日),《李鸿章全集》第31册,第27页。

方略,并指示钦差大臣沈葆桢遵照此策略办理。① 李鸿章提出的解决台事的策略,既是对清政府一贯政策的沿袭,也是其自身对如何处理对外关系进行思考的结果。自鸦片战争后,对于处理对外关系,清廷一贯主张克制内敛,不擅启衅端,对此次日本侵台,李鸿章认为,"但可以笔舌相争,未便加遗一矢,致开边衅"②,但同时他也认识到洋人论势不论理,处理与洋人的关系,需要靠实力说话,口舌之争解决不了问题,"彼以兵势相压,而我第欲以笔舌胜之,此必不得之数也"。他认为正确的处理方法为:"明是和局而必阴为战备,庶和可速成而经久。"③ 以上亦是对"谕以情理"和"示以兵威"之间关系的阐释,即以"示以兵威"为"谕以情理"提供保障。"谕以情理"为与日本进行外交交涉,"示以兵威"为加强战备,通过军事威慑,为外交交涉提供保障。李鸿章提出的台事解决策略,亦得到总理衙门的赞赏和接受,奠定了台事处理的基调。

日本为侵台进行了周密部署,一面派兵入侵台湾,一面派遣公使来华,承办交接之事。④ 5月28日,日本公使柳原前光到达上海,并与帮办台湾事务福建布政使潘霨进行交涉,最终两人达成退兵协议⑤。然而,日本未遵约退兵,柳原反以潘霨不足信为借口,坚持北上,准备与总理衙门直接交涉。⑥ 总理衙门不愿柳原进京,致函李鸿章,请其在天津"诘责辩阻"⑦。

---

① 宝鋆等编:《筹办夷务始末》(同治朝)卷93,第39~40页。
② 《复丁雨生中丞》(同治十三年七月二十九日),《李鸿章全集》第31册,第87页。
③ 《致总署论台湾兵事》(同治十三年五月十一日),《李鸿章全集》第31册,第57页。
④ 日本外务省调查部编纂:《日本外交文书》第7卷,第1号文书,第2页。
⑤ 完成三项任务,日本就会撤兵,三项任务即:"第一,捕前杀害我民者诛之;第二,抵抗我兵为敌者杀之;第三,番俗反复难制,须立严约,定使永远誓不剿杀难民之策。"(日本外务省调查部编纂:《日本外交文书》第7卷,第70号文书,第106页)
⑥ 日本东亚同文会编:《对华回忆录》,胡锡年译,商务印书馆1959年版,第53页。
⑦ 《致总署述柳原辨难》(同治十三年六月十一日),第67页。

对于日本的举动,李鸿章进行了密切关注。在获得日本登陆台湾的消息前,李鸿章认为,日本若真"怀叵测之志,挟成算而来",则"非口舌之力所能禁",而且一旦交战,形势并不乐观:"闽中洋枪队太少,不足以敌彼陆军根驳,兵船不足以敌彼铁甲船";"华人驾驶轮船,素未见仗,亦虑战阵尚无把握","设防恐不足恃"。① 获悉日本已进犯台湾后,李鸿章认为除了"谕以情理""示以兵威",别无他法②,这两点分别代表其在外交与军事上的建议。其中在军事上的"示以兵威"指的是对日本进行军事威慑。对于外交与军事的关系,李鸿章认为洋人论势不论理,处理与洋人的关系,需要靠实力说话,"彼以兵势相压,而我第欲以笔舌胜之,此必不得之数也"。他认为军事是根本,"明是和局而必阴为战备,庶和可速成而经久"③。

对总理衙门的要求,李鸿章欣然接受,他亦希望与柳原会面,原因如下:其一,之前日本提出与中国立约通商要求时,他曾以日本"安心向化"回应反对者对日本立约动机的质疑,④并力主与日本立约;日本背约侵台,令他面上无光,他希望亲手解决此事,"这样也算有了脸子"⑤。其二,对此次台事危机,李鸿章认为,"但可以笔舌相争,未便加遗一矢,致开边衅"⑥,主张外交解决危机。在保和局的基础上,如何更有效地进行交涉,成为其思考的问题。李鸿章谋求担当外交交涉中的持重之臣,而台事危机为其建立这一形象提供机会。

---

① 《复沈幼丹节帅》(同治十三年四月十八日),《李鸿章全集》第31册,第41页。
② 《复沈幼丹节帅》(同治十三年四月十八日),《李鸿章全集》第31册,第41页。
③ 《致总署论台湾兵事》(同治十三年五月十一日),《李鸿章全集》第31册,第57页。
④ 《遵议日本通商事宜片》(同治九年十二月初一日),《李鸿章全集》第4册,第217页。
⑤ 日本东亚同文会编:《对华回忆录》,第54页。
⑥ 《复丁雨生中丞》(同治十三年七月二十九日),《李鸿章全集》31册,第87页。

进退之间：台事交涉与李鸿章的面相变化

7月24日，李鸿章与柳原进行会面。双方会谈主要涉及：台湾生番是否是中国领土；潘柳会谈协商日本兴兵欲办三事已经办完，为何不撤兵；日本与中国立约和好，日本为何不告而擅自出兵；进京觐见递交国书等。① 虽然对日本背约感到愤怒，但是为了把柳原留在天津以亲手解决台事，李鸿章对柳原的态度总体比较温和，仅从接待方式上"不必如前年格外优待"，以及将解决台湾生番问题作为同意柳原觐见的条件——台事"不先办明白"，"别件交际事宜皆不能办"，②这两方面让柳原感到压力。通过与李鸿章的会面，柳原未感到李鸿章对日态度强硬，他察觉李鸿章话中"含有相当意味"，非有解决台事问题的具体方案，而是个人的私心——暗示自己不要让他这个中日和好的"首倡"者为难，想将自己留在天津以亲手解决台问题。③

李鸿章未能阻止柳原进京，会谈后即将相关情况禀报总理衙门。在对总理衙门的汇报中，他突出自己对柳原的威慑，"嬉笑怒骂""厉声诘责"，刻意维持持重重臣的形象。不仅如此，通过与日本使臣的接触，李鸿章探知柳原北上的真实意图在求得经济补偿——"未便空手撤回"之后，④他主张不应对日本让步。此时，李鸿章并未形成解决台事的具体方案，但在总理衙门未表露出处理意向时，他为树立持重重臣的形象，希望总理衙门坚持定见，⑤"相机操纵"⑥。同时，他还安抚总理衙门："任他千变万化亦不能跳出

---

① 《附与东使柳原前光郑永宁问答节略》（同治十三年六月十一日），《李鸿章全集》第31册，第68~69页。
② 《致总署　论接待东使柳原》（同治十三年六月初九日），《李鸿章全集》第31册，第67页。
③ 日本外务省调查部编纂：《日本外交文书》第7卷，第107号文书，第175页。
④ 《复两江复李雨亭制军》（同治十三年六月十五日），《李鸿章全集》第31册，第74页。
⑤ 《致总署述柳原辨难》（同治十三年六月十一日），《李鸿章全集》第31册，第67页。
⑥ 《致总署论柳原入京》（同治十三年六月十四日），《李鸿章全集》第31册，第72页。

圈子。即因所议不合而去,诎不在我,只有听之。沿海兵力、饷力虽无必胜把握,日本未必遂能得志。"①

二、交涉僵持与李鸿章破局

7月底,柳原到达北京,与总理衙门展开交涉。在与总理衙门交涉期间,柳原提出觐见要求,总理衙门采纳李鸿章的意见,将解决台事作为同意觐见的条件,"俟台事定议,即为奏请觐见答之"②,然而,并未产生效果,双方相持不下。在交涉陷入僵持之时,日本将对中国动武的消息亦在沿海官员之间流传。

李鸿章也获得了这一情报,但他断定为谣言,是日本"为恫喝胁制起见"③。随着日军募兵援应台湾且将侵犯江浙的消息源源不断传来④,沿海一些地方官员大为紧张,江苏巡抚张树声甚至写信请刘盛藻率军支援。此前,江苏巡抚张树声和两江总督李宗羲还曾策应台海一带,调集徐州铭军援应台湾,沈葆桢还曾致函感谢两人。⑤此时,张、李两人已经开始不镇定,为了纾解张树声与李宗羲的紧张感,8月下旬,李鸿章特意致函安抚两人。在给张树声的信中他指出:日本若真有进攻江苏的意图,"岂肯明说","日本尚未大举,此等密计何至传播数千里以外";"凡为此说,信此说,或将信将疑者,皆无病而呻吟,无风而自惊耳"。随后他还委婉批评了张树声:"不料吾弟兵事起家,亦随众为颠簸也。"⑥在给两江总

---

① 《致总署述柳原辨难》(同治十三年六月十一日),《李鸿章全集》第31册,第67页。
② 宝鋆等编:《筹办夷务始末》(同治朝)卷97,第35页。
③ 《致总署论台防》(同治十三年六月十九日),《李鸿章全集》第31册,第77页。
④ 《复李雨亭制军》(同治十三年七月初十日),《李鸿章全集》第31册,第81页。
⑤ 《致南洋大臣李雨亭》,沈葆桢:《沈文肃公牍》卷1,福建人民出版社2008年版,第36页。
⑥ 《复张振轩中丞》(同治十三年七月初六日),《李鸿章全集》第31册,第80~81页。

督李宗羲的信函中他写道:"自来兵家好声西击东,日情诡秘尤甚,岂能预定所向,亦岂数千里外所得闻知。柳原过津到京后,议论总以番地非中国管辖,并未敢冒犯中国。谓调兵援台,尚近情理,若径犯各口,先须与西洋议定,乃可任意乱窜。"李鸿章认为,日本行事难测,若真打算与中国开展,消息不可能轻易被探知;且通过与柳原会面,李鸿章探知日本不敢冒犯中国;退一步讲,即使日本意图侵犯沿海各口岸也需要与西洋国家通气,定不敢随意出兵。此外,李鸿章认为,"台地甚宽,断不能遽与交锋开仗",沈葆桢若不与日本决裂,"日人亦岂肯先行决裂耶"。鉴于沿海人心浮动——"南中谣惑纷纷",李鸿章希望李宗羲与张树声保持镇定、稳定形势,"尚赖我公与振轩从容镇静,以定众志"①。

自台事起至今,清廷上下已经出现倦怠之态,气势渐渐消弭;特别是沿海一带流传若台局破裂,日本将攻打沿海,这让沿海地方官员大为紧张,沿海人心浮动。身为淮军将领、曾经征战四方的张树声竟也对传言大为紧张,给李鸿章极大触动,"江帅因仲复谣传日人有攻金陵之意,惶遽无措,谆请子务全军南下,镇扼江海饷源重地"。李鸿章意识到台事不现转机,中日则会一直处于这种对峙状态,不利于人心稳固。此时,上海道沈秉成的《销兵刍言》也对李鸿章产生影响,"然所谓遇刚则柔,遇柔则刚","膏肓之疾,甚于眉睫之患,留此患或尚可愈疾,否则痼疾不瘳,必更加甚"。②

柳原进京后,中日交涉主要在柳原与总理衙门之间进行,作为钦差的沈葆桢不再承担实质性的交涉任务,由于距离京城较远,很多时候他是通过李鸿章的信函获悉中日交涉详情,在他给同僚信函中,曾多次提及,"李伯相抄示甚详"③。这说明,沈葆桢虽然是

---

① 《复李雨亭制军》(同治十三年七月初十日),《李鸿章全集》第31册,第81~82页。
② 《复沈幼丹节帅》(同治十三年七月十六日),《李鸿章全集》第31册,第83页。
③ 《致文星台将军》,沈葆桢:《沈文肃公牍》(一),《台湾文献汇刊》第4辑第3册,九州出版社、厦门大学出版社2005年版,第162页。

钦差大臣，但与李鸿章相比，他已经难以及时掌握交涉动态。然而，作为钦差大臣，他仍然密切关注柳原的动向。起初，他认为日本"为天所困遭疫甚酷"①，"其将领士卒思归甚切"，"其主贪心不戢，内变将兴"，②"暴师日久，非我之患而彼之患也"；只要总理衙门"能坚持相持，彼自情见势屈，若欲速了而迁就应之，恐愈迁就愈葛藤矣"。③ 他还致函李鸿章，只要总理衙门坚持不退让，日本只能接受中国处理办法，"总署能坚持成议，勿迁就之，其去来④我范围也决矣"。⑤ 然而，随着交涉陷入僵持，虽然总理衙门以"柳原入都即可了结"来宽慰台湾防线前线的沈葆桢诸人，但是沈葆桢从李鸿章处得知交涉并不顺利，且探得日军在台湾将会有新军事行动的消息。⑥ 他深感部署海防之时的压力⑦，产生消极情绪。这些都推动李鸿章考虑对日本让步。

日本侵台事发后，休假中的文祥被召回，"随时前往总理各国事务衙门会商妥办"。在柳原与总理衙门会谈前，文祥曾上奏："自庚申岁随同恭亲王办理中外交涉事件，不过笔舌辩论，究无实在把握。祗以财赋不充，兵力不足，不得不敷衍目前。""现在日本借端启衅，欲肆侵吞，已有不能敷衍之势。且彼与中国最近，倘使其得志台湾，将来之患愈不堪问。"⑧文祥此奏折意在表明"海防紧要"，

---

① 《致李少荃中堂》，沈葆桢：《沈文肃公牍》（一），《台湾文献汇刊》第4辑第3册，九州出版社、厦门大学出版社2005年版，第150页。
② 《致南洋大臣》，同上，第145页。
③ 《致沈仲复观察》，同上，第148页。
④ "去""来"两字应合为一字。
⑤ 《致李少荃中堂》，沈葆桢：《沈文肃公牍》（一），《台湾文献汇刊》第4辑第3册，九州出版社、厦门大学出版社2005年版，第151页。
⑥ 《致林颖叔方伯》，同上，第156页。
⑦ 《致林颖叔方伯》，同上，第157页。
⑧ 佚名：《同治甲戌日兵侵台始末》，周宪文、杨亮功、吴幅员编：《台湾文献史料丛刊》第7辑，（台湾）大通书局1987年版，第59～60页。

请朝廷"宽筹饷需",而从其中不难看出军事薄弱给清廷外交带来的被动,以及文祥在日本侵台一事上的底线——保住台湾,不使日本"得志台湾",这一点与恭亲王一致。

柳原进京后与总理衙门唇枪舌剑数次,双方僵持不下,总理衙门深感疲惫。为了探出日本的真实意向,恭亲王奕䜣对柳原表示:"我两国唇齿比邻,同文之邦,无论谁家胜负,不是两国之利,既明此道理,不必辩论。今日肺腑的话,是讲了解今日之事。我中国不肯令贵国下不了场,贵国亦不可令中国下不了场。"同时还以"阋墙御侮""养病却酒"为喻,请柳原"由肺腑想出办法,两边怀怨,可以落台"①。8月20日,柳原致信总理衙门:"五载奉使,渥承贵王大臣优待,克寻盟好。上当斯任,幸蒙犹以同病相怜,却酒论药为喻。如获再剖一层热肠,即将贵国别有何等施设方法,措明后局,使本国此役不属徒劳,可令下得了场,以固睦谊,是本大臣肺腑之望。"②柳原暗示总理衙门,日本需要补偿。经过试探,恭亲王等人了解日本交涉目的在于获取补偿,未对台湾有要求,未越过底线,并非不可接受。然而,对于补偿一事,柳原和总理衙门皆不愿主动挑明。

获悉总理衙门与柳原的交涉情况,李鸿章已勘破中日之间僵局的症结所在:恭亲王、文祥等在与柳原交涉时已产生以补偿来结案的意向,然而中日双方都不愿主动提出、挑明:"恭邸、文相与柳原晤语,词令非不甚善,惟已陷溺西党,岂能唤醒迷途。至令伊想一了结办法,彼此呐然,如不出诸口,皆为兵费,取与两失国体,哑谜文字,终须叫破,但视其如何立言耳。"李鸿章意识到,总理衙门与柳原的交涉僵局终归要打破,只是需要看怎么"立言"。谋求担当持重重臣的角色,获得总理衙门恭亲王和文祥等人的认可是必要条件。

---

① 日本外务省调查部编纂:《日本外交文书》第7卷,第123号文书,第195~196页。
② 日本外务省调查部编纂:《日本外交文书》第7卷,第123号文书,第196页。

体察到朝廷上下尽显希望尽早解决台事的意向,"中外无不冀事之速了,一了则百了"①;尤其是勘破枢廷有意妥协的意向时,李鸿章意识到再坚持之前的强硬态度已不合时宜。李鸿章决意主动提出补偿方案,打破交涉僵局。8月27日,李鸿章将《论台事归宿》一函提交总理衙门,对现有的台事解决方案予以分析,主动提出给日本"抚恤",承担了"破局"重任,且提出落实到"通商",纾解总理衙门不知"如何立言"的困难。

在《论台事归宿》一函中,李鸿章主动提出给日本一定数额的"抚恤"的方案。他指出对琉球漂民被杀一案中国并非无可指责:"平心而论,琉球难民之案已阅三年,闽省并未认真查办,无论如何辩驳,中国亦小有不是。"故而,李鸿章认为,可以给予日本一定的钱财以安抚日本,并非日本所迫,而是中国对日本施恩的羁縻之策:"万不得已,或就彼因为人命起见,酌议如何抚恤琉球被难之人,并念该国兵士远道艰苦,乞恩犒赏饩牵若干,不拘多寡,不作兵费,俾得踊跃回国,且出自我意,不由彼讨价还价,或稍得体,而非城下之盟可比。内不失圣朝包荒之度,外以示羁縻勿绝之心,未审是否可行。"对于这笔钱应该以何名目,他提出可以借助"通商"名义:"惟目前彼此均不得下台,能就通商一层议结,洵是上乘文字。"②

对于是否给予日本钱财补偿,李鸿章态度前后出现比较大的转变。7月初,在获悉日本提出补贴军费的要求时,李鸿章认为"贴费通商皆万不可开之端"③。此时,李鸿章不仅赞同落实到"通商"结案,还建议考虑给予日本一定的"抚恤"。李鸿章之所以有如此改变,一是他感受到朝廷上下急切希望了结台事的愿望,还察觉

---

① 《复沈幼丹节帅》(同治十三年七月十六日),《李鸿章全集》第31册,第80页。
② 《致总署 论台事归宿》(同治十三年七月十六日),《李鸿章全集》第31册,第84页。
③ 《复沈幼丹节帅》(同治十三年六月初六日),《李鸿章全集》第31册,第65页。

进退之间：台事交涉与李鸿章的面相变化

到军机处和总理衙门有通商和给予兵费结案的打算，但恐"为清议所不许"，他主动点破并提出了此方案。李鸿章提出给日本一定"抚恤"，也是察觉到日本索要钱财的动机，"恐非琅峤通商所能议结者"。鉴于此，李鸿章提出给与日本一些"抚恤"，这也是其提出的破解交涉僵局之法。①

由于与总理衙门交涉一直未有进展，柳原前光要求政府，"从国内派来带有全权的重臣，以图一举解决善后处置问题"②。8月1日，日本政府任命要员大久保利通为全权办理大臣，负责与中国的交涉事宜。③ 9月初，大久保到达天津。

为了向日本表示不退让的态度，李鸿章在大久保通过美国领事对其进行试探时，"无丝毫松劲语气"④。为了对日本进行威慑，李鸿章主张设防以"虚张声势"。8月底，他致信两江总督李宗羲："日本又遣内务卿大久保者由沪赴京，其人久历西洋，专为台事而来，或可遂有成说。无论其如何行径，自应先事设防，但不可稍露张皇之迹。"李鸿章还对津沽也作了相应部署，虽然"津沽兵力亦非甚足，有台而炮位甚缺"，"明知不足当大敌"，但是他"不敢不强为镇静，亦尽其力所能为而已，所不能者，听之天数"⑤。李鸿章认为，虽然目前不便开战，"未便加遗一矢"，但需要"虚张声势"。⑥他深知"虚张声势"，难以"当大敌"，但能构成外交交涉的倚仗。

李鸿章对大久保的态度以及加强战备"虚张声势"的举措起到了一定的效果，让日本有所顾忌。大久保、品川忠道等人搜集到中

---

① 《致总署　论台事归宿》（同治十三年七月十六日），《李鸿章全集》第31册，第84页。
② 日本东亚同文会编：《对华回忆录》，第57页。
③ 日本外务省调查部编纂：《日本外交文书》第7卷，第104号文书，第171～172页。
④ 《致总署　论东使大久保行止》（同治十三年七月二十四日），《李鸿章全集》31册，第85页。
⑤ 《复李雨亭制军》（同治十三年七月初十日），《李鸿章全集》第31册，第82页。
⑥ 《复丁雨生中丞》（同治十三年七月二十九日），《李鸿章全集》第31册，第87页。

国在沿海一带的舰艇、军队调度的情报①,还刺探到中国打算购入铁甲舰和在福州造船厂造船。②特别是"中国方面加速造舰一说",让日本"感到紧张",并根据情报判断"中国政府内部的强硬论相当盛行",还视李鸿章视为强硬的主战派。③

三、大久保利通来华与李鸿章的妥协

9月上旬,大久保利通到达北京,开始与总理衙门交涉。由于大久保"力持台湾番地非中国管辖之说","呶呶不休",中日双方交涉始终处于僵持状态,李鸿章判断大久保此举是日本刻意纠缠,意在"为占地索费张本"。直至10月18日,两国改议彼此"两便办法"④,交涉转机方到来。大久保终于说出了包裹在"我征台一事,是旨在开导蕃民、保障内外航海者安全的义举"名义下的真实目的:清国对日本将士的重大死伤,当然应予赔偿报偿,而所谓两便之法,即在于此。⑤至此,日本才亮出底牌,"吐出真款"。⑥

《论台事归宿》出台后,总理衙门与李鸿章对给予日本一定的补偿来了解纠纷达成共识。在大久保提出钱财要求后,双方经历了几轮交涉始终未达成共识,分歧在于赔偿钱款的名目和数额。察觉到总理衙门对给予日本钱款名目上的坚持与不退让,大久保将重点放在具体的赔偿数目,"必欲问明数目"。⑦最初,大久保提

---

① 大久保利通:《大久保利通文书》第6册第29卷,日本史籍协会1928年版,第58~60页。
② 日本外务省调查部编纂:《日本外交文书》第7卷,第130号文书,第202页。
③ 日本东亚同文会编:《对华回忆录》,第60页。
④ 日本外务省调查部编纂:《日本外交文书》第7卷,第166号文书,第277页。
⑤ 日本外务省调查部编纂:《日本外交文书》第7卷,第166号文书,第280~281页。
⑥ 宝鋆等编:《筹办夷务始末》(同治朝)卷98,第12页。
⑦ 《中日北京专约》(同治十三年九月二十二日)《总理各国事务衙门档案》,01-21-063-05-002,(台北)"中央研究院"近代史研究所档案馆藏。

出赔偿总额为五百万元,"除其中二百万元为购买战舰器械等费外,在蕃地实费300万元"①。对日本索要如此大的赔款数额且以"兵费"的名目提出,总理衙门自然无法接受,回应称"兵费断不可给,只可酌赏抚恤被害漂民"②。被总理衙门拒绝后,大久保和柳原相互配合,每当大久保与总理衙门谈判之时,柳原则"同在座中,旁参其说",遇有不合,柳原则"必于次日呈递照会",或者到总理衙门"面论","专以觐见为辞"。此外,两人还以"一同回国"要挟总理衙门。③

在大久保与总理衙门交涉过程中,李鸿章一直密切关注交涉情况。在大久保同总理衙门相持不下之时,为了打破僵局,李鸿章提出:"似可与商明请令各国公评,作一转笔。"④关于评议人选,他建议由美国新任公使艾忻敏担任。李鸿章曾派许钤身与其接触,认为艾忻敏是适合的人选,其人"谨慎笃实,口无妄言,甫到中华,尚无威、热等使习气";而其背后的美国"雄踞一洲,亦不惧与英、法异议"。⑤ 李鸿章认为,让艾忻敏居中调处"当于东事大有裨助"⑥。他认为,"东使即不愿他人调处,而美国已认定台湾全境为中国属地,伊亦无如之何","若再动兵,美国真要出头拦阻矣"。⑦ 李鸿章请美使调处的建议被总理衙门否决。总理衙门有自己中意的人

---

① 日本外务省调查部编纂:《日本外交文书》第7卷,第170号文书,第290页。
② 《复王补帆中丞》(同治十三年九月二十日),《李鸿章全集》第31册,第114页。
③ 《中日北京专约》(同治十三年九月二十二日)《总理各国事务衙门档案》,01-21-063-05-002,(台北)"中央研究院"近代史研究所档案馆藏。
④ 《致总署采集台事众议》(同治十三年八月二十日),《李鸿章全集》第31册,第94页。
⑤ 《附与美使艾忻敏问答节略》,(同治十三年九月初十、十一、十二日),《李鸿章全集》第31册,第111页。
⑥ 《致总署述美使商论东事》(同治十三年九月十二日),《李鸿章全集》第31册,第108页。
⑦ 《致总署述美使商论东事》(同治十三年九月十二日),《李鸿章全集》第31册,第108~109页。

选,即英国公使威妥玛和法国公使热。总理衙门给出的理由是:"英国使臣威妥玛曾于台事初起之日",频繁来总理衙门"传述日本派兵赴台信息",法国使臣热福理"亦有愿为调处之意";英、法两国使臣愿为调停,"虽不无利人兼利己之心,惟彼既愿代为斡旋","亦只能一面虚与委蛇,以免从中播弄是非,一面喻以正理,使知非空词所能恫喝"。① 对于请英、法公使调处,李鸿章则心存疑虑,他致信总理衙门,希望能改变总理衙门的看法:"威使著名狡诈,又与驻东洋之巴夏礼狼狈为奸,梅辉立亦甚阴狠,尽人知之,热使向与威妥玛一鼻孔出气,亦难保无自利之心。"②

总理衙门并未听取李鸿章的建议,最终因威妥玛"于此事始终关说,意欲居间",最终请其调处。总理衙门向威妥玛表示,可以接受的底线为:抚恤数"不能逾十万";对于日本在台湾的"所有修道建房等件","留为中国之用","给银四十万两";总共"不能逾五十万两之数"。③ 经过威妥玛居间调停,大久保同意了总理衙门提出的补偿数额,但提出了三条:"第一,中国政府承认征蕃为义举;第二,消除从来有关征蕃一事的争论;第三,以十万两抚恤难民,四十万两作为斩荆锄棘、筑路修房之费,在撤兵前由中国政府支给。"④ 31日,中日双方互换条约,最终立"结案办法三条,另立付银凭单一纸"。⑤

虽然对威妥玛存有疑虑,但对于中日最终达成协议,李鸿章还是松了一口气。然而,李鸿章认为总理衙门提出的赔偿数额过多,

---

① 宝鋆等编:《筹办夷务始末》(同治朝)卷97,第35~36页。
② 《致总署述美使商论东事》(同治十三年九月十二日),《李鸿章全集》第31册,第108页。
③ 《中日北京专约》(同治十三年九月二十二日)《总理各国事务衙门档案》,01-21-063-05-002,(台北)"中央研究院"近代史研究所档案馆藏。
④ 日本外务省调查部编纂:《日本外交文书》第7卷,第179号文书,第307页。
⑤ 宝鋆等编:《筹办夷务始末》(同治朝)卷98,第16~17页。

在给沈葆桢的信中写道:"似援九年津案赔偿法、俄各国人命共五十万,先后一律。弟初尚拟议番所害者琉球人,非日本人,又津案戕杀领事、教士情节稍重,碍难比例。"虽然对总理衙门的处理有不满,但李鸿章并未反对,他认为应当引以为戒,"往不可谏,来犹可追。愿我君臣上下从此卧薪尝胆、力求自强之策,勿如总署前书所云:有事则急图补救、事过则仍事嬉娱耳"。①

余 论

1870年代初期,曾国藩去世后,能与总理衙门形成配合调剂刚柔、"阴持其柄"的重臣角色缺失,李鸿章谋求占据这一空缺。构建与总理衙门之间的良性互动关系并逐步取得外交上的话语权,成为李鸿章的目标,把握"进退之间"的分寸成为其实现目标的关键。中日台事交涉成为探寻李鸿章与总理衙门关系的典型个案。日本侵台后,李鸿章提出"谕以情理"、"示以兵威"的处置策略被总理衙门采纳,成为清政府解决台事的基本方略,奠定了外交解决台事的基调。在中日正式交涉前,依据"持重重臣"的定位要求,他在总理衙门面前表现出对日本不妥协退让、无惧与日本一战的态度。然而,随着柳原与总理衙门交涉陷入僵持,李鸿章依据情势变化调整了自己的态度。对内,李鸿章察觉到:清廷上下出现倦怠之态,沿海一带更是出现人心浮动的现象,朝廷上下皆期望台事速了;尤其是枢廷文祥等人已有给日本兵费结案的意向,却在如何提出上为难。他主动调整对内呈现的对日本的态度,由坚持不对日妥协,尤其是不能给日本赔费,转为在赔费上对日本让步,提出给与"抚恤"的妥协之法,纾解总理衙门之难。对外,为了配合总理衙门的谈判,李鸿继续践行"刚强持重"重臣的身份要求,对日本展现强硬

---

① 《复沈幼丹大臣》(同治十三年九月二十日),《李鸿章全集》第31册,第115页。

主战面相,"虚张声势"以施压。

李鸿章在中日台事交涉过程中呈现的双面形象及产生流变,展示出他处理对外关系的认知与实践:对"阴持其柄"的重臣角色的认知、追求;以及在早期如何承担这一角色并处理与总理衙门之间的关系。1870年代初期,随着曾国藩的去世,被李鸿章认为能与总理衙门形成配合的"阴持其柄"的重臣角色缺失,李鸿章希望占据这一空缺。此时的李鸿章虽已经在外交事务中崭露头角,但只是充当总理衙门的建议者,通过揣摩枢廷恭亲王、文祥等人的意向,纾解总理衙门的难题等方式积累其在外交事务上的影响力,以求站稳此空缺,而在与总理衙门之间产生分歧时,他往往不会据理力争,而是选择妥协。在台事议结后,李鸿章在给文祥的信函中提及他与总理衙门在日本面前的不同形象,亦有暗示他与总理衙门刚柔并济的"二元"模式的良好效用之意。然而,随着李鸿章的影响力不断扩大,他在外交事务上的话语权不断攀升,李鸿章与总理衙门之间的矛盾将会凸显,他与总理衙门之间的关系也逐步发生变化。

(黄飞,上海财经大学马克思主义学院讲师)

抗战时期田赋征实政策新探
——以国民政府高层间的互动为中心

李向远

粮食是重要的战略物资,是抗战时期经济动员的重要内容。在蒋介石"三分军事七分经济"①思想的影响下,田赋作为战时主要财政来源,其征收工作几乎成了国民政府战时的主要任务。1941年8月开始,国民政府开始在全国推行田赋征收实物(简称田赋征实)的政策。学界对于该项政策有了一定的认识,并且取得了一些学术成果。② 但这些文章多讨论的是征实的过程、结果及利弊,而对于国民政府高层间联系动态的探究却较少。本文希望

---

① 《请将粮食部裁撤业务分别划归财政等部并准辞去部长职务由》(1945年12月30日),(台北)"国史馆"藏,"行政院"档案,014/040503/0001/013。

② 较早的有朱玉湘《抗日战争时期国民党政府的田赋征实与粮食征购》(《山东大学学报》1963年第1期),受当时政治环境的影响,对民国田赋征实的讨论侧重于批评其自身存在的弊端和造成的危害;其后,张秀丽、封学军《1940—1942年国共粮食政策比较分析》[《延安大学学报》(社会科学版)1995年第2期]一文,从战时征粮的角度,分析了中共边区政府与国民政府的区别;随后学界对于国民政府田赋征实的认识和讨论都不断深入,虽然还是批评成分更多,但对于田赋征实的成效也有了更加全面的认识,如李铁强的《抗战时期国民政府田赋征实政策在认识》(《中国社会科学院研究生院学报》2004年第3期)和郝银侠的《抗战时期国民政府粮政研究——田赋征实弊失分析》(《历史档案》2010年第2期);值得指出的是,尹红群的《抗日战争时期田赋征实与新绅权的确立》(《南京社会科学》2017年第12期),能深入发掘田赋征实政策同社会利益团体的关系以及他们之间的相互作用,这是比较难能可贵的。

通过对于田赋征实政策产生和执行过程中国民政府高层间互动的研究，进一步深化对这项战时粮食政策的认识，并从中管窥国民政府因应抗战的努力与不足。

一、抢米风潮后的粮食管制

抗战爆发后，国民政府就开始着手粮食管制工作。1937年8月18日，国民政府颁布了《战时粮食管理条例》，决定成立粮食管理局，并规定了战时粮食管理的范围涉及粮食的生产、消费、储藏、价格、运输及贸易、统制及分配六方面。① 1938年夏，国民政府又先后颁布了《各战区粮食管理办法大纲》和《非常时期粮食调节办法》，分别对战区省份粮食的采购、运输、仓储、加工、配销等方面，以及非战区各省粮食的供求调节做了详细的规定，兼顾了前线和后方的食粮需求。② 但是由于此时战区省份尚少，加之粮食丰收，各地食粮供需平衡，因此，在抗战之初社会上对于战时粮食供给均持乐观态度。甚至连国民党五届五中全会的与会者也都认为，农产的丰收和消费的节约使民间显现出了粮食充裕的现象。③ 国民政府此前颁布的战时粮食管制法规没有受到应有的重视，形同一纸空文。

随着战事的发展，沦陷的地区越来越多，各地交通阻塞，粮食问题日益凸显。据统计，后方20个市场的粮价在1937年基本稳定。但在1938年已有上涨，若以战前七年(1930—1936)平均粮价

---

① 《明令公布战时粮食管理条例训令通行饬知》(1937年8月18日)，(台北)"国史馆"藏，"行政院"档案，014/040504/0015/001。

② 《为公布各战区粮食管理办法大纲及战时粮食管理处组织规程函请查照》(1938年5月1日)，(台北)"国史馆"藏，"行政院"档案，014/040504/0015/037；《公布非常时期粮食调节办法》(1938年6月25日)，(台北)"国史馆"藏，"行政院"档案，014/040504/0015/066。

③ 荣孟源：《中国国民党历次代表大会及中央全会资料》(下册)，光明日报出版社1985年版，第537页。

为100%,则1938年粮价已涨至130%,而到了1939年12月更是猛涨至220%。① 也就是说1939年年底后方的粮价已涨至战前的两倍有余。通货膨胀不断蔓延,其他物价也随着粮价的涨势不断暴涨。但此时的粮价、物价仍未引起国民政府高层的重视。蒋介石在日记中称:"后六省会物价高涨,无足为虑,以一般乡村物价未涨也。"②他认为,只要乡村的物价没有上涨,有农村的巨量物资做后盾,不仅军粮供给不成问题,城市的物价也会逐渐回落。但蒋介石显然低估了通货膨胀的严重性,也忽视了粮食管制的紧迫性。

1940年3月14日,四川省会成都发生了严重的抢米风潮。蒋介石在16日的日记中首次记道:"各地物价高涨,成都且发生抢米风潮,非统制平价不可!"③自1939年9月开始他就兼任四川省主席,成都抢米风潮的发生使他真切地感受到了通货膨胀的严重。四川"古称天府,山川雄伟,民物丰殷"④,是后方军公民食的主要供应地。但随着大片国土的沦陷,大量军警公教人员和普通民众不断内迁,四川等地仓储不敷支用,粮食需求日益迫切。而部分地方实力派军人、豪绅、奸商却大肆囤积米粮,任意抬高市价、囤米不卖,造成了人为的米荒,⑤进而导致了成都抢米风潮。在蒋介石自己直辖之下的成都发生米荒、抢米风潮,刺激了国民政府高层的敏感神经,粮食管制的执行才真正开始。

---

① 王洪峻:《战时国统区的粮食价格》,四川省社会科学院出版社1985年版,第140页。
② 《蒋介石日记》(手稿),1940年3月16日"注意",美国斯坦福大学胡佛研究院档案馆藏。
③ 《蒋中正总统五记——困勉记》(下册),(台北)"国史馆"出版社2011年版,第707页。
④ 《蒋中正电贺国光卢作孚粮食管理须遵行限期购销与限定标准价格两项且以不许自由买卖为法则等》(1940年9月7日),(台北)"国史馆"藏,"蒋中正总统"文物档案,002/060100/00144/007。
⑤ 吕芳上主编:《蒋中正先生年谱长编》第6册,(台北)"国史馆"、中正纪念堂、财团法人中正文教基金会2014年版,第271页。

成都抢米风潮后,国民政府依然沿用之前颁布的《战时粮食管理条例》《各战区粮食管理办法大纲》《非常时期粮食调节办法》《食粮资敌治罪暂行条例》和《统制战时粮食管理条例》等经济法规对粮食市场进行政治干预。在蒋介石看来,地主大户不售粮、奸商劣绅囤积居奇才是粮食、物价管制的最大障碍,国民政府高层官员也认为,"惟以奸商操纵,一般日用品亦为高涨"。① 因此,国民政府进行粮价管制的主要手段就是取缔囤积居奇和大户余粮派售。此外,国民政府还要求各省采取积极的粮政措施。兼任四川省主席的蒋介石积极关注川西川北缺雨情形②,关心四川省生产计划,并勉励贺国光四川"优于意大利而等于德意志","不出三年,必能焕然改观"。③ 云南等省也有增加粮食生产的计划呈送行政院,行政院核准了中中交农四行对滇省的农贷,支持其增加粮食生产。④ 蒋介石要求党政军人员节约消费,"革除奢侈浪费恶习并设督察防弊",违者"必以违令抗命之条例处治不贷"。⑤ 另外,围绕成都抢粮风潮,蒋介石习惯性地认为是"共党扰乱"⑥加剧了米荒,因此国

---

① 王子壮:《王子壮日记》(第六册),1940年1月1日,(台北)"中央研究院"近代史研究所1992年版,第1页。

② 《蒋中正电贺国光问川西川北缺雨请查报最近雨水情形》(1940年6月24日),(台北)"国史馆"藏,"蒋中正总统"文物档案,002/010300/00035/029。

③ 《贺国光陈筑山电军事委员会委员长蒋中正有关四川省生产计划拟于成立会暨各委员宣誓就职请颁训词》(1940年3月31日),(台北)"国史馆"藏,国民政府档案,001/011243/00014/005。

④ 《准通知奉交云南建设厅长张邦翰呈送增加滇省粮食生产树立经济建设基础案加具意见复请查照转陈鉴核由》(1940年9月26日),(台北)"国史馆"藏,"行政院"档案,014/040501/0013/008。

⑤ 《蒋中正致张群手谕》(1940年4月4日),(台北)"国史馆"藏,"蒋中正总统"文物档案,002/010300/00033/004;《蒋中正电令贺国光严禁川省府各厅委处长人员应酬宴客违者处治不贷》(1940年5月12日),(台北)"国史馆"藏,"蒋中正总统"文物档案,014/040504/0015/001。

⑥ 《蒋中正总统五记——困勉记》(下册),(台北)"国史馆"出版社2011年版,第707页。

民政府也把防范"共党组织活动"①当作了粮食管制的措施之一。他的误判导致了粮政重点的偏离,加之国民政府一直没有全国性的粮政管理机关,1940年上半年国民政府粮政工作几乎毫无起色。各地抢米风潮迭起,蒋介石不得不在多地添设警备司令部,并责令当地最高将领、专员负责弹压。②

　　1940年8月,为了统筹全国粮政管理,国民政府于行政院之下设立了全国粮食管理局。据《全国粮食管理局粮食管理纲要》规定,该局主要从"量"和"价"两个方面进行管理。量的方面,使得不同年份和地区可以丰歉相济;价的方面,使粮价稳定在一定范围,既不会谷贱伤农,也不会使米价疯涨诱发囤积居奇。③ 随之,各级粮食管理机构次第成立,各省设立省粮食管理局,各县设立县粮食管理委员会,各直辖市或市则均由市政府负责粮食之管制。④ 全国粮食管理局成立后,统一管理原来分属于各战区和经济部的军粮民食业务。这标志着国民政府的粮政工作,完成了由平转战的调整。提倡"计划经济"的卢作孚被任命为局长,他曾担任四川省粮食调整委员会主任委员,对于粮政工作有丰富的经验。卢作孚受命摒弃"正统派自由贸易观念"⑤,加强市场干预,采取了如限定标准价格、限制市场交易、取缔囤积居奇、派售大户余粮等措施。

---

　　① 《蒋中正电贺国光等特别设计防范各县共党组织活动及暴动阴谋督察》(1940年4月4日),(台北)"国史馆"藏,"蒋中正总统"文物档案,002/020300/00049/069。
　　② 《蒋中正电示贺国光解决抢米工潮治安警备人选薪饷及征粮办法等七条》(1940年7月20日),(台北)"国史馆"藏,"蒋中正总统"文物档案,002/010300/00036/023。
　　③ 《全国粮食管理局粮食管理纲要》(1940年8月24日),(台北)"国史馆"藏,"行政院"档案,014/040504/0015/083。
　　④ 中国第二历史档案馆编:《中华民国史档案资料汇编》第5辑第2编《财政经济》(9),江苏古籍出版社1997年版,第361页。
　　⑤ 《蒋中正电贺国光卢作孚粮食管理须遵行限期购销与限定标准价格两项且以不许自由买卖为法则等》(1940年9月7日),(台北)"国史馆"藏,"蒋中正总统"文物档案,002/060100/00144/007。

其后，国民政府又连续出台了《粮食管理紧急实施要领》《非常时期取缔日用重要物品囤积居奇办法》《违反粮食管理治罪暂行条例》和《管理粮食治本治标办法》等法令。但是全国粮食管理局在战时，实际影响范围仅限于四川等少数地区，又没有掌握充足的粮源调剂余缺，因此其粮政工作既不能治标也不能治本。

直到1940年12月，国民政府一年来的粮政措施也并没有收到多少实效。物价飞涨、米价腾贵的状况不仅没有改变，反而愈演愈烈。据行政院参事陈克文记述，1940年2月重庆米价每石二十余元，9月重庆农本局出售的平价官米也涨到了每石五十余元，而到了11月底米价每石飙涨至一百五十元。① 这样日渐高涨的米价不仅普通市民负担不起，甚至连国民政府的公务员也有"断炊之虞"，只能靠补助津贴勉强度日。自成都抢米风潮之后，蒋介石也一直在关注物价、米价，3月尚感"无足深虑"，6月为"各地亢旱"忧虑，9月电饬"设法控制粮价"，12月"尽一周之力研究粮食管理方法"。② 粮价愈管愈高，蒋介石对卢作孚及其全国粮食管理局也极其失望。

12月7日，行政院副院长孔祥熙受命召集相关各部讨论管制物价、粮价办法，一致认为，"目前要图，在督促全国粮食管理局迅速解米源问题"③。毫无疑问，解决米源问题的最好办法就是田赋征实。同时，孔祥熙提案各省田赋得酌征实物，经国防最高委员会第四十七次常务会议决议通过。④ 20日，国民政府主席林森训令

---

① 陈方正编：《陈克文日记（1937—1952）》，1940年2月27日、1940年9月25日、1940年11月29日，社会科学文献出版社2014年版。
② 吕芳上主编：《蒋中正先生年谱长编》第6册，（台北）"国史馆"、中正纪念堂、财团法人中正文教基金会2014年版，第271、341、390、464页。
③ 方勇：《蒋介石与战时粮食统制》，《历史教学》2012年第14期。
④ 《国防最高委员会秘书厅函国民政府文管处请准各省田赋酌征实物一案请转陈令饬行政院遵照办理》（1940年12月17日），（台北）"国史馆"藏，国民政府档案，001/081313/00015/001。

行政院,遵照提案办理各省田赋征实。① 作为抗战时期粮食统制的重要一环,田赋征实终于提上了日程。

1941年4月2日,国民党五届八中全会通过了《各省田赋暂归中央接管以便统筹而资整理案》,其中着重强调两点,"各省田赋收归中央"和"由中央统筹斟酌各地方供需情形改征实物"②,并规定了接管机构、征收程序和整理步骤等三方面的办法。6月23日,孔祥熙提交的《遵照行政院决定田赋酌征实物之决议制定实施办法案》,在第三次全国财政会议第五次大会上顺利通过。该提案规定"自民国三十年下半年起,各省田赋战时一律征收实物"③,田赋征实的制度开始在全国推广。

二、田赋征实的制度构建

田赋征实为战时的中国提供了粮源和税源,解决了抗战急需的"粮"和"钱"的问题,极大地提升了中国的战争潜力,被国民政府寄予厚望。国民党五届八中全会期间,财政部长孔祥熙认为,"非整理田赋无以裕国计而济民生"。他还乐观地称,"抗战已濒胜利阶段",田赋收归中央,可以使中央财政更加宽裕,以备"战后军旅复原、灾黎救济、旧事业之复兴、新事业之推进"。④ 也就是说,孔祥熙认为,田赋征实在战时和战后对于国民政府的财政都具有重要的作用。作为国民政府抗战时期最高统帅,在税源枯竭、食粮短

---

① 《国民政府主席林森训令行政院为请准各省田赋酌征实物一案令仰遵照办理》(1940年12月20日),(台北)"国史馆"藏,国民政府档案,001/081313/00015/002。

② 荣孟源主编:《中国国民党历次代表大会及中央全会资料》(下册),光明日报出版社1985年版,第688~689页。

③ 秦孝仪主编:《革命文献》第114辑《田赋征实》(一),(台北)"中央"文物供应社1988年版,第218页。

④ 《孔祥熙呈蒋中正与田赋改划有关之改进财政系统提案》(1941年3月26日),(台北)"国史馆"藏,"蒋中正总统"文物档案,002/080109/00012/006。

缺的情况下，蒋介石也早就开始研究田赋问题。

1940年7月，蒋介石电示贺国光"征粮应以谷米为准，而不以货币为主"①；1941年2月，蒋介石与美国总统特别助理居里(Lauchlin Currie)在黄山谈论田赋问题，居里也认为田赋应收归中央，蒋介石在日记中称："此言正合吾意，国家应以田赋为财政基础，甚悔往日划归地方之为误也。"②居里是美国的经济专家，也是美国总统罗斯福的经济顾问，因此他的肯定更加坚定了蒋介石推行田赋收归中央并征收实物的决心。6月22日，在国民政府第三次财政会议上，中美平准基金委员会美方代表福克斯(A. Manual Fox)也对"国民政府及蒋介石本人多有溢美之词，并以美国当时的赋税权逐渐集中联邦政府为例，说明中国当时改订财政收支系统、田赋划归中央的正确性"③。27日，成都市郊又发生了抢夺米粮风潮④，推行田赋征实、政府掌握粮源已经迫在眉睫。另外，有美国经济专家的肯定和支持，国民政府高层对于田赋收归中央并征收实物充满了信心，并寄予厚望。

1941年5月，国民政府为方便田赋征实的推行，扩大其行事职权，裁撤全国粮食管理局而特设粮食部，并于7月1日正式成立，任徐堪为部长。自此，粮食部及其下属分支机构，成了田赋征实政策的主要推动和执行者。粮食部长徐堪对舆论讨论也颇多关注，虽然有人称田赋征实是"开始历史的倒车"⑤，但他认为无论批

---

① 《蒋中正电示贺国光解决抢米工潮治安警备人选薪饷及征粮办法等七条》(1940年7月20日)，(台北)"国史馆"藏，"蒋中正总统"文物档案，002/010300/00036/023。
② 《蒋介石日记》(手稿)，1941年2月22日，美国斯坦福大学胡佛研究院档案馆藏。
③ 潘国旗：《第三次全国财政会议与抗战后期国民政府经济政策的调整》，《抗日战争研究》2004年第4期。
④ 吕芳上主编：《蒋中正先生年谱长编》第6册，(台北)"国史馆"、中正纪念堂、财团法人中正文教基金会2014年版，第576页。
⑤ 金天锡：《论田赋改征实物》，《东南经济》1941年第3期，第55页。

评还是建议都应立足于抗战的实际。他表示:"在此抗战紧要关头,应本战争第一胜利第一之旨,一切设施应以适合当前最迫切需要,解救危机为主。"①徐堪认为,田赋征实即可解决当下的粮食问题,并对此充满了信心。另外,财政部在征实开始之前就成立了"整理田赋筹备委员会",负责全国的地籍统计和章程拟定等工作,②后来发展为田赋管理委员会,设置于财政部之下。在财政部和粮食部的筹划和推动下,征收机构更加完善,征实政策也更加符合战时的需要,对于抗战胜利具有重大意义的征实工作自此展开。

(一)征实的机构设置与调整

根据1941年公布的《战时各省田赋征收实物暂行通则》,"各省征收实物,采用经征经收划分制度"③。也就是说,征实系统其实是两个互不统属的机构体系构成的。经征机关专门负责经征事宜,而经收工作由粮食机关负责。

所谓的经征,就是负责催征,只催而不收。负责经征的机关就是田赋机关,专管制造和发放串票,并催征田赋。在中央负责经征的机关是财政部田赋筹备委员会,各省专门负责的是省田赋管理处,各县则是县田赋管理处。在县以下各乡镇还设立经征分处,以便具体负责经征事宜。而经收,即为专管收取储运田赋。也就是说,由经征机关到农户催征,而农户到经收机关上交田赋。负责经收工作的是粮食机关,主要负责粮食验收、储存保管、运输和拨发等④。如同经

---

① 秦孝仪主编:《革命文献》第114辑《田赋征实》(一),(台北)"中央"文物供应社1988年版,第26页。

② 《国防最高委员会秘书厅函国民政府文官处为财政部整理田赋筹备委员会组织规程一案请转陈饬知》(1941年4月23日),(台北)"国史馆"藏,国民政府档案,001/012071/00348/012。

③ 秦孝仪主编:《革命文献》第115辑:《田赋征实》(二),(台北)"中央"文物供应社1988年版,第2页。

④ 《田赋征收实物各县市经征经收机关联系办法》,《贵州省政府公报》1941年第13卷第166期,第2396页。

征机关一样,经收机关也有一个从中央到地方的完整体系：粮食部、各省粮食局、各县粮政科,以及县以下的经收分处。

在征实工作开始之初的1941年,经征经收是分开办理的,这样可以防止贪腐,达到相互监督和牵制的目的,另外权责分明,免于互相扯皮,提高了办事效率。但是也正是因为经征经收属于不同的系统,相互之间互不统属,而手续繁琐,往往需要纳粮户往返于两个机关数次。粮户"往复挑运不免烦扰,量入量出耗损尤巨"①,纳粮具结苦不堪言。

征实系统是在不断完善的,针对纳粮户往返经征经收机关的奔波之苦,1942年国民政府作出调整,"本年度各省田赋征实,采经征经收合一制度,并随赋带购粮食"②,要求"经征与经收人员在同一处办公"③。虽然,经征经收统一于田赋机关办理,但其内部行政管理统一,而严格分科分股业务分工明确。如此既可以集中实权,方便管理,又可以内部相互牵制监督。征实合一达到了便民的效果,另外手续的交接也减少了许多繁琐,机关办事效率得以提高。

随着征实工作的开展,新的问题不断被发现,虽然征实征购工作都有田赋机关办理,但是收到粮食之后还是要交给粮食机关仓储拨运的。这样一次交接,在粮食的衡器量器、成色等方面都会有争议,由此而产生摩擦,反而又降低了工作效率。另外,交与接都需要大量人员处理,"粮食多一次交接即多一重流弊"④,如此又造成了人

---

① 《准川省府咨送四川省三十二年度办理三十年粮食库券还本付息办法呈请鉴核备查由》(1943年11月26日),(台北)"国史馆"藏,"行政院"档案,014/040504/0146/005。

② 云南省财政厅、云南省档案馆编：《民国时期云南田赋史料》,云南人民出版社2002年版,第337页。

③ 《田赋征收实物各县市经征经收机关联结办法草案》(1941年9月6日),(台北)"国史馆"藏,"行政院"档案,014/040201/0010/007。

④ 《统一全国仓库管理办法》(1944年3月26日),(台北)"国史馆"藏,"行政院"档案,014/040504/0173/004。

员和粮食的浪费。1943年,国民政府决定将各省田赋机关和粮食机关合并,称为各级田赋粮食管理处,从而做到粮食的征收、仓储、调拨的完全整齐划一。具体执行的是各县(市)田赋粮食管理处乡镇办事处,与以往经征经收分处不同的是,乡镇办事处设有"巡回办事处",在"开征前将其驻留地点,征收区域,征收日期,及收纳仓库地点等项布告通知"①。如此一来,确实方便了纳粮户交粮而免于奔波。

但是各省田赋粮食管理处却要受到田赋管理委员会和粮食部的双重领导,田赋管理委员会上面更是还有财政部统领。遇事往来公文繁琐,且会有双方意见相悖的情况,一来二去就延误了时间,这在战时是尤为可怕的。为此,1945年3月,国民政府"决定将田赋征收事宜划归粮食部专管","财政部田赋管理委员会改隶粮食部。各省田赋粮食管理处改归粮食部管辖"②。至此,田赋征实系统才真正实现统属归一,收、储、运统一指挥的效果,田赋征实系统趋于完备。

(二) 征实的政策设计

与征收机构的日趋完备相匹配,征实政策的设计是比较严密的,它比以往的田赋地税更加合理,负担更加平均,收纳更加方便,粮食储运更加流畅,行政效率更高。以下将从粮食征收、仓储运输、粮食供应、粮食管制和督导奖惩等五个方面来论述田赋征实政策的严密设计。

1. 粮食征收

由于各省情况异同,征实标准问题一直是各方关注和争论的热点。1941年,行政院公布了《战时各省田赋征收实物暂行通则》和《田赋征收通则》,规定各省本年度"省县正副税总额每元折征稻

---

① 《各县(市)田赋粮食管理处乡镇办事处设置办法》,《江西省政府公报》1943年第1287期,第5页。

② 中国第二历史档案馆编:《中华民国史档案资料汇编》第5辑第2编《财政经济》(9),江苏古籍出版社1997年版,第378页。

谷二市斗(产麦区得征等价小麦,产杂粮区得征等价杂粮)",有特殊情形的地区,则可以按照当地市价折征法币。① 这样的征实标准,不仅适应了不同农作物产区征实的需要,还兼顾了战区和后方不同省份的征实需要,各省可以根据本地情形的征实标准。比如河南省后方各县应征之正税及省县附加总额每元征收"稻谷二市斗,或小麦一市斗五升,黄谷三市斗,玉米二市斗五升"。而前线各县的折征标准则为,稻谷每市斗应交法币六元,小麦每市斤三角。② 后来经过修正,棉花也纳入了征实的范围,产棉区"按赋额每元折征皮棉五市斤"③。

粮户按照征实标准,将应缴纳的粮食送到收纳地点后,需要经收人员验收才能入库。国民政府颁发《田赋征收实物验收规则》(以下简称《验收规则》)规定,验收之稻麦苞谷应以品质干洁、颗粒充实等为限,具体标准为:"(一)稻谷含有杂质(稗糠沙粒泥土虫蚀及其他杂物)不满千分之三,水分不满百分之一点五,每市石在一百零八市斤以上等为合格。(二)小麦含有杂质不满千分之四,水分不满百分之四点五,每市石在一百四十五市斤以上等为合格。(三)苞谷含有杂质不满千分之四,水分不满百分之十七点七,每市石在一百三十五市斤以上等为合格。"其他杂粮之验收标准,应由各省按实际情况参照前条规定办理。另外,《验收规则》还对度量衡器和防止验收人员故意刁难做了详细规定。④

1941年10月,为了确保花户按时纳粮,国民政府颁布了《田

---

① 秦孝仪主编:《革命文献》第115辑《田赋征实》(二),(台北)"中央"文物供应社1988年版,第1、3页。
② 秦孝仪主编:《革命文献》第115辑《田赋征实》(二),(台北)"中央"文物供应社1988年版,第386页。
③ 《立法院长孙科呈国民政府主席蒋中正请公布战时田赋征收实物条例》(1944年9月7日),(台北)"国史馆"藏,国民政府档案,001/012420/00005/019。
④ 《叶县各乡镇完纳田赋征实捐充须知》,《叶县政府:田赋卷》,许昌市档案馆档案:2/1/59。

赋征收实物滞纳处分办法》。该办法规定了花户必须在开征后的两个月内交齐,限满之日起"逾期一个月完纳者,照欠额加征百分之五;逾期两个月完纳者,照欠额加征百分之十";逾期两个月以上尚未完纳者,除了照前条规定逐月累加外,还将由县(市)政府负责追缴。如果追缴无果,提取其收益或物品抵偿。①

2. 仓储运输

自征实开始,原有的粮仓无论是数量还是质量都已经无法满足储粮的需要。粮食部即通过各省府"令各县一律设置国家粮仓"②,此为新仓;另外,为了节省预算,粮食部还令修缮原有旧仓,改建旧祠堂、"公有庙宇及租修民房窑洞"③等。修缮总预算相当大,但成效也是显著的,各省县设置的粮仓基本上满足了军需民粮的供应。粮仓修成后,根据储量可分为若干等,比如四川省:"一、各运输要道或集散地点,依次集散储运之状况,酌设较大之仓库,列为特等";"二、四川各县仓库接受征购粮食在十万石以上者(稻谷以米计)列为一等";"三、接收征购粮食在五万石以上不及十万石者,列为二等";"四、接收粮食在三千石以上,不及五万石者,列为三等";"五、接收征购粮食在三千石以下者,列为四等"。④ 另外,为了应对战时突发情况,各省也都规定了紧急情况下仓库储粮的处置办法,江西省规定:"一、紧急后运;二、补给军粮;三、化零迁储;四、焚毁。"⑤

---

① 《为准行政院函送田赋征收实物滞纳处分办法一案经陈奉国防最高委员会常务会决议准予备案函请查照转陈饬知由》(1941年11月7日),(台北)"国史馆"藏,"国民政府"档案,001/012420/00004/027。

② 《省府令各县一律设置国家粮仓》,《地方政治》1941年第6卷第4期,第31页。

③ 《核定粮仓费用预算》,《甘肃省政府公报》1941年第163期,第68页。

④ 郭良夫、赵厘:《四川省粮食储运局仓储运输之机构》,《督导通讯》1942年创刊号期,第6页。

⑤ 《江西省仓储粮食防护及紧急处置办法》,(1943年6月22日),(台北)"国史馆"藏,"行政院"档案,014/040504/0039/131。

虽然根据国民政府命令，几乎每个县都有粮仓设置，但时值战时，军队转战地点不定，并且军需集中且巨大，一地一县粮仓恐难以满足，粮食的运输在战时就显得非常重要。抗战时期粮食运输的方式主要有陆路和水路两种方式：陆路方面，除了极少数地区交通状况良好或者极为紧急需求，可用上进口汽车，其他地方"最大之输力为人工与牲畜，习用之工具为板车"①；水路方面，运输工具是木船、舢板和竹筏等。由此看来，国民政府在仓储特别是运输方面做了广泛动员，军粮运输的大动脉正是在如此严密的制度的规范下，才能畅通无阻、源源不断地为各地提供粮食支持。

3. 粮食供应

粮食供应是抗战时期的重中之重，政府掌握粮食，调剂军公民食，就是支持抗战取得胜利的坚强柱石。

首先是军粮供应。抗战之前，军粮供应主要是采购市场粮食，粮食价格波动巨大，来源不稳定。遇到战事，大量军队集结一地，市场粮食难以满足军需。另外，对于当地的粮价、物价和民生影响巨大。抗战开始，为了改善军队管理和士兵生活，实行粮饷划分、主食公给制度。最初仅仅限于参战部队，粮食部成立以后扩大供应范围，所有后方部队军事机关、学校、医院、工厂的人员，一律按给予定量配给米麦等现品，以供食用。由于战事和经济状况的变化，1943年军粮供给不得不做出调整："1. 全国军粮配额以六百万人食用量为限，军米给予定量增为每人每日二十五市两，以备军队自行加碾一次，提高其品质。2. 十分之九配备现品，十分之一配发代金。3. 有粮地区仅拨现品，无粮及游击地区配拨代金，就地购用。"②

其次是公粮供应。抗战之前的公教人员都是领取货币薪俸，

---

① 徐堪：《抗战时期粮政纪要》，《四川文献月刊》第十一、二期合刊。

② 徐堪：《抗战时期粮政纪要》，《四川文献月刊》第十一、二期合刊。另见徐堪等人呈报的《查三十二年度全国军粮总额曾由》，(1943年9月7日)，(台北)"国史馆"藏，国民政府档案，001/087210/00001/001。

但随着物价上涨,收入富足的人尚可继续奢华,但"贫者及收入固定者必不胜'米价如珠'之负担,而常人不能自饱"①。因此,1941年7月,国民政府颁布非常时期改善公教人员生活办法,规定中央公务员和家属每人每月可购得平价米二斗,每斗价格仅为基本价六元。到了1942年开始免费配给,配给以年龄为标准,三十岁以上者月给米一石,其他年龄依次减少。而各省地方公教警团等人员所需食米,由省府计算数额呈准粮食、财政两部后,"在该省征实项下划拨"②。由于各地余粮状况不同,缺粮地区酌发代金券。

再次是民食供应。人民是国家的根基,在战火遍地、物价飞涨的状况下,政府不得不考虑民食问题。"调节民食之办法,不外畅通粮食来源,统筹民食供应。"③因此,粮食部成立之后就开始在重庆、成都、内江分设民食供应处,办理各该地区公粮民食的调拨配给事宜,从粮食富足之处调到短缺之处。1942年,财政部和粮食部共同核定的《价拨各省田赋征实余粮调剂民食办法大纲》规定:民食供应由"各省接粮机关办理",其价格"按当时当地市价减低百分之五定价"。调剂民食的粮食来源,为各省征实抵拨军粮、价拨公粮及专案划拨之各项粮食外所剩余的粮食。该项余粮出售的粮款数量,还需要由经办机关"按旬报告财政粮食两部查核"。④ 各省先后设立的民食供应处有江西的泰和、吉安、赣县,浙江的云和、永嘉、丽水,福建的永安、福州、南平,安徽的立煌、屯溪,贵州的贵

---

① 张柱:《当前我国粮食供应之实施及其改进》,《中农月刊》1942年第3卷第8期,第27页。
② 《为行政院函送各省请在田赋征收实物领购公教警团主食处理原则四项请转陈备案一案经陈奉批准备案请查照转陈饬知由》(1942年1月20日),(台北)"国史馆"藏,国民政府档案,001/012420/00005/031。
③ 张柱:《当前我国粮食供应之实施及其改进》,《中农月刊》1942年第3卷第8期,第34页。
④ 《价拨各省田赋征实余粮调剂民食办法大纲》(1942年3月15日),(台北)"国史馆"藏,"行政院"档案,014/040504/0083。

阳、独山,广东的江北、西江、东江、韩江南路,陕西的西安,山西的隰县、宁乡。此外,还有一些地方曾经设置,比如湖南的衡阳、邵阳,河南的鲁山、洛阳等。

三、粮政关切与征实情形

田赋征实"为军粮民食之所需,关系国家抗建之大计至深且钜"①,是国民政府战时的一项重要的国策。国民政府希望通过推行这项国策,从民间征集大量粮食来支持抗战。而在战火和天灾的摧残下,农业也遭受重击,民生愈加凋敝。那么粮食资源的分配,如何兼顾抗战和民生呢?国民政府必须从中寻求一个平衡点。为此,国民政府高层对征实工作保持高度的关切,国防最高委员会、财政部、粮食部和各省政府之间进行了密切的沟通和互动。田赋征实取得了巨大的成功,不仅有力地支持了抗战,粮户负担也较为公平,粮食部长徐堪对此感到欣慰。②

1941年开始,国民政府开始在全国推行田赋征实。财政部长孔祥熙认为,田赋征实"事属创始,各省省政府难免不有藉词推诿之处"。7月15日,他致函陈布雷,希望以蒋介石的名义分电各省。③ 7月18日,蒋介石电令各省主席,称田赋征实是"今日最重要之中心工作",各省主席必须严加督促本省按时完成征实工作,并在征实限内按月呈报所征粮食数量。④ 各省主席纷纷回电遵

---

① 《蒋中正电各省主席田赋征实征购关系国家抗建大计今年为加强征购效率需督促各级行政长官》(1942年8月4日),(台北)"国史馆"藏,"蒋中正总统"文物档案,002/090106/00002/085。

② 徐堪:《抗战时期粮政纪要》,《四川文献月刊》第十一、二期合刊。

③ 《财政部长孔祥熙呈请分电各省主席督促推行田赋征收实物》(1941年7月15日),(台北)"国史馆"藏,国民政府档案,001/081313/00038/001。

④ 《蒋中正分电各省主席督促推行田赋征收实物》(1941年7月18日),(台北)"国史馆"藏,"蒋中正总统"文物档案,002/060100/00154/018。

行,浙江省主席黄绍竑称,"遵当随时督促所属,依限切实办理藉副殷期"①。其后,福建、贵州等省呈报办理征实情形,河北、江西、广东和西康等省主席多有函电请求酌减。② 经过国民政府同各省沟通,1941年确定有21个省推行田赋征实,而东北、察哈尔、河北、新疆四省因情形特殊被准予缓征。征收的种类以稻谷、小麦为主,产杂粮区兼收杂粮,额定征数为谷麦2 293万8 496市石。由于时值国难,人民纷纷踊跃纳粮,结果实际征得数量超出了额征数的11%。其中成效最好的省份是云南实征率为142%,而四川、贵州、广东、湖南、湖北、浙江、安徽、山西、河南、宁夏等省实征率也都超过100%。最差的是甘肃省,实征率仅为80%;而山东省因临战区,事先未报可征数,因此无法计算实征率。③

另外,由于前线军队和后方公教人员、工人等完全靠政府供给粮食,仅仅征实还无法满足巨大的粮食需求,因此从1941年在实行田赋征实的同时实行粮食征购。各地征购的办法主要有三种:"其一为随赋征购,即案田赋数额之多寡,比例征购";"其二为公购余粮,即调查大户余粮,向其征购";"其三为按亩分及商人之营业额派购"。征购的价格由中央为各省核定,但由于各地粮食丰歉情况不一,粮食价格自然不同,最高的是云南省稻谷每市石190元(法币),最低江西安徽为60元每市石。征麦各省一律按小麦每市石100元作价。而征购的支付方面,大部分省份"仍用上年所付之粮食库券,惟黔、豫、闽、甘、绥、赣、鄂七省及安徽之征麦县份,搭发

---

① 《黄绍竑电蒋中正遵督所属依限切实办理田赋改征实物》(1941年7月30日),(台北)"国史馆"藏,"蒋中正总统"文物档案,002/090106/00004/057。

② 《财政部长孔祥熙呈请分电各省主席督促推行田赋征收实物福建贵州绥远湖北山东安徽陕西浙江各省电呈田赋改征实物实施情形》(1941年7月15日),(台北)"国史馆"藏,国民政府档案,001/081313/00038/000。

③ 中国第二历史档案馆编:《中华民国史档案资料汇编》第5辑第2编《财政经济》(2),江苏古籍出版社1997年版,第238~239页。

法币储蓄券,云南、山西两省核定搭发美金储蓄券",而原则上是"三成法币七成粮食库券"支付。① 该年度实行粮食征购的仅有 16 个省,截至 1942 年 10 月,征购谷麦 2 885 万 4 983 市石,占征购额的 96%。②

1942 年 5 月 1 日,粮食部长徐堪密呈蒋介石《谨拟三十一年度征收征购粮食计划纲要恭呈》,汇报了 1942 年度军粮公粮及调剂民食约需粮食 8 000 万市石,建议粮政机关体系之调整以及购粮价款使用"金粮兑换券"或"金储蓄券"以节省法币发行。蒋介石令孔祥熙与徐堪到其官邸会餐或直接面谈。③ 5 月 8 日,孔祥熙呈报,经过同粮食部研讨本年度征实办法,确定军粮民食约需 8 200 万石,拟定征实 4 390 万石及征购 3 590 万石,不足部分由四川省在此基础上多配征 240 万石。④ 8 月 4 日,蒋介石电令各省主席,"督饬各级行政长官在田赋征收期间一律出巡宣导,藉以提高粮户纳粮情绪,加强征收人员工作精神,以期发动全省力量"来完成征实征购工作。⑤ 经过商讨沟通,国民政府决定该年度征实征购的省份不作变化,但浙江、江苏、山东三省遭敌沦陷,宁夏粮食产量过低,均得暂缓征购。因此征购的省份只有 17 个,而以上四省的征实也采用部分折征法币的办法办理。该年度征实得谷麦 3 456 万

---

① 秦孝仪主编:《革命文献》第 115 辑《田赋征实》(二),(台北)"中央文物供应社"1988 年版,第 287~288 页。

② 《粮食部 1941—1948 年工作报告》,中国第二历史档案馆藏档案,八三(2)/62。

③ 《徐堪呈蒋中正三十一年度征收征购粮食计划纲要及各省三十年度田赋征收实物数量报告表》(1942 年 5 月 1 日),(台北)"国史馆"藏,"蒋中正总统"文物档案,002/080109/00012/008。

④ 《孔祥熙呈蒋中正三十一年度田赋征实办法请电各省认真办理》(1942 年 5 月 10 日),(台北)"国史馆"藏,"蒋中正总统"文物档案,002/080109/00012/008。

⑤ 《蒋中正电各省主席田赋征实征购关系国家抗建大计今年为加强征购效率需督促各级行政长官》(1942 年 8 月 4 日),(台北)"国史馆"藏,"蒋中正总统"文物档案,002/090106/00002/085。

9 597 市石,征购 3 084 万 9 996 市石,合计得谷麦 6 541 万 3 593 市石,收起成数达到 100.8%。能够全数征收甚至超收的省份有四川、云南、广东、广西、湖南、福建、浙江、安徽、山西、河南、宁夏、青海、山东,而最佳之省份为山东,实征率为 170%。①

1943 年 9 月,孔祥熙在呈报上一年度征实征购成绩的同时,也指出了大户欠粮不纳的情况。他认为,陕甘粤等省未能整齐或实际民欠较多的最大症结,是"大户欠粮不纳、疲玩延宕",而"地方政府多所顾忌,不惟不敢清查催缴,甚或匿蔽粮额示好乡绅"。②他希望蒋介石电令各省督促交齐本年度征额的同时,电催陕甘粤等省催征大户。由于山东全境沦陷,1943 年山东省停征,田赋征实只有 20 个省实行。国民政府决定改征购为征借,"不发价款,一律发给粮食库券,不计利息,规定自第五年起,分五年平均偿还,或抵纳当年新赋"③。作为征借的第一年,共有安徽、广西、福建、甘肃、广东、绥远、四川、浙江、云南、陕西、西康 11 个省办理征借,而 1943 年也是抗战时期田赋征实、征购、征借唯一一个共存的年份。截至 1944 年 12 月 31 日,征实共得谷麦 3 593 万 4 666 市石,征购共得谷麦 1 361 万 2 625 市石,征借共得谷麦 1 523 万 3 338 市石,合计 6 478 万 0 678 市石,超出预征收额 2%。其中广东、广西、湖南、湖北、江西、福建、安徽、河南、甘肃、宁夏、绥远、新疆的实征率都能达到 100%以上,而成效最好的是新疆,实征率达到了 248%,

---

① 《财政部长孔祥熙等呈军事委员会委员长蒋中正为办理三十一年田赋征实及征购粮食情形并催粮办法等》(1943 年 9 月 16 日),(台北)"国史馆"藏,"蒋中正总统"文物档案,001/081313/00040/001。

② 《财政部长孔祥熙等呈军事委员会委员长蒋中正为办理三十一年田赋征实及征购粮食情形并催粮办法等》(1943 年 9 月 16 日),(台北)"国史馆"藏,"蒋中正总统"文物档案,001/081313/00040/001。

③ 秦孝仪主编:《革命文献》第 115 辑《田赋征实》(二),(台北)"中央文物供应社"1988 年版,第 346~347 页。

最差的是西康省,实征率仅为82%。①

1944年5月,由于上个年度征借成绩优良,孔祥熙请准各省征购一律改为随赋征借。② 鉴于往年各省有大户欠粮不纳情形,国民政府决定除了征购改征借外,实行累进征借的办法。蒋介石指出,"小额粮户准予免购,大额粮户采累进办法"③,规定了累进征借的对象主要是余粮富足的大粮户。累进起借点和累进征借率由各省自行呈报财政部。该年度全国除了新疆未办理征借外,其余20个省市④均在办理之列。其中,举办累进征借的有四川、河南、福建、浙江、陕西、江西、广东、广西、重庆9个省市。截至1945年12月31日,除去征棉,各省征实得谷麦2 667万8 214市石,征借得2 550万3 234市石,累进征借得31万1 336市石,合计得谷麦共5 709万4 427市石,实征率为90%。云南、湖南、山西、河南、宁夏、绥远等6个省实征率达到100%以上,其中湖南成绩最好,实征率达到102%。⑤

1945年,由于"田赋管理委员会改隶粮食部"⑥,征实工作完全归粮食部负责。5月25日,徐堪向蒋介石呈报了本年度征粮配额及办理办法。1945年度征实征借基本沿用了上年度的征收办法,

---

① 中国第二历史档案馆编:《中华民国史档案资料汇编》第5辑第2编《财政经济》(2),江苏古籍出版社1997年版,第242~243页。

② 《财政部长孔祥熙等呈国民政府主席蒋中正为核配三十三年征实征借及带征县级公粮数额情形并拟改进办法等》(1944年5月25日),(台北)"国史馆"藏,国民政府档案,001/081313/00040/004。

③ 云南省财政厅、云南省档案馆编:《民国时期云南田赋史料》,云南人民出版社2002年版,第340页。

④ 1943年起山东省停征,但1944年新加入重庆市参加征借,所以除新疆之外还是20个省市。

⑤ 中国第二历史档案馆编:《中华民国史档案资料汇编》第5辑第2编《财政经济》(2),江苏古籍出版社1997年版,第244~245页。

⑥ 《国民政府训令行政院为田赋管理委员会改隶粮食部移交办法一案令仰知照》(1945年8月17日),(台北)"国史馆"藏,国民政府档案,001/012071/00421/028。

拟定征实谷麦 3 232 万 8 000 市石,征借 3 246 万 9 000 市石,合计征收谷米 6 479 万 7 000 市石。① 因战区扩大,可能征实的省份仅有四川、陕西和云南等 11 个省市,征实征借的额定起征数也都减半。累进征借由上一年度已经开始办理的四川、陕西和河南等 9 省继续循例办理。8 月中旬日本战败投降,国民政府决定凡"曾经沦敌各省应即予豁免本年度田赋一年并奉行政院申卦电规定本省 34 年度应行征购征借之全年粮食(包括带征之县级公粮在内)一律全部豁免"②,因此该年度办理累进征借的地区仅有四川、陕西、福建、重庆 4 个省市。截至 1947 年 6 月 31 日,上述 11 省市,征实得谷麦 1 542 万 0 333 市石,征借得 1 450 万 6 289 市石,累进征借得 12 万 7 276 市石,合计得谷麦 3 005 万 3 898 市石,实征率为 85%。只有宁夏和甘肃的实征率能达到 100%,其他省份都未能达到额征数目,最差的是西康,实征率仅为 60%。③

1941—1945 年,国民政府的田赋征实政策有力地支援了抗战,全国各省为抗战提供了巨量的粮食支持。据粮食部长徐堪统计,田赋征实共得稻谷 1 亿 1 048 万 9 332 市石,小麦 2 610 万 0 956 市石;征购得稻谷 5 131 万 7 816 市石,小麦 1 271 万 6 580 市石;征借得稻谷 5 151 万 4 625 市石,小麦 797 万 4 750 市石;征实征购征借三项得稻谷 2 亿 1 332 万 1 773 市石,小麦 4 679 万 2 286 市石,合计得谷麦共 2 亿 6 011 万 4 059 市石。就来源而言,田赋征实所得占总额的 52.5%,征购占 24.5%,征借占 23%。就地区

---

① 《粮食部长徐堪呈国民政府主席蒋中正为三十四年度征粮配额及办理方法》(1945 年 5 月 25 日),(台北)"国史馆"藏,国民政府档案,001/012071/00421/028。

② 《关于豁免本年度田赋一年的代电》,河南省档案局档案,M0008/019/00568/031/13。

③ 秦孝仪主编:《革命文献》第 115 辑《田赋征实》(二),(台北)"中央文物供应社"1988 年版,第 406 页(后面图表)。另外,河南、绥远、江西等省在免赋令下达之前即已开始征收田赋,绥远、湖南、浙江、安徽等省共征收 32 万 6957 市石,经国民政府批准,抵作 1947 年度田赋。

而言,四川省出粮最多占到总额的 31.63%。① 如此巨量的粮食,一方面表明了国人对抗战的支持,另一方面也显示了国民政府的田赋征实制度确实"成效显著"。

四、政策漏洞下的粮政弊端

从上文的实征数字来看,田赋征实政策的确成功了,但它并非无懈可击。首先,这种制度是战时的仓促因应,不可能面面俱到;其次,国民政府官僚群体都已腐朽不堪,政策的漏洞恰恰给了贪腐者以可乘之机。最终的结果是国家有了粮食,贪官也个个钵满盆满,而百姓却输尽口粮甚至是吃糠咽菜都不可得。其实,在政策执行前的讨论阶段,就有人提出过质疑,对田赋征实的利弊进行过激烈讨论。但是在"战争第一,胜利第一"②思想的指导下,田赋征实强力推行了,其中的弊病也不可避免。

(一) 册籍混乱与负担不均

册籍混乱是民国时期固有的地税问题,国民政府大力推行的土地陈报,也未能改变这种状况。"在未办理土地陈报之县,征册不全,税额不确,有有地无粮者,有有粮无地者,有地多粮少者,有粮多地少者,种种情形极为杂乱"③。而在办理土地陈报的县份,由于当地的保长绅士都是有权有势的大地主,在测量土地时"测量员吃了有钱人的酒,是说有钱人的话"④,就会把地主的土地算在农民身上;至于累进征借,征收对象是"在县(市)境内所有田亩之

---

① 徐堪:《抗战时期粮政纪要》,《四川文献月刊》第十一、二期合刊。
② 秦孝仪主编:《革命文献》第 114 辑《田赋征实》(一),(台北)"中央文物供应社"1988 年版,第 26 页。
③ 秦孝仪主编:《革命文献》第 116 辑《田赋征实》(三),(台北)"中央文物供应社"1988 年版,第 398~399 页。
④ 隆泰:《粤东粮政值得注意》,《新华日报》1944 年 11 月 28 日,第 4 版。

赋额总额为征收之标准其土地跨连两乡(镇)以上者"①,也就是大地主、大乡绅。而他们却仗势抗缴并以此为荣,或者通过提高佃租率来将田赋负担转嫁到佃户和农民身上。其中负担的公平程度可想而知。

而在省市层面,历年各地丰歉情况不同,灾欠和前线省份必须适当酌减。而国民政府制定各省征额也有政治方面的考量,对于中央控制力弱而又重要的省份亦须"优待"。云南每年的征额远低于其他省份,并由"粮食部徐(堪)部长飞滇商洽",蒋介石也致函龙云声称抗战"军需浩繁",盛赞龙云"忠诚许国、深体时艰",②从中不难看出云南征实的政治意味更强。云南与国民政府若即若离,云南田赋征实也是国民政府维护央地关系的一种手段。每年田赋的额征数是按后方500万军公人员所需的口粮数目决定的,基本恒定。那么减征的食粮,就必须由后方省份和中央控制力强的省份来负担。因此,各省田赋征额亦难负担均衡。

(二) 考绩奖惩与摊派强征

为了切实推行田赋征实工作,国民政府对各级粮政官员的考绩奖惩都作了相应规定。田赋推收的考核一般是在年终,由财政部派员执行。具体办法有:"各县(市)经征官于年度截限以前,照额全数征齐者,应予特奖",以前征收不力但本年度如能征齐,也给予特奖。如果较上年度多收"一分以上记功一次。二分以上记功二次。三分以上者,记大功一次。四分以上者,记大功二次。五分以上者,酌予优奖。"有奖必有罚,截止日期时:"未征起数额,不及一分者,免议。一分以上者,记过一次。一分五以上者,记过二次。

---

① 《累进征借粮食实施规则》,河南省档案局档案,M0008/019/00569/034/103。
② 《财政部长孔祥熙等呈军事委员会委员长蒋中正为请电云南省主席准照中央核定本年征实征借案筹备开征等》(1944年8月21日),(台北)"国史馆"藏,国民政府档案,001/081313/00040/007。

二分以上者,记大过一次。二分五以上者,记大过二次。三分以上者,降一级任用。三分五以上者,免职。"① 各县田赋管理处处长之职由县长兼任,县长的考绩直接与征实挂钩,军粮征收占考绩的35％。② 也就是说,粮食征收只有下限没有上限,少征会受到申斥甚至惩办,而多征则会获得嘉奖。

  各级粮政官员为了标榜政绩,摊派强征也就在所难免。摊派是靠保长、乡长甚至县长的行政命令强行多收粮谷。当地长官一句话就得多交粮,有的地方连征粮账本都没有,更遑论收据了。比如福建南安象峰乡店上保保长徐恤金,"所有摊派都用口头通知,从不发给收据"③。当时比较著名的贪官巴县田赋管理处副处长李胤明被人问到为什么没有账本,他大声反问:"四川一百四十四个县,哪一个田管处有账?"④ 而有的地方就算有收据也不是正式的,广泛存在多收少写的存根造假现象。如宜宾一乡长利用大多农户不识字,在收据上少写粮数,超收十二万元,农户"仅得五千元正式收据"⑤。农户屡遭盘剥,平年纳粮尚且不易,灾年更是万难。1941—1942年河南大旱,"连年凶岁,饥寒交迫,死亡枕藉"。许昌县长王桓武依然令四乡互相派车催粮,以至于粮户全家饿死者十之六七。⑥ 考绩奖惩的规定,在一定程度上纵容甚至加剧了对农

---

  ① 秦孝仪主编:《革命文献》第115辑《田赋征实》(二),(台北)"中央文物供应社"1988年版,第75页。
  ② 孔祥成、刘芳:《从1942年河南赈灾看抗战时期中央与地方政府关系博弈》,《中国社会经济史研究》2017年第3期。
  ③ 《福建南安保民控告保长侵吞摊派粮款》(东南西北),《新华日报》1944年7月20日,第2版。
  ④ 《巴县田管处贪污案》,《新华日报》1944年8月3日,第3版。
  ⑤ 遵时:《宜宾一乡长,贪污达四百万元,预征粮谷给他们创造了机会》(读者园地),《新华日报》1945年1月24日,第3版。
  ⑥ 赵谨:《王桓武》,《许昌县文史资料》(第2辑),政协许昌县文史资料委员会编1988年版,第134页。

户的盘剥。

(三) 沿用旧吏与浮收盗卖

民国时期册籍混乱且残缺不全,征粮全靠粮吏世代相传的地籍。掌握地籍的粮吏已经成了一个固化的特殊阶层,政府为了征粮就必须沿用他们。而旧粮吏的恶习也被保存了下来,农户被浮收刁难,仓粮被掺杂盗卖。

浮收主要是征收分处靠斗手实现的。各县"粮仓收谷无不雇用具有特殊技能之人收量,每石必多量一二升"①。谷物的出纳虽然一律用市斗,"表面上似无上下其手之可能,惟事实上熟练之斗手,凭其特殊之手法,出进之间常可多进少出,多余之数往往饱入私囊"②。斗手的特殊手法主要有:"带秤加皮、藉端勒索、踢斗、拍斗、窜斗、浮荡刨斗、升边、降底、托荡、掺和秕谷等"③大斗收入,小斗进仓——这是征粮员的另一种公开的手段。大斗一斗米十八斤,小斗是市斗每斗米仅十五斤,这样一过手就公开截下了百分之二十。当被问及时,收粮员会说这是公家允许的销蚀,其实政策允许的销蚀早就加到征额里面了。④ 而给百姓带来最大苦难的事情莫过去征收人员的敲诈刁难。由于经征经收分处过少,各县"多者仅四处,少者只有一处"⑤,农户交粮时候就需要奔波相当路程。"每人挑运不过五斗,距仓近者十余里,远者数十百里,纳粮一石费用一半,甚且倍之,政府虽有分仓流动征收之补救办法,用恤民艰,

---

① 秦孝仪主编:《革命文献》第117辑《田赋征实》(四),(台北)"中央文物供应社"1988年版,第287页。

② 秦孝仪主编:《革命文献》第117辑《田赋征实》(四),(台北)"中央文物供应社"1988年版,第121页。

③ 秦孝仪主编:《革命文献》第117辑《田赋征实》(四),(台北)"中央文物供应社"1988年版,第206页。

④ 隆泰:《粤东粮政值得注意》,《新华日报》1944年11月28日,第4版。

⑤ 秦孝仪主编:《革命文献》第116辑《田赋征实》(三),(台北)"中央文物供应社"1988年版,第389页。

而输力之耗损,仍为莫大之负担,且乡民知识浅薄,不谙法令,或不明纳赋手续,或粮户拥挤,或以员司刁难,恒侯三数日不得纳入,甚且来往二三次不能了妥,其痛苦有不堪言者。"① 征粮员刁难的借口往往有两种:一是谷子质量不好,有霉变、有虫蚀、不干净需调换等;二是时间已过收不了了,改天再收。粮户自然知道这是征粮员的故意刁难,但是"为了避免麻烦和耽误他可贵的时间,那就只有孝敬征粮员一番,作为送粮金了"。②

为了贪墨更多的粮食,掺假掺杂也是仓库管理人员和征收人员惯用的手段。按照规定纳粮之时需要经过风净过斗,以保证粮食的干净。而收粮人员则是斗筛扇车留下的秕谷收起,掺入收纳的粮食当中,就可以从中置换出等量的优质米谷中饱私囊。甚至还有民政干事做了包商,为了侵吞库存军粮竟强令擂工往仓内泼水,被人问及却说"擂水泼水乃目下包商通弊"③。另外,仓管人员还以虫蚀、鼠咬、失窃、霉烂等借口虚报仓耗,并变卖此部分中饱私囊。国民政府对此亦无能为力,"虽规定粮谷入仓非经半年不许报销仓耗,而无一粮仓不由羡余者,职是之故百姓脂膏不知耗蚀几多也"。④ 如粮食部四川粮食储运局重庆市桑溪分仓管理员赵璧如盗卖公米4 200石,被依法判处死刑⑤;宜宾县聚点仓库副主任唐世椿习于嫖赌,变卖公粮用作嫖资;军政部军粮第二十四仓库库长邹师稷盗卖军粮70余万斤,纵逃库员

---

① 秦孝仪主编:《革命文献》第113辑《粮政方面》(四),(台北)"中央文物供应社"1988年版,第287页。

② 隆泰:《粤东粮政值得注意》,《新华日报》1944年11月28日,第4版。

③ 一群老百姓:《民政干事做包商,擂军米泼水入仓》(读者园地),《新华日报》1945年6月5日,第4版。

④ 秦孝仪主编:《革命文献》第113辑《粮政方面》(四),(台北)"中央文物供应社"1988年版,第287页。

⑤ 《粮食部四川粮食储运局重庆市桑溪分仓管理员赵璧如盗卖公米四千二百石,依法判处死刑》(要闻简报),《新华日报》1945年1月28日,第2版。

来卸罪,等等。① 沿用旧粮吏是国民政府的无奈之举,而旧吏的恶习确实算是"戕国害民"了。

结　　语

　　田赋征实是国民政府由平时到战时的粮政调整,而这种调整因应了战争的需要,对中国坚持抗战并取得胜利具有重要意义。成都抢米风潮的爆发,引起了国民政府高层的高度警惕,也直接促进了粮食管制,乃至田赋征实政策的推行。而在蒋介石"三分军事七分经济"②思想的影响下,国民政府采取积极进行粮食管制,但后方乃至成都、重庆,依然物价飞涨、米价腾贵。为了稳定物价、粮价,国民政府在沿用之前发布的《战时粮食管理条例》③等法令的同时,决定推行田赋收归中央并征收实物的政策。

　　国民政府高层对田赋征实政策寄予厚望。在田赋征实政策执行的过程中,蒋介石、孔祥熙等人为了兼顾抗战和民生而与各省进行了密切的沟通和互动。国民政府甚至还派"粮食部徐(堪)部长飞滇商洽",蒋介石致函龙云声称抗战"军需浩繁",而又称赞龙云"忠诚许国、深体时艰"。④ 在国民政府和全国人民的努力下,田赋征实有力地支持了抗战。行政院长宋子文对此予以充分肯定,他

---

　　① 《广西省政府电行政院本府查办粮食调节委员会总干事任内擅售存谷一案经将董毅沈海基送交于军委会桂林厅请查核等》(1943年4月20日),(台北)"国史馆"藏,"行政院"档案,014/040504/0001/080。

　　② 《请将粮食部裁撤业务分别划归财政等部并准辞去部长职务由》(1945年12月30日),(台北)"国史馆"藏,"行政院"档案,014/040503/0001/013。

　　③ 《孙科呈林森战时粮食管理条例》(1937年8月18日),(台北)"国史馆"藏,国民政府档案,001/012420/00006/006。

　　④ 《财政部长孔祥熙等呈军事委员会委员长蒋中正为请电云南省主席准照中央核定本年征实征借案筹备开征等》(1944年8月21日),(台北)"国史馆"藏,国民政府档案,001/081313/00040/007。

高度评价了田赋粮政人员,"在抗战期间历年办理军粮俾益抗战任务功绩卓著"。① 而各级征实主管官员都受到了奖励和表彰,比如粮食部长徐堪先后获得了一等景星勋章、青天白日勋章和胜利勋章等多项褒奖。②

谷正伦也认为,战时田赋征实"实施以来在军事上获得有力援助,经济上发生相当作用,实为社会上公认事实"。但他也认识到了田赋征实是"当前需要所迫"的"临时应急之措施"。③ 新生的制度不够完善就会存在漏洞,而本已腐朽不堪的国民政府官僚群体就乘机"虫蛀""鼠窜"。据不完全统计,粮食部自成立之日起至1946年3月底,国民政府惩处粮政违法舞弊人员608人。④

制度漏洞引发的弊政,显示了国民政府抗战努力的局限性。但田赋征实政策,无疑是国民政府对于战时通货膨胀和粮食危机的最佳因应。不可否认,田赋征实在抗日战争史上具有重要地位,其作用也是值得肯定的。

(李向远,上海大学历史系博士研究生)

---

① 《行政院长宋子文为请颁给徐堪等十三员勋章》(1946年2月19日),(台北)"国史馆"藏,国民政府档案,001/035100/00093/015。

② 《徐堪晋给一等景星勋章》(1945年12月25日),(台北)"国史馆"藏,国民政府档案,001/035111/00038/026;《行政院长宋子文为请颁给徐堪等十三员勋章》(1946年2月19日),(台北)"国史馆"藏,国民政府档案,001/035100/00093/015;《国民政府文管处办理陈曼若、丁伯骁,外交部江西省政府交通部等有关勋章及证书颁授查证等相关事宜,国民政府令颁给薛岳、徐堪、陈诚、吴恩豫、宋子文、黄朝琴等胜利勋章》(1946年2月19日),(台北)"国史馆"藏,国民政府档案,001/035100/00131/196。

③ 《请将粮食部裁撤业务分别划归财政等部并准辞去部长职务由》(1945年12月30日),(台北)"国史馆"藏,"行政院"档案,014/040503/0001/024。

④ 秦孝仪主编:《革命文献》第114辑《田赋征实》(一),(台北)"中央文物供应社"1988年版,第45页。

建构与转换：抗战时期国民政府省级卫生行政专管机关的形成

杨 阳

清末新政至北京国民政府时期实施的卫生行政制度取法于德、日,由警察系统兼理地方卫生工作,省及以下行政序列"均无卫生专管机构"①。南京国民政府成立后,卫生行政制度呈现由德日模式逐步向英美模式过渡趋势,其显著特征在于创设独立的地方卫生行政专管机关。1928年12月,国民政府公布的《全国卫生行政系统大纲》中规定"省设卫生处"②,将卫生处作为一省之内卫生行政专管机关和衔接中央与地方医疗卫生工作的重要一环。既往研究对省卫生处的组织架构及工作实绩有所提及,③但是对南京

---

① 金宝善:《民国以来卫生事业发展简史》,《医史杂志》1948年第2卷第1～2期,第20页。

② 《全国卫生行政系统大纲》,《国民政府》,(台北)"国史馆"藏,典藏号：001-012071-00087-011。

③ 目前学界多是在考察民国时期某一省的医疗卫生事业中涉及该省卫生处,如张玲的《抗战时期四川公共卫生事业述论》(《史学集刊》2009年第1期)、王荣华的《民国时期宁夏现代医疗卫生业述论》(《宁夏社会科学》2013年第6期)、李忠萍的《民国时期安徽卫生防疫事业的萌生与困顿》(《安徽史学》2014年第4期)、凌富亚的《民国时期西北地区现代医疗卫生事业的发展——以甘肃省为例》[《西安文理学院学报》(社会科学版)2015年第4期]等。此外也有针对某一省卫生行政体系演变的专门研究,如王瀛培的《民国时期安徽卫生行政体系探析》[《安徽农业大学学报》(社会科学版)2012年第6期]、朱凤林的《化整为零——广西卫生区的创制与运作》(《学术研究》2014年第7期)等。

国民政府筹设省卫生处的过程则语焉不详,尤其缺乏对全国范围内省卫生处规制变化与统一过程的整体性探究。① 有鉴于此,笔者利用海峡两岸档案馆所藏"省卫生处"档案,结合报刊等史料,在近代制度与社会变迁背景下对省卫生处的起源、曲折发展与规范统一的历史脉络作系统史实辨析,借此从卫生行政的视角加深对民国政治运作、中央与地方关系、行政机关专业化趋向等问题的认识。

一、1931—1934：搁置与述求

省级卫生行政制度建设先后经历过四个阶段。自1931年"九一八"事变至1934年6月江西全省卫生处创设,此为第一阶段。该阶段的主要特征是在继续沿用北京国民政府卫生行政制度背景下筹建新型卫生行政体系。

北京国民政府时期,鉴于地方卫生行政工作无专门机构及专业人员负责,医疗卫生界人士呼吁"各省宜专设卫生局",由"富有卫生专门学识者以处理全省卫生行政事宜"。② 南京国民政府成立后,自上而下地对建设独立地方卫生行政机构作出要求,意图改变"地方之卫生行政由警察机关兼办,无专人负责"的局面。③ 8月,内政部长薛笃弼提请国民政府于各省设立"公共卫生处",并制

---

① 有关近代中国医疗卫生事业的宏观研究论著对省卫生行政机构建设有所涉及,但论述较为简略。其中代表性论著有张大庆:《中国近代疾病社会史(1912—1937)》,山东教育出版社2006年版;刘远明:《西医东渐与中国近代医疗体制化》,中国医药科技出版社2009年版;余新忠:《真实与建构：20世纪中国的疫病与公共卫生鸟瞰》,《安徽大学学报》(哲学社会科学版)2015年第5期;郝先中:《近代中国西医本土化与职业化研究》,人民出版社2019年版。

② 叶秉衡:《卫生行政之重要建设》,《北京大学日刊》1922年11月27日,第4版。

③ 金宝善:《关于卫生行政之研究》,《社会学界》1928年2月,第258、263页。

建构与转换：抗战时期国民政府省级卫生行政专管机关的形成

定机关建设的组织草案及说明书。① 11月,卫生司升格为部,内政部遂将"卫生行政一切事宜移交"该部,借此专承其责。② 12月,国民政府颁布《全国卫生行政系统大纲》(以下简称《全国大纲》)中规定:"各省设卫生处,隶属于民政厅,兼受卫生部之直接指挥监督。"由此,"各省应设卫生处"的设想在法律上得到确立。③

然而,自《全国大纲》颁布后,"省设卫生处"的政策始终停留在规划层面而未能付诸实施。究其原因,主要受到两方面因素制约。一方面,国民政府仅有初步规划而无具体建设方案,导致机构规制不能明确。根据《全国大纲》规定,卫生处组织形态系"由卫生部另呈定之",卫生部遂拟具《省卫生处组织条例(草案)》十六条作为建设蓝本。但是,该《条例(草案)》经行政院会议决议通过后,④在立法院第十三次会议审议时被决议认为"不能成立"。⑤ 1929年3月,行政院长谭延闿又将卫生部上交的条例草案呈国民政府主席蒋介石,再次发交立法院复加审议。⑥ 遗憾的是该条例始终未能问世,机构建设长期缺乏可以遵循的法案。另一方面,"省设卫生处"规划受到地方力量的阻碍。民国时期地方实力派拥有较大权力,在执行建立卫生处的政策时与国民政府产生某种龃龉。以云南省为例,《全国大纲》颁布后,云南省政府主席龙云向中央提请

---

① 《省组织法令案(六)》,《国民政府》,(台北)"国史馆"藏,典藏号：001-012071-00419-000。

② 《通令各县县长奉工商部令内政部将卫生行政事宜移交卫生部办理仰知照由》,《河南建设月刊》1928年第1卷8期,第6页。

③ 《全国卫生行政系统大纲》,《国民政府》,(台北)"国史馆"藏,典藏号：001-012071-00087-011。

④ 《行政院长谭延闿呈国民政府》,《国民政府》,(台北)"国史馆"藏,典藏号：001-012071-00419-006。

⑤ 《立法院长胡汉民呈国民政府》,《国民政府》,(台北)"国史馆"藏,典藏号：001-012071-00419-012。

⑥ 《行政院长谭延闿呈国民政府》,《国民政府》,(台北)"国史馆"藏,典藏号：001-012071-00419-014。

"缓设卫生处",认为"滇省地处边徼,与各省情形不同"。① 由于云南"没有设立卫生处条件",遂于"民政厅第二科设一等科员一名作为卫生专员"以为折中方法。② 非惟云南有此特例,鉴于"各地情形不同,不便为划一之规定",国民政府"规定各省设卫生处"的政令"未为各地所严格遵行"。③ 从行政学角度观察,国家意志主要由中央机关表达、由地方贯彻执行,但如果"各省拥有很大的地方意志表达权,而这种意志不受国家控制",为了更多体现地方意志,对国家意志的执行则会有所保留。④ 国民政府的相关法令在地方上遭遇阻碍,却对此不加深究,任由各省政府自行其是。因此,"一时不能设立卫生处"的省份便根据自身情况灵活设置不同机关来办理全省卫生行政工作。

直至1931年后,国民政府方才重提"省设卫生处"方案。之所以接续此前规划,主要因为"九一八"事变后国内外形势发生了急遽变化。首先,由于长期的国内战争以及局部抗日战争的爆发,民族危机日渐加深,致使国民政府对繁殖人口、补充后备兵员的要求不断提高。据卫生署估计,当时中国每年死亡人数约为1 200万人,人口平均寿命仅为30岁左右。⑤ 全国人口死亡率约为30‰,居世界各国之冠,超过欧美国家一倍以上。⑥ 人口出生率一般在

---

① 《省组织法令案(六)》,《国民政府》,(台北)"国史馆"藏,典藏号:001 - 012071 - 00419 - 000。

② 陈世光、周庆来:《民国时期云南卫生史话》,政协云南省委员会文史资料委员会编:《云南文史资料选辑》第35辑,云南人民出版社1989年版,第197~242页。

③ 《全国卫生行政系统大纲修正草案呈核拟指令遵照当否祈核示》,《国民政府》,(台北)"国史馆"藏,典藏号:014 - 011103 - 0054 - 004。

④ [美]弗兰克·古德诺:《政治与行政——政务之研究》,北京大学出版社2012年版,第43页。

⑤ 蒋曾勋:《安徽卫生之回顾与前瞻》,《安徽政治》1947年9月第7~8期,第68~72页。

⑥ 陈万里:《长期抗战中浙江卫生工作的我见》,《新力》1938年第21期,第7页。

建构与转换：抗战时期国民政府省级卫生行政专管机关的形成

40‰左右，去掉死亡率，人口自然增长率仅为10‰。① 为进一步增加人口总量、减少死亡率，国民政府考虑推进省卫生行政建设以改善公共卫生条件。由于西北地广人稀，国民政府"从增殖人口这个国策"角度出发，视增加人口"为建设西北基本工作"，确定卫生工作承担"最重要的使命"。② 因此拟先在西北各省集体筹设卫生实验处。

其次，建设国防基地的需要。"九一八"事变后，迫于国内外抗日舆论压力和国防建设的需要，蒋介石萌生"移首都于西北"设想，③筹划开发西北作为国民政府"第二根据地"，"以洛阳与西安为备都"。④ 在"抗日救国之长远计划实为当今之急务"背景下，国民政府推行开发西北计划，派遣团体赴西北考察"以作将来实施之准备"。⑤ 1934年，全国经济委员会组织西北视察团，赴陕、甘、青、宁四省考察，其中一项重要内容即发展卫生事业。⑥ 随团考察的卫生实验处技正姚寻源在报告中称："必先有公共卫生机关，然后调查工作，始得以尽量进行"，他"建议协助陕、甘、青、宁四省省政府在各省内，设一卫生实验处，为办理全省卫生医疗及兽疫防治事业之中心"。⑦ 国际联盟派遣来华的卫生专家司丹巴博士（Dr. Stampar）也参与此次的考察，协助国民政府拟定了

---

① 邹依仁：《旧上海人口变迁的研究》，上海人民出版社1980年版，第61页。
② 刘冠生：《西北卫生建设商榷》，《西南医学杂志》1943年第3卷第10期，第1页。
③ 蒋介石日记（手稿本），1931年9月26日，斯坦福大学胡佛研究院档案馆藏。
④ 蒋介石日记（手稿本），1931年10月3日，斯坦福大学胡佛研究院档案馆藏。
⑤ 《汉口长江通讯新华北考察团电国民政府主席等为请实施开发西北实业计划概要》，《国民政府》，（台北）"国史馆"藏，典藏号：001-111031-00001-017。
⑥ 《卫生事业消息汇志》，《中华医学杂志》（上海）1934年第20卷第3期，第420页。
⑦ 姚寻源：《中央协助西北各省办理卫生医疗及兽疫防治事业之经过》，《卫生月刊》1935年第5卷第4期，第170、172页。

省级卫生行政机构的具体建设方案,其中包括"西北省份和江西省的卫生计划"。① 根据"西北各省卫生实验计划",全国经济委员会着手于"陕、甘、青、宁四省各设一省卫生实验处","为省之最高卫生机关,综理全省卫生事业"。此后,甘、青、宁三省先后成立了隶属于省政府的卫生实验处,陕西省则成立了类似组织——卫生委员会。②这些卫生机构的筹建适应了西北地区医疗卫生建设的现实需要,且体现了国民政府控制下的医疗卫生事业向战时体制过渡的特征。

最后,出于医疗卫生领域人士的长期述求,医疗卫生领域的官方机构、社会团体及个人多次呼吁国民政府建设省卫生处,其中固然不能排除作为精英团体的卫生官员群体有谋求自身利益的需要,但客观上对于推进地方卫生行政制度建设无疑具有促进作用。中央卫生委员会第一次会议委员全绍清、胡定安、黄子方、胡鸿基等人联名上书,反对长年搁置"省设卫生处"规划,指出各省卫生行政"或仅于民政厅内特设一科,或并科之组织而亦缺如"的局面"非所以注重卫生之道"。尽管建设省卫生处的规定"早经公布",但"省卫生机关之组织法迄未见继续颁行,已使全国有彷徨歧路之感"。③ 医疗团体和专业人士的呼吁无疑代表着社会内部的群体利益与愿望,这一意见输入政府结构之后,事实上推动了国民政府的决策。美国学者詹姆斯·R.汤森将团体述求的提出与政府作出的相关决定及贯彻称为输入与输出阶段,两者结合成为政治制度的核心过程。④ 在上述各因素的综合作用下,国民政府对建设省

---

① Foreign relations of the United States, 1935, The Far East, China, p.621.

② 刘景山:《一年来之全国经济委员会西北各项建设事业实施简要状况》,《开发西北》1935年第3卷第1~2期,第186页。

③ 《卫生部部长薛笃弼呈》,《国民政府》,(台北)"国史馆"藏,典藏号:001-012071-419-066。

④ [美]詹姆斯·R.汤森、布莱特利·沃马克:《中国政治》,江苏人民出版社2003年版,第168页。

级卫生行政机构的要求终于有所回应。

二、1934—1937年：重启与建设

自1934年4月卫生署召开卫生行政技术会议到1937年抗战爆发前夕,为第二阶段,该阶段主题是重新启动机构建设规划。在此阶段内,常态的公共卫生事业建设与战时卫生体制建设双规并进,江西与西北各省率先建立了卫生处。

1937年以前,各省设置的卫生行政机构大致归纳而言有如下两种情况：其一,于省民政厅内设科或设股或设立卫生专员掌理全省卫生工作。设科者如浙江省,1928—1931年7月间于民政厅内设科;[①]设股者如江苏省,1928—1929年7月间由"民政厅第五科设卫生股";[②]设立卫生专员者如云南省,1930—1933年间由卫生专员掌理。[③] 上述各省之机关设立后亦非稳定不变,而是随业务内容与外部环境变化,组织形态迭有变更。以浙江省为例,1931年7月,民政厅第五科为压缩编制,"被改为技术室",仅留数人办公;至1935年4月,由于得到全国经济委员会卫生实验处的资金及人力支持,技术室被裁撤并改设浙江省卫生实验处。[④]

其二,全省卫生行政不是由某单一机构统筹办理,而是将工作内容分解于各个互不统属的机关。以福建省为例,分别在民政厅、保安处、福州市公安局、教育厅内设立不同卫生机构,联合办理福

[①] 孙序裳：《五年来省县卫生设施概况》,《浙江省卫生处工作报告(1928—1949)》,浙江省档案馆藏,L036-000-0167。

[②] 内政部年鉴编纂委员会编：《内政年鉴》(1936年4月),商务印书馆1936年版,第5页。

[③] 陈世光、周庆来：《民国时期云南卫生史话》,政协云南省委员会文史资料委员会编：《云南文史资料选辑》第35辑,云南人民出版社1989年版,第242页。

[④] 孙序裳：《五年来省县卫生设施概况》,《浙江省卫生处工作报告(1928—1949)》,浙江省档案馆藏,L036-000-0167。

建卫生工作。① 再如广东省,除广州市设有卫生局外,"省内卫生行政机关,尚付阙如",因此,广州以外所有地方的一切医疗卫生工作,分属不同政府机构和民间团体办理。大体上看,由广东省政府、广东省民政厅与各警察机关兼理卫生行政设施建设,"地方慈善机关团体及私人医院协助办理"医疗防疫工作,"省政府委托广州市卫生局代办"全省医师与药品管理。直至广东省卫生处成立以后,上述工作才改由省卫生处统一办理。② 此外,尚有个别省份由省立医院兼理全省卫生工作。1933年,河南省将原有"官立施医院"更名为河南医院,"直隶于民政厅,扩充组织,掌理全省卫生事宜"。③ 综上可见,各省卫生行政机关的名目、职能与隶属关系纷繁复杂,导致地方卫生行政管理呈现相当混乱的局面。

之所以出现上述局面,既有国民政府的责任,亦有的社会经济条件的局限。首先,就中央层面而言,1930年2月、1931年3月,国民政府两次修正公布《省政府组织法》,将"卫生行政事项"纳入由"民政厅掌理事务"范畴。④ 但是,仍然"未明确规定省卫生行政之组织形态"⑤,因此迟滞了省卫生处的建设进度。1931年卫生部降格为卫生署,并入内政部。卫生部的撤销给地方卫生行政体系建设带来了某些消极影响。原本按照《全国大纲》和1929年公布的《地方卫生行政初期实施方案》规定,卫生处隶属于省政府民政厅,"兼受卫生部之直接指挥监督"。但是,卫生部由部改署之后,《全国大纲》规定的"卫生处并受卫生部指挥的规定实质上已作废"⑥。因

---

① 刘德荣主编:《福建医学史略》,福建科学技术出版社2011年版,第202页。
② 广东省政府秘书处编译室编:《广东卫生》1941年,第5页。
③ 内政部年鉴纂委员会编:《内政年鉴》(1936年4月),商务印书馆1936年版,第5页。
④ 施养成:《中国省行政制度》,上海书店出版社1947年版,第488页。
⑤ 张禹军主编:《公共卫生学》,(台北)台湾商务印书馆股份有限公司1982年版,第18页。
⑥ 邓铁涛主编:《中国防疫史》,广西科学技术出版社2006年版,第317页。

建构与转换：抗战时期国民政府省级卫生行政专管机关的形成

此,新成立的卫生署不能明确"对地方卫生机构的监督权",导致地方与中央卫生行政机关之间长期处于含混不清的关系。

其次,就地方层面而言,建设省卫生行政机关属于开创性质,而全国各省的社会经济、文化和医疗卫生发展水平差别甚大,因此不易协同一致。卫生署长刘瑞恒就认为,地方卫生行政机构"未能显一致之效果""名称亦多不相同",是"建设过程中不可免之事实"。① 即便在医疗卫生界也有人质疑统一的地方卫生行政制度在当时的社会环境下能否行得通。公共卫生专家陈志潜提出:"一省一市或一县的卫生事业,是根据于该省该市或该县之需要而产生的,又根据该省该市或该县之经费与人才而制定范围的。中国国家如此之大,各省市县情形悬殊,今日要在组织上求一个统一办法,实在是不可能的",所以,"各省市县之卫生组织,亦万难划一"。② 囿于客观环境制约,国民政府颁布的相关法令在"预见到有效执行时可能遭遇的各种困难"时,便随之延宕数年而"未能实施"。③ 通观上述情况,"省设卫生处"规划在制度与实践层面的久悬不置造成了各省卫生行政机构建设各自为政、权责不明的混乱局面。直至1934年,于全国范围内统一设置省卫生处的规划方才重新启动。

1934年4月,在南京召开的卫生行政技术会议上,来自中央与地方各卫生行政机关与医事单位的代表通过"交换意见"的方式达成共识,④认为尽快建设独立的省卫生行政专管机关对发展地方医疗卫生事业具有重要意义。⑤ 会议最终制定了"各省设卫生

---

① 中国文化建设协会编:《抗战十年前之中国》,《近代中国史料丛刊续编》第九辑,(台北)文海出版社1979年版,第427页。
② 陈志潜:《内政部卫生行政技术会议》,《民间》1934年第1卷第2期,第12页。
③ Foreign relations of the United States, 1934, The Far East, China, p.370.
④ 《卫生行政技术会议之举行》,《中国国民党指导下之政治成绩统计》1934年第4期,第30~31页。
⑤ 《卫生事业消息汇志》,《中华医学杂志》(上海)1934年第20卷第3期,第419~420页。

实验处"的发展方案。① 会议结束以后,各省卫生行政工作"并无独立主管机关"的局面开始得到改变。在国民政府推动下,部分省份的"卫生实验处或类似之组织者"次第设立起来。② 截至全面抗战爆发前,全国已建成独立的省卫生行政专管机关的具体情况如下表1:

表1　1937年全面抗战爆发前夕全国各省卫生行政机关概况③

省　别	机构名称	设立时间	直属上级机关
江　西	全省卫生处	1934年6月	省政府
湖　南	卫生实验处	1934年7月	省政府民政厅
甘　肃	卫生实验处	1934年9月	省政府
青　海	卫生实验处	1934年11月	省政府
宁　夏	卫生实验处	1934年12月	省政府
陕　西	卫生委员会	1935年1月	省政府
浙　江	卫生实验处	1935年4月	省政府民政厅
云　南	全省卫生实验处	1936年7月	省政府
安　徽	省卫生院	1936年8月	省政府民政厅

资料来源:金宝善、许世瑾:《各省市现有公共卫生设施之概况》,《中华医学杂志》1937年第23卷第11期,第1236页。

卫生处及类似组织的设立和运作使得相关省份的卫生行政建设在较短时期内获得"显著之进步",④从而有效推进了地方医疗

---

① 《南京卫生行政技术会议》,《同仁医学》1934年第7卷第6期,第72页。
② 内政部年鉴编纂委员会编:《内政年鉴》(1936年4月),商务印书馆1936年版,第4页。
③ 广西省曾一度于1934年4月设立卫生委员会,但于1936年废除。
④ 金宝善:《民国以来卫生事业发展简史》,《医史杂志》1948年第1卷第1~2期,第20页。

建构与转换：抗战时期国民政府省级卫生行政专管机关的形成

卫生事业发展，顺应了战时医疗卫生体制的建设需要。在常态性与向战时转换的双规制工作中，省卫生行政机关对地方医疗卫生事业发挥了主导作用。

不过，这一时期的机构建设犹存在明显缺憾。卫生部降格为署后，省卫生处与中央卫生行政机构的关系问题成为遗留未决的隐患。1934年，卫生行政技术会议仍然未对卫生署与省卫生处的关系作出明确规定。由于关系不清，省卫生处的经费来源和额度，便无一定标准可以遵循。与会代表陈志潜当时便指出："此次会议，地方代表中有请求中央协助者，中央行政人员答复异常含糊。我对于中央卫生机关的财政困难，无力帮助各省地方事业，甚表同情。同时我对于中央提倡地方事业，无明瞭的认识，与具体的协助方法，亦不能不有遗憾。在事业创办时期内，协助地方绝对是中央的责任，此不仅在贫穷的中国应当如此，即在欧美各大富强国家，亦有一定办法。"由于双方之间"关系未得具体决定"，这一"含糊"之处实际造成此后省卫生处建设的困境。①

事实上，已设立的卫生实验处，其筹建与运作均仰赖全国经济委员会协款，一旦款项不至或有所减少，工作便陷于瘫痪，甚至被地方政府裁撤建制。例如，甘肃省卫生实验处的运行依靠全国经济委员会协款，"协款停给，而实验处亦告消逝"，该省卫生行政工作只好改为"民政厅设科掌管"。② 直至全面抗战爆发以后，鉴于西北是国防重地，"卫生设施，迫切需要"，甘肃省卫生处才"迎运而复活"。③ 青海情况亦与此相同。至1936年秋，青海省卫生实验处职员已连续数月无薪酬，"生活极端困难"，处长王禹昌"借交涉

---

① 陈志潜：《内政部卫生行政技术会议》，《民间》1934年第1卷第3期，第13页。
② 姚寻源：《一年来之甘肃卫生》，《新甘肃》1948年第2卷第2期，第57页。
③ 刘锡霖：《甘肃卫生八年来的检讨及今后工作动向》，《新甘肃》1947年第1卷第2期，第43页。

经费为名"离开。① 该处移交地方后,最终因经费来源中断于1938年4月撤销,代理处长张承寿离任他去。直至由国民政府重新拨发经费,青海省卫生处才得以恢复建制。

三、1937—1940年:发展与转换

自1937年全面抗战爆发前夕至1940年《省卫生处组织大纲》颁布,为省级卫生行政专管机构建设的第三阶段,该阶段主题是在全国范围内筹划建立统一规制的省卫生处。

全面抗战爆发后,省级卫生行政专管机关的设置并没有停止。至1939年年底,全国已设立卫生行政机关的21个省份,其中11省系独立的省卫生行政专管机关,其他10省系于民政厅内设科。具体情况如下表2所示:

表2 1939年年底各省设立卫生行政机关情形

省 别	设立机关	省 别	设立机关	省 别	设立机关
安 徽	卫生科	江 苏	卫生科	湖 北	卫生科
察哈尔	卫生科	河 南	卫生科	山 东	卫生科
绥 远	卫生科	山 西	卫生科	广 西	卫生科
河 北	卫生科	宁 夏	卫生实验处	甘 肃	卫生实验处
湖 南	卫生实验处	陕 西	卫生处	四 川	卫生实验处
浙 江	卫生实验处	福 建	全省卫生处	江 西	全省卫生处
云 南	卫生实验处	贵 州	卫生委员会	广 东	卫生处

资料来源:施养成:《中国省行政制度》,上海书店出版社1947年版,第85页。

---

① 张琪:《解放前青海省卫生事业概况》,中国人民政治协商会议青海省委员会文史资料研究委员会编,《青海文史资料》(第6辑),1985年,第96页。

建构与转换：抗战时期国民政府省级卫生行政专管机关的形成

由上表 2 可见，1940 年以前各省卫生行政机关之规制未获统一。在名称上，各机关"或称卫生处，或称卫生实验处，或称全省卫生处，或称全省卫生实验处，或称省卫生委员会"；在隶属关系上，各机关"或隶于省政府，或隶于民政厅"，设置情形较为混乱。① 由于各机关的"名称不一、隶属各别"，不仅"影响政令推行"，也不能适应战争环境下全国医疗卫生的动员与管理。因此，卫生署谋求建设"整齐划一"的"省卫生处"。② 1940 年 2 月 1 日，内政部呈送由卫生署拟定之《省卫生处组织大纲（草案）》[以下简称《省大纲（草案）》]至行政院。在呈送信函中，内政部部长周钟岳围绕以下两方面申明了统一建设"省卫生处"的原因：其一，既往的卫生行政机关"指挥之系统不一，行政之组织不定，影响于政令之推行，实非浅鲜"，因此迫切需要有规范且统一的"省卫生组织"来统筹地方卫生事业和协调战区卫生工作；其二，随着战时防疫救护工作愈加繁剧，"各地方添置卫生、防疫、医疗等机关及县乡基层卫生机构益多，省卫生组织亟需确定"。综上，周钟岳征引《省政府组织法》第八条第二项中"省政府于必要时得增设"卫生专管机关的内容，建议行政院鉴核施行《省大纲（草案）》，以此"推进地方卫生工作"。他还指出，《省大纲（草案）》已经"斟酌地方需要"，可作为"省卫生行政组织之标准"。③

不过，《省大纲（草案）》的出台及实施的过程并不顺遂。在收到内政部呈文后，行政院认为，尽管《省大纲（草案）》"用意甚善"，但存在法理上的抵牾。1928 年的《全国卫生行政系统大纲》（以下

---

① 《内政部呈为拟具省卫生处组织大纲草案请鉴核施行由》，《行政院》，（台北）"国史馆"藏，典藏号：014-011103-0054-005。

② 《省卫生处组织大纲案》（调字第 3556 号），《国民政府》，（台北）"国史馆"藏，典藏号：014-011103-0054-003。

③ 《内政部呈为拟具省卫生处组织大纲草案请鉴核施行由》，《行政院》，（台北）"国史馆"藏，典藏号：014-011103-0054-005。

简称《全国大纲》）中有关省卫生处的规定与《省大纲（草案）》"有互为出入之处"。行政院认为，《省大纲（草案）》"虽系为适应当前事实需要起见，未便悉以《全国卫生行政系统大纲》相绳"，但是，"同一政府所颁布之法令，究未便规定两歧"。因此，行政院认为应对《全国大纲》加以"相当之厘正，使其切合适用"，而不倾向于颁布新的法案。① 2月19日，卫生署署长颜福庆、副署长金宝善联名致信行政院政务处长蒋廷黻，重申了各省卫生行政机关"亟需确定组织"。② 23日，蒋廷黻复信颜、金两人，对来函质疑未作解答，仅称制定《省大纲（草案）》需要等待"卫生署改隶案核定后，再付审查"。③ 问题被再次悬置。

　　通过仔细甄别可见，1928年与1940年的两个《大纲》在以下三个方面"未尽相符"：

　　第一，关于省卫生处之隶属。前者规定省卫生处"隶属于民政厅兼受卫生部之直接指挥监督"，后者则一律改为直隶于省政府。对于卫生署的这一新改动，行政院持有不同看法，因此在《省大纲（草案）》修订稿中的第一条添加了省卫生处"并受民政厅之指挥监督"一语。卫生署正、副长坚持反对行政院的修改稿，以江西、福建省卫生处为例指出，"赣闽两省卫生处均系直隶于省政府已历有年，两省主席对于卫生行政均极注重，故两省之卫生事业均多进步，所属各县卫生机关亦并设较多，故其地位与设施深有关系"，因此，"省卫生处以直隶于省政府为宜，'并受民政厅之指挥监督'一语最好删去"，否则将使已设立卫生处之工作大受影响。同时，省卫生处改隶省政府后可以使卫生处长"与各厅系处同等地位官等，

---

① 《省卫生处组织大纲案》（调字第3556号），《行政院》，（台北）"国史馆"藏，典藏号：014-011103-0054-003。

② 《颜福庆、金宝善致蒋廷黻信》，《国民政府》，（台北）"国史馆"藏，典藏号：014-011103-0054-008。

③ 《蒋廷黻复函》，《行政院》，（台北）"国史馆"藏，典藏号：014-011103-0054-16。

建构与转换：抗战时期国民政府省级卫生行政专管机关的形成

规定简任于行政职权得资便利"。①

第二，关于处长职级。对于《全国大纲》第七条中卫生处"处长为简任职"的规定，②卫生署初拟的《省大纲（草案）》原本未作变更。③但是，在内政部所呈定稿中则将处长职级修改为"简任或简任待遇"。④这一修改不仅牵涉处长个人政治地位变动，且与部分省份已设立机关的主官职级不符，增加了执行阻力。

第三，关于省与县、市卫生行政机构关系的规定。根据《全国大纲》第四条规定："各市、县设卫生局，隶属于市县政府，兼受卫生部之直接指挥监督。"第九条规定"各县卫生局长之任命"由卫生处长决定，上呈民政厅并"呈报卫生部备案"。⑤但是，卫生署初拟的《省大纲（草案）》修改为："省卫生处对于县卫生院、市卫生事务所负监督指导之责。"⑥内政部所呈定稿则在卫生事务所前又添加了"卫生局"。⑦

此外，《省大纲（草案）》还将卫生处的编制人员数目加以规定，"省卫生处分科办事，视事务需要及财政状况酌置科长二人或三人，技正一人或二人，均荐任；科员九人至十五人，技正四人至八

---

① 《颜福庆、金宝善致蒋廷黻信》，《国民政府》，（台北）"国史馆"藏，典藏号：014-011103-0054-009。

② 《全国卫生行政系统大纲》，《国民政府》，（台北）"国史馆"藏，典藏号：001-012071-00087-011。

③ 《省卫生处组织大纲草案（卫生部初拟稿）》，《行政院》，（台北）"国史馆"藏，典藏号：014-011103-0054-011。

④ 《省卫生处组织大纲草案（卫生部呈院稿）》，《行政院》，（台北）"国史馆"藏，典藏号：014-011103-0054-012。

⑤ 《全国卫生行政系统大纲》，《国民政府》，（台北）"国史馆"藏，典藏号：001-012071-00087-011。

⑥ 《省卫生处组织大纲草案（卫生部初拟稿）》，《行政院》，（台北）"国史馆"藏，典藏号：014-011103-0054-011。

⑦ 《省卫生处组织大纲草案（卫生部呈院稿）》，《行政院》，（台北）"国史馆"藏，典藏号：014-011103-0054-012。

人,均委任"。此外,还可酌情使用若干"雇员及练习生"。① 行政院对此表示反对,认为制定标准人员数目后可能导致"各省之卫生机关重行改组",依据新法案成立的卫生处究竟"能补救当前困难至何程度",尚是未知之数,因此主张"暂停缓议"。②

1940年4月,卫生署重隶行政院后,制定正式的《省卫生处组织大纲》工作再次启动。6月6日,行政院拟召集卫生署与内政部、财政部、教育部举办联席会议共同审查《省大纲(草案)》。12日上午,三部会同卫生署进行联合审查。18日,经行政院第470次会议讨论原则通过了该《省大纲(草案)》。不过,会议认为草案存在若干不当之处,应对部分条款中文字"略予修正"。会议建议,在第二条"简任"两字下加"或简任待遇"一句;第五条重新修订为"省卫生处置科长、科员、技正、技士,其名额、官等、俸给及编制由省政府依事务需要及财政状况拟定,报由卫生署转呈行政院核定"。而且,为解决新旧两大纲矛盾之处,会议决定待《省大纲》正式公布以后,呈请国民政府将1928年的《全国大纲》予以废止。③ 22日,行政院长蒋介石呈国民政府制定《省卫生处组织大纲》并请废止《全国卫生行政系统大纲》。④ 7月1日,国民政府主席林森指令行政院,为制定《省大纲》并将《全国大纲》予以废止一案,准予备案。⑤

---

① 《省卫生处组织大纲草案(卫生部呈院稿)》,《行政院》,(台北)"国史馆"藏,典藏号:014-011103-0054-012。
② 《省卫生处组织大纲案》(调字第3556号),《行政院》,(台北)"国史馆"藏,典藏号:014-011103-0054-004。
③ 《省卫生处组织大纲及组织条例》,《行政院》,(台北)"国史馆"藏,典藏号:014-011103-0054-025。
④ 《行政院长蒋中正呈国民政府》,《国民政府》,(台北)"国史馆"藏,典藏号:001-012071-00415-006。
⑤ 《国民政府主席林森指令行政院》,《国民政府》,(台北)"国史馆"藏,典藏号:001-012071-00415-008。

建构与转换：抗战时期国民政府省级卫生行政专管机关的形成

1940年6月，国民政府行政院正式公布《省卫生处组织大纲》，明确规定"省卫生处"的名称、隶属关系及掌理业务范围。① 可见，国民政府经过多次反复以后终于明确了省卫生处的组织形态与政治地位，至此为建设全国统一机关提供了可以遵循的蓝本。与此相同步的是，国民政府控制下军队和医疗体系也恰于此时"基本上完成了从平时向战时体制的转换"②。自中央至地方搭建起的这一整套战时卫生体制中，省卫生处主导着地方医疗卫生事业的发展。

四、1940—1945年：规范与划一

自1940年6月《省卫生处组织大纲》颁布至全面抗战胜利，为省级卫生行政专管机构建设的第四阶段，该阶段主题是全国各省卫生处规制趋向统一。

《省卫生处组织大纲》施行以前，由于机构及规制不统一，不同省份卫生机关的人员规模差别较大。例如，1938年广东省卫生处内分设事务、救护与防疫三科，连同科员、雇员在内，"合计全处仅十三人而已"。③ 云南全省卫生实验处成立初期，全处职员仅十余名。④ 人员更为稀少的浙江省，1938年负责卫生行政工作的技术室"工作同志只二三人"。⑤ 相较而论，此时的江西全省卫生处人员充实，自处长以下，设有秘书、科长、技正、视察员、技士、技佐、科

---

① 《省卫生处组织大纲》(1940年6月21日)，上海市档案馆藏，Q400-2-224。
② 解学诗等著：《战争与恶疫·七三一部队罪行考》，人民出版社1998年版，第261页。
③ 广东省政府秘书处编译室编：《广东卫生》，1941年版，第5页。
④ 政协云南省委员会文史资料委员会编：《云南文史资料选辑》第35辑，云南人民出版社1989年版，第198页。
⑤ 阮毅成：《浙江省卫生处五周年纪念刊序》，《浙江省卫生处工作报告(1928—1949)》，浙江省档案馆藏，L036-000-0167。

员、办事员及会计等职务,编制人员在39～53人之间。此外,处长还可以酌情雇用雇员30～40人,练习生10～20人。① 江西全省卫生处工作人员最多时达到百人以上,与同时期浙江、广东等省的情况相差悬殊。

随着《省卫生处组织大纲》施行和战时卫生工作的展开,各省卫生处人员规模较抗战初期有明显上升。以浙江为例,1940年该省卫生处全员共30人,1941年增至67人,各类工作人员数量均有大幅增加。具体情况如表3所示:

表3 浙江省卫生处工作人员统计表(1940—1941)

级别	处长	秘书	助理秘书	科长	会计主任	技正	视导	科员	技士	办事员	技佐	书记	雇员	技术助理员	其他人员
1940年	1	—	—	3	1	—	4	2	4	6	3	—	5		
1941年	1	—	—	1	6	—	8	3	3	3	21	—	18		

资料来源:《本处历年工作人员统计表》,《浙江省卫生处工作报告(1928—1949)》,浙江省档案馆藏,L036-000-0167。

《省卫生处组织大纲》颁布后,省卫生处组织形态获得确定,不仅人员编制规模扩大,其组织架构也进一步得到完善。如云南全省卫生实验处的办公场所原系借用公园建筑,1940年6月以后随着独立办公场所建成,该处得以增设部门、扩充组织。1942年,该处建成"二层办公大楼一幢",其中一层专门作为卫生试验所。② 陕西省卫生处成立初的组织架构"至为简单";至1940年后,该处"将各科室人员酌予增加,以使分股办事而专责成,并增设视导股,

---

① 《修正江西全省卫生处组织规程案》(1938年8月30日),《江西省组织法令案(一)》,《国民政府》,(台北)"国史馆"藏,典藏号:001-012071-00159-015。

② 中国人民政治协商会议云南省昆明市委员会编:《昆明文史资料集萃》第4卷,云南科技出版社2009年版,第2726页。

建构与转换：抗战时期国民政府省级卫生行政专管机关的形成

专司巡回视导"①。1939年2月,福建全省卫生处设有秘书室和第一、二、三科,②至1940年12月,在原有机构外增设了会计室和技术室。③ 综上可见,1940年后各省卫生处组织架构得到进一步完善。

虽然处在侵略战争长期破坏下,省卫生处的建设进度却并未中断。1940年8月—1944年9月,又有广西、河南、湖北、西康、新疆、江苏六省先后建立省卫生处。④ 全面抗战胜利前夕,全国总计十八省成立省卫生处。⑤ 时人认为,当此抗战时期"财政空前困难",但各省医疗卫生事业"仍有甚大之发展"是"不可否认之事实"。⑥ 省卫生处的建设与发展即为其中显著一例。至于少数省份未能适时按照统一规划建成省卫生处,至抗战胜利后方才落实。

在省卫生处的领导与监督下,地方卫生行政体系建设逐步完善。根据国民政府筹划,省及以下各行政序列均建立相匹配的卫生设施:省设卫生处,市设卫生局,县设卫生院,区设卫生分院,乡镇设卫生所,保设卫生员。在此制度设计内,各地方结合实际初步建立起一套自省、市、县至乡村的地方卫生体系。1939年国民政府颁布"新县制"后,各省卫生处奉令建设配合新县制下的卫生机构,用时4年在全国17个已经设立省卫生处的省份建立起县卫生院共计895处;⑦至全面抗战胜利时,全国除收复区以外的县卫生

---

① 杨鹤庆:《一年来的陕西卫生》,《陕政》1944年第5卷第6期,第57~63页。
② 《福建全省卫生处组织规程》,《内政公报》1938年第11卷第4~6期,第166页。
③ 《修正福建省卫生处组织规程》,《行政院公报》1941年第4卷第9期,第30页。
④ 邓铁涛主编:《中国防疫史》,广西科学技术出版社2006年版,第325页。
⑤ 十八省分别为:江西、湖南、甘肃、青海、宁夏、陕西、浙江、云南、安徽、广东、福建、贵州、四川、广西、河南、湖北、西康、新疆。
⑥ 金宝善:《三十年来中国公共卫生之回顾与前瞻》,《中华医学杂志》1946年第32卷第1期,第7页。
⑦ 毛德富主编:《河南文史资料大系·政治卷·卷4》,中州古籍出版社2014年版,第1434页。

院达978处。① 卫生行政的触角得以下探到县及以下地方。

五、余　　论

自清末以降,公共卫生逐渐从个体的、民间的行为,演进为以政府名义践行的职责和制度化的行政事务。政府主导卫生工作的主要表现特征,即在于"设立专门的机构并配备专职从业和管理人员"以开展日常工作。② 南京国民政府成立后,通过设置不同级别的卫生专管机关并配置专业人员,维持政府控制下医疗卫生事业正常运作。此类机关的工作对于其他政府部门而言专业化程度较高,工作人员需要具备一定的医学或卫生学知识及专业技能。因此,由"富有卫生专门学识者"充实各级卫生机关,③处理行政工作,关乎卫生机制专业化的基本需要。

自1928年以后,国民政府"普遍推行卫生保健事业及公医制度为卫生政策,并列入宪法以为百年大计",④制度建设带动了工作岗位的增多,促进医学人才队伍的扩大。卫生行政的专业化也顺应了医政建设和公共卫生业务管理的要求,促使国家对卫生行政人才的需求不断增长。然而,近代中国"专门研究卫生行政"人才数量极少,各地征聘卫生行政人才备感艰难。⑤ 中央至省、市、县各级卫生行政机关的卫生行政人才往往来源于职业医师,因其

---

①　金宝善:《三十年来中国公共卫生之回顾与前瞻》,《中华医学杂志》1946年第32卷第1期,第7页。

②　余新忠:《清代卫生防疫机制及其近代演变》,北京师范大学出版社2016年版,第224页。

③　叶秉衡:《卫生行政之重要建设》,《北京大学日刊》1922年11月27日,第4版。

④　金宝善:《民国以来卫生事业发展简史》,《医史杂志》1948年第2卷1~2期,第25页。

⑤　黄雯:《创刊辞》,《广东卫生》1939年第1期,第1页。

建构与转换：抗战时期国民政府省级卫生行政专管机关的形成

兼有"充分的医学知识"和"相当的行政经验"。① 目睹卫生制度建设与卫生行政专业化的发展态势，时人敏锐地觉察到，受医学教育者的就业前景将发生根本变化——由于地方各级卫生行政机构"相继成立"，"国家行政已经准许医生参加"，医师和医学生们"得了数千年梦想不到的机会"，"都有希望'走马上任'！"②事实上，地方卫生行政机构的主官群体正是在上述背景下产生的。抗日战争爆发后，面临侵略战争威胁，卫生体制从常态向战时转换过程中对医疗技术人才的需求更急遽增加，因此，数量众多的医师、医学生转向卫生行政岗位，肩负起地方卫生建设的领导职责，在全国范围内形成了一批职业的卫生官员群体。

通过对省卫生处职员群体的教育背景进行分析，可以对卫生行政机构的专业化倾向有更清晰的认识。统计1937—1945年间共产生的40名省卫生处长(含代理处长)的教育背景，他们全部接受过医学或卫生学专业高等教育。至少有33人在出任处长职务前还曾出国攻读过医学或卫生学专业学位，占总人数的84%以上，其中多数还取得博士或硕士头衔。③ 由此可见该群体的专业化程度。以湖南省卫生处处长张维为例，他早年毕业于湘雅医学院，曾获医学博士学位，后赴美国哈佛大学攻读公共卫生学专业硕士学位。④ 湖北省卫生处处长卢镜澄毕业于上海崇德医科大学，后赴德国仁兰大学获得医学博士学位。⑤ 不仅省卫生处长群体具有较高的学历水平，卫生处职员群体的专业化程度亦不低。以浙

---

① 陈万里：《浙江卫生事业之检讨》，《浙江民政月刊》1935年第5卷第1期，第107页。
② 陈志潜：《走马上任》，《医学周刊集》1929年2月，第259～260页。
③ 杨阳：《全面抗战时期中国各省卫生处处长群体研究(1937—1945)》，湖南师范大学硕士学位论文，2017年，第31页。
④ 《湖南省政府卫生处历任处长变易一览表》，湖南省档案馆藏，74-2-6：001。
⑤ 《湖北省卫生处职员名册》，湖北省档案馆藏，LS67-1-32：002。

江省卫生处为例,1945年7月全处共有职员73人,其中具有大学或国外留学经历者共18人,具有专科、职业学校及初高中学历者共41人,两者合计占全处人数的80.8%。① 与晚清至北京国民政府时期相比较,南京国民政府控制下的省卫生行政机关的性质与人员构成已发生显著变化,后者主要由具备专业化标准的现代医师群体构成并主导。他们是医学专业出身的技术人才,在专门知识与技能基础上更为强调卫生行政的专业性。尽管县及以下机关的卫生工作多由非专业人员担任,但领导与技术上的责任是专业人员承担,后者指导前者,前者依赖于后者。有学者提出,在地方医疗卫生建设实践中形成的"专业与非专业结合"路径并不表示"卫生建设完全是非专业性的",②专业性特征实际主导着省卫生处的发展。

卫生行政作为一种系统的、有组织的、受政府主导的制度实践,也是国家现代化的重要组成。正如美国学者吉尔伯特·罗兹曼所说,高度分权化与专门化的制度发展为政治作用的稳步扩展打下基础,属于现代化发展的正常进程。③ 省卫生处的设立及其运作所呈现出的较为鲜明的现代化趋向,反映了民国政府地方卫生行政建设具备的现代行政的基本要素。同时,卫生行政制度不仅代表着文明进步的现代化,也作为一种政治和文化权力介入到民众日常生活。这种权力深入到地方社会意味着"国家职能的深化和具体化",同样象征着"国家权力的一种扩张"。④ 建立省级卫

---

① 《本处职员质量(二)》,《浙江省卫生处工作报告(1928—1949)》,浙江省档案馆藏,L036 - 000 - 0167。

② 李传斌:《南京国民政府时期乡村卫生建设的路径选择(1927—1937)》,《求索》2017年第11期,第185页。

③ [美]吉尔伯特·罗兹曼:《中国的现代化》,江苏人民出版社1999年版,第75页。

④ 余新忠:《清代卫生防疫机制及其近代演变》,北京师范大学出版社2016年版,第325页。

生行政专管机构,隐含着中央政府职能在行省以及基层社会合理而全面地渗入,在某种程度上形塑了民众新的生活习惯与卫生观念。

尽管省卫生处有意引导和塑造民众的卫生观念、动员民众参与公共卫生事业,但并不能做到行之有效。省卫生处长及以下各级卫生技术人才的注视点多在城市,对于基层社会尤其是广大农村的联系不足。江西省卫生处长方颐积曾总结说,地方卫生事业"多系政府举办,以为倡导",至于"民众自动协助推行或扩张充实者,尚不多见,广大民力,未能发动"。尽管通过"十余年来卫生宣传",已向民众灌输"卫生的需要"和"卫生事业是国民的权利",但卫生行政机关及其组织者究竟能用什么方法去"大规模'唤起民众'、'发动民力'",却仍茫然无措。① 省卫生处在制定"穷乡僻壤的健康所需"方案时,其"书面计划,无懈可击",但"见诸事实的,相差尚远",②对于如何大规模动员群众参与卫生建设并无有效举措,对底层民众的健康诉求与社会性防疫需要也响应乏力。尤其处于日军侵华战争冲击下,省卫生处时常随省政府搬迁异地,各项工作惟有在辗转流移中进行。③ 如浙江省卫生处长孙序裳到任以后,"差不多三分之一的光阴都在颠沛流离中"。④ 其施政效果对在地民众而言,显然被严重削弱。

上述问题的存在并不孤立,卫生行政领域的施政局限折射出国民政府在社会治理上的整体性症结所在。有学者认为,国民党

---

① 方颐积:《新县制与卫生》,《地方政治》1940年第4卷第9~10期,第16~17页。

② 张维:《三千万民众的健康直接影响到全省财力与抗战建国》,《湖南卫生通讯(1940)》,湖南省档案馆藏,74-1-58。

③ 阮毅成:《浙江省卫生处五周年纪念刊序》,《浙江省卫生处工作报告(1928—1949)》,浙江省档案馆藏,L036-000-0167。

④ 孙序裳:《五年来省县卫生设施概况》,《浙江省卫生处工作报告(1928—1949)》,浙江省档案馆藏,L036-000-0167。

组织力薄弱是与其"精英特质"相联系,由于国民党的政策取向与组织构成偏重于"都市资产—精英阶层",因此对于地方基层社会治理缺乏相应的了解与对策。① 事实上,省卫生处较为鲜明的精英化特征导致了卫生工作的趋向与力量基本上停留在城市,对社会基层的工作通常只能谋划、呼吁而不能落实。此种建设倾向造成地方卫生体系"形成头重脚轻的'锥状'立体"②,严重阻碍了医疗在地化与基本公共卫生服务的均等化。抗战时期省卫生处建设面临的瓶颈,既是近代中国公共卫生事业发展中普遍遭际的反映,也折射出国民政府在基层社会组织力薄弱的现实困境。

(杨阳,上海大学历史系博士研究生)

---

① 汪朝光:《全国抗战时期国民党的地方政治改革》,《社会科学研究》2018 年第 5 期,第 151 页。
② 方颐积:《从江西卫生谈到地方自治》,《江西动员》1943 年第 4 卷第 1 期,第 56~65 页。

社 会 经 济

水权与神权：清代五台山境域[①]水利纠纷与庙宇权威

——以代州峨河为例[*]

赵新平　王超宇

　　山西多山少水,对水资源的争夺是山西传统村落权力纠纷的重要具象,是村落水权界定模糊的结果。在水利纠纷个案中,民众通常根据传说、神祇等象征资源,以作为取水合理性与合法性的隐喻。赵世瑜围绕明清汾河流域"三七分水"的案例,分析了传说、民间信仰在权力运作中的重要作用；[②]张俊峰以"滦池"历史水案为例,认为民间构建出"水""神""权"合一的水权表达方式；[③]张小军从经济产权与文化产权的角度,分析了介休源神庙之于村落分水的意义。[④]

---

[*]　[基金项目]本文为国家社会科学基金项目"明清至民国五台山境域庙会与村落生活研究"(14BZS094)阶段性成果。

[①]　五台山境域：指受佛教影响较深的五台山周边地区,在今天具体指山西省繁峙县、代县(清朝为代州州治)、原平市(清朝称崞县)、忻府区(清朝称忻州州治)、定襄县、五台县、盂县与河北省阜平县等地。

[②]　赵世瑜：《分水之争：公共资源与乡土社会的权力和象征——以明清山西汾水流域的若干案例为中心》,《中国社会科学》2005年第2期。

[③]　张俊峰：《前近代华北乡村社会水权的表达与实践——山西"滦池"的历史水权个案研究》,《清华大学学报》(哲学社会科学版)2008年第4期。

[④]　张小军：《庙宇·水权·国家——山西介休源神庙的个案研究》,赵世瑜：《大河上下——10世纪以来的北方城乡与民众生活》,山西人民出版社2010年版,第101～133页。

学者大多涉及水权与神灵信仰的关系问题,但水权与神权的具体内涵与互动模式,需进一步探讨。在五台山佛教场的长期影响下,晋北五台山境域佛教信仰较为普遍,形成了以佛教信仰为中心的多样的神灵信仰体系。神灵信仰对当地村落水利纠纷产生了重要影响。唐朝治水贤人茹汝升是代州峨河流域的水神。由于村民对茹公神的神格建构,清朝,当地茹公祠、相公庙等在水利纠纷中具有公正性、象征性的权威。庙宇权威以神权为核心,以庙宇为载体,是水权争夺时的权力表达,也是水权分配时的公正象征。对本村或跨村落庙宇的权威建构成为村民在水利纠纷中取得话语权和判决权的重要方式。

一、峨河:两岸八村里的水利社会

代州属于温带大陆性气候,自古干旱少水,地瘠民穷,被称为"十年九旱"之地。为数不多的地表水成为当地民众重要的季节性用水来源,主要有滹沱河、峨河及峪河等。峨河发源于五台山脉,为滹沱河的一级支流,大致呈南北流向,"峨河源出中台太华池,西北流至狮子窝,入(繁峙)县境,与黑龙池水会,又有峨岭水自南来注之,合而北流过圭峰,西曲行山中九十里,至峨口出山,北入滹沱"①。清朝,峨河是代州与繁峙县的边界,"河出峨口,东岸属繁峙,西岸属代州"②。在峨河的东西两岸,修建了流向不同村落的渠道,形成以峨河为中心的渠道网络,扩大了峨河的灌溉面积,与峨河发生关系的村落越来越多。清朝中后期以来,峨河的灌溉区域覆盖了东西两岸的八个村落,东岸灌溉繁峙县四村:"峨河渠灌

---

① (光绪)何才价修,杨笃纂:《繁峙县志》卷1《地理志》,《中国地方志集成:山西府县志辑》第15册,凤凰出版社影印本2005年版,第217页。

② (光绪)何才价修,杨笃纂:《繁峙县志》卷1《地理志》,第219页。

县属之佛光庄、高陵、上下木角诸村地,自立夏之日始,按时分水,程自上而下,以次引溉,设渠头司之。"①西岸灌溉代州四村:"峨河渠自峨口起,由东而西溉峨口、下社、付村②、南留属各村地。"③峨河流域形成两岸八村的灌溉态势,其河流、渠道走向与八村分布如图1所示。

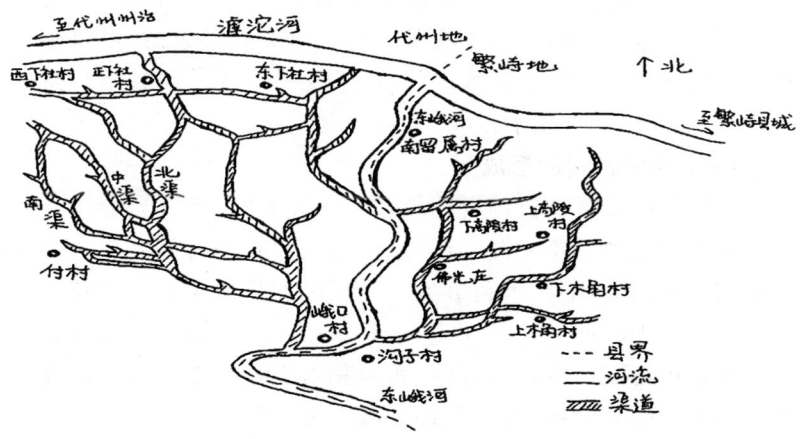

图1 光绪年间峨河渠道图

资料来源:根据光绪《代州志》卷首《渠道图》,第233~234页内容改绘。

明嘉靖、万历年间,峨河流域就曾发生过水利纠纷,"峨口东岸属繁峙,西岸属代州,二处互争水利"④。当地权监司的判决为:"水利来自繁峙,经由代郡,卒遇岁旱,亦当均分。"⑤官方根据当时旱情

---

① (光绪)何才价修,杨笃纂:《繁峙县志》卷1《地理志》,第219页。
② 付村即今代县峨口镇富村。
③ (光绪)俞廉三修,杨笃纂:《代州志》卷3《地理志》,《中国地方志集成:山西府县志辑》第11册,凤凰出版社影印本2005年版,第305页。
④ (道光)吴其均纂修:《繁峙县志》卷1《舆地志》,《中国地方志集成:山西府县志辑》第15册,凤凰出版社影印本2005年版,第35~36页。
⑤ (道光)吴其均纂修:《繁峙县志》卷1《舆地志》,第35~36页。

的状况,采取了相对简单化、随意化的调解措施。在遇到更多复杂情况时,村落水权依旧分配不明,为清朝水利纠纷的频发埋下伏笔。

二、庙宇:水利纠纷中的权威

庙宇不仅是村民供养神灵、表达信仰需求的村落神圣空间,更是一种具有权威性质的信仰资源。庙宇权威的形成,其根源在于村民对庙宇神圣性质的集体认同。当世俗社会无法调解水利纠纷时,村民只能借助于庙宇权威。

(一) 庙宇权威的形成

庙宇的权威性来自神灵的权威性。神灵的传说、灵验功能是庙宇权威形成的主要依据。在各村奉祀的神祇中,茹公神的传说与水利有关,其庙宇在水利事务中的权威为其他庙宇所不及。通过分析茹公神的神化过程,可进一步探究庙宇权威的形成过程。

五台山境域神灵众多,以佛教神和本土神居多。佛教神源于五台山的佛教文化系统,本土神则源于民众的日常生活。茹汝升是代州先贤,其教民使水的功绩为当地民众熟知,"西峨河,西南十里,源出荆山,茹仆射尝教民溉田"①。茹仆射,即茹汝升,唐朝当地的水利专家。"茹汝升,代州人,长安间为仆射。州峨、峪水泛滥,汝升理泉脉传水,就道穿渠,教民灌溉,里人获安业。峨、峪口建祠祀之。"②峨口、峪口均属峨河流域,在茹汝升的指导下,峨河流域始有引水灌溉的记载。茹公的治水传说符合古代礼制中创设民间神灵的标准:"法施于民,则祀之;以死勤事,则祀之;以劳定国,则祀之;能御大灾,则祀之;能捍大患,则祀之。"③因此,民众在

---

① (乾隆)吴重光纂修:《代州志》卷1《舆地志》,乾隆五十三年刻本。
② (光绪)俞廉三修,杨笃纂:《代州志》卷10《列传》,第456页。
③ 《礼记》,卷8《祭法》,上海古籍出版社2016年版,第525页。

峨河流域建立多座茹公庙加以奉祀,茹汝升也逐渐神化。现有关于清朝茹公信仰的记载集中于中解村的茹公祠。该庙始建年代不可考,但金统治代州时,已有修缮记载如下:

> 尝闻称扬德善,莫非君子□□发显功名□慰神明之意。夫庙居□□记耳,重修于元丰之间。里人父老相传□昔日唐时,西峨之水泛滥,直流于里□久而为……所司由覆上知,乃命功臣姓茹□□□仆射于此祭而治之,其水自归于里东,民方获安之,建其庙,岁时享祭。凡有祈祷,未尝弗应,里人□□立石,盖不知功德之□□以且□段景,里忍讲出奉□其□文奥所得无□□上骑都尉茹仆射墓志:茹公者,讳□□□大□其先段景,五台山下人也。公气志雄豪,□□魁廓,性直仁而有所毅然不群。全尽忠尽节,□□有善始善终之□。年当十八……
>
> 大定十二年八月初五日王□善立石,同助缘人杨善□□篆额
>
> 武义将军前川州司岳□骑尉王公□□承直郎□□州司□飞骑尉赐……进义校尉张满、进义校尉聂用……东社进义校尉王廉、王永庄、王廷、王周、王珦……南社进义校尉□洪、进义校尉陈坚、进义校尉□满、张祠庆……①

碑文记载了茹汝升从治水贤人变成人格神的过程以及金代地方文武官员参与布施的情况。从"凡有祈祷,未尝弗应"可见,最晚在金统治代州之时,茹公神已具备灵验功能。民间奉祀茹汝升的目的已发生本质转变,即纪念茹公的治水事迹变为功利主义的灵验期许。中解村民为茹公神附会出种种"显灵"传说,称其"有求必应",将茹公信仰融入于地方的信仰叙事中,促进了信仰的区域认同。金代官员参与庙宇修缮体现了少数民族统治者的汉化倾向。金代官员对茹公信仰的认同与接纳使其拥有了存在的合法性。

清朝,茹公信仰得到进一步发展,中解村茹公祠也于乾隆、道

---

① 金大定十二年(1172)《唐茹仆射庙记》,现存于代县口子村青山寺内。

光年间进行了多次修缮。乾隆年间修庙碑文如下:

> 诗有之:维岳降神,生甫及申。自古英异殊尤之器,生为名臣,没为名神者,槩不乏人。而大抵钟山岳之灵,秉天地之正,以故绝众超伦,其力足以御国变,其智足以辟天荒。天生伟人,岂偶然哉? 如仆射茹公,唐之名臣也。其始末不及备考,而残碑所载,则破狄如神……①

碑文由当地士绅所撰,从儒生的角度对茹公由"名臣"变为"名神"的过程进行了评价。文中将茹公神比作具有"绝众超伦"的人格神,肯定并强化了茹公神的神格。同时,士绅对茹公神的描述附会国家话语,如"御国变""破狄如神"等,使神祇与国家利益密切相关,并附着了儒家正统思想"济世救民"的品质。茹公神的创设愈发满足官方"神道设教"的统治追求,这是茹公信仰能够在唐宋以来不断发展的重要原因。另有方志记载,清朝,民众为茹汝升修建庙宇后,每年"春秋祭享"②,同时被列名于"乡贤祀"。碑文及方志对茹公神的描述体现着官方鲜明的支持态度,使其区别于一般的民间神祇。官、民的多方认同极大地促进了茹公信仰的传播,为茹公庙权威的形成奠定基础。

道光年间,茹公祠再次得到修缮,碑文如下:

> 中解口子村青山寺,其后正有佛殿,东奉观音,西奉财神,前茹公祠居中,龙王庙居右侧,关圣殿居左侧,由来久矣。窃念帝君之赫濯,求无不应,感无不通,阴庇默佑,申锡无疆,中外遐通,罔不祗肃直乎? 栋□梁角基址廊大,庶可以壮观瞻、妥神灵,而人心乃不留余憾也。所以居斯土者,每观庙貌,恒欲恢横地基……③

---

① 清乾隆二年(1737)《重修茹公祠碑记》,现存于代县口子村青山寺内。
② (乾隆)吴重光纂修:《代州志》卷4《人物志》。
③ 清道光十四年(1834)《重修青山寺碑记(原无题)》,现存于代县口子村青山寺内。

参与此次修缮的人数众多,碑阴所记载的布施人群主要来自新庄村、杨家街、西堡街、小梨园、金家街、马家街等附近村落,还有五台县东冶镇、崞县宏道镇的信众,广武的众多商铺也参与布施。① 这是因为青山寺内不仅供奉着茹公神,还有财神、龙王、观音等,各神皆设殿宇,为民众提供了求财、求子、求雨等多样的祈报之处。青山寺的神灵设置体现了当地多神信仰的特征。由于五台山的辐射作用,当地村落的佛教信仰具有相当的权威效应。这些民间神依附于佛教寺庙内,利用五台山佛教的影响力以扩大其信仰范围,茹公祠这处单一的神圣空间也转变为青山寺中"众庙拱寺"的空间格局。但从各庙位置来看,"前茹公祠居中"体现出茹公神在中解村民心中的崇高地位。民众对多神的崇拜是基于其不同的灵验功能,即"源于人类生活对于超人的神秘力量的依赖"②,正如碑文中"求无不应"的信仰叙事所指。众神聚集使得庙宇的灵验功能扩大化、多元化,也进一步强化了庙宇在村落中的神圣属性,"神以人而灵,人须神以觉,由来尚矣。代郡河南中解村相公庙为中解祈福修庙之愿久矣"③。庙宇作为向神灵祈福许愿的场所,其神圣属性是庙宇权威在村落中形成的根本保证。

金元以降,茹公神以村落庙宇为物质载体,以其治水传说为根基,茹汝升的神化过程逐渐得到官方与民间、礼与俗的多方认同。清代,青山寺的修缮,多神崇拜的信仰状态,进一步扩大了茹公神的影响力。在佛教寺庙的衬托下,中解茹公祠在峨河流域茹公神信仰圈中占据核心地位,以茹公祠为中心的青山寺庙群成为峨河流域公认的信仰载体。作为长期积淀的文化资源,茹公信仰在水利纠纷中被八村民众利用,修建茹公庙并在庙中诉权成为村民

---

① 清道光十四年(1834)《重修青山寺碑记(原无题)》,现存于代县口子村青山寺内。
② 乌丙安:《中国民间信仰》,长春出版社2014年版,第9页。
③ 清乾隆十九年(1754)《修建后殿碑文序》,现存于代县口子村青山寺内。

借用庙宇权威进行水权争夺的主要方式。

（二）庙宇权威的运作

峨河流域村庙众多，如峨口相公庙、付村龙王庙、下木角村洪济寺等。其中，相公庙是峨河八村的水利公庙，其他庙宇皆不具备村际公庙的性质。在出现水利纠纷时，这些村庙是公正象征的隐喻，为村民处理人际、村际矛盾提供了公正性的权威。

1. 庙宇权威与水权争夺

道光十二年(1832)，峨口村与付村发生水利纠纷，以峨口村相公庙为导火线：

> 峨峰之水普济八村，田之公建相公庙，立碑定规，八村轮流使水，州七县三均不许混抢，如有持强乱规者，罚献戏三期，猪羊二牲，供食全品，碑文昭昭□有年可。道光年七月十七日，付村已经日落，霸水不送，薛明成接水，恐有家□，即到相公庙鸣钟达知，以接应轮之水。不料峨口村有刘锦汉，指控相公庙是峨口一村之庙，外村接水不许鸣钟，据四小村杨秀生等依旧例具呈明情，相公庙是八村公共之庙，总渠有事鸣相公庙之钟，各村有事鸣各村庙钟。范州宗依□孰明断结，相公庙是属八村之公庙，非峨口一村之私。付村霸水不送，薛明成日落接水，而不得是□□，总渠有事为何不许鸣相公庙之钟？刘锦汉恪守断案，再不兹讼，薛明成亦具结息讼。兹恐代还年湮，无田稽考，爰勒诸石以垂不朽云。①

相公庙位于峨口村紫府奶奶庙内，为奉祀茹公而建。② 相公庙在八村制定水利规定时修建，是八村的水利公庙，"定碑立规"就是在庙宇内进行。相公庙的水利权威远大于各村村庙，并表现在

---

① 清道光十二年(1832)《水利碑(原无题)》，现存于代县正下社村普照寺内。
② 据李宏如考证，峨口相公庙遗址位于峨口镇紫府奶奶庙内，参见李宏如、徐敬东：《繁峙碑文集》，内蒙古人民出版社2003年版，第61页。

水权与神权：清代五台山境域水利纠纷与庙宇权威

对庙钟的使用上，而正下社薛明成与峨口刘锦汉的纠纷点正是集中于庙钟：正下社水权被付村侵犯是该敲峨口相公庙之钟还是该敲正下社村的庙钟？衙门根据旧例判决，即村内之事只能鸣村庙之钟，村际之事可鸣相公庙之钟。薛明成在相公庙鸣钟是因为"付村霸水不送"，该行为是无可辩驳的。此次纠纷中，庙钟只是作为一个象征性的权力表达仪式，其纠纷实质则是峨口村力图破坏水利规则，争夺相公庙的所有权。由于相公庙在水利分配中的权威，占据了相公庙，就能够为参与分水的村落争得话语权。相公庙位于峨口村的地缘优势，为该村争夺庙宇权威提供了有利依据，而最终的判定结果仍使得相公庙的公有性在"旧例"的重申中得到维护。从纠纷过程可见，相公庙的权威有着较大的村际影响力，但这一公正象征却沦为村民争夺的对象。官方面对庙宇权威的争夺，并无明确的判定标准，只能服从公庙旧例，这也体现出地方官府在村落水利纠纷时"率由旧章"[①]的调解状态。官府的调解态度在客观上加深了民间水权运作的复杂性，同时在行动上默许了借助庙宇权威以制定水利规则的合理性。

道光二十二年（1842），峨河流域再次有水案发生：

> 渠上建立石洞桥梁，则水口较狭，难以畅流。断令峨口村自行拆毁，仍照旧规。又考乾隆三十八年峨口于支渠上假建庙宇，起砼石洞，付村具呈，施宪天断令膳清渠路，永不准妨水与此石洞。[②]

该案由峨口村民自发在峨河渠道上修建石洞桥梁而起，此举会造成渠道流量减小，影响其他村落灌溉。对此，官方前后出现两种态度，即由反对峨口村民修桥变为"永不准妨水与此石

---

① 张俊峰：《率由旧章：前近代汾河流域若干泉域水权争端中的行事原则》，《史林》2008年第2期。

② 清道光二十二年（1842）《夏宪天结案朱批》，现存于代县富村龙镇庵内。

洞",其转变原因在于乾隆年间峨口村在支渠上"假建庙宇,起砼石洞",峨口村以建庙为由,使官方不得不认可其改造渠道的行为。据考,峨口村民在乾隆三十八年(1773)确实有过修缮村内紫府奶奶庙的记录①,但是否修缮了紫府庙中的相公庙,仍无从考证。但确定的是,相公庙的权威为峨口村修桥提供了合法性。该案说明峨口村在峨河八村的水利社会中占据话语权,且得到了官府的认同,这无疑是相公庙所赋予的。相公庙的权威成为一种象征资源被峨口村民反复利用,从鸣钟到建庙,峨口村民通过运用礼仪标识时刻强调着神权赋予他们的水利话语权。对庙宇权威的争夺是两次村际水利纠纷的矛盾中心,体现了庙宇权威在水利社会中的影响,这也意味着八村水利规则的制定更需要庙宇权威的支持。

2. 庙宇权威与水权分配

村民在水权分配及规则制定时同样借助了庙宇权威。乾隆年间,付村村民因村内分水不公而发起抗议,村社为此修订水利合同,碑文记载了详细内容:

> 本村士民郎廷龙、郎思智、尹士恩等因三牌地亩不公,水利不均,种种弊端甚多,有妨神社公务,难以辨理,于四十三年公立合同,奉吴太天标判议定新河渠酸茨铁匠、炉渠先使全河水一昼夜,大北渠、大南渠公分共使全河水二昼夜,自上而下依次浇灌,不分三牌,查明地亩,入社造簿,改立股分五年一公,以便辩理神社公务,以于修渠,锹张复议,革除诸弊,开列于后,因勒石以志,永为定例,以垂不朽云尔。计开:不许隐瞒地亩,隐瞒者永不准入社使水;不许栽菸时浇灌秋田,强者以霸水论,此条大社协同乡地临时定夺;不许官道官渠挑掘土

---

① 清乾隆三十八年(1773)《重修紫府奶奶庙碑记(原无题)》,现存于代县峨西村紫府庙内。

水权与神权：清代五台山境域水利纠纷与庙宇权威

坑以至聚水少浇地亩，强者以霸水论……霸水者猪羊牲献全，罚盗水者次之。①

与村际水利纠纷不同的是，付村的水利事宜皆被列为"神社公务"，渠道所灌溉的土地通过"入社造簿"而确立股份，对于"霸水者""盗水者"的惩戒措施也由村社定夺，村社起到了领导作用。在清代华北村落中，社是一种区域性的祭祀组织，它以村落社庙为活动中心，以奉祀神灵为首要任务，兼具村落治理的职能。②付村村社奉村内具有灵验功能的龙王庙为社庙，由于龙王庙强大的求雨功能，村社有组织村民向龙王献戏以防水雹的习俗③，因而龙王庙也具有水利权威。村社在实施惩戒措施时，能够利用权威以保障规则的实施。"霸水者猪羊牲献全，罚盗水者次之"，这一系列与神灵相关的惩罚措施体现着庙宇权威所发挥的威慑作用，使分水规则神圣而不可侵犯。在付村的水利纠纷中，龙王庙的权威有利于矛盾的调解与规则的制定。

道光年间，下木角村根据村内长期的水利纠纷，在洪济寺中也制定了一系列用水规则。

> 盖闻水利之兴以裕民生，而规模之据莫可离也。虽先贤分匀有章，而今恪遵者鲜矣。是成规渐乱而弊端立萌焉。今恐习染酿祸，复议条章，铭石永垂，以革后弊也。夫峨峪之水发源于黑龙池……初春起水各村渠道皆流至四月初一日，论其章程次序，其首州峨口、县佛光分三日，其次州南留属、县沟子村分三日，又次州付村、县木角分三日，又次州下社、县高陵分三日。塞引全河之水两村分用。州七县三周而复始。其各

---

① 清乾隆五十七年(1792)《水利碑记》，现存于代县富村龙王庙内。
② 杜正贞：《村社传统与明清士绅：山西泽州乡土社会的制度变迁》，上海辞书出版社2007年版，第13页。
③ 清道光十四年(1834)《龙王庙捐款献戏碑记》、光绪五年(1879)《龙王庙捐款献戏碑记》，现均存于代县富村龙王庙内。

村规例不一,至于本村应分三日之水,上街分一日半,四姓立十二股。下街分一日半,众姓立六股。其社入地成牌,逐段逐亩自上及下共地三顷七十四亩五分,上轮至下,挨次浇灌,周而复始。杨姓立六股,按其股厘瓜分浇灌,历有成规……①

碑文同时强调了八村用水规则与下木角村内的水权划分细则。八村根据"州七县三"的比例进行用水分配,"先贤"即为茹公,说明早在唐时,八村用水约定就在茹汝升的主持下形成,在茹公神的影响下,其规则也具有神圣性。各村村内渠道分水规则各有不同。在下木角村,水权划分过程成为一种神圣仪式,在洪济寺内得以实施。如规则制定时,需要在庙门前进行具体的水权分配,"每逢应浇之期,同渠长预早到东村庙门前先将南北渠水股厘数目算定,俟接水之时,南北渠分开,各走各渠"②,体现了渠长对神圣空间的巧妙利用。村民在洪济寺共同立规,寺庙因其神秘性、灵验性特征,被建构成公平象征的隐喻,以神权约束水权,从而强调分水规则的公平。此外,如有违反规则者,其惩罚措施也与寺庙联系密切,"如有恃强不遵或胡扶乱调、霸水混浇、阴行盗窃,犯其所禁者,许邻畔应水社者报知渠长,渠长至庙鸣钟,会首、乡约、牌社人等至庙议罚……如有至庙不遵罚者,许渠长、乡约、会首禀官究治,所费盘用钱文,从十二股摊拨。议定罚数开后:犯规从重者,罚戏三期,连十供品,猪一口、羊一只,献于龙神位前"③。渠长通过鸣钟的方式,将违规者通报全村,这也符合峨口相公庙的鸣钟规定。在惩戒过程中,会首、乡约等村落领袖通过运用庙钟、神灵祭品等,创造出一系列仪式,以示不法者向神灵忏悔,使寺庙权威显示出强大的威慑作用。村落领袖是村落自治的非正式领导者,虽然在处理

---

① 清道光二十六年(1846)《水利碑志》,现存于代县下木角村洪济寺内。
② 清道光二十六年(1846)《水利碑志》,现存于代县下木角村洪济寺内。
③ 清道光二十六年(1846)《水利碑志》,现存于代县下木角村洪济寺内。

村落事务中具有话语权,但其调节利益纠纷时却仍表现出对庙宇权威的依赖。在缺少官方权威的村落治理中,庙宇权威为分水规则的有效实施提供了可靠保障。

综上所述,在峨河流域,村落通常借助庙宇权威来实现对村际水权的分配。村民通过鸣钟、建庙等信仰仪式来争夺庙宇权威,进而取得使水的合法性,庙宇为村民获得了分水的话语权。在制定规则时,官方"率由旧章"的调解方式促进了民间用水规则的成熟。村落领袖将庙宇的祭祀仪式融入规则的制定过程及惩戒措施中,借助村民对神祇的敬畏心理来增强规则的公正性和不可侵犯性。峨河流域的庙宇在权威建构中逐渐分层,以峨河相公庙为八村公庙,其权威性覆盖了整个流域,而各村村庙则是本村水利庙宇。八村的庙宇群形成了层级式的权威,在峨河流域的水利社会中发挥作用。

三、水权中的神权:庙宇权威的社会影响

庙宇权威源于民众对神灵的信奉和对庙宇的圣化。在庙宇中,神像、殿堂、庙钟等无不体现着神权的存在。神权指的是神祇通过其灵验功能"掌控"民众命运的象征性权力。庙宇权威之所以能够形成,也是因为在五台山佛教的长期影响下,民众对神权所产生的敬畏心理。水权则指的是水资源占有的实体性权力。由于水资源的匮乏,水权之于民众生产、生活的意义不言而喻。民众借用神权以争夺和分配水权,庙宇权威由此建构,并产生了一定的社会影响。强制性的约束与教化性的引导是保证社会规则能够实施的两种必要方式。在峨河村落中,庙宇权威起到了维护秩序、促进教化的作用。这两种作用,既体现了其强制性的表征,促进了民众对水权的合理分配和利用,也体现了其教化性的内涵,深化了民众对公正的认同与向往。

(一)维护秩序

庙宇权威维护了村落中的水利秩序。在峨河流域,水权划分

不明是造成村落水利纠纷的根本原因,村际之间与村内各户之间均有水权冲突。由于民间的用水规则没有官方强制力保障实施,因而不被认可,缺少权威效应。村落领袖将水利约定与庙宇的祭祀仪式相结合,则是在权威缺失的状态下,对神圣空间的权威借用。村民在庙宇中订约以示威慑,如洪济寺庙门前订立规则、付村依靠村社约定,并利用神圣仪式中的惩戒措施护约,如供献祭品、献戏,这都说明借用庙宇的神圣权威能够增强水利规则在村落中的权威。村民对神祇的敬畏心理成为隐形的强制力,保障了用水规则的实施。村落中的水权与庙宇权威中的神权具有互动的关系,水权借助神权的威慑得以合理分配,神权借助水权的运作得以增强权威。神权的各种物化表达也是水权的表达方式,村民对神权表达方式的借用,实质就是为维护水利规则而对庙宇权威的建构。庙宇权威的强制性是其作用于水利社会时的重要特征。在村落生活中,借用庙宇权威的威慑与惩戒作用以维护规则,是村民求助神权以维护世俗秩序的有效方式。

（二）促进教化

庙宇权威具有教化村民合理分水的作用。庙宇权威产生的基础是神祇的传说及其灵验功能。峨河流域的众多村庙中,供奉有龙王、文殊、茹公神等众多神灵,而茹公神之于水利事务的权威效应是最大的。由于传说中茹汝升曾在峨、峪一带教民灌溉,在洪济寺的碑刻中,还有茹汝升制定规则、调解纠纷的记载。茹公神的传说体现了村民公平分配水权、减少水利纠纷的共同心愿。传说具有一定的社会价值导向,也决定了神灵的神格。在神化过程中,茹汝升具有了"有求必应"的灵验功能与"济世救民"的儒家精神,这种礼俗交融下的多重神格使得茹公信仰在村落中具有公正的感召力,促进了庙宇权威的形成,也进一步引导着村民对于水权的合理分配。村民能够利用其神圣象征,以修建庙宇、构建神圣仪式等方式,敦促水权的公平分配。在庙宇权威的教化下,村民潜移默化地加深了对公平使水的认同,滥用水利、争夺水权者成为众矢之的,公平分水也成为村落中公认的集体原则。建构庙宇权威是规范村民合理使水的有效方式。庙宇权威通过一系列的神圣仪式强化着水利规则的公平,引导着水权的正常运作,其威慑作用加强了村民对水利规则的认同,促进了村民恪守规则的自觉性,是教化形成的关键。庙宇权威的教化性符合官方"神道设教"的治理方式,也是村民利用庙宇权威的主要目的。

结　　语

庙宇权威是神灵信仰在村落中产生实体影响的重要体现。峨河流域水利纠纷的例子说明,清朝,在五台山境域的水利社会中,村民能够借助庙宇权威对归属不明的世俗权力进行表达、诉求与管控,说明当地神灵信仰与村落生活长期存在着相互影响、相互融合的互动过程。庙宇权威是一种象征性的神权表达。由于缺少强制力的权力约束,在水权争夺中,神权以庙宇权威的形式发挥了重要作用;庙宇权威亦被村民利用,一定程度上有助于村落矛盾的调解与村域社会的治理。以神权解决世俗水权纠纷成为峨河流域村民重要的生活逻辑,也是村落治理的一项有效方式。庙宇权威生动诠释了村民解决纠纷、分配利益的民间途径。今天,现代化、多样化的生产方式帮助当地有效克服了水资源短缺带来的生活危机,水权的分配也具有明确的法律规定,法律是矛盾调解时的最高权威。无论是传统,抑或是现当代,地方社会长期、有效的治理都需要权威得以实现。从权威的形成与运作入手,可成为窥探一定时期社会实态的有效途径。

(赵新平,忻州师范学院五台山文化研究中心教授;
王超宇,山西师范大学历史与旅游文化学院硕士研究生)

1920年代前后日商在华交易所考察[①]
——以岛系上海、天津、汉口交易所为中心

虞建新

以第一次世界大战爆发为契机,日本资本开始在华设立交易所,至1920年代达到高峰。日资交易所主要分布于中国东北(即满洲),以及青岛、上海、天津、汉口等地,详见表1。

表1 日商在华交易所一览表(截至1928年3月1日)

名　　称	所在地	主要交易物	性质	所　属
大连交易所	大连	大豆、高粱、豆粕、豆油、苞米、钱钞	官营	关东州厅(包括关东州及满铁附属地在内)
开原交易所	开原	大豆、高粱、钱钞	同上	

[①] 笔者于1992—1994年期间担任日本中央大学经济研究所客座研究员,本文为研究课题"近代上海日中经济关系"成果之一。日文译稿曾经发表,原标题为《1920年代前後、日商在華取引所の考察—島系の上海・天津・漢口取引所—》,金丸裕一译,刊载于《中央大学经济研究所研究会报》第40号,1994年。揆诸这些年来,关于日本交易所在华活动的中文论文还有虞建新:《日商上海取引所及其与上海华商交易所业之关系》,《档案与史学》1995年第1、2期;孙建华:《民元后大连地区日本取引所的合并及其思考》,《黑龙江史志》2015年第1期;韩海燕、韩美堂:《取引所,曾经的青岛版"华尔街"》,《走向世界》2016年第7期;孙建华:《早期日本取引所的海外扩张暨东北地区日本取引所的变迁》,《金融教育研究》2019年第19期;等等。相较之下,本文具有叙述的全面性和充分利用日文原始档案的特点,故而颇感有发表中文原文的必要,借此恭请学界正之。

(续表)

名称	所在地	主要交易物	性质	所属
长春交易所	长春	同上	同上	
四平街交易所	四平	同上	同上	
公主岭交易所	公主岭	同上	同上	
奉天交易所	奉天	钱钞	同上	
(株)大连证券商品交易所	大连	证券、麻袋、麦粉、棉丝、布、砂糖	民营	
(株)安东交易所	安东	钱钞、股票	同上	
(株)青岛交易所	青岛	花生及花生油、棉丝、钱钞	同上	
(株)满洲交易所	奉天	米、证券	同上	
(株)铁岭证券信托	铁岭	证券	同上	外务省（包括中国领地在内）
(株)开原证券商品	开原	同上	同上	
(株)天津交易所	天津	无交易清算中	同上	
(株)营口证券信托	营口	同上	同上	
(株)鞍山财事	鞍山	同上	同上	
(株)鞍山证券信托	鞍山	同上	同上	
(株)上海交易所	上海	清算解散中	同上	
(株)汉口交易所	汉口	解散	同上	

资料来源：《本邦取引所关系杂件在外之部》，档案号 E.2.4.0-1-1，外务省外交史料馆藏。1928年3月1日汉口交易所业已解散，原表中未收录，本文将其视作直接关系方一同制于表内。

1905年日俄战争结束后，日本迅速取代沙俄在中国东北的地位，设立关东州并建立南满洲铁道株式会社，经过十余年经营，当地日侨人数大增，日本与中国东北地区经贸关系日趋紧密。1916年年初，长春满铁附属地的日商，经与当地华商合议，向关东州都督中村觉申请设立交易所。未几，以10项附带命令为条件获得准许,并于 4 月开业,此为日商在华设立交易所之肇始。① 随后,在关东州及外务省管辖下,以日方单独出资,或日俄、日中合资之交易所,在东北各地陆续设立。此外,原属德国租借地的青岛,第一次世界大战(以下简称"一战")时为日本所占,日本势力急速扩张,1918 年起,设立交易所相关申请达 20 多项。1920 年 7 月,由日本外务省管辖、中国资本参与的青岛交易所宣告成立。②

东北与青岛属于当时日本在华势力范围,与此相对应,上海、天津、汉口作为中国重要的通商口岸,历经英、美、法等欧美资本半个多世纪的经营,中国民族资本工商业亦达到相当水准。日资虽积极参与其中,但仍无法与中外各方势力相匹敌。

"一战"爆发后,欧洲诸国无暇顾及亚洲事务,给日资在华发展带来了机遇。在大阪证券交易所理事长岛德藏策划下,相关日资趁势进入中国,在上海、天津、汉口建立交易所,日本学界一般将此称为"岛系"交易所。本文主要基于日本外务省外交史料馆所藏档案史料,对学界尚未深涉的岛系上海、天津、汉口交易所,作进一步的探讨。

一、在华设立交易所的前提条件

"一战"爆发给日本资本大举进入中国带来了机遇,以岛德藏为代表的大阪资本家,选择在上海、天津、汉口三港口都市设立交易所,主要是基于两个重要的前提条件。其一,当地具有举足轻重的经济地位;其二,日本势力已有相当程度的渗透和融入。

---

① 驻长春领事山内四郎致外务大臣石菊次郎之书函《关于设立长春取引所信托株式会社之件》(1916/Ⅰ/22),《取引所关系杂件长春之部》,档案号 3.3.7.39－1,外务省外交史料馆藏。

② 《青岛取引所概况》,《本邦取引所关系杂件在外之部青岛取引所》,档案号 E.2.4.0.1－1－6,外务省外交史料馆藏。

从第一点来看,上海位于中国海岸线中点之长江出海口,天津是华北水陆要冲,而汉口又恰处长江中游,为南北交通的重镇。开埠以来,这三港口都市凭借其各自有利条件,贸易工商次第发展,欧美列强在此设立各类洋行、工厂、码头,构筑起"殖民者与冒险家的乐园"。上海有公共租界与法租界,特别是公共租界,以其面积之广、规模之完善,堪称租界在中国的"楷模"。天津和汉口,则分别设有英、美、法、日、德、俄、奥、比、意九国租界和英、法、俄、德、日五国租界,数量列居全国一、二位。1910年代,这里是中国最近代化的都市,全国规模最大的贸易口岸。相关资料显示,1911—1917年期间中国五大港贸易额,上海、汉口、天津始终占据全国三甲之位,其重要性可见一斑。

岛德藏等在华发起交易所,在意向书中,反复重申上述三地在海内外贸易的重要地位:上海乃"支那中部之集散地","支那贸易之中心地,集四方之需求"①;"汉口位于举世无双、物产丰沛之长江中游,又乃京汉铁路之南方终点,粤汉铁路之北方起点,吞吐其邻接五大省之物资,是支那为数不多的大都市贸易港,长江沿岸之集散都市"②;天津则为"支那北部之集散地"③。因此,若在三港口都市"设立交易所,使其彼此交相呼应,于助力日中两国经济发展最合时宜"④。

第二点,上海、天津、汉口是除东北、青岛以外,日侨人数最多、日本对华经济关系最密切的地区。1871年《日清修好条规》缔结

---

① 《上海取引所设立意向书》(1917/10/15),《取引所关系杂件上海之部》,档案号3.3.7.39-6-1,外务省外交史料馆藏。《上海之部》分为两卷,后文分别以(外S-1)、(外S-2)略称。

② 押川派、岛派《汉口取引所设立意向书》(1920/2)、(1919/12/3),《取引所关系杂件汉口之部》,档案号3.3.7.39-10、3.3.7.39-10-1,外务省外交史料馆藏。《汉口之部》分为两卷,后文分别以(外H-1)、(外H-2)略称。

③ 《天津取引所设立意向书》,《取引所关系杂件天津之部》,档案号3.3.7.39-9,外务省外交史料馆藏。《天津之部》一卷,后文以(外T-1)略称。

④ 岛派《汉口取引所设立意向书》(1919/12/3),(外H-2)。

后,日本人开始进入上海,并于翌年设立领事馆。1904年日俄战争爆发后,随着以纺织业为主的日本资本逐渐登陆上海,在沪日侨数量激增。"一战"开始后,日资进入上海态势更加凶猛。① 1917年上海交易所发起设立时,在沪日侨人数已达13 397人,比战前的1913年增加了4 300余人②。虽然上海没有名义上的日租界,但在公共租界虹口地区,因有大量日侨聚居而被称为日本人街。天津、汉口则设有专管日租界,由当地日本总领事馆负责管辖。据两地总领事馆调查,1923年年末天津日侨为4 941人③,汉口(含汉阳、武昌)于交易所设立之1919年年末,亦有日侨3 272人④。

这一时期,除日侨人数增长之外,由日资控制的银行、贸易会社、纺织工厂、航运会社等数量也不断增加。如横滨正金银行落户三地;台湾银行、住友银行于上海、武汉,朝鲜银行于上海、天津,分别设立支行。在上海,还设有三井银行、三菱银行的支行。另有一些重要的贸易会社,如三井物产、三菱合资(商事)、大仓组、东洋棉、伊藤忠等,在三地各有支店。截至1920年,上海已有75家各类日资贸易会社,而汉口和天津,在1923年也分别达到56家和29家。从航运业来看,上海设有日本邮船、大阪商船、东洋汽船、日清汽船、大连汽船会社支店,天津亦设有大阪商船、东洋汽船、邮船会社支店。⑤ 中日贸易除东北地区之外,大部分都经由上述三地进

---

① 高纲博文《上海事变与日本居留民》,(日)中央大学人文科学研究所编《抗日战争:日本、中国、美国》,(日)中央大学出版部,1993年,第28页。
② 福岛圆照《战前期中国在留日本人口统计(稿)》,《和歌山大学教育学部纪要——人文科学》33,1984年,第24页。
③ 外务省通商局《在天津总领事馆管辖区域内事情》,大正十三(1924)年3月,第2页。
④ 外务省通商局《在汉口帝国总领事馆管辖区域内事情》,大正十三(1924)年7月,第3页。
⑤ 外务省通商局《在上海帝国总领事馆管内事情》,大正十(1921)年8月,前引书《在天津总领事馆管辖区域内事情》与《在汉口帝国总领事馆管辖区域内事情》。

行,上海更是占半壁江山。贸易之重点,主要为棉花、棉纱、棉制品等中国特产品,以及日本工业制品等。

二、各地交易所开展概况

本文将上海、天津、汉口三地交易所冠以"岛系",是因大阪证券交易所理事长岛德藏为核心发起创立成社,并作为代表董事,在大阪遥控指挥全局。岛德藏将其心腹派遣至中国各地,另在大阪设立总店或支店。岛系三家交易所,在上海、天津、汉口相继建立,而后又以汉口、上海、天津为顺序依次撤离。在此,分别概述各交易所的开展情况。

(一) 上海交易所[①]

早在1916年长春日资交易所开业之时,山本久显等日本商人便在上海依据英国法发起筹备交易所,不久又以东洋信托保证交易所之名,依据美国特拉华州法律更改设立计划,但未有结果。1917年5、6月间,岛德藏联络山本条太郎、宫崎敬介、藤山雷太、奥繁三郎等实业界、政界名流共13人作为发起人,提出发起设立上海交易所计划(关于三地交易所发起人、董事、监事、清算人情况,可参考表2)。之后,通过日本驻上海总领事馆函呈外务省,请示有关允否设立意见。在取得有条件设立承诺后,10月,正式向有吉明总领事提出设立申请,并于12月26日得到许可。总领事在给予设立许可的同时,规定了交易项目、资本、仲买人、发起人等内容在内的13项条件,并认为必要时可随时发出命令,甚至取消营业许可[②]。

---

① 有关上海交易所详细情况,可参考拙稿:《草創期上海の取引所業について—日商上海取引所を中心に—》(泉谷阳子译),《近きに在りて》(近邻)第25号,1994年5月;《日商上海取引所及其与华商交易所业之关系》(上)(下),《档案与史学》1995年第1,2期。

② 《有吉明函呈本野一郎》(有吉明函呈本野一郎)(1917/12/26),(外S-1)。

表2 上海、天津、汉口交易所发起人及重要职位一览表

所名	发起人	董事(社长、专务、常务)	监事	清算人
上海交易所	岛德藏、今西林三郎 田中源太郎、指田义雄 林木总兵卫、后藤安太郎 山本条太郎、志方势七 藤野良吉、藤山雷太 小增根喜一郎 奥繁三郎	岛德藏(社长) 吴大五郎(专务) 奥繁三郎、志方势七 藤野龟之助、宫崎敬介 江原吉之助、王一亭 篠本鼎(专务) 森本健夫(专务)	藤山雷太 山本条太郎 朱葆三 吴耀庭 堀田正忠 冈松忠利 顾馨一	宇田贯一郎
天津交易所	岛德藏、志方势七 藤野龟之助 宫崎敬介 山本条太郎 藤山雷太、奥繁三郎	岛德藏(社长) 板仓兴太郎(常任) 今西林三郎、小曾根喜一郎 长谷川銈五郎、井上德三郎 臼井忠三、魏信臣、卞月廷 奥村千太郎(常任) 滨崎照道、杜克臣 赵幼田、静馨、山本弥太郎	坪井九八郎 宫崎敬介 滨崎照道 翟恩源 赵聘卿 福村富三	滨崎照道 坪井九八郎 山本弥太郎
汉口交易所	岛德藏、志方势七 宫崎敬介、山本条太郎 岛定次郎、奥繁三郎 仓知铁吉、尾崎敬义 汉崎助太郎、矢野庆太郎 春田茂躬、舟津敬太郎 林松次郎、林木锭藏 小林市太郎、小山田信藏	岛德藏(社长) 中村德三郎(专务) 江藤丰二(常务) 尾崎敬义、宫崎敬介 小山田信藏、岛定次郎 宋炜臣、万篠舫 宇田贯一郎、神崎东藏 中岛胖	今西林三郎 中村秀五郎 长谷川佳平 范阶平 王芝舫 冈松忠利	宇田贯一郎

资料来源：根据(外S-1)、(外S-2)、(外S-3)、(外T-1)、(外T-2)、(外H-1)、(外H-2)、(外H-3)等资料制作。

上海交易所总店设于大阪，上海支店坐落于上海公共租界福州路19号。创业初期资本金1 000万元①，股份20万股，每股50元，第一次缴付每股12.50元。从股东分布来看，大阪股东占八分

---

① 时日元与中国元比价大致相等，在此均以中国元表示。

之三强,并在 1 000 股以上大股东中占三分之二以上。1918 年 6 月,在第一次股东大会上,岛德藏、吴大五郎、奥繁三郎等 8 人被选为董事,藤山雷太等 3 人被选为监事。随即召开董事会,岛、吴分别被选为社长和专务董事。11 月,获得总领事认可的仲买人合计 37 名,其中中国人 6 名、法国人 2 名、英国人 1 名,其他 28 名皆为日本人。

11 月 30 日,有吉明总领事主持上海交易所开业典礼,日、中及欧美各国人士五六百人参加庆典,12 月 2 日正式开始营业。最初主要交易物为有价证券和棉纱,预定将增加棉花一种。有价证券含日本证券 1 种及日本股票 9 种,半年后又增加 3 种中国债券及 5 种日本债券、8 种中国方面含西商股票,同时曾为 13 项命令条件禁止上市的自所股也获得交易许可。在棉纱交易中,招聘多名等级查定委员,制作棉纱等级表以便于交易。1919 年 11 月,棉花正式成为交易物。

上海交易所自开业到 1920 年 5 月的一年半内,盛况空前。此后,由于华商上海证券物品交易所开业,日本财界激变,引发证券、三品市场暴跌,仲买人丰岛彦四郎为棉纱期货交易挪用保证金却无法归还(其中未归还垫付银 1 818 834.81 两,换算为 3 964 397.71 元)①,使交易所蒙受重大损失。丰岛事件发生后,为填补亏损,吴大五郎向山崎馨一总领事提出《关于缴付资本金及增加资本金申请书》,要求付清 1 000 万元资本金中未缴付的 500 万元(1920 年 2 月第二次缴付每股 12.50 元合计 250 万元,加上第一缴付金额共计 500 万元),并要求在原资本金之外,增资 2 000 万元且一次付清四分之一,即 500 万元。山崎总领事为此几度请示内田外相,此项计划于 9 月获通过。随后,岛德藏选派其得力亲信篠本鼎任专务

---

① 山崎馨一致内田康哉书函《丰岛仲买人开口合约始末报告》(1920/8/15),川村博致内田康哉书函《上海取引所亏损填补暨总店移址事宜》(1921/4/29),(外 S-2)。

董事，并将交易所总店从大阪移至上海，又派遣其弟岛定次郎来沪创办上海信交兴业会社，以期振兴上海交易所市场。

增资以后，上海交易所名义资本金从 1 000 万元提高到 3 000 万元，实缴资本金从 500 万元提高到 1 500 万元，股票数从 20 万股增加到了 60 万股。在增加的 40 万股中，有 20 万股计 250 万元用来填补之前亏损，但因损失总额达 396 万元，仍有 146 万元缺口。为此，篠本在 1921 年 1 月向山崎总领事提出申请，允许开展原 13 项命令条件所禁止的金票（具体为日本银行兑换券及朝鲜银行券）交易，并于 8 月获得认可。① 1922 年下半年，又增加标金（时上海通用金条，含金量 97.8％）交易。而岛定次郎创设之上海信交兴业会社，资本金 500 万元，其中一半由上海交易所承受，为关联企业，但因该会社自身经营不善，日渐成为上海交易所的沉重负担。为摆脱窘境，篠本在 1922 年 5、6 月间，以图乘"信交风潮"后公共租界、法租界加强交易所管理之际，收购上海棉纱交易所与上海股票交换所，终未结果。篠本回天无术，旋告退，同年年底由森本健夫接任专务董事。

森本继任时，上海交易所亏损已达 710 万元，故而在不久召开的定期股东大会上，作出减资半额决议，即资本金从 3 000 万元降至 1 500 万元，旧股 20 万股减为 10 万股，新股 40 万股减为 20 万股。该申请获认可后，1924 年 5 月，岛德藏、宫崎敬介、山本条太郎等一并请辞，上海交易所走向末路。1925 年 12 月，股东大会再次作出减资半额决议，于一定期间从股东手中购买赎回。然而，即使很快获得矢田七太郎总领事许可，1926 年 8、9 月间，上海交易所仅收到 9 699 旧股、7 379 新股购买赎回申请。1927 年 2 月，上海交易所再次召开临时股东大会，正式决议解散，选举宇田贯一郎

---

① 山崎馨一与内田康哉往返书函《上海取引所金票交易开始事宜》(1921/1-9)，(外 S-2)。

为清算人。①

宇田乃岛德藏之心腹,曾任汉口交易所董事及清算人。1927年5月至1929年6月期间,在宇田主持下,连续召开三次临时清算股东大会及一次清算了结股东大会,最后一次会议由宇田作清算事务报告,同时提出资产负债表、资产目录及损益表。② 随后确认"以旧股每股24.80元、新股每股6.20元向股东购买赎回"③,并于7月1日,由宇田赴总领事馆登记了结,上海交易所至此寿终正寝。

（二）天津交易所

上海交易所开业不久,岛德藏等即着手天津交易所筹备工作。1919年4月,以上海交易所发起人中的7人作为再发起人,向驻天津日本总领事馆提出申请。意向书陈述,"我国产出棉纱棉制品之大部,皆出口向支那市场,特别是大阪周边及近畿地区纺织制品,多数销往支那北方","现欧洲大乱渐已终熄,于转向世界经济战之际,特以上海交易所之实绩为鉴,拟于支那北部集散都市天津,设立以买卖交易各种商品及有价证券为目的之交易所"。④ 内田外相收到天津总领事馆申请后,指令上海有吉总领事与天津龟井代理总领事,对上海交易所自开业以来状况及天津交易所设立条件,分别提出调查报告。上海有吉总领事于5月提交报告,天津则于12月由船津辰一郎总领事提交。船津报告涉及"交易物品性质、交易所设立弊害、仲买人、外国人仲买人管理、交易中仲买人与

---

① 矢田七太郎致币原喜重郎书函《上海取引所解散有关事宜》(1927/4/18),《本邦取引所关系杂件在外之部上海取引所》,档案号 E.2.4.0.1-1-8,外务省外交史料馆藏。后文以(外 S-3)略称。
② 《清算事务了结报告股东大会决议录》(1929/6/30),(外 S-3)。
③ 上村伸一致田中义一书函《上海取引所清算了结报告书(递送件)》(1929/7/2),(外 S-3)。
④ 《天津取引所设立意向书》(1919/4/10),(外 T-1)。

客户产生纠纷场合、中国地方官吏态度、在留本邦实业家态度、营业许可决策参考事项"等8项内容,并将广泛听取早先拟申请设立交易所的当地日本商人及日本商业会议所意见,一并列入其中。①总而言之,船津报告倾向于赞同设立,同时也提出一些建议。1920年2月,船津总领事准许天津交易所设立,但必须遵守与上海交易所13项命令条件相类似的10项规定。发起人总代表奥繁三郎在其回执书中,作出"确认并遵守规定条款"的承诺。②

在天津交易所筹备阶段,成绩斐然的上海交易所给天津交易所股份带来了一波人气,原设想资本金500万元计10万股,已无法满足日益增加的市场需求,尚在等待总领事馆批复认可期,筹办方再次提出增资至750万元计15万股的申请。船津在给内田外相电报中,针对股份分配问题作如下陈述:"发起人3.5万股、支持者1万股、在华日本人3万股、本土发起人相关利益者1万股、中国人2.5万股,剩余1万股以作备用。"③1920年10月,岛德藏等发起人携手臼井忠三等5位在津日本实业家,共同提交"钱钞交易许可再度请愿书",在之前定款"各种商品及有价证券"下添上了"钱钞"两字。④

天津交易所以大阪岛系为中心,联合在津日本实业家共同设立,岛德藏、板仓兴太郎、臼井忠三等任董事,坪井九八郎、宫崎敬介等任监事,岛任社长,板仓任专务董事(可参考表2)。总店位于日租界福岛街,支店设在大阪,于1921年9月正式营业。开业时,有仲买人18名(其中日本人10名、中国人8名),此后一直起伏不定,最多时达29名(其中日本人15名、中国人14名)。交易物品

---

① 船津辰一郎致内田康哉书函《天津取引所设立有关事宜》(1919/12/4),(外T-1)。
② 内田康哉致船津辰一郎书函《天津取引所设立有关事宜》(1920/1/19),《天津取引所发起人回执书》(1920/2/24),(外T-1)。
③ 船津辰一郎致内田康哉电报(1920/2/21),(外T-1)。
④ 《钱钞交易许可再度请愿书》(1920/10/23),(外T-1)。

有通货、有价证券、棉花、棉纱等四类。通货交易为日本银行、朝鲜银行金票及上海标金等。有价证券仅有股票而不涉及债券,股票种类仅有大阪交易所股、钟纺股和自所股。而棉花与棉纱交易,市场行情则一直低迷。

1922年8月,经总领事许可,天津交易所创立关联企业天津信托株式会社,其资本金、股票数与天津交易所相同,近一半股份由天津交易所控股,且两家大股东几乎一致,说是一心同体也不为过。1924年,外务省特派交易所监督官铃木武志赴上海、天津等地调研。8月,调查报告上呈通商局佐分利代局长。在天津交易所调查报告中,铃木写道:"天津交易所情况极其不佳,按理说买卖品包括了证券、棉纱、棉花及钱钞四类,但除了钱钞之外其他产品根本无人问津。"①因而在1925年11月25日就有"天津交易所以营业不善为由当日暂停交易,实则恐就此关门大吉"②的传闻,不久便处于"交易已完全停摆""工作人员也皆已全部撤回日本本土"③的状态。

在如此状态下,天津交易所又勉强维持了2年。1927年10月第13次定期股东大会,改选奥村千太郎为常务董事,滨崎照道、魏信臣、杜克臣、赵幼田等4人为董事,坪井九八郎、翟恩源、赵聘卿等3人为监事,并选举滨崎、静馨、山本3名董事和坪井1名监事④,负责着手天津交易所清算准备工作。1928年4月第14次定期股东大会正式通过解散决议,选举滨崎、坪井、山本为清算人,福村富三为监事。解散说明提到,"1923年以来,因国内外经济低迷,唯一上市的钱钞交易也日渐萎靡不振,再加上中国动乱不止,

---

① 铃木武志《天津取引所调查书》(1924/8),《本邦取引所关系杂件在外之部天津取引所》,档案号 E.2.4.0.1-1-5,外务省外交史料馆藏。后文以(外T-2)略称。
② 《天津取引所休业》,《东京朝日新闻》1926年11月26日。
③ 《商工事务官兼外务事务官藤田国之助复命书》(1928/2/29),(外T-2)。
④ 《天津取引所第13期报告明细书》(1927年上半年期),(外T-2)。

敞社一直处于休业状态,亦难期再开之时,故一致决议解散"①。

天津交易所清算工作颇为费时,从1928年4月起至1932年4月,合计召开8次清算定期股东大会。1933年4月召开清算了结股东大会,通过清算事务报告书(包括资产负债表、资产目录及损益表),并对股东承诺"到清算了结完成时,将以每股8.45元价格购买赎回股票"②。同年12月,该清算报告书由栗原正总领事提交至广田弘毅外相处。自1919年创立,历经14载,天津交易所完成了它的历史使命。

(三)汉口交易所

1919年4月天津交易所筹备工作刚启动不久,岛德藏等即于当年12月,开始创立汉口交易所。同一时期,中日实业株式会社仓知铁吉等30人也有类似筹划。次年1月小山田信藏等44人,2月押川方义等17人,4月青山牧太郎等14人,也先后向汉口总领事馆提交设立交易所申请。1920年1月,在收到岛、仓知、小山田三派要求设立汉口交易所申请书后,内田外相27日电训汉口总领事濑川浅之进,要求其遵循"一地一所营业许可之方针",让各不同发起人互相妥协共同组织③。3月,上述三派达成协议,确认16人为发起人,其中岛系6人,其他两派各出5人。5、6月间,在内田外相首肯下,濑川总领事向发起人发布与天津交易所相同之10项命令条件之规定④。

1922年3月,汉口交易所得到总领事馆营业许可,20日创立股东大会召开,选出岛德藏、中村德三郎、江藤丰二等9名董事,今西林三郎等5名监事,岛、中村、江藤分别担任社长、专务董事、常务董事(可参考表2)。汉口交易所资本金1000万元,计20万股,

---

① 《天津取引所解散认可请求》(1928/5/8),(外T-2)。
② 《天津取引所清算事务了结报告书》(1933/4/20),(外T-2)。
③ 内田康哉致濑川浅之进电报(1920/1/27),(外H-2)。
④ 内田康哉致濑川浅之进书函《汉口取引所设立有关事宜》(1920/5/12),(外H-2)。

每股市值50元,第一次缴付时每股12.50元。本店坐落于汉口俄租界三码头(原计划设于英租界日本棉花会社大楼内,遭英租界当局反对作罢),①支店设于大阪。同年5月20日,在岛德藏、上海交易所大阪支店长岸重夫、汉口交易所大阪支店长冈松忠利等主持下,举行开业典礼,26日开始正式营业,交易物品有有价证券、金银、棉花和棉纱。最初上市的是有价证券,有6种中国公债,1种日本公债,13种日本(主要为在华日企)股票。金银交易有上海标金、足金(24K)及日本金。而棉花、棉纱交易则各招聘6名和4名等级查定委员,中日各半。股票仲买人共46人,其中中国人44名,日本人仅2名②。

汉口交易所成立之初,便遭到现地中国官民强烈抵制,又加上内外整体经济不景气,经营状况持续低迷。为此,1924年2月召开临时股东大会,不得不通过减资200万元决议,同时,岛定次郎辞任董事,由岛德藏心腹宇田贯一郎接替。③ 经此人事变动后,宇田等5人任董事,原汉口交易所大阪支店店长冈松等2人任监事(可参考表2),实际管理为宇田贯一郎所掌握。同年8月,遑论证券、金银交易,最被寄予厚望的棉花、棉纱市场也处于休市状态。1925年3月,汉口交易所事务所搬迁至日租界大正街17号事务员住宅,实际上只是在宇田位于法租界的居所,经办诸如股票协议转让等的日常业务。④

1926年4月,汉口交易所召开临时股东大会,正式通过解散

---

① 布根康吉致小幡酉吉书函《驻汉口英国总领事对汉口取引所设立态度之报告》(1922/4/3),(外H-2)。

② 《汉口取引所第1期营业报告书》(1922年上半年期),(外H-1)。

③ 濑川浅之进致内田康哉电报(1923/2/14),(外H-1)。

④ 高尾亨致币原喜重郎书函《汉口取引所现状相关报告》(1926/1/29),《本邦取引所关系杂件在外之部汉口取引所》,档案号E.2.4.0.1-1-9,外务省外交史料馆藏。后文以(外H-3)略称。

决议,宇田被选为清算人。①"解散说明"说,本社自1922年"开业以来,受支那官吏压迫干涉及排日浪潮所累,一直无法作出任何成绩,本社亦曾从长久利益出发,对此多有忍让,然排日风潮依然暗流涌动迄今未止。加之各地动乱蜂起,更难见和平之曙光,短时之内难见本社发展之机运。故以遗憾之情,于今日宣布解散,为减少损失,本社欲向股东回购赎买剩余资产,期望此法为妥善之举"②。与天津交易所不同,汉口交易所的清算工作可谓速战速决,1927年1月便完成所有手续。2月,宇田与冈松再转赴沪,分任上海交易所清算人和监事。

三、交易所存续期间相关问题

本节将深入探讨岛系在华交易所存续期间出现的一些问题,主要围绕"设立时的法律问题""与当地日本人及华商之关系""交易所经营实态"三个方面展开。

(一)设立时的法律问题

交易所发起创立之初,遇到的最大困难便是法律问题。1914年2月北京政府颁布《证券交易所法》,同时制定《物品交易所条令(草案)》。《证券交易所法》第2条规定,"证券交易所于商务繁盛之地,禀经农商部核准设立,前项之核准由农商部咨行财政部备案"。《物品交易所条令(草案)》第2、第6条则规定:"物品交易所视其货物种类及业务情形之必要,于商务繁盛之地呈经农商部核准设立","物品交易所由中华民国人民以股份有限公司组织之"③。因此从本质上来看,日本外务省及其在外总领事馆所允许

---

① 《汉口取引所临时股东大会决议录》(1926/4/28),(外H-3)。
② 《汉口取引所解散认可请求》(1926/4/6),(外H-3)。
③ 上海市档案馆《旧上海的证券交易所》(上海档案史料丛编),上海古籍出版社1992年版,第274、282页。

设立的各家日商交易所,都与现行中国法律不相容。由于近代中国承认治外法权,无法对外国人在各商业都市设立的"国中之国"租界按照中国政府现行法律进行管辖。岛系上海交易所设立于公共租界,天津交易所和汉口交易所则分别设于日租界和俄租界,此三地租界权力机构也各不相同。上海公共租界由工部局管理,天津日租界主导权在日本总领事馆手中,汉口俄租界则是一个例外。十月革命后,中国外交部湖北省特派交涉员从俄国领事手中取得租界的掌控权,那么汉口交易所的设立,就直接违反了中国法律。

1910年以降,上海公共租界已有英美商人通过港英政府注册设立的股份制证券交易所——上海众业公所(Shanghai Stock Exchange)。上海交易所经工部局认可后设立于公共租界,作为日资在外国公共租界设立交易所之第一例,日本国内对此也是疑虑重重。1917年7月,外务省就上海交易所设立一案向司法省征求意见,司法次官铃木喜三郎答曰:该交易所"不适用及不准用于交易所法,上海支店定期交易行为依据交易所法,主务大臣予以认可不合法理,相关管理可由驻外领事在行政上相机行事"①。上海交易所获得认可后,1918年3月,众议院议员森田茂在第40届帝国议会上,就在外国公共租界设立交易所所涉及的相关法律问题提出质疑。政府方面在经过激烈讨论后表示,"我现行交易所法在支那并不适用,在上海,帝国总领事除了之前已下达的交易所经营必要命令条件外,可以现行交易所法及其附属命令行使监督管理职权为方针"②。

而就在上海交易所即将开业前的1918年11月1日,上海总商会致电国务院、外交部及农商部,指出"交易所为一国经济中枢,关系国脉民命者至巨。现日人在沪创办交易所,经营各种交易,夺

---

① 《铃木喜三郎复币原喜重郎函》(1917/8/11),(外S-1)。
② 《大正七年(1918年)3月27日众议院议事速记拔萃》,(外S-3)。

我国权商利,莫为此甚。查交易所法,于外人入股,尚加限制,况于外人在我国内设立交易所,自行垄断,政府断不能坐视不理,应即日与日使严重抗议,限令取消,以保国权而保商利"①。然而,弱国之政府对此终无计可施。

与之相比,天津交易所因直接设立于由总领事馆管辖的日租界内,所以日方已无后顾之忧,中方也只能听之任之。不过,汉口交易所情况却大不相同。

1922年5月20日,汉口交易所甫开业,"湖北省实业厅致电北京农商部再度申告,汉口交易所未经中方允许擅自在旧俄租界开业,既然俄租界现已为中国所接管,则应按中国法律予以制止"②。湖北省特派交涉员陈介就此与濑川总领事展开交涉,同时外交部也与日本公使进行沟通。同年8月12日,陈介在接到外交部电训后致书濑川,表示"该日商之营业许可书,未得我接收俄国领事职权交涉员之许可及署名,故请依照规定手续进行许可之办理"。并要求在与"日本领事商议后,由日本领事劝告该日商停止营业"。但濑川回信却称,"该交易所正处于诸事繁多且最紧要之时,贵函要求我方劝告该交易所休业一事多有不便,望贵方和睦为要,以为致候"③,态度强硬。

8月16日,中国外交部致日本公使备忘录,再次声明:"俄国工部局审查许可原案与中国政府公布交易所法令不相符合,代行俄国领事职权的交涉员,当然有审查及撤销已许可原案之权利。何况以现湖北省之舆论来看,此事早已激起愤慨,我部亦认为日商此类经营与中俄两国法令相抵触。加之现地人民也一致反对,交易的开展会非常艰难。"据此,中方要求"贵公使向驻汉口日本领事

---

① 《关于交易所近闻汇录》,《银行周报》(上海)第2卷第44号,1918年。
② 《日本人取引所开业遭反对》,《东京朝日新闻》1922年5月24日。
③ 《汉口取引所问题相关事宜》(1922/8/9),(外H-1)。

发令,责令该商尽早停业以遵从法令"。23 日,日本公使也给中国外交部提交一份备忘录:"要之,贵方之主张无视法规与事实,使友邦臣民蒙受不法损害,本使对此颇为遗憾。就此,期望贵国政府以两国和睦为要,迅速撤回取消命令,使商界免受波及。"① 显然,双方已无继续对话的空间了。

9 月 20 日,陈介再度致书濑川,称"汉口交易所一案,我特派员受中央政府训令,亦考量地方官民反对状况,以公文或口头形式几次三番向贵方转达我方之诉求","各界不希望此种交易所存在于此,一切问题都免谈。烦请贵总领事念及现地之情绪,尽早下达停业命令,以免最终走向极端,使局面难以收拾"。② 反复交涉也使濑川变得烦躁,其在 28 日给内田外相书函中报告道,虽中国的地方官吏屡次前来交涉停业事宜,但"本官认为该交易所基于日本法律开业,在支那通商口岸经营此种事业违反何等条约之有,且是在俄租界办理相当手续而开业,没有接受支那官吏检查和约束的理由……"③

汉口交易所最后因北京政府的妥协而继续存在,但遭到了中国民族主义运动的激烈抵制,使其成为岛系三交易所中成立最晚,也是最短命的一家,1927 年 1 月,便迎来最终落幕的一刻。

(二) 与现地日本人及华商之关系

在华的岛系三家交易所,主要由日本大阪跨海投资而来,不仅与当地中国商人存在关系,也与当地日本资本紧密相连。

从岛系交易所与当地日本人关系来看,交易所创立之时,大阪方为便于今后经营,专门挑选在华时间长、通晓汉语且精通商业的日本人担任公司普通职员、仲买人,甚或董事、专务董事。上海交

---

① 《汉口取引所问题相关事宜中日往返备忘录(递送件)》(1922/8),(外 H-2)。
② 《汉口取引所问题相关事宜》(1922/8/9),(外 H-1)。
③ 濑川浅之进致内田康哉书函《汉口取引所与湖北中国官吏及中国报纸之关系》(1922/9/28),(外 H-1)。

易所首任专务董事吴大五郎，"在上海三井洋行多年，日本人谓彼为'支那通'，言其熟悉我国情形也"①。汉口交易所首任常务董事江藤丰二，"久在天津，熟谙华语，且改华服，盖完全中国之市侩也"②。而天津交易所是和当地日本人共同发起，董事臼井忠三便是天津日本人实业界重要人物。另一方面，对于在华日本人来说，日本本土资本到中国创设交易所，从扩大当地日本人势力、增大各业者间利益角度看，自然而然持有好感。天津交易所筹备工作开始后，在船津总领事调查报告中，对上述情况多有记录。③

但是，日本本土资本与当地在华资本，结果是不同的。本土资本财力雄厚，以大阪为大本营，乘"一战"爆发后的有利时机，怀着发财之梦，以各种卑劣手段贪图暴利。想要独占利益的时候，和当地日本人也发生了纠纷。1924年，交易所监督官铃木武志在对上海交易所作详细调查后指出，"为何在华日本人对上海交易所今日实况如此之惋惜？我到访多日，凡开口者皆言上海交易所之过去，所言之处异口同声不满于上海交易所过去之经营种种。我赴沪之数日间，便不断听闻上海交易所之各类行径损害了日支亲善，日本人苦心经营所建立起的对支那人的信用也毁于一旦，在沪日本人对上海交易所之怨恨多有耳闻"④。再说汉口交易所，1925年3月搬迁至日租界大正街后，董事或事务员沉溺于赛马、麻将之类的赌博活动，或开着汽车到处兜风游玩，当地日本人对此颇为反感。⑤

从与当地华商关系来看，交易所创设发展初期，一部分华商极力与之搭上关系，其中亦有直接合作者，但多数华商持强烈抵制的态度。

---

① 《上海取引所近况》，《银行周报》第3卷第5号，1919年。
② 《日本汉口取引所之黑幕》，上海《新闻报》1922年5月25日。
③ 船津辰一郎致内田康哉书函《天津取引所设立有关事宜》(1919/12/4)，(外T-1)。
④ 铃木武志《上海取引所所见(下)》，《东京朝日新闻》1924年8月12日。
⑤ 高尾亨致币原喜重郎书函《汉口取引所现状相关报告》(1926/1/29)，(外H-3)。

交易所与华商相关联,主要是任用了一些华商董事、监事及仲买人,具体可参考表3。

表3 岛系交易所华商关系者一览表

所名	董事职	监事职	棉纱查定委员	棉花查定委员	主要仲买人	顾问
上海交易所	王一亭	朱葆三 吴耀庭 顾馨一	徐庆云 董仲生	不详	胡寄梅 邵声涛 吴麟书 黄静安 张镛 匡仲谋 胡筠庵 崔林海 项东才 贺其良 诸祥芝 张仲英 邱兰亭 殷联芳 卢纬卿 伍泽民 葛子骏 陶铁君 姚荫鹏 俞勤修 金锡山 陈庆赉	无
天津交易所	魏信臣 卞月廷 杜克臣 赵幼田	翟恩源 赵聘卿	不详	不详	范紫辰 张稚堂 史云生 许国兴 王汉章 韩云轩 孟焕章 宋云甫 吴楚卿 田玉成 翟兰波 黄云舫 宋国恩 韩春华 王子明 誉质甫	无
汉口交易所	宋炜臣 万籁舫	范阶平 王芝舫	易宾臣 崔铁青	高德甫 陈干卿 陈瑞庭	不详	汪惺斋 刘少严 彭少田 森甫

资料来源:根据(外S-1)、(外S-2)、(外S-3)、(外T-1)、(外T-2)、(外H-1)、(外H-2)、(外H-3)等资料制作。

据此可知,三大通商口岸也有华商头面人物参与其中,他们到底仅是挂名,还是实际参与,囿于史料的短缺,在此不作论述。但下面一则史料,我想应该最能反映交易所与华商之间的真实关系。1922年5月25日上海《新闻报》一篇题为《日本汉口交易所之黑幕》的新闻报道称:"汉口商界,对于日商,素不信任,故对交易所,初本一致反对。嗣该所设法牢笼,以现洋二十五万元,分存于四十余家钱庄。名为活动金融,实即招徕引诱之计,于是证券金融两帮,呆入穀中。现仅棉花棉纱两帮,仍持反对耳。"①

而华商交易所对日资交易所的抵制反对,主要体现在两方面:一是建立自己的交易所,二是不与日资交易所进行交易。上海交易所创业之初,上海工商界便骤然自沉寂中变为激进。由孙中山、虞洽卿等发起创办的华商交易所一案复被提上议程,并于1920年2月以上海证券物品交易所之名正式成立,7月开始营业。其他发起成立之各类交易所不计其数,较为有名且以后经受住"信交风潮"的交易所,有上海华商证券交易所、上海华商纱布交易所、上海金业交易所、中国机制面粉上海交易所、上海杂粮油饼交易所等。同时,上海证券物品交易所相关人士,也早于汉口交易所成立之前,便与汉口华商携手创办汉口五品交易所。1921年,天津华商边宇靖、卞月廷(又为天津交易所董事)及王之杰等20人筹办天津证券花纱粮食皮毛交易所未果。② 上海证券物品交易所设立后,原先投资于上海交易所的华商大都把资金"转移到物品交易所里来",不再到日资交易所进行交易,登报申明与之脱离关系者日有所见。③ 汉口五品交易所在开业之初经营情况不佳,但汉口交易所成立后,武昌、汉口棉纱业者不与其交易,只认汉口五品交易所,情况便日渐有所好转④。

(三) 交易所经营实态

关于日资交易所的经营实态,前文已多有提及,下文稍作总结以为补充。

上海交易所开业正逢海内外经济势头大好之时,岛德藏手握大部分股份,坐镇大阪,遥控指挥,在1919年8月到1920年5月这一"史上未曾有的大投机时代",利用自身特殊条件让自社股交

---

① 《日本汉口取引所之黑幕》,上海《新闻报》1922年5月25日。
② 《在支取引所类似机关杂件》,档案号3.3.7.39-14,外务省外交史料馆藏。
③ 上海市政协编:《上海文史资料》第11辑,第4页。
④ 高尾亨致币原喜重郎书函《汉口取引所现状相关报告》(1926/1/29),(外H-3)。

易上市,待股价暴涨时(开业时每股 150 元,到 1920 年 3 月升至每股 430 元)趁机抛售,贪图其利。① 但好景不长,1920 年 5 月起海内外经济形势大逆转,又加之上海各类华商交易所陆续设立,上海交易所市场经营走向低迷。尚未开业的天津交易所、汉口交易所情况更为糟糕。岛德藏等固执地认为市场行情还会回升,其实是误判了世界经济大势,只能以人为手段炒高天津交易所、汉口交易所股价,以期获得暴利。在上海交易所增资并将总店迁移至上海的同时,天津交易所(1921 年 9 月)、汉口交易所(1922 年 5 月)火急火燎开业准备中。虽然天津交易所、汉口交易所自社股开业伊始股价暴涨,但因市场行情不景气而应声回落,两只自社股最终沦为低于发行价以下的垃圾股。以汉口交易所为例,其自社股"在开业当日既已暴涨至 43.80 元新高价",但 1924 年时,"减资后的股价暴跌至仅 6 元左右"。②

上海交易所最盛期为 1919 年下半年和 1920 年上半年,其股票、棉纱、公债及棉花交易所产生的手续费,分别达到 14.16 万两(39.29 万元)和 23.74 万两(69.68 万元),成绩相当亮眼。"信交风潮"后的 1921 年夏秋两季,公共租界与法租界开始着手加强对各自租界内交易所的管理,华商交易所波及颇多,日常经营陷入困境,上海交易所虽未能独善其身,但所受影响不深,从 1922 年下半年情况来看,棉纱交易占其业绩大头,手续费金额达到 14.24 万两(29.21 万元)。1922 年 5 月至 6 月,上海交易所曾计划收购上海棉纱交易所,虽未果,但也交出了上述的成绩单,颇为可观。③ 为趁此势头继续扩大获利以填补之前因"丰岛事件"带来的损失,岛

---

① 松永定一:《北滨盛衰记》,东洋经济新报社,1959 年,第 183~184 页。
② 《岛系在支取引所解剖——汉取停业同时股价仅六元》,《大阪朝日新闻》,1924 年剪报,(外 H-3)。
③ 拙稿《日商上海取引所及其与华商交易所业之关系》(下)所附"上海交易所期别交易额及手续费一览表(每期半年)",《档案与史学》1995 年第 2 期,第 51 页。

表 4 天津交易所期别交易额及交易量一览表

(A 为定期, B 为现货)

期 别	股票(股) 交易额	股票(股) 交易量	钱钞(元) 交易额	钱钞(元) 交易量	棉纱(捆) 交易额	棉纱(捆) 交易量	棉花(包) 交易额	棉花(包) 交易量
第一期 (21年下)	A: 1 380 B: 770	0	A: 531 000 B: 1 113 000	0	A: 950 B: 0	0	A: 4 200 B: 0	0
第二期 (22年上)	A: 3 540 B: 7 117	7 687	A: 86 472 000 B: 182 000	9 379 000	A: 930 B: 0	150	A: 6 100 B: 0	0
第三期 (22年下)	A: 4 070 B: 1 320	2 360	A: 78 126 000 B: 0	9 065 000	A: 250 B: 0	25	A: 6 900 B: 0	0
第四期 (23年上)	A: 11 510 B: 5 260	5 250	A: 61 561 000 B: 529 300	10 288 000	A: 925 B: 0	525	A: 8 100 B: 0	5 500
第五期 (23年下)	A: 19 180 B: 5 260	1 350	A: 33 450 000 B: 964 500	11 231 000	A: 210 B: 0	705	A: 1 100 B: 0	500
第六期 (24年上)	A: 8 550 B: 0	0	A: 40 997 000 B: 12 600	8 160 500	A: 0 B: 0	0	A: 1 000 B: 0	800

资料来源:铃木武志(特派):《天津取引所报告书》(1924/8),(外丁-2)。

定次郎掌控上海信交兴业会社决定通过操纵股价,孤注一掷,可惜企图被识破,上海信交兴业会社一次次上市新股,上海交易所只能一次次为其豪赌买单。① 1922 年年末,上海交易所亏损达到 710 万元,不得不作出半额减资的决定。1924 年下半年,股票与棉花交易业已停业,棉纱交易也快维持不住,唯一还在继续经营的只剩下刚登场的标金交易,此时的上海交易所已走在穷途末路上。

从表 4 "天津交易所期别交易额及交易量一览表"所见,天津交易所主要进行通货交易,辅以股票和棉纱,1924 年时只有通货交易还在继续,1925 年即告倒闭。而表 5 "汉口交易所期别损益表"显示,汉口交易所仅在开业时,以人为操纵抄高自社股大赚一笔,此后便一蹶不振,1924 年上半年虽统计获利,但只不过是减资 200 万元的结果而已。

表 5　汉口交易所期别损益表(每期半年)　　　　　(单位:元)

期　别	益	损
1922 年上	97 639.66	
1922 年下		38 135.42
1923 年上		30 400.92
1923 年下	34 947.89	
1924 年上	37 855.94	
1924 年下		27 528.70
1925 年上		67 140.52
1925 年下		22 109.37

数据来源:高尾亨致币原喜重郎书函《汉口取引所相关现况报告》(1926/1/29),(外 H-3)。

四、结　语

"如此被称为'聚金盆'之鬼才岛德藏,借上海交易所赚得盘满

---

① 《上海取引所股东会经过》,《银行周报》第 8 卷第 22 号,1924 年。

钵满,在世人面前肆无忌惮地招摇过市。然而,此人却已落入骑虎难下之势,殊不知,这支那交易所早已到了由福转祸之际。"此乃《北滨盛衰记》作者松永定一对岛系在华三交易所的评价。1927年,岛德藏受交易所违法事件(含天津交易所等在华交易所相关问题)牵连而埋单,于天津交易所清算了结不久后的1933年12月,在大阪美术俱乐部对其财产进行拍卖。这次拍卖交易,是要以"岛的部分个人财产,来抵扣因天津交易所股票认购等造成的742万元损失"。当岛德藏得知心爱之物——雪村的山水横轴被其劲敌野村德七拍下时,长叹一声"我输了……"从此定格在世人记忆中而成为绝唱。①

通过以上考察,将其简要归纳为以下7点:

1. 以岛德藏为首的日本资本家,趁"一战"后日资大举进入中国之际,在外务省及日本总领事允许下,于中国最繁荣商业都市中的"冒险家乐园",创办了三家交易所。

2. 交易所作为特别业种,理应在国家及政府监督和管理之下,但日资在华创办各交易所,实际上不但违反了国际惯例,同时也为中日两国法律所不容。

3. 岛德藏等人及其交易所牟取之暴利,一是成就于"史上未曾有之大投机时代",二是来自操纵各自社股。

4. 交易所市场走向低迷的主要原因,一是海内外整体市场行情不佳,二是华商交易所接踵设立对其产生的抵制作用,三是反日运动日益高涨。

5. 各交易所高层为挽回颓势所作的种种努力适得其反,加速了经营恶化,最终走向清算与倒闭。

6. 岛德藏以"提携日中经济"为名谋取私利,不但没有对两国经济带来任何利益,却令当地日本人感到此举伤害了两国之间的

---

① 前引《北滨盛衰记》,第184、192～194页。

感情。

7. 所谓正面积极影响,便是催生了华商交易所的诞生,交易所刺激华商奋发图强加紧自立,起到了就近模仿学习的样板作用。不过比起既有的负面影响,也是微不足道的。①

(虞建新,原上海市档案馆馆员、
日本中央大学经济研究所客座研究员)

---

① 详见拙稿《日商上海取引所及其与华商交易所业之关系》(下),《档案与史学》1995年第2期,第52~54页。

从农贷竞争到农贷联合：
中华农业合作贷款银团述论[*]

石 涛

中华农业合作贷款银团是 20 世纪 30 年代中期，上海华商银行界投资农村过程中建立的一个颇具规模的联合贷款组织，被视为当时"商业银行农村放款之代表体"。近年来，学术界对于民国时期农村金融问题以及商业银行农贷业务活动，已有不少研究成果。但是关于中华农业合作贷款银团，目前仅有《中华农业合作贷款银团追记》[①]一文做了专门介绍，该文篇幅不大，内容简略。在其他一些相关研究成果中[②]，对该银团虽多有提及，但因史料限制，大都语焉不详，缺乏较为完整的论述。甚至在不少论著中，对

---

[*] 本文为陕西师范大学中央高校基本科研业务费专项资金项目(17SZYB20)阶段性成果。

① 薛念文：《中华农业合作贷款银团追记》，《上海金融》2001 年第 7 期。

② 相关成果参见马长林：《民国时期上海金融界银团机制探析》，《档案与史学》2000 年第 6 期；石涛：《上海银行业与抗战前的陕西棉业》，《青海民族研究》2017 年第 2 期；黄正林：《到农村去：金融进村与农村经济变化研究——以 1933—1945 年陕西关中农村为中心》，《史学集刊》2019 年第 1 期；康金莉：《民国时期中国农业合作金融研究(1923—1949 年)》，科学出版社 2014 年版；许永峰：《20 世纪 30 农贷中国"商资归农"问题研究》，中国社会科学出版社 2012 年版；诸静：《金城银行的放款与投资(1917—1937 年)》，复旦大学出版社 2008 年版；龚关《国民政府与中国农村金融制度的演变》，南开大学出版社 2016 年版。

该银团的成立时间、成员数量、业务活动等内容的介绍存在舛错谬误之处,如对于银团成员前后数量变化的忽视、对于银团贷款区域的混淆、误将银团计划贷款数额等同于实际贷款数额等,而对于该银团的结局几乎完全无人提及,对银团业务活动的绩效与影响也鲜有论述。本文主要利用上海市档案馆和陕西省档案馆藏档案资料,对中华农业合作贷款银团的创建、发展及结束的整个历史过程进行完整考察,揭示其运作机制,并对其业务活动绩效进行评析,以深化对近代中国农业金融发展史的认知。

一、"商资归农"的兴起与商业银行的农贷竞争

20世纪30年代初,受国内频繁战争和自然灾害以及世界经济危机等多种因素的影响,中国农村出现了全面危机,农村经济陷入崩溃境地。农村经济危机最严重的表现之一即是农村金融枯竭,农民负债累累。如中国银行在这一时期的营业报告中多次指出:"农村缺乏资金,已为近年普遍之现象","农民以一牛求押十元而不可得",农村衰落"其影响不亚于国难"。① 资金枯竭被视为当时中国农村中"最严重之病态"②。与此同时,内地资金却大量流入都市,尤其是上海,导致都市资金淤积呆滞,缺乏出路。在此背景下,为了挽救严重的农村金融枯竭,也为了给城市淤积的大量资金寻找出路,从20世纪30年代初开始,上海银行界在全国多个省区进行了一系列的农业放款活动,掀起了"商资归农"的热潮。

1931年春,上海商业储蓄银行与金陵大学及北平华洋义赈会

---

① 中国银行总行、中国第二历史档案馆编:《中国银行行史资料汇编》(上编三),档案出版社1991年版,第2074、2161、2093页。

② 行政院农村复兴委员会秘书处编:《一年来复兴农村政策之实施状况》,1934年,第107页。

等社教团体机构合作,试办农村贷款,揭开了商业银行投资农村的序幕。① 随后,中国、交通、金城、大陆、浙江兴业等银行纷起效仿,到1934年年底时,全国办理农贷的银行达30余家。随着参与银行的增多,农贷资金规模和贷款区域逐渐扩大,在给农村挹注了大量资金的同时,也出现了一些问题和弊端,尤其是形成了群雄割据,相互竞争的局面。由于各银行之间对于投资农村缺乏协调,各自为政,"事前彼此并无统筹,事后更无联络,互相竞争,自所难免"。而且,各银行农村放款几乎都集中于交通位置便利、农业条件较好、合作组织完善的区域,更加剧了银行之间的竞争。"商业银行在农村中之投资,步调不一,竞争过甚,实为不可掩之事实"。由于各银行农贷政策不一,贷款方式分歧,利率高低不同,"农民合作社请求借款,被拒于甲银行者,而为乙银行所容纳,这不仅促成农民欺诈之心理,亦即农贷事业致败之由也。复以同业竞争,于合作社之组织及承认未免粗滥,贷放款项亦但求其量不求其质,尤足以造成农民借得款项之滥用"。②

鉴于同业竞争带来的弊端,银行界开始提议进行农贷业务合作。如上海银行认为:"放款之失,多由于滥,滥放之源,由于竞争",因此希望各银行"能通力合作,统一放款之方法及其区域,俾不致各具热忱,反陷于滥放之途,而有覆辙之虞"。③ 而且,各银行独自放款农村,"其范围未能过广,苟与各行共策群力,不特可泯除无谓之竞争,抑其奏效亦较宏也"。④ 交通银行也认为,农村需款

---

① 中国人民银行上海市分行金融研究所编:《上海商业储蓄银行史料》,上海人民出版社1990年版,第602页。

② 王文钧:《商业银行在农村中之动态》,《银行周报》1935年第19卷第48期。

③ 上海商业储蓄银行编:《上海商业储蓄银行廿三年度营业报告》,1935年,第29页。

④ 上海商业储蓄银行编:《上海商业储蓄银行二十四年度营业报告》,1936年,第29页。

甚巨,"银行并力去做,正苦需多供少,殊无竞争必要",各银行如能密切合作,不但放款更加安全,而且更为经济。① 因此,为了解决银行之间的矛盾,避免竞争造成的人力、资金等方面的浪费,提高放款的质量及效益,各银行的农业贷款业务开始由无序竞争走向联合统一。

二、中华农业合作贷款银团的创建经过与运作机制

1933年之后,上海银行、中国银行、交通银行、农民银行等银行投资陕西农村,并取得了一定成就。1934年5月间,在陕西投资的各银行商议组织联合团体,"各银行共同参加,俾可办法一致"。② 与此同时,1934年4月,全国经济委员会所属的棉业统制委员会与陕西省建设厅联合组织陕西棉产改进所。改进所成立后,为推动棉花产销合作事业,积极向上海银行界寻求贷款支持,以通过棉花产销合作社向农民提供资金。而且,陕西棉产改进所鉴于"陕省合作事业半年以来甚为发达,农民要求组织者甚多,本所恐非一二银行所能周转,因此有各大银行组织一银行团专做陕省农村棉花生产运销合作社资金周转之动机",并与上海各大银行进行接洽。③

经过酝酿协商,1934年6月初,上海银行、交通银行、金城银行、农民银行、浙江兴业银行五家银行"为调剂棉农金融起见",组成棉花产销合作贷款银团(以下简称"五行银团"),联合委托陕西

---

① 交通银行总行编:《中华民国二十三年份交通银行报告》,1935年,第36页。
② 《浙江兴业银行郑州分行为陕西农村放款事致总行函(1934年5月27日)》,上海市档案馆藏,浙江兴业银行档案,Q268-1-575-199。
③ 《陕西棉产改进所六月份上半月工作报告(1934年6月)》,陕西省档案馆藏,陕西棉产改进所档案,75-1-83-1。

棉产改进所在陕豫晋三省境内组织健全之棉花产销合作社,并代理各行贷放各合作社必需之资金。双方签订合同,规定每行出资27万元,共计135万元。五行银团成立后,并未设立正式机关,仅由上海银行郑州分行为代理机关,放出或收回贷款,均以五份均摊。① 在陕西也并不另设办事处,贷款业务均委托陕西棉产改进所办理。棉产改进所负责指导农民组织合作社,根据各社实际需要,介绍银团进行放款,并负有监督职责。"银团供给资金,改进所尽其技术,双方合作进行,以收实效。"②陕西棉产改进所代理五行银团从1934年6月起进行放款,至当年年底,贷款合作社共16个社,其中陕西10个社,河南5个社,山西1个社,贷款总计891 425.22元。③

五行银团揭开了多个商业银行联合向农村放款的序幕,"吾国金融机关联合办理直接贷款于农村,辅助生产,改善运销,当以此为嚆矢"。④ 五行银团的棉花产销合作贷款事业推行之后不到一年时间,对于改进棉产和辅助棉农经济已有一定成效。银行界认为,"农村投资确颇稳妥,而同时对于农民尤有极大之利益",故决定1935年继续进行。⑤ 而且,五行认为现有银团组织"未克充分发挥其机能,而感于健全之中心组织亦不可缺"⑥。因此1934年年底五行即开始商议建立正式的、规模更大的农业贷款银团,"作

---

① 农业部:《本行最近农业放款概况》,《海光》1937年第8卷第4期。
② 《棉花产销银团分配陕省贷款数额》,《农林新报》1934年第11卷第18期。
③ 《陕西棉产改进所代理交通、金城、浙江兴业、四省农民、上海银行棉产销合作贷款报告》,上海市档案馆藏,金城银行档案,Q264-1-605。
④ 交通银行总行、中国第二历史档案馆编:《交通银行史料》第一卷上册,中国金融出版社1995年版,第458页。
⑤ 《中华农业合作贷款银团理事会视察报告(1935年4月26日)》,上海市档案馆藏,金城银行档案,Q264-1-608。
⑥ 中华农业合作贷款银团编:《中华农业合作贷款银团民国廿四年度贷款报告》,1936年,第1页。

永久组织之计划,一方为谋复兴农村经济,一方足以免除银行间彼此之竞争"①。

1935年年初,五行联合发起组织中华农业合作贷款银团(以下简称"中华银团"),2月9日在上海交通银行召开第一次理事会议,宣告银团正式成立,并决定银团总办事地点暂设交通银行,陕西棉产改进所1934年经放款项及账目由中华银团接办。② 2月18日召开的第二次理事会通过了银团章程、理事会办事规则、区办事处办事规则等规章制度。③

(一) 银团成员及其变化

中华银团成立后,五行为收群策群力之效,欢迎其他银行参加,共同办理。在五行的邀请下,3月份又有中南银行、大陆银行、新华银行、国华银行四家银行及四行储蓄会参加银团,银团成员扩大为10家。④ 1936年5月,中国农民银行因奉国民政府指令单独办理大规模农业贷款,故退出中华银团,银团成员减为9家。⑤ 1937年5月,中国实业银行参加中华银团合作贷款,银团成员又增为10家。⑥

(二) 组织结构与分区设置

中华银团的组织结构由总办事处和区办事处组成。总办事处实行理事制,由参加银行各推理事一人组成理事会,处理银团一切

---

① 言穆渊:《我国银行经放农贷之数量(一九三一——一九三七)》,《经济学报》1941年第2期。
② 《中华农业合作贷款银团第一次理事会议决事项纪要(1935年2月9日)》,上海市档案馆藏,金城银行档案,Q264-1-609。
③ 《中华农业合作贷款银团第二次理事会纪录(1935年2月18日)》,上海市档案馆藏,金城银行档案,Q264-1-609。
④ 《中南大陆等银行加入农业贷款银团》,《新闻报》1935年3月5日,第10版。
⑤ 《农业合作贷款银团昨开理事会议》,《申报》1936年5月6日,第8版。
⑥ 《中华农业合作贷款银团第六次理事会议录(1937年5月22日)》,陕西省档案馆藏,陕西棉产改进所档案,75-1-215-1。

事务,包括通过银团贷款办法及一切章则,决定贷款区域及组织各区办事处,决定各区办事处之贷款计划,审核各区办事处业务状况及稽核其贷款账目等。① 第一次理事会推举交通银行李钟楚、上海银行邹秉文为常务理事,4月份金城银行吴肖园被加推为常务理事,三人分别负责银团业务、会计及总务事项,并设办事员三人协同办理。② 银团自成立后,参加行数虽略有增减,业务逐渐扩充,但总处在组织人事方面并无重大变动。

银团总处成立后,即着手在各省区设立区办事处。从1935年3月20日到4月13日,理事会委派李钟楚、邹秉文、吴肖园、杨荫溥四人,对河北、河南、陕西、湖北、江西、南京等省市进行了视察。这次视察的任务,除了解各地农村状况,并与各省市参加银行及从事合作事业各机关交换意见外,主要就是与各参加行当面商洽组织各区办事处。经过视察接洽,银团河北区办事处于1935年3月25日成立,由金城银行北平分行代理。河南区办事处于3月30日成立,由交通银行郑州分行代理,陕西区办事处于4月1日成立,由上海银行西安分行代理。③ 湖北区办事处于6月11日成立,由中国农民银行汉口分行代理。④ 此外,1936年7月16日银团还成立了安徽区办事处,由交通银行芜湖分行代理。⑤ 各区办事处由各代理行担任组织,并由该分行经理兼任办事处主任,秉承

---

① 黑广菊、刘茜主编:《大陆银行档案史料选编》,天津人民出版社2010年版,第373页。
② 《中华农业合作贷款银团第六次理事会议事纪录(1935年5月7日)》,上海市档案馆藏,金城银行档案,Q264-1-607。
③ 《中华农业合作贷款银团理事会视察报告(1935年4月26日)》,上海市档案馆藏,金城银行档案,Q264-1-608。
④ 《中华农业合作贷款银团湖北区办事处会议纪录(1935年6月11日)》,上海市档案馆藏,金城银行档案,Q264-1-607。
⑤ 《中华农业合作贷款银团廿五年度第三次理事会(1936年9月7日)》,陕西省档案馆藏,陕西棉产改进所档案,75-1-189-1。

理事会指示承办贷区内一切贷放事项,并由各该区参加银行之分支机构担任稽核。银团各参加银行在各贷款省区无分支行者,委托其他有分支机构的参加银行代为办理。中华银团这种由总办事处与区办事处共同构成的组织结构,既保证了银团事务集中统一的决策,又发挥了各银行在某些省区的优势,既便利了对各区域的管理,又节省了人力物力,从而使银团业务达到既免除竞争又增进效率的目的。

(三) 放款对象、种类与方式

中华银团"以发展农业及服务农村社会为宗旨",①试图"以集中力量,投资农村,期达改良生产,调剂农村金融之目的"。② 因此,向农村投资放款成为银团的主要业务内容。理事会制订的《中华农业合作贷款银团贷款暂行章程》(以下简称《暂行章程》),对放款区域、对象、程序、种类,各类贷款的用途、限额、时间、归还等相关问题做了详细规定。

在放款对象上,《暂行章程》规定以农民合法组织之产销合作社为放款对象,其内部组织及业务经营以能满足银团规定之标准者为原则。虽然银团规定贷款农作物对象包括棉、麦、稻等,但经过各理事视察之后,认为"办理棉花贷款较易进行",西北、华北一带不仅棉花产量丰富,而且"均由中央棉产改进所指导之下,改良种籽,取缔掺杂,分别等级,组织上颇具规模,故对于放款手续,较其他如麦稻等为便"③,再加上棉花经济价值较高,适宜长途运销,与国计民生关系巨大,因此银团决定"先就农民合法组织内容健全之棉花产销合作社,为放款对象"④。棉花产销合作社实际上成为银团放款的主要对象。

---

① 《大陆银行档案史料选编》,第 373~375 页。
② 《中华农业合作贷款银团民国廿四年度贷款报告》,第 1 页。
③ 《农业贷款团决定贷款范围》,《合作月刊》1935 年第 7 卷第 4、5 期。
④ 《中华农业合作贷款银团民国廿四年度贷款报告》,第 2 页。

在放款种类上,根据棉花生产、加工、运销等需要,银团贷款分为生产贷款、运销贷款、利用贷款三种。其中,生产贷款用于合作社共同生产事业或社员个别生产事业所需购买种苗、肥料、饲料、畜牧及雇工等,运销贷款是向合作社提供用于运销业务预付货价及加工费用等所需流动资金,利用贷款专供各合作社购置轧花打包等机器及建筑修理或租借房屋之费用。除了以上三种棉业贷款外,1936年安徽省政府为调剂农产物供需及流通农村金融起见,设立农仓管理处筹办农业仓库,并商请各银行贷放农仓贷款。中华银团鉴于"年来谷贱伤农,一般产米之区颇受其苦,且农产品运销呆滞,似应有专职机关促进其商品化",因此与安徽省农仓管理处协定办法,进行农仓贷款①。

在放款方式上,银团放款完全采用商业性质,银团并不自行组织合作社,而是与棉统会及各地棉产改进所等农事机关合作,由各该机关出面组织合作社,并负责介绍向银团贷款,再由合作社转放农民。在放款程序上,由合作社于每次借款前一月向银团领取借款申请书,依式详细填写,连同应附各件,送交所在地银团区办事处转送总办事处审核。银团于接到借款申请书后,经派员调查审核认可者,发给核准通知书,借款合作社可凭核准通知书于所在地之银团区办事处办理借款手续。借款合作社全体社员对于所借款项,应负连带责任。从所制订的规章制度可以看出,银团贷款的手续与程序颇为周密。

三、中华农业合作贷款银团的业务活动

中华银团的贷款年度,从每年4月1日起至次年3月31日截

---

① 《中华农业合作贷款银团廿五年度业务报告》,上海市档案馆藏,金城银行档案,Q264-1-889-211。

止。每年度贷款业务开始之初,银团先根据参加银行数量及各参加银行所认担之贷款数额,确定当年度银团贷款最高限额。随后由各区办事处报送本年度贷款计划,经总办事处核定后,按照各参加银行分别认定之资金单位拨放。

银团第一次理事会曾议定,1935年度贷款总额最高不得超过300万元,分为30个单位,每单位10万元,除假定浙江兴业银行认定3个单位(30万元),农民银行认定6个单位(60万元)外,其余由金城银行、上海银行、交通银行三行各平均分担7个单位(各70万元),以后有新加入者再由交通银行、上海银行、金城银行三行各退出若干。① 随后,由于参加银行的增多,4月18日银团第五次理事会对贷款总额中各参加银行担任份额做了新的调整,贷款总额仍以300万元为限,分作30个单位,每单位10万元。各银行担任份额,如表1所示:

表1 1935—1937年中华农业合作贷款银团资金分配统计表

行 别	1935年	1936年	1937年
交通银行	5个单位	5个单位	5个单位
金城银行	5个单位	5个单位	5个单位
上海银行	5个单位	4个单位	4个单位
中国农民银行	4个单位	——	——
浙江兴业银行	3个单位	3个单位	3个单位
四行储蓄会	2个单位	2个单位	2个单位
中南银行	2个单位	2个单位	2个单位
大陆银行	2个单位	2个单位	2个单位
新华银行	1个单位	1个单位	1个单位

---

① 《中华农业合作贷款银团第一次理事会议决事项纪要(1935年2月9日)》,上海市档案馆藏,金城银行档案,Q264-1-609。

(续表)

行　　别	1935 年	1936 年	1937 年
国华银行	1 个单位	1 个单位	1 个单位
中国实业银行	—	—	1 个单位
合　　计	30 个单位	25 个单位	26 个单位

资料来源:1935 年数据来自《中华农业合作贷款银团第五次理事会纪录(1935 年 4 月 18 日)》,上海市档案馆藏,金城银行档案,Q264-1-609。1936 年数据来自《中华农业合作贷款银团第一次理事会(1936 年 5 月 5 日)》,陕西省档案馆藏,陕西棉产改进所档案,75-1-189-1。1937 年数据来自《中华农业合作贷款银团第六次理事会议录(1937 年 5 月 22 日)》,陕西省档案馆藏,陕西棉产改进所档案,75-1-215-1。

　　1935 年 2 月制订的《中华农业合作贷款银团二十四年度贷款计划大纲》规定,1935 年年度贷款区域暂定为陕西、山东、河北、河南、湖北、江苏六省区。① 实际上,4 月份理事会完成对各地视察后,将贷款区域确定为陕西、河南、河北、湖北四省区,并分配贷款额为陕西 120 万元,河南 90 万元,河北 50 万元,湖北 40 万元。②

　　陕西区是中华银团最早办理贷款的区域,自 1935 年 1 月已开始陆续贷放。《陕西省二十四年度贷款计划》规定,陕西贷款以棉花产销合作为中心事业,以洛惠渠、渭南等地为主要区域,各区域内合作社由陕西棉产改进所负责指导组织,计划贷款棉田面积以 38 万亩为最高额。③ 实际上,当年银团陕西区贷款合作社共计 17 个社,分布于渭南、长安、华县等地。银团共计放出生产贷款 550 190 元,运销贷款 533 619.4 元,合计 1 083 809.4 元。

　　银团河北区 1935 年计划以河北棉产改进会及华洋义赈会指

---

① 《中华农业合作贷款银团廿四年度贷款计划大纲》,上海市档案馆藏,金城银行档案,Q264-1-605。
② 《中华农业合作贷款银团四月份报告(1935 年)》,上海市档案馆藏,金城银行档案,Q264-1-607。
③ 《中华农业合作贷款银团陕西省廿四年度贷款计划》,上海市档案馆藏,金城银行档案,Q264-1-605。

导下之合作社为贷款对象,以棉花为主要贷款农产品。① 7月开始贷放,共计向安次、邯郸、永年、成安、磁县五县13个合作社提供生产贷款 36 654 元,运销贷款 29 300 元,利用贷款 1 390 元,合计 67 344 元。

银团河南区包括河南、山西两省。其中,河南省1935年原计划贷款农产品以棉花为限,合作社以河南棉产改进所指导下之合作社为限。② 然而,由于河南棉产改进所指导的合作社,在向该省合作委员会备案过程中,因与该会章程规定有所不符,发生手续纠葛,影响贷款,因而始终未能贷放。在山西省,银团放款对象为山西植棉指导所指导的 5 个合作社,从 1935 年 9 月开始贷放,共计放出运销贷款 30 818.31 元,利用贷款 786.33 元,合计 31 604.64 元。

银团湖北区原计划贷款区域为光化、天门两县,以湖北棉产改进所指导的正式合作社为对象,农产品以棉花为限,贷款总额 40 万元。③ 但因1935年湖北发生严重水灾,产棉区均遭水患,以致贷款无从办理。12月间,湖北棉产改进所与银团商定,贷款业务暂停进行,因此湖北区始终未曾贷放。④

1935 年是中华银团的试办时期,因创办伊始业务进行较为审慎,再加上其他因素的影响,实际贷款区域为陕西、河北、山西三省,并非原计划的六省区,实际放款额为 118 万余元,也未达到原计划的 300 万元。如表 2 所示。截至 1936 年 4 月,河北、山西两省贷款已全部收回,陕西贷款虽尚未收清,但有价值超过欠款的棉

---

① 《中华农业合作贷款银团理事会视察报告(1935 年 4 月 26 日)》,上海市档案馆藏,金城银行档案,Q264-1-608。
② 《中华农业合作贷款银团河南省区二十四年度贷款计划大纲》,上海市档案馆藏,金城银行档案,Q264-1-611。
③ 《中华农业合作贷款银团湖北区二十四年度贷款计划》,金城银行档案,上海市档案馆藏,档号:Q264-1-607。
④ 《中华农业合作贷款银团民国廿四年度贷款报告》,第22页。

花作抵押,收回欠款不成问题。① 银团认为各区贷款"一年来,成绩均堪称满意",②因此决定继续办理,并扩大贷款区域,增加贷款总额。

表2 中华农业合作贷款银团1935年度贷款统计表

贷款区域	贷款数额(元)			
	生产贷款	运销贷款	利用贷款	合 计
陕西省	550 190.00	533 619.40	—	1 083 809.40
河北省	36 654.00	29 300.00	1 390.00	67 344.00
山西省	—	30 818.31	786.33	31 604.64
总 计	586 844.00	593 737.71	2 176.33	1 182 758.04

资料来源:《中华农业合作贷款银团民国廿四年度贷款报告》,1936年,第20~21页。

1935年度中华银团贷款区域为陕西、河北、安徽三区,其中陕西区管辖陕西、山西两省。农民银行退出银团后,总管理处将各参加银行承担贷款份额略作调整后,确定当年计划贷款总额为250万元(见表2),其中分配河北区生产贷款25万元,陕西区生产贷款25万元,河北区与陕西区合贷运销贷款100万元,安徽区仓库押储贷款(以米为对象)100万元。③

1936年,银团陕西区与陕西棉产改进所继续合作,以重质不重量为原则,暂缓组织新合作社,对旧社进行整理,力求合作社组织严密,范围缩小,社员宁缺毋滥,将不合格的合作社进行淘汰,贷款以合作社整理健全为先决条件。凡未经整理之社,或整理后尚

---

① 《中华农业合作贷款银团第19次理事会(1936年5月1日)》,陕西棉产改进所档案,陕西省档案馆藏,档号:75-1-189-1。
② 《中华农业合作贷款银团民国廿四年度贷款报告》,第2页。
③ 《中华农业合作贷款银团第一次理事会(1936年5月5日)》,陕西棉产改进所档案,陕西省档案馆藏,档号:75-1-189-1。

无良好结果之社,一律暂不介绍贷款。① 经过整理之后,当年陕西省向银团借款的合作社有新丰、上涨等 11 个社,较 1935 年减少 6 个社。所借款项包括生产贷款 321 450 元、运销贷款 6 500 元,合计 327 950 元。在山西省,银团继续向山西植棉指导所介绍的金井、牛杜等 5 个社提供贷款,当年共发放生产贷款 7 万元,运销贷款 1.3 万元,利用贷款 350 元,合计 83 350 元。如表 3 所示:

表 3 1936 年度中华农业合作贷款银团陕西区贷款统计表

贷款区域	社员人数	棉田亩数	贷款数额(元)			
			生产贷款	运销贷款	利用贷款	合 计
陕西省	13 788	206 467.0	321 450	6 500	—	327 950
山西省	5 845	70 613.8	70 000	13 000	350	83 350
总 计	19 633	277 080.8	391 450	19 500	350	411 300

资料来源:《中华农业合作贷款银团廿五年度业务报告》,上海市档案馆藏,金城银行档案,Q264-1-889-211。

1936 年,河北省因棉产改进会大力推进合作事业,积极组织合作社,因而银团河北区经改进会介绍贷款的合作社激增至 453 个社,分布在东光、南乐等 9 区 32 县,各项贷款数额较上年显著增加。1936 年度,该区共发放生产贷款 155 900.2 元,运销贷款 173 896.4 元,利用贷款 16 909 元,合计 346 705.6 元。如表 4 所示:

表 4 1936 年度中华农业合作贷款银团河北区贷款统计表

贷款区域	社员人数	棉田亩数	贷款数额(元)			
			生产贷款	运销贷款	利用贷款	合 计
东光	1 368	18 860.00	22 644.00	14 500.00	1 327.00	38 471.00
南乐	1 655	7 904.50	11 311.00	10 000.00	—	21 311.00

---

① 《陕区二十五年度贷款计划摘要》,金城银行档案,上海市档案馆藏,档号:Q264-1-613-107。

(续表)

贷款区域	社员人数	棉田亩数	贷款数额(元)			
			生产贷款	运销贷款	利用贷款	合　计
北平	690	7 864.00	6 830.00	6 107.00	666.40	13 603.40
保定	908	11 338.50	6 564.50	24 090.40	955.50	31 610.40
霸县	1 079	13 753.50	13 389.45	20 095.00	3 005.80	36 490.25
晋县	3 049	91 524.50	—	—	3 706.00	3 706.00
邯郸	2 038	62 490.00	53 360.00	26 000.00	3 000.00	82 360.00
天津	1 114	21 911.00	33 515.50	56 804.00	2 505.30	92 824.80
易县	959	9 609.00	8 285.75	16 300.00	1 743.00	26 328.75
合计	12 860	244 955.00	155 900.20	173 896.40	16 909.00	346 705.60

资料来源:《中华农业合作贷款银团廿五年度业务报告》,上海市档案馆藏,金城银行档案,Q264-1-889-211。

1936年银团安徽区成立后,凤阳、南陵等24县划为银团贷款区域。银团与安徽省农仓管理处协定的农仓贷款,按其性质可分为两种:一是透支,供农仓初办时无资举办储押业务之用;一是储押贷款,供农民储押农产品之用。实际上,由于安徽省办理农仓事属创举,措置未臻完善,农仓成立太迟,已失储押时效,而且当年粮价高昂,农民纷纷求现脱售,且于农仓性质尚无充分认识,故储押贷款数额并不甚多,当年银团共计向郎溪、全椒、太平三县7个农仓贷出19 464.4元,其中大都是透支款项。①

总计1936年度银团在陕西、山西、河北、安徽四省发放生产、运销、利用及农仓贷款共777 470元,截至1937年3月31日该年度结束时,陕西省因西安事变影响,棉花运销受阻,农民还款延迟,共有7.2万元贷款尚未收回,但各社有超过欠款额的存

---

① 《中华农业合作贷款银团第四次理事会(1937年2月8日)》,上海市档案馆藏,金城银行档案,Q264-1-613。

棉作抵,交通恢复后便可脱售还款。山西、安徽两省各有 1.9 万元和 1.8 万元贷款尚未收回。河北省各社所借生产贷款已全部还清,运销和利用贷款共约 3.7 万元尚未收回。银团认为,"各社组织良好,所借生产贷款均以现款归还,足证所有余额,当亦绝无问题"①。

1937 年度开始时,除山西省未向银团续请贷款外,河北、陕西、安徽三省继续向银团商请贷款。5 月 1 日,银团第五次理事会议决本年度贷款总额仍为 250 万元。随后,因中国实业银行加入银团,担任资金一个单位,第六次理事会又将银团贷款总额调整为 260 万元。

1937 年年初,中华银团计划继续扩充业务,并派理事赴各省调查,以便接洽增加贷款。但政局变化,尤其是中日战争的全面爆发,对银团的贷款活动产生了严重影响。其中,河北区因华北政治牵制,本年拟定贷款计划不能进行,除 5 月 29 日以前由棉产改进会介绍各区合作社之生产贷款 16.1 万余元,仍得照放外,自 5 月 29 日华北农业合作事业委员会议决,在新办法未奉冀察政务委员会令准颁布以前,各银行对于各社贷款应暂行缓办,故该区农贷工作陷入停顿状态。② 安徽区与安徽省农仓管理处签订的农仓储押贷款合同于 1937 年 6 月底到期,这时农仓管理处裁撤,全省农仓业务由安徽地方银行接管。该行商请银团签订合约,继续提供贷款。抗战爆发后,银团常务理事会函复该行"俟时局平定再行签订",③实际上停止了在安徽省的农仓放款。陕西区办事处从 4 月

---

① 《中华农业合作贷款银团廿五年度业务报告》,上海市档案馆藏,金城银行档案,Q264 - 1 - 889 - 211。
② 《中华农业合作贷款银团第七次理事会纪录(1937 年 7 月 26 日)》,上海市档案馆藏,金城银行档案,Q264 - 1 - 612。
③ 《中华农业合作贷款银团第八次理事会纪录(1937 年 9 月 16 日)》,上海市档案馆藏,金城银行档案,Q264 - 1 - 612。

开始向棉农发放生产贷款,截至 6 月底共向 13 社提供生产贷款 549 480 元。原计划 7 月间进行第二次贷款,但因抗战爆发而未能举办。① 总计截至 1937 年 6 月底,河北、陕西、山西、安徽各省银团贷款余额尚有 726 730.02 元,如表 5 所示:

表5 1937年6月底中华农业合作贷款银团贷款余额统计表 单位:元

贷款区域		生产贷款	运销贷款	利用贷款	农仓贷款	总 计
陕西区	陕西省	549 480.00	—	—	—	549 480.00
	山西省	2 061.23	2 510.00	350.00	—	4 921.23
河北区	河北省	160 433.50	3 123.04	125.63	—	163 682.17
安徽区	安徽省	—	—	—	8 646.62	8 646.62
合 计		711 974.73	5 633.04	475.63	8 646.62	726 730.02

资料来源:《中华农业合作贷款银团六月份报告(1937年6月)》,上海市档案馆藏,金城银行档案,Q264-1-612。

四、中华农业合作贷款银团的结束

抗战爆发后,银团活动受到严重影响,上海总办事处"因沪战爆发,业务无形停顿"。② 9 月 16 日第八次理事会决定,为"节省开支,办事便利起见",银团总办事处由南京路交通银行搬迁至迈尔西爱路环龙路口交通银行储蓄部办公,暂时附设在交通银行储蓄部内,并由交行代为办理日常事务,遇有重大事项,随时召集理事会办理。所有一切账簿表册文书印章等件,由交行代为保管。同时,决定将总处人员自 9 月份起,各发薪两月,暂行遣散,俟时局平

---

① 《照抄陕西区办事处呈报二十六年份催还生产贷款经过》,上海市档案馆藏,金城银行档案,Q264-1-614。

② 《中华农业合作贷款银团致金城银行函(1937年10月1日)》,上海市档案馆藏,金城银行档案,Q264-1-872。

靖后,再行恢复。①

随着战争规模的持续扩大,银团业务活动已无法继续进行,因此尽力收回贷款,尽快结束业务,成了银团的主要目标。理事会要求"凡各区处已贷放之各款,务须由各区办事处负责设法收回"②。实际上,由于河北、安徽两省沦为战场,贷款已经难以催收。陕西省因棉花价格跌落,销售困难,银团贷款收回也受到严重影响。截至1937年年底,银团各区各类贷款余额共计还有778 990.68元。1938年,银团理事会继续强调"本年除催收旧欠外,不得新增贷款"③。然而,催收工作困难重重,收效不大。1938年10月26日,银团第八次理事会决定,"鉴于时局严重,交通阻滞,业务无法发展,拟将本团总办事处暂行结束",并规定总办事处自本年10月31日止即行结束,所有该处之文件账簿表册印章等项一律委托四行储蓄会代为保管。银团冀陕皖三区旧欠,仍由各该区原经放行负责办理催收,并将收回旧欠随时就地按成分别拨还各参加行收账。各区欠款账务,划归各该区经放行之主管行接管,并由该主管行依据银团历次理事会所决议办法,负责代表银团分别主持一切。④ 随后,总处将账目审核后,所有案卷账表印章等于11月7日造具清册,送交四行储蓄会核收,中华农业合作贷款银团即告正式结束。⑤

---

① 《中华农业合作贷款银团第八次理事会纪录(1937年9月16日)》,上海市档案馆藏,金城银行档案,Q264-1-612。
② 《中华农业合作贷款银团第十次理事会(1937年11月23日)》,上海市档案馆藏,金城银行档案,Q264-1-614。
③ 《中华农业合作贷款银团第二次理事会纪录(1938年3月17日)》,上海市档案馆藏,金城银行档案,Q264-1-614。
④ 《中华农业合作贷款银团第八次理事会纪录(1938年10月26日)》,上海市档案馆藏,金城银行档案,Q264-1-872。
⑤ 《中华农业合作贷款银团致金城银行函(1938年11月7日)》,上海市档案馆藏,金城银行档案,Q264-1-872。

五、中华农业合作贷款银团绩效评析

中华农业合作贷款银团成立之初,被外界寄予了复兴农村之厚望,甚至被视为"复兴农村之唯一方法,前途希望,甚为远大"①。然而,抗战爆发打断了银团投资农村的计划与进程。中华银团从正式成立到结束,前后不足4年时间,正常的业务活动时间只有2年。而且,和这一时期其他商业银行农贷业务一样,银团的农贷业务也存在着诸多不足,更未达到复兴农村的期望。然而,作为这一时期规模最大的农业金融组织,中华银团的创建及其业务活动,在当时的农业金融体系中占有颇为重要的地位,为农业金融发展发挥了独特作用。

(一)开创了商业银行的农贷联合制度

如前所述,20世纪30年代初,商业银行的农贷活动处于各自为政、一盘散沙的局面,银行间的无序竞争严重影响着农贷业务的效益。中华农业合作贷款银团作为首个商业银行农贷业务的联合组织,被视为"我国现代农业贷款集团活动之新兴机构",标志着商业银行的农村放款方式开始由分散走向合作,"为吾国银行史上开一集团投资之嚆矢"②。

中华银团通过农贷联合制度,划定放款区域,统一放款利息,规范放款程序,这不仅能够避免各成员银行在农贷业务中的竞争摩擦,降低贷款风险,而且为那些经营储蓄存款但未设置农贷机构的银行提供了参加农贷的机会,从而能够集中各银行的力量,增加农贷资金规模,扩大农贷地域范围,提高农贷业务的

---

① 《交通等行组织中华农业贷款银团》,《银行周报》1935年第19卷第4期。
② 施鑫泉:《民国念四年我国银行业之回顾与农业贷款之检讨》,《商专年刊》1936年第3期。

效益。从中华银团定期召开的理事会会议及其十分详细的会议记录中可以看出,银团的业务活动,从选择贷款区域,确定贷款对象,到分配资金份额,分担还款责任,审查办理借款手续,再到资金运用效果的监督调查,形成了一套较为完善的运作机制,使商业银行的农贷活动走向规范化和制度化,成为民国时期农贷制度进步的重要标志。中华银团"虽贷款有限,区域不大,但全国农业金融之统一机构,已逐渐形成"①。在民国时期银行业农贷活动从分散走向合作,再走向统一的过程中,中华银团发挥了承上启下的作用。

（二）缓解了部分农村地区的金融枯竭

20世纪30年代初,中国农村普遍面临着金融枯竭和高利贷猖獗的情形。如据陕西省民政厅1933年对全省41县农村借贷利率调查报告,"平均利率,在月利四分一左右"②。陕西"农民受高利贷之剥削,几无法自拔"③。同样,河北省高利贷名目繁多,有"阎王债""倍倍钱""印子钱"等,如地方土豪劣绅所经营的"阎王债",利率最小者为月息三分,甚至有月息十分的。当铺利率以月利三分为最多,偏僻区域有高至四五分者。民间合会利率大多为二三分。河南省农民借贷,在青黄不接之际,利率每在月息三分以上,偏僻农村按月息十分计息者亦屡见不鲜。据该省财政厅1933年调查,河南省110县中,其最高利率在三分以下者仅11县。④另据实业部中央农业试验所发布的1934年2月的调查报告可知,陕、晋、冀、豫四省农户借款年利息为一分至二分的所占比例很低,

---

① 农本局研究室编印：《经济部农本局概况》,1942年,第3页。
② 中央银行经济研究处编：《中国农业金融概要》,商务印书馆1936年版,第130～133页。
③ 《全国经济委员会农业处转送之西北农业、畜牧业和社会经济考察报告》(下),《民国档案》2001年第3期。
④ 《中国农业金融概要》,第92～94、111页。

二分至五分的占到了绝大部分。①

中华银团从1935年到1937年6月,向陕西、河南、河北、安徽等省提供各类贷款共计约270万元。这些放款增加了农民可以利用的资金,而且利率较低,除陕西为月息八厘半外,其余各区均为月息九厘②。合作社在转放社员时,利息略有增加,但涨幅不大,大多数在月息一分二厘至一分五六厘不等。如河北省各合作社将银团贷款转放社员时,利息很少有超过一分二厘的。③这不仅远低于高利贷和典当利率,而且比合会借款利率也要低很多。银团在贷款过程中时常会发生款额太少、时间太迟,不敷分配等问题,但农民"所以仍愿向本团贷款者,则以利率较低期限较长"④。尤其是在农村青黄不接、农民需款急迫的时期,银团贷款对于缓解贷区内农村金融枯竭,减轻高利贷剥削,发挥了积极作用。

（三）促进了棉花产销合作事业的发展

资金是农业经济发展过程中必不可少的要素之一,尤其是对棉花这种商品属性较强的农作物而言,虽然植棉利益较其他农作物优厚,但其所需生产资金也较其他农作物为多。在农村金融枯竭的情况下,资金缺乏成为推广植棉的严重阻碍。河北、陕西等地棉花产销合作事业兴起之初,都面临着严重缺乏资金的困境。中华银团成立后,为了放款的便利与安全,选择棉花产销合作社为主要放款对象,通过生产、利用、运销等贷款,向合作社和棉农提供资金。银团的资金支持对于维持合作社的周转和社员对合作社的信

---

① 实业部中央农业实验所:《农情报告》1934年第2卷第11期。
② 《中华农业合作贷款银团民国廿四年度贷款报告》,第2页。
③ 河北省棉产改进会编:《中华民国二十五年棉产改进事业工作总报告》,1937年,第165页。
④ 《民国廿六年中华农业合作贷款银团四月份报告》,上海市档案馆藏,金城银行档案,Q264-1-612。

心,发挥着不可或缺的作用。尤其是对贷款数额较多的陕西、河北两省而言,银团的资金支持是棉花产销合作事业得以迅速发展的关键原因之一。而且,在放款过程中,银团与棉产改进机关密切合作,"银团表面上似仅贷款与棉农,然间接主要宗旨,仍在与中央各技术机关合作指导棉农,改良品种"。① 银团的资金支持和改进机关的技术协助,对于促进棉花生产,提高棉花品质,发挥了显著作用。

在对棉花产销合作社进行投资的过程中,银团并非简单地提供资金而已,为了自身投资安全的需要,也为了使投资取得更好的效益,银团对合作社的社务、业务非常重视,并给予技术指导和业务监督。如1935年棉花生产贷款开始发放后,银团"各区办事处即抽调各行富有农业学识之干练人员,分驻棉田区域,随时对播种土壤气候诸端,予农民以切实之指导,并随时与农民合作"②。在推行业务的过程中,银团认识到影响贷款成效的原因很多,但合作社组织的健全与否,"尤为成败之重要关键"③。因此,对于合作社的组织人事、社务、业务等方面,银团时常提出要求和指导,并随时由各区办事处派员监督稽核。对于经营不良的合作社,银团与改进机关合作进行整顿或淘汰。通过为合作社提供资金支持和社务、业务监督指导,"两年来由银团承贷之各省区合作社数已大有增加,社基也有相当奠定"④。

总之,在20世纪30年代初救济农村金融的过程中,中华农业合作贷款银团参加银行之众、声势之壮、涉及的地域范围之广、社会影响之大,不仅在农业放款领域,而且在当时华资银行所组织的

---

① 《农业贷款团决定运销贷放办法》,《银行周报》1935年第19卷第34期。
② 《农业贷款团举办生产贷款成功》,《社会经济月报》1935年第2卷第7期。
③ 《中华农业合作贷款银团民国廿四年度贷款报告》,第22页。
④ 《民国廿六年中华农业合作贷款银团四月份报告》,上海市档案馆藏,金城银行档案,Q264-1-612。

各类贷款银团中都是很突出的。① 中华银团试图集中多家银行力量,以农业贷款为手段,以改良棉业为途径,以期达到改良农业生产、调剂农村金融的目的。虽然银团存在时间短暂,贷款区域有限,实际贷款数额也并不巨大,相对于整个中国农村的庞大需求,无异于杯水车薪,在当时的社会条件下,中华银团没有也不可能实现救济农村、复兴农村的目的,但是,中华银团在业务过程中所推行的银团资金与农业技术密切合作的农贷模式,取得了良好的效果。银团在提供资金、改良棉种、增加产量和改善运销等方面的种种努力,不仅使广大棉农受益良多,而且为上海、天津等地棉纺织业提供了优质原料。银团在推行农贷业务过程中所施行的措施办法和运作模式,以及积累的经验教训,对于这一时期农贷业务的进步和制度的完善,也不无裨益。国民政府于1936年设立的农本局,即在很多方面借鉴了中华银团。可以说,中华银团的建立及其农贷活动,使商业银行的农贷业务由无序竞争走向了联合统一,这不仅是民国时期农业金融史上一次有益的探索和尝试,对这一时期农业金融制度的发展完善作出了贡献,而且对我们今天发展农业金融也具有一定的借鉴意义。

(石涛,陕西师范大学历史文化学院副教授)

---

① 诸静:《金城银行的放款与投资(1917—1937年)》,复旦大学出版社2008年版,第318页。

晚清时期南方省份对西北经略的协济
——以湖北为例*

刘锦增

清代前期,甘肃、新疆所需军费主要由直隶、山东、山西、河南等北方省份协拨。咸丰年间,随着太平天国运动的爆发,清前期原有的军饷协拨制度遭破坏。为此,清政府一面严令各省调饷,一面命新疆地方官员积极寻求财政的自立。① 同治初年,"甘省额征地丁课税,岁不过四十万两。"② 随着西北政局的巨变,筹饷愈发困难,"甘中兵饷,久已竭蹶。今本省糜烂既久,物力尽耗,商旅不行,人烟几绝,凡地丁、厘金、税课,生发全无,毫莫能助"③,各省积欠甘肃协饷数额巨大,"数至二千数百万之多"④。

---

* 本文系国家社会科学基金青年项目"清政府经略新疆中的粮饷问题研究"(19CZS060)、教育部人文社会科学重点研究基地重大项目"六百年来西北地区人类活动与资源环境关系研究"(14JJD770014)的阶段性成果。

① 刘锦增:《咸丰年间边疆财政的危机与应对——以新疆军费为例》,《中国经济史研究》2020年第1期。

② 王钟翰:《清史列传》卷54《杨岳斌》,中华书局1987年版,第4280页。

③ 《沥陈才力病势并营饷贼情折》,同治五年七月初三日,杨岳斌撰,肖永明、曾小明校点:《杨岳斌集》卷10,岳麓书社2012年版,第308页。

④ 奕訢等:《平定陕甘新疆回匪方略》卷105,新疆文化出版社2017年版,第2604页。

为维护西北稳定,清政府先后命杨岳斌、左宗棠率军西征,这期间筹饷成为重中之重,"甘省自军兴以来,诸事掣肘,莫能殚述,而尤以饷项支绌为第一急务"①。由于战乱,西北地区物资匮乏,清军所需军饷、军粮、武器装备等各项军需物资均需由其他各省调拨,"甘省粮饷之绌,中外咸知。在东南数省,初不患无粮,而但愁无饷。惟甘省则既虞饷之不继,而尤虑粮之无多"②。为保证军费的供应,清政府调整军费供应体系,将南方省份、海关收入纳入协拨范畴。这一时期,湖北一跃成为清政府经略西北军需物资的中转站,也成为经略西北军需物资的重要来源地。

关于左宗棠西征时期的筹饷活动,马陵合、刘增合等学者已经对此进行了不少研究。③ 然而,很少有学者专门关注南方省份特别是湖北对西北经略的协济问题。关注同光年间,南方省份特别是湖北对西北经略的协济问题,不仅有利于加深对左宗棠西征筹饷的认识,探讨晚清时期协饷供应体系的变迁,还有利于深化学界对晚清时期的中央与地方财政关系的研究。

一、承担西北协饷及军需物资的转输

同治年间,甘肃所需的协饷逐渐依赖东南各省份,所需的各类军火、器械也主要在浙江、福建、广东采购,然后由轮船运到湖北,由湖北转解。杨岳斌任陕甘总督后,为便于协饷及军需物资的转

---

① 《署理陕甘总督穆图善奏为甘省军饷奇绌请将各省协饷变通办理事》,同治六年四月二十七日,中国第一历史档案馆藏朱批奏折(以下档案均为该馆所藏),档号:04-01-01-0896-037。
② 《入甘细探贼势军饷吏治民生折》,同治四年六月二十三日,杨岳斌撰,肖永明、曾小明校点:《杨岳斌集》卷4,岳麓书社2012年版,第161页。
③ 相关成果有:马陵合的《试析左宗棠西征借款与协饷的关系》,《历史档案》1997年第1期;刘增合的《左宗棠西征筹饷与清廷战时财政调控》,《近代史研究》2017年第2期;吴昌稳的《晚清协饷制度研究》,社会科学文献出版社2018年版等。

输,奏请在湖北设立后路粮台。同治五年(1866)十一月,同治帝下令将陕甘后路粮台划归湖北军需总局管理:"著官文即将湖北设立之陕甘后路粮台附入湖北军需总局,仍令藩司何璟兼司其事,俾专责成。"①同时,还在襄阳设立襄阳援甘分局负责转输。此后,西北协饷及军需物资运到湖北后,由汉口转解到襄、樊,陆运取道荆紫关入陕。如:杨岳斌部的军饷,由东南各省运解湖北,由湖北转运。据杨岳斌奏:"臣岳斌所部兵饷,向赖东南各省解至湖北,交署藩司唐际盛派员由荆紫关转解陕省,交署藩司林寿图转运前进。"②"臣所部各营饷项军火,向赖东南各省协济,节经奏明由湖北后路粮台委员解至荆紫关分局,转运陕西,交藩司林寿图解甘备用各在案。"③

然而,随着陕西局势的恶化和军饷的不足,陕西经常截留经汉中运往甘肃的协饷,"林寿图督办陕西后路粮台兼总甘肃庆泾分局事务,又值陕省回捻交讧,遂致鄂台转解之饷留陕愈多,而济甘愈少"④,这使得甘肃军饷供应愈发不足。对于湖北后路转输粮饷弊端,穆图善也曾指出:"由湖北后路粮台汇解陕西粮台,转运秦州行台,解省分拨各营。道路迂阻,节节转输,纵按月全数解甘,已不免多需时日,乃陕西粮台自本年正月以前,截留至四十余万两之多,不啻秦人视越人之肥瘠,殊失顾全大局之道。"⑤正是由

---

① 中国第一历史档案馆编:《同治朝上谕档》第5册,广西师范大学出版社1998年版,第317~318页。
② 《会奏西安为甘肃后路粮台折》,同治五年二月十七日,杨岳斌撰,肖永明、曾小明校点:《杨岳斌集》卷8,岳麓书社2012年版,第250页。
③ 《请另立转运局片》,同治五年十一月十八日,杨岳斌撰,肖永明、曾小明校点:《杨岳斌集》卷11,岳麓书社2012年版,第351页。
④ 《为派员在湖北守领各省协甘饷银事》,同治七年,朱批奏折,档号:04-01-03-0167-002。
⑤ 《署理陕甘总督穆图善奏为甘省军饷奇绌请将各省协饷变通办理事》,同治六年四月二十七日,朱批奏折,档号:04-01-01-0896-037。

于这一原因,杨岳斌决定改设粮台地点,"将陕西粮台改设汉中,派委湖南候补道陈丕业总司转运每月各省协饷,由鄂径解汉中"①。

为适应西北用兵的需要,保证甘肃军需物资,同治六年(1867)正月,左宗棠奏请在湖北设立陕甘后路粮台:"应于湖北省城设立陕甘后路粮台。"②同时,左宗棠还提议在襄阳设立水陆转运总局,在荆紫关设立陆运分局,陕西省城应设甘肃总粮台,在他到任之前,仍由杨岳斌负责粮台收储转运。

在陕甘后路设立的过程中,左宗棠、杨岳斌围绕着粮台事务的管理人员选派展开了争论。左宗棠主张任命王加敏管理。同治六年(1867)正月初十,左宗棠推荐湖南补用道王加敏、盐运使衔湖北汉黄德道、江汉关监督王文韶总办陕甘后路粮台,收储臣军饷需,制备器械:"有二品顶带、按察使衔湖南补用道王加敏,廉朴勤干,历司浙江、闽浙总粮台,条理精密,诚信不欺;盐运使衔湖北汉黄德道、江汉关监督王文韶,才长心细,器识闳伟,索为中外信服。以该两员总办陕甘后路粮台,收储臣军饷需,制备器械,随时接济,必期无误。"③

然而,杨岳斌并不同意。同治六年(1867)正月十四日,前任陕甘总督杨岳斌奏:"甘省各营饷需军火以鄂台转运为大宗,新任督臣左宗棠改派道员王加敏接办粮台事务,自系为呼应灵便无误急需起见,但恐王加敏不知甘事危急,事事禀命于左宗棠,或已到之饷银军火停留不解,且鄂台既由左宗棠派员接管,则各省协饷亦必

---

① 《署理陕甘总督穆图善奏为甘省军饷奇绌请将各省协饷变通办理事》,同治六年四月二十七日,朱批奏折,档号:04-01-01-0896-037。
② 《请派道员总办陕甘后路粮台片》,同治六年正月初十,左宗棠撰,刘泱泱等校点:《左宗棠全集》第3册,岳麓书社2014年版,第334页。
③ 《请派道员总办陕甘后路粮台片》,同治六年正月初十,左宗棠撰,刘泱泱等校点:《左宗棠全集》第3册,岳麓书社2014年版,第334页。

派员分途催收,欲该委员等随时径解甘肃恐未必有其事,而甘军一百余营引领望饷,势成岌岌,此后饷绝来源谓不立见哗溃。"①清政府最终采纳了左宗棠的建议,任命王加敏管理粮台事务。事实也证明了左宗棠选人恰当,王加敏管理陕甘后路粮台后,"制办军装、器械,转运粮饷、军火,殚心筹画,妥臻妥善"②。同治七年(1868),陕甘总督穆图善命署湖北藩司王文韶督同史敬铭酌议章程,催收各省协饷,效果显著。据同治八年(1869)穆图善奏:"统计自史敬铭催饷之日起,至撤台之日止,由鄂解过甘饷不下一百余万两,加以奉拨军装、军火等件,俱由湖北前后任藩司暨在台委员悉心筹办。"③

二、协济军饷

同治三年(1864),清政府镇压太平天国运动后,南方省份趋于安定。与此同时,西北局势动乱,所费军饷巨大。同治六年(1867),左宗棠率军西征,奏请核定各省、关协助甘肃军饷480万两,由甘肃统收分拨给伊犁、塔城等处。④ 在这一背景下,甘肃、新疆各地的军饷主要由南方各省份协济,湖北即是协济省份之一。同治八年(1869)八月,军机大臣奉上谕:"现在东南敉靖,江南、浙江、湖北、山东等省所留勇丁尚属不少,应如何酌量裁减,将节省饷需协济西征之处,着李鸿章、马新贻、丁日昌、郭柏荫、李瀚章、英

---

① 奕䜣等:《平定陕甘新疆回匪方略》卷145,新疆文化出版社2017年版,第3630~3631页。
② 《请奖办理西征粮饷各员折》,同治十年九月初九日,左宗棠撰,刘泱泱等校点:《左宗棠全集》第5册,岳麓书社2014年版,第114页。
③ 《署理陕甘总督穆图善奏为查明湖北设立甘肃后路粮台护饷并解运军火在事出力员弁择尤请奖事》,朱批奏折,同治八年,档号:04-01-13-0316-031。
④ 甘肃省地方史志编纂委员会,甘肃省财税志编纂委员会编纂:《甘肃省志》第37卷《财税志》,甘肃人民出版社1990年版,第209页。

翰、丁宝桢实心筹画,俾裕饷源。"①同时,随着清政府在西北用兵规模的扩大和海防与塞防的论争,湖北协济的军饷数量也在不断增多。

(一) 湖北协拨

同治初年,杨岳斌募勇,以备西北军务。招募军队及办理军装的费用由湖北、湖南等省协济,沿途所需费用,也由湖南、湖北协济,"募勇之资并沿途费用,湖南、湖北各发银一万两,俱于协甘饷银项下拨付"。② 杨岳斌西征期间,清政府命湖北协济军饷。同治四年(1865)七月,同治帝谕:"杨岳斌奉命西征……著官文、郑敦谨将湖北月协之三万两……赶紧委员拨解到陕,由刘蓉转运前进,以济要需。"③清政府在湖北招募西征官兵,所需军饷由湖北按月支出,据同治四年(1865)户部奏:"新募楚勇六营仍由湖北按月拨银二万两。"④

同治四年(1865)正月起,蒋凝学一军也由湖北协济。据官文奏:"道员蒋凝学一军,月需饷银六万两,前因楚省支款繁多,力有未逮,议定自同治四年正月起每月由湖北补发银二万两,藉旧欠以济新饷,其余银四万两,该道行抵陕西即由陕西筹给,行抵甘肃即由甘肃筹给,其军装火药仍由楚省源源接济。奏奉俞准在案。所有同治四年正二三等月分应发该军旧欠每月银二万两,已由粮台如数筹给。"⑤雷正绾军也从同治四年(1865)开始由湖北协济,据

---

① 《谕李鸿章等赶紧筹解陕甘饷需》,同治八年八月初十日,左宗棠撰,刘泱泱等校点:《左宗棠全集》第4册,岳麓书社2014年版,第113页。
② 《招募精勇请饬各省给发沿途费用片》,同治五年十二月初八日,杨岳斌撰,肖永明、曾小明校点:《杨岳斌集》卷11,岳麓书社2012年版,第358页。
③ 《清穆宗实录》卷147,同治四年七月辛未,第457页。
④ 奕䜣等:《平定陕甘新疆回匪方略》卷104,新疆文化出版社2017年版,第2560页。
⑤ 《湖广总督官文奏为筹解蒋凝学一军旧欠军饷其外湖北应解各项请即停止事》,同治四年,朱批奏折,档案号:04-01-03-0161-023。

刘蓉奏:"雷正绾一军所需粮石,本应遵旨由陕省采运接济,惟现在库款奇绌,积欠累累。若再采办甘省军粮,断难筹此巨款,转运之费繁多亦属难办。查甘省粮食虽艰,若有现银采买,尚可源源接济,请旨饬下山西、湖北各省务将应协雷正绾军饷按月如数解交庆阳粮台。"①此后,清政府下令将拨给多隆阿部月饷3.5万两改拨雷正绾部使用。

由上可知,同治初年,湖北每月协济西北各军共9万余两:一是湖北确认将原协多隆阿一军饷银改拨雷正绾部;二是每月协济杨岳斌军营3.5万两;三是按月补还蒋凝学一军欠饷2万两;四是湖北协济西北各军军装军火等项解至杨岳斌军营,再由杨转解各营。② 正如同治四年(1865)七月户部奏:"湖北协解甘省各营军饷,除奉拨都兴阿月饷银二万两、文麟盐厘四万两外,尚有杨岳斌月饷银三万五千两。是湖北奉拨甘饷为数较多。"③

同年五年(1866),杨岳斌奏:"即如湖北月协三万五千两,计自上年三月至本年五月,应解银五十余万两,而臣所得者以该省代购军装、布匹等项,折算仅银十一二万两。"④由于各省协饷迟迟不到,导致西北军饷严重匮乏。为此,同治六年(1867)四月,穆图善奏请变通协饷:"惟有吁恳皇上天恩饬下,江宁、江苏、浙江、湖北、湖南、江西、广东各督抚按月筹拨,协饷源源接济,并饬陕西藩司林寿图不得擅截湖北后路粮台,收解各省援甘军饷。所有本年三月以前及续办解饷银,仍照杨岳斌前奏,由鄂径解汉中,交湖南候补

---

① 奕䜣等:《平定陕甘新疆回匪方略》卷108,新疆文化出版社2017年版,第2689页。

② 奕䜣等:《平定陕甘新疆回匪方略》卷101,新疆文化出版社2017年版,第2461页。

③ 奕䜣等:《平定陕甘新疆回匪方略》卷111,新疆文化出版社2017年版,第2745页。

④ 《积欠巴里坤饷项片》,同治五年八月初十日,杨岳斌撰,肖永明、曾小明校点:《杨岳斌集》卷10,岳麓书社2012年版,第317页。

道陈丕业经收,转解秦安粮台听候。"①

同治年间,清政府又命湖北协济新疆各军。成禄部出关前军饷由湖北协济,同治八年(1869)正月,同治皇帝命军机大臣传谕郭柏荫、何璟:"湖北、山西、河东欠解新疆协饷,前谕户部于此项欠款内指拨银一二十万两解济成禄军营。"②同治九年(1870)正月,同治帝谕军机大臣:"成禄军营协饷,出关以后,原定由新疆军饷内支给,该提督未出关以前之饷,迭经户部奏准,于湖北、陕西、四川每月各协数千两。"③乌鲁木齐军营协饷也由湖北协济。同治十二年(1873),李瀚章奏请:"湖北奉拨乌鲁木齐军营协饷,迭经拨解银十四万一千零三十两,先后附奏在案。现鄂饷仍极支绌,惟金顺出关剿贼战事方殷,不得不竭力筹措。兹凑拨长沙平银一万两交西征粮台催饷,委员知州刘兰馨领解回台,以资接济,由湖北军需局司道具详前来。"④同年,健锐军奉命调往哈密,所需军饷由湖北等省协济:"臣维健锐全军,本前乌鲁木齐提督成禄旧部,其月饷向由四川、湖北、陕西三省协济,解交西征粮台转解。"⑤同治十三年(1874)正月,景廉奏:"四川、山东、山西、河南、陕西、湖北六省,前经部议,奏准每月筹拨臣军需专款银八万两。"⑥

---

① 《署理陕甘总督穆图善奏为甘省军饷奇绌请将各省协饷变通办理事》,同治六年四月二十七日,朱批奏折,档号:04-01-01-0896-037。

② 奕䜣等:《平定陕甘新疆回匪方略》卷188,新疆文化出版社2017年版,第4610页。

③ 《清穆宗实录》卷275,同治九月正月乙未,第821页。

④ 《湖广总督李瀚章奏为湖北奉拨乌鲁木齐军营协饷事》,同治十二年,朱批奏折,档号:04-01-03-0165-027。

⑤ 《陕甘总督左宗棠奏为西征粮台委解金顺军营军饷并明春军饷拟解交金顺酌量分拨事》,朱批奏折,同治十三年,档号:04-01-03-0166-002。

⑥ 奕䜣等:《平定陕甘新疆回匪方略》卷287,新疆文化出版社2017年版,第7100页。

此外,清政府还令湖北协济陕西。同治五年(1866)三月,清廷令山西、四川和湖北三省先各协 5 万两解往陕西。① 由于西征所耗军费巨大,清政府还多次下令湖北临时增加协济军饷。同治八年(1869)二月,左宗棠奏:"湖北省每月除原协陕甘各饷外,着李鸿章、郭柏荫每月再添拨陕甘军饷银四万两,每年共添拨银四十八万两。该省岁入各款较前征收短少,该督等当随时逐款整顿,并将用款酌量缓急,以资周转。本省及外省捐输,仍酌照常办理,毋庸议改。"②

由于各省欠解西征协饷越来越多,清政府下令从积欠最多省份酌量提取。同治十年(1871)秋,"各省欠解西征饷银甚巨,现拟援照上年成案,仍从积欠最多之省酌量提拨,河南、江苏、湖北各提银八万两,浙江、福建、四川、广东各提银五万两,山东、山西、安徽、湖南各提银四万两,共成六十万两之数"③。同年十一月,同治帝谕军机大臣:"西征全军一月满饷,需银六十万两,各海关六成洋税,本为解充京饷之需,屡经各省截留,势难再行指拨。各省欠解西征饷银甚巨,现拟援照上年成案,仍从积欠最多之省酌量提拨,河南、江苏、湖北各提银八万两,浙江、福建、四川、广东各提银五万两,山东、山西、安徽、湖南各提银四万两,共成六十万两之数。"④

同光之时,厘金、地丁、盐课和关税成为国用主体,也是协饷的主要来源。⑤ 为支援左宗棠西征,清政府还多次奏请由湖北的厘金项下分拨。同治四年(1865)正月,杨岳斌奏请在南方各省厘金下抽拨协饷:"每省每月盐厘项下分拨三成,百货厘金项下亦每月

---

① 吴昌稳:《晚清协饷制度研究》,社会科学文献出版社 2018 年版,第 190 页。
② 《谕各省督抚添拨协陕甘饷银》,同治八年二月初五日,左宗棠撰,刘泱泱等校点:《左宗棠全集》第 4 册,岳麓书社 2014 年版,第 41~42 页。
③ 易孔昭等著,孙文杰整理:《平定关陇纪略》卷 13,人民日报出版社 2017 年版,第 314~315 页。
④ 《清穆宗实录》卷 324,同治十年十一月乙巳,第 280 页。
⑤ 邓绍辉:《晚清财政与中国近代化》,四川人民出版社 1998 年版,第 99 页。

分拨三成,由臣委员径赴各省,按月提解庆阳粮台,接济各军。"①同治七年(1868)八月,同治帝命军机大臣传谕:"湖北向有分收湖南销售淮盐厘金一款,每年约可收银八九万两,着郭柏荫、何璟查明此款,即全数拨给陕省充饷,由刘典奏委大员经收转解,俾济要需。湖北本有欠解该省饷银,赈银即以此款拨抵以清款。"②同治八年(1869)二月,户部奏言由南方各省厘金项下筹厘助饷,其中湖北"每月添拨银四万两"③,全年添拨48万两。

(二)代还借款

在西征的过程中,由于各省、关多不按时协解西征军饷,左宗棠不得不屡借外债,从同治六年(1867)起先后六次向洋商及外国银行借款,而前五次借款又是以各省、关应协拨的西征军饷抵还。④ 在这一过程中,江汉关多次承担代还借款。

同治六年(1867)三月,左宗棠向英国汇丰银行与怡和洋行借银120万两,所借银两指定闽海关、粤海关、浙海关、江汉关、江海关代还。其中,江汉关代借银12万两,由江汉关监督出付印票,加盖关防,交债权人收执,到期凭执向海关收款,"给洋商收执,在本年七、八、九、十、十一、十二等月各关关税项下拨还洋商。除江海关本系应协甘饷外,其余各关代借银两,仍由各该省藩司按月拨,交各关以清款项"⑤。限期半年,利息为月息1分3厘。

---

① 《遵旨赶募成军并筹拨协饷折》,同治四年正月十五日,杨岳斌撰,肖永明、曾小明校点:《杨岳斌集》卷4,岳麓书社2012年版,第144页。

② 奕䜣等:《平定陕甘新疆回匪方略》卷182,新疆文化出版社2017年版,第4457~4458页。

③ 奕䜣等:《平定陕甘新疆回匪方略》卷190,新疆文化出版社2017年版,第4664页。

④ 汤象龙:《中国近代海关税收和分配统计(1861—1910)》,中华书局1992年版,第31页。

⑤ 《遵旨宽筹饷项以支危局折》,同治六年三月十八日,左宗棠撰,刘泱泱等校点:《左宗棠全集》第3册,岳麓书社2014年版,第358页。

四月,左宗棠奏:"入关后军饷,专恃洋商借款暂资接济……未盼望应协各省速发印票,交上海转运局留闽道员胡光墉领取,交洋商兑取现银,付与票商,即可换取票商银票,至运城收兑。"①同治七年(1868),向英商借款 100 万两,指定江海关、浙海关、闽海关、江汉关、粤海关代还。其中,江汉关代还 10 万两,限期半年,自本年 6 月至 12 月,月息 1 分 2 厘。②支付本息和出票手续与同治六年相同。

同治九年(1870),随着日本入侵台湾,清政府内部围绕海防与塞防展开了争论。之后,东南沿海各省关协济军饷停止调拨。为此,左宗棠又先后四次借款,其中三次由江汉关代还部分借款。光绪元年(1875),左宗棠向英商怡和银行借款 100 万两,向英商丽如银行借款 200 万两。光绪三年(1877),向英国汇丰银行借款 500 万两,以浙海关、江海关、粤海关、江汉关名义代借。其中,江汉关负责偿还 125 万两,限期 7 年,月息 1 分 2 厘 5 毫。光绪四年(1878),借款 175 万两。其中,江汉关还 35 万两,限期 6 年,月息 1 分 2 厘 5 毫。光绪七年(1881),借款 400 万两,江汉关还 80 万两,限期 6 年,年息 9 分 7 厘 5 毫。③

(三)由江汉关调银协济

同治年间,关税和厘金收入超过田赋,成为清政府最重要的财政收入来源。《天津条约》签订后,汉口开埠通商,湖北商业贸易逐步兴起。同时,江汉关设立后,洋税征收呈稳定增长态势。同治二年(1863),江汉关征收洋税 932 701 两,到同治十三年(1874),征

---

① 《洋商借款请敕各省督抚速发印票片》,同治六年四月十八日,左宗棠撰,刘泱泱等校点:《左宗棠全集》第 3 册,岳麓书社 2014 年版,第 363~364 页。
② 甘肃省地方史志编纂委员会,甘肃省财税志编纂委员会编纂:《甘肃省志》第 37 卷《财税志》,甘肃人民出版社 1990 年版,第 206 页。
③ 马陵合:《试析左宗棠西征借款与协饷的关系》,《历史档案》1997 年第 1 期。

收洋税达1 611 006两。① 随着江汉关的设立及洋税征收的稳步增长,同治光绪年间,清政府在对西北用兵的过程中,多次下令由江汉关调拨协饷。

同治七年(1868),清政府命江海等五个关凑拨银100万两作为左宗棠西征军饷,并由左宗棠酌量协济甘省军饷。这100万两中指定江海关摊拨50万两,闽海关20万两,江汉关15万两,粤海关10万两,浙海关5万两。② 同治八年(1869),清政府"敕下两江督臣、江苏抚臣、闽浙督臣、浙江抚臣、湖广督臣、湖北抚臣、两广督臣、广东抚臣、粤海关监督,将各海关六成洋税,各照军机大臣、户部原拨之数,共计一百万两,提前协解,务于今腊、明正到陕,以应继续。如各海关一时未能凑集如数,即援照成案,仍由各督抚臣出备印票,交臣上海转运局福建道员胡光墉领收,转向洋商借取现银解陕,以通由臣报销"③。不久,"湖北咨覆,饬江汉关拨解银八万两,交鄂设后路粮台转解"④。另外又指定各海关解拨专饷,计闽海关90万两,江海关13万两,江汉10万两,粤海关5万两。以上各款各海关在同治十三年(1874)以前均照数陆续凑解。以后各年这五个关都摊拨了协饷。

自同治七年(1868)三月起,清政府命江汉关四成洋税中动拨部分银两,作为陕军饷银。江汉关协饷按月协济,同治七年(1868)四月初七日,刘典奏:"至江汉关每月洋税,即委王加敏按月催领,同闽海粤海广东江苏解到洋税、协饷一并转运陕省,以

---

① 倪玉平:《从国家财政到财政国家:清朝咸同年间的财政与社会》,科学出版社2017年版,第301页。
② 王先谦:《东华续录》同治卷74,同治七年八月己巳,上海古籍出版社2008年版,第68页。
③ 《饷项苦绌恳增拨巨款以利戎机折》,同治七年九月二十四日,左宗棠撰,刘泱泱等校点:《左宗棠全集》第3册,岳麓书社2014年版,第685页。
④ 《军饷匮绝请敕筹拨实饷急救危疆折》,同治七年十二月初十日,左宗棠撰,刘泱泱等校点:《左宗棠全集》第3册,岳麓书社2014年版,第725页。

期迅速。"①此后,由江汉关调拨协饷,协济陕西成为定例。同治十三年(1874),李瀚章奏:"据湖北汉黄德道监督江汉关税务李明墀详称,在于第五十四结内所存四成洋税项下动支库平银贰万两,作为同知十三年正二两月分陕军月饷,委员解赴陕甘后路粮台验收转解。"②同年,李瀚章奉命调拨陕饷:"所有自同治七年三月起至十三年六月止,江汉关应解陕饷业经按月拨解,先后奏咨在案。兹据湖北汉黄德道监督江汉关税务李明墀详称,在于第五十五结内所征四成洋税项下动支库平银二万两,作为本年七八两月分陕军月饷委员解赴陕甘后路粮台验收转解等情。"③

同治末年,金顺奉命出关,军营饷银由山西、四川两省每年协济24万两,江海关、江汉关、粤海关三关每年协济24万两。据李瀚章奏:"前户部咨议覆前任乌里雅苏台将军金顺奏,统师出关,请拨饷银案内,自同治十三年正月起,江汉关在于六成洋税项下,每月拨解银二万两,行令遵照办理等因。"④江汉关还负责协济左宗棠部,每年协济20万两。据同治十二年(1873)左宗棠奏:"知袁保恒奏请指拨江海、浙海、闽海、粤海、江汉各关四成洋税军饷各二十万,共一百万两,于九、十两月内全数解运,勉供边费。"⑤

除表2所述解拨甘肃协饷外,清政府还命江汉关代还洋款。光绪三年(1877),清政府由沙俄采买军粮1 000万斤,费用由江汉

---

① 奕䜣等:《平定陕甘新疆回匪方略》卷172,新疆文化出版社2017年版,第4231页。
② 《湖广总督李瀚章奏为江汉关委解同治十三年正二两月陕军月饷事》,同治十三年,朱批奏折,档号:04-01-03-0166-007。
③ 《湖广总督李瀚章奏为江汉关委解同治十三年七八月陕军月饷事》,同治十三年,朱批奏折,档号:04-01-03-0166-001。
④ 《湖广总督李瀚章奏为江汉关委解金顺军营饷银事》,同治十三年,朱批奏折,档号:04-01-03-0166-015。
⑤ 《恳改拨的饷以固军心折》,同治十二年十月初七日,左宗棠撰,刘泱泱等校点:《左宗棠全集》第5册,岳麓书社2014年版,第478页。

关代还。据湖广总督李瀚章奏:"光绪三年间准伊犁将军金顺咨称,现与俄官康密司克订买粮米一千万斤,共合湘平银四十万两,除由营付银五万两外,余银三十五万两,兑由湖北江汉关协饷拨交,臣查江汉关岁收四成洋税,向例不准动支,其奉拨京协各饷及海防出使各项经费,皆出于六成一款。"①此外,江汉关还奉拨同治十二年(1873)年关专饷银10万两,协陕军饷银29 652万余两。②

表1 江汉关解拨甘肃协饷统计表　　　　　　　　单位:两

年　份	解拨银两	年　份	解拨银两
同治七年	100 000	光绪二年	100 000
同治八年	150 000	光绪三年	50 000
同治十三年	100 000	光绪五年	58 000
光绪元年	60 000	光绪六年	136 000

说明:本表依据汤象龙的《中国近代海关税收和分配统计(1861—1910)》整理而成。

三、协办各类军需物资

同治光绪初年,随着清政府在西北的用兵,各类军需物资,如棚帐、枪炮、火药需求不断增多,而甘肃生产各类军需物资能力有限,"甘省各军分途防剿需用军火甚巨,本省工料两缺,制造无多,难接济"③。为此,清政府还从其他各地调集军需物资。由于此时

---

① 奕䜣等:《平定陕甘新疆回匪方略》卷304,新疆文化出版社2017年版,第7554页。
② 《遵旨开单报销折》,同治十三年六月十六日,左宗棠撰,刘泱泱等校点:《左宗棠全集》第6册,岳麓书社2014年版,第64页。
③ 《奏请饬湖北等办甘省火药火绳铅丸事》,同治七年,朱批奏折,档号:04-01-03-0167-032。

湖北政局稳定,"湖北现已肃清,自有备储军火即代为制办,较之甘省亦易为力"①。为此,清政府还多次命湖北协助办理西征军所需的武器、棚帐等。

西北前线所需的火药、各类火器需要从其他省调拨,同治年间,湖北协济甘肃枪炮、火药情况如表2所示。同治三年(1864)十月,官文奏湖北负责发放都兴阿、穆图善、甘肃提督雷正绾部所需的军器、火药由湖北发放。同治四年(1865)八月,杨岳斌奏由湖北、湖南调拨火药、枪炮:"恳恩饬下湖北、湖南抚臣,每省各拨火药五万斤,劈山炮各二十尊,抬枪各一百杆,小枪各三百杆,由水道运至襄樊,取道陕西,以达甘省。"②道员蒋凝学一军所需的火药,也由湖北供应。据同治四年,官文奏:"其军装火药仍由楚省源源接济。"③同治五年(1866)四月,由于兰州火药局被雷火轰击,里面所藏火药、硝、磺等均被焚毁,工匠也被炸死。为保证行军所需,清政府紧急命令由湖北等省调拨火药。刘蓉奏:"火药为行军要需,况值回匪纷窜,需要尤急,即使设法赶造亦属户缓不济急,请旨饬下湖北河南山西各拨火药三万斤,迅派妥员解陕以资攻剿。"④同治六年(1867),陕甘总督穆图善奏请由湖北拨解枪炮。其中,火药2万斤、铅丸5 000斤、火绳5 000盘。⑤ 同治七年(1868),清政府又命湖北筹办甘肃所需的火药、火绳、铅丸:"奴才拟请由湖北筹办火

---

① 《奏请饬湖北筹办甘省火药火绳铅丸事》,同治七年,朱批奏折,档号:04-01-03-0167-032。
② 奕䜣等:《平定陕甘新疆回匪方略》卷119,新疆文化出版社2017年版,第2966页。
③ 《湖广总督官文奏为筹解蒋凝学一军旧欠军饷其外湖北应解各项请即停止事》,同治四年,朱批奏折,档号:04-01-03-0161-023。
④ 奕䜣等:《平定陕甘新疆回匪方略》卷132,新疆文化出版社2017年版,第3298页。
⑤ 《署理陕甘总督穆图善奏请饬湖北巡抚拨解甘省枪炮事》,同治六年,朱批奏折,档号:04-01-03-0162-021。

药二万斤、火绳五千盘、铅丸五千斤,随饷搭解来甘,以资应用。"①同治十一年(1872)四月,同治帝下令在湖北采买开花子母洋炮及火攻利器,所需费用由应协济饷银内拨:"其应需价值,湖北本有应拨景廉军营每月饷银数千两,尚未起解,并着李瀚章、郭柏荫即由此款内提拨应用,余银并交该员运解回营,毋稍延误。"②

表2 同治年间湖北协济甘肃枪炮、火药统计表

年代	协济军队	协济枪炮、火药	资料来源
同治三年	雷正绾部	均杆镢全劈山炮4尊、抬枪240杆、鸟枪1100杆、火药1600斤、火绳2200盘、鸟枪铁子各300斤、抬鸟枪铅子200斤	档号:04-01-03-0161-016
同治初年	都兴阿、穆图善	杆镢全抬枪140杆、鸟枪360杆、火药1500斤、火绳1500盘、铁抬鸟枪子各400斤	档号:04-01-03-0161-016
同治四年	杨岳斌部	火药5万斤、劈山炮20尊、抬枪100杆、小枪300杆	《平定陕甘新疆回匪方略》卷119
同治五年	甘肃	火药3万斤	《平定陕甘新疆回匪方略》卷132
同治六年	甘肃	劈山炮10尊、枪600杆、小枪2000杆、火药2万斤、铅丸5000斤、火绳5000盘	档号:04-01-03-0162-021
同治七年	甘肃	火药2万斤、火绳5000盘、铅丸5000斤	档号:04-01-03-0167-032
同治十一年	景廉军	开花子母洋炮、火攻利器,数量不详	《清穆宗实录》卷331,同治十一年四月戊午
同治年间	杨岳斌部	劈山炮20尊、抬枪100杆、鸟枪300杆、火药1万斤	档号:04-01-03-0160-071

---

① 《奏请饬湖北筹办甘省火药火绳铅丸事》,同治七年,朱批奏折,档号:04-01-03-0167-032。

② 《清穆宗实录》卷331,同治十一年四月戊午,第382~383页。

棚帐、旗帜、号衣是前线官兵所需的重要军需物资,同治初年,西北前线官兵所需的这些物资由湖北负责制造供应,"至于棚帐、旗帜、号衣,例应半年一换,所需布匹工价,更为繁巨。从前均由鄂省制造,转运西安"①。如:同治三年(1864),湖北协济雷正绾部二号蓝布夹棚帐 4 架、白布单棚帐 196 一百架,都兴阿、穆图善招募的军队白布单棚帐 100 架。②左宗棠任陕甘总督后,停止由湖北制造棚帐、旗帜、号衣这些物资,改由在甘肃制造。但由于成本过高,清政府又下令改由湖北等地采买。

左宗棠西征期间,清政府还命湖北代购军需物资、战马等。同治五年(1866),清政府下令在湖北代购军械、布匹:"湖北三万五千两,自去年三月至今,应解五十余万两,乃收该省代购军械、布匹等项,并解过银两,合算仅十余万银。"③同治六年(1867)二月,左宗棠奏:"自抵鄂后,即以习练马队为事,陆续觅买口马,仅得四百六十余匹。"④

同治光绪初年,湖北还多次承担军粮采买,"本省兵燹之后,田土荒芜,产粮既属无多,又须少留民食。以故各军采买,均系购自四川、湖北、河南、山西等处"⑤。同治六年(1867)十二月,同治帝谕:"本年陕西米粮昂贵,军粮缺乏,采办维艰。据左宗棠奏湖北欠解五六两月协饷银四万两,湖南欠解尤多,亟需筹解采

---

① 《请于陕甘饷项外敕拨实饷作为专款折》,同治八年正月三十日,左宗棠撰,刘泱泱等校点:《左宗棠全集》第 4 册,岳麓书社 2014 年版,第 31 页。
② 《湖广总督官文奏报楚省发过甘肃提督雷正绾等军饷银军火等项各数目事》,同治三年十月十一日,朱批奏折,档号:04-01-03-0161-016。
③ 《沥陈才力病势并营饷贼情折》,同治五年七月初三日,杨岳斌撰,肖永明、曾小明校点:《杨岳斌集》卷 10,岳麓书社 2012 年版,第 308 页。
④ 奕䜣等:《平定陕甘新疆回匪方略》卷 148,新疆文化出版社 2017 年版,第 3699 页。
⑤ 《请于陕甘饷项外敕拨实饷作为专款折》,同治八年正月三十日,左宗棠撰,刘泱泱等校点:《左宗棠全集》第 4 册,岳麓书社 2014 年版,第 31 页。

买以资接济,着郭柏荫、李瀚章、刘崐、何璟各饬该藩司由湖北迅拨银四万两,湖南迅拨银二万两,均解交陕甘后路粮台,王加敏等委员采办军米,分批转运,由汉江溯流而上,入甲河至陕西山阳县之漫川关陆运至西安,以供军食,毋稍迟误。"①同时,为保证军食,同治六年(1867)八月,左宗棠奏请由户部发给空白执照5 000张,在陕西、湖北、山西、四川和河南五省设立米捐局,劝办米捐,接济陕甘军食,"臣上年因甘省粮饷奇绌,奏请于川、陕、湘、鄂、晋、豫等省劝办米捐,业经户部颁发执照,转发各局填用"②。到同治十三年(1874),共"收湖北分局报收米捐,合银十八万七千九十五两"③。

四、湖北协济供应效果

杨岳斌任陕甘总督时,湖北解甘军需效果不佳。同治四年(1865)八月,杨岳斌奏:"自五月至今,凡四月有余矣……湖北只报解布匹、洋药,而银数尚未提及。"④同年七月,同治帝谕军机大臣:"前因伊犁需饷孔亟,谕令户部宽为筹拨……其余河南、四川、湖北三省分毫未解。"⑤由于各省协济迟迟不到,甘肃粮缺饷匮。同治六年(1867)正月,杨岳斌奏:"湖北每月议定协济银三万五千两,自上年三月起至本年五月止,解甘实银,计不及十

---

① 中国第一历史档案馆编:《同治朝上谕档》第 6 册,广西师范大学出版社1998年版,第439页。
② 《请饬部补发部照片》,同治七年五月二十六日,左宗棠撰,刘泱泱等校点:《左宗棠全集》第 3 册,岳麓书社2014年版,第631页。
③ 《遵旨开单报销折》,同治十三年六月十六日,左宗棠撰,刘泱泱等校点:《左宗棠全集》第 6 册,岳麓书社2014年版,第64页。
④ 《粮饷支绌请饬各省接济折》,同治四年八月十三日,杨岳斌撰,肖永明、曾小明校点:《杨岳斌集》卷 4,岳麓书社2012年版,第170~171页。
⑤ 《清穆宗实录》卷148,同治四年七月丁丑,第466页。

晚清时期南方省份对西北经略的协济

分之三。"①

"领兵大臣如无筹饷能力,几乎无法立足"②,左宗棠西征期间,面临的最大难题也是如何筹饷。其间清政府允许左宗棠自行筹措军费,"左公奉命督师西北之时,所带楚军之饷需,仍系由左公个人自行筹措,而清廷尚无统筹办法"③。左宗棠一面与各省督抚协商军饷协济方式,一面奏请清政府批准其筹饷方案。④ 为保证西北军需物资的供应,同治七年(1868)八月,袁保恒受命赴陕甘总督左宗棠部候委,同年九月被委管理西征粮务。同治九年(1870)六月,同治帝命军机大臣传谕:"袁保恒奏称,四川、湖北、山西、河南应解穆图善军饷自正月以后,仅据四川报解银二万两、山西报解银三万两,此外各省并无分毫报解。"⑤为保证西征协饷,左宗棠多次奏请要求各省及时解交协饷,并采取按月解清制度。同治十年(1871),军机大臣字寄各协省:"西陲军务正当吃紧,而粮台艰窘万分,几至无从支应,若再不速筹接济,恐有哗溃之虞。着各该督抚监督懔遵前旨,迅将原拨续拨陕甘各月饷按月如数解清。其从前积欠并着该督抚等查明,陆续筹解清完,倘再任意迟延,致误戎机,必惟该督等是问。"⑥

左宗棠知人善用,并努力在中央、各地督抚之间的斡旋,以确

---

① 奕䜣等:《平定陕甘新疆回匪方略》卷145,新疆文化出版社2017年版,第3631页。
② 何烈:《清咸、同时期的财政》,(台北)"编译馆"中华丛书编审委员会1981年版,第431页。
③ 卢凤阁:《左文襄公征西史略》,沈云龙主编:《近代中国史料丛刊》第856册,(台北)文海出版社1972年版,第103页。
④ 刘增合:《左宗棠西征筹饷与清廷战时财政调控》,《近代史研究》2017年第2期。
⑤ 奕䜣等:《平定陕甘新疆回匪方略》卷222,新疆文化出版社2017年版,第5463~5464页。
⑥ 《催解陕甘饷银等事》,同治十年八月二十三日,曾国藩:《曾国藩全集》奏稿之十二,岳麓书社2011年版,第451页。

保西征军饷和各类军需物资的供应。这一时期,各省均面临着财政困难的局面,但在左宗棠的努力下,即使地方财政供应,一些省份仍在努力协济。这期间,湖北协饷供应效果显著。同治十二年(1873),李瀚章奏:"湖北奉拨陕甘督臣左宗棠甘军月饷,迭经拨解银二百二十六万两,又八次筹还积欠银二十八万两。"①同治十三年(1874),李瀚章又奏:"湖北奉拨陕甘督臣左宗棠甘军月饷,迭经拨解银二百四十六万两,又八次筹还积欠银二十八万两,先后附奏在案。"②同年六月,左宗棠奏,湖北自同治六年二月到同治十二年年底(1867—1873)共解到协饷银 276 万 3 328 余两,收到同治七年十月起至同治十年七月(1868—1871),江汉关解银 15 万两,年关专饷银 10 万两,协陕军饷银 29 652 余两。③ 不仅如此,这期间湖北还多次协办各类军需物资。

结　　语

咸丰以来,清政府原有的协饷制度走向瓦解,清政府对各地的财政控制能力也在逐步削弱,各省经常截留京饷,正如同治帝谕:"各海关六成洋税本为解充京饷之需,屡经各省截留,实难再行指拨。"④同光年间,西北所需军费数额巨大,西征军每月军饷在 60 万两以上,主要依赖东南各省、各海关。左宗棠曾说:"各省协款如

---

①　《湖广总督李瀚章奏为委解湖北奉拨甘军月饷银两事》,同治十二年,朱批奏折,档号:04-01-03-0165-075。
②　《湖广总督李瀚章奏为湖北奉拨陕甘军月饷银两事》,同治十三年,朱批奏折,档号:04-01-03-0166-005。
③　《遵旨开单报销折》,同治十三年六月十六日,左宗棠撰,刘泱泱等校点:《左宗棠全集》第 6 册,岳麓书社 2014 年版,第 64 页。
④　《西征军饷万急着各直省照数筹拨接济等事》,同治十年十一月二十五日,曾国藩:《曾国藩全集》奏稿之十二,岳麓书社 2011 年版,第 492 页。

婴孩性命寄于乳媪,乳之则生,断哺则绝也。"①如何协调西征军饷与东南各督抚的关系,十分关键。在左宗棠的统筹协调下,西征军费基本得到解决,"西北协饷自同光军兴以来,中原鼎盛,以左侯之威信,部臣疆臣交相维持,仅乃克济"②。这期间,湖北不仅是西北军需物资的重要中转站,也是西北协饷、各类军需物资的主要稳定供应省份。湖广总督李瀚章虽也多次提出湖北财政接近枯竭,"现鄂省饷源极形枯竭,奉拨京协各饷为数甚巨,实属匀拨维艰"③,但仍尽力协济。透过湖北对西北经略的协济可以看出,湖北在全国财政中地位的提升。这主要是由于第二次鸦片战争后,随着汉口被迫开埠通商和政局的稳定,湖北经济发展迅速,财政收入逐年增加,每年保持在400万两以上,基于此户部多次命湖北协济各省,"湖北历年多有由户部指拨协济外省急需的款项,由湖北直接拨给受援省份"④。湖北由此成为同光年间清政府经略边疆中较为稳定和重要的协饷指拨省份。

左宗棠收复新疆之际,随着陕甘政局的稳定和社会经济的逐步恢复,需内地转输的军需如军粮等在逐渐减少。同治九年(1870),随着日本入侵台湾,海防与塞防之争,东南沿海各省的协甘军饷停止调拨,"臣军协饷,向以东南各省为大宗。自福建筹办台防,沿海各省均以洋防为急,纷议停缓协饷"⑤。由于南方各省

---

① 魏光焘撰,阿地力·艾尼、高月点校:《勘定新疆记》卷5《粮饷篇》,黑龙江教育出版社2014年版,第80页。

② 钟广生:《湖滨部读庐丛刻》,沈云龙主编《近代中国史料丛刊》第26册,文海出版社1972年版,第237页。

③ 《湖广总督李瀚章奏为湖北委解宁夏军营月饷事》,同治十三年,档案号:04-01-03-0166-006。

④ 湖北省地方志编纂委员会编:《湖北省志财政》,湖北人民出版社1995年版,第57页。

⑤ 《饷源顿涸筹借洋款折》,同治十三年十月初四日,左宗棠撰,刘泱泱等校点:《左宗棠全集》第6册,岳麓书社2014年版,第105页。

协饷的不足,左宗棠不得不另辟路径,如筹借商款、增借洋款,"今春所入不及百万,所以勉强匀济,全赖奏借洋款"①,以求解决军费问题。

(刘锦增,山西大学晋商学研究所讲师)

---

① 魏光焘撰,阿地力·艾尼、高月点校:《勘定新疆记》卷 5《粮饷篇》,黑龙江教育出版社 2014 年版,第 79 页。

转型与困境：中国近代酒精业研究*

梁 坤

酒精是基本的化工制品,广泛应用于医药、工业及燃料代用品行业。近代中国酒精消耗量日益增加。为谋求国内酒精的自给,20世纪30年代国民政府积极倡导发展酒精业,中国酒精业迈入起步阶段。在此阶段,酒精主要被掺入土酒作为饮品使用。全面抗战爆发后,酒精作为替代汽油的动力燃料,扮演着十分重要的角色,酒精业因此蓬勃发展,为抗战胜利作出了重大贡献。抗战结束后,酒精业面临着重重危机,日渐衰败。学术界对酒精业的研究已经积累了一定成果,不过学者几乎关注的是全面抗战时期酒精业的发展情形,尚未整体研究近代酒精业的发展历程,难以把握酒精业的演进脉络。[①] 本文

---

* 本文为国家社科基金抗日战争研究专项工程项目"中国抗日战争志"(批准号:16KZD021)阶段性成果之一。

① 相关成果有:刘春《试论抗战时期四川糖料酒精工业的兴衰》,《四川师范大学学报(社会科学版)》2004年第4期;刘春《抗战时期的四川酒精工业》,硕士学位论文,四川师范大学,2004年;刘萍《抗战时期后方液体燃料工业发展评述》,中国社会科学院近代史研究所编:《青年学术论坛·2005年卷》,社会科学文献出版社2006年版;刘春《论抗战时期四川酒精业在公路运输中的作用》,《江汉论坛》2010年第1期;吴志华《液体燃料管理委员会与战时液体燃料管制(1938—1945)》,《抗日战争研究》2009年第2期;张轩赫《抗战期间资源委员会的酒精工业》,硕士学位论文,复旦大学,2013年;赵国壮《抗战时期大后方酒精糖料问题》,《社会科学研究》2014年第1期;吴志华:《试析战时大后方动力酒精工业与国民政府的互动关系》,《抗战史料研究》2015年第1期。

利用馆藏档案和其他文献史料,勾勒近代酒精业的演变轨迹,揭示其发展与不发展的复杂面相,进而管窥中国近代工业化进程的艰难性与曲折性。

一、挽回利权与利益诱导:
近代酒精业的发轫

酒精曾被誉为化学工业之母,但在 20 世纪初,中国只有 1906 年俄国人在哈尔滨、1908 年波兰人在阿城设立的酒精厂。① 直到 1922 年,国人才自办第一家酒精工厂山东溥益糖厂酿造工厂,但规模较小。② 酒精广泛应用于化工、医药、饮料、军工等行业,当时国内酒精的供给主要来自海外,其中大部分来自日本(包括日本占据下的台湾地区)与荷属东印度。"民国 10 年(1921 年)以前,酒精输入,尚不及 450 万公升,民国 10 年(1921 年)以后,遂由 450 万公升增至 900 万以至一千七八百万公升,民国 18 年(1929 年)更激增至 2 300 余万公升。"③据 1931 年江海关调查,每年报税进口酒精,多达 500 万加仑左右。④

南京国民政府建政后,制定了一系列发展国内工业的计划。1928 年 8 月,孔祥熙在国民党二届五中全会上建议自办九项基本工业,其中便有"设立国营酒精工厂,以谋医药及化学工业之进步,并辅助燃料用途"⑤。该提议受到实业部的重视。20 世纪 30 年

---

① 马春沅:《中国近代微生物工业的开拓者和奠基人——陈騊声》,《中国科技史料》1983 年第 4 期,第 32 页。
② 欧阳仑:《后方之酒精工业》(1941 年 2 月 26 日),中国第二历史档案馆编:《中华民国史档案资料汇编》第 5 辑第 2 编《财政经济(六)》,江苏古籍出版社 2000 年版,第 129 页。
③ 黄幼雄:《中国酒精厂参观记》,《申报》1935 年 11 月 22 日,第 11 版。
④ 《实业部积极筹办酒精厂》,《申报》1933 年 6 月 20 日,第 11 版。
⑤ 《孔祥熙之报告,筹备工商业经过》,《申报》1930 年 3 月 5 日,第 4 版。

代,正逢民族危机之时,提倡国货、实业救国的氛围十分浓厚,国人相继倡议设立民族酒精厂,以与外人竞争,挽回利权。各省也意识到制造酒精关乎"奖励国货,挽回利权",纷纷订立酒精工厂计划书与奖励投资酒精工厂办法,以此鼓动民间投资。如广东在1930年颁布《奖励人民投资创办酒精工厂简章》,对民间设厂投资给予技术上、销路上的帮扶及厘税上的豁免。① 此外,福建、江西也公布筹办酒精制造厂的计划。② 事实上,虽然官方多强调"抵制外货,挽回利权",但对于民间投资来说,"大部分人却看到了酒精制造在目前有较大的赢利,而当成一种投机事业,来满足发财的目的"。③

无论是承担"挽回利权"的重大使命,还是出于"利益诱导"的商业目的,在官方与民间的重视和参与之下,酒精业这样的新兴工业在国内得以发展起来。1933年3月,行政院通过实业部官商合资创办酒精工厂的计划。④ 在爪哇开设糖厂的华侨商人黄江泉获悉实业部拟开办酒精厂,迭次与实业部长陈公博等接洽,表示愿意加入商股。⑤ 1933年10月,实业部与黄江泉正式决定成立中国酒精厂,起初资本额为100万元,后增至150万元,其中官股1/10,商股9/10。⑥ 在此之前,在上海还成立了美龙、中华、夏光三家国货工厂。外国侨商也有意直接在华设厂,占领中国市场,于上海创办

---

① 《奖励人民投资创办酒精工厂简章》,《广东建设》第5卷第6期(1930年),第322~323页。
② 《筹办酒精制造厂计划》,《福建建设厅月刊》第5卷第4期(1931年),第35~36页;《制造酒精》,《江西建设月刊》第6卷第7、8期合刊(1932年),第22~25页。
③ 续光清:《酒精制造与中国》,《国立北平大学工学院化学季刊》第1卷第1期(1933年),第56页。
④ 《行政院决议案》,《申报》1933年3月14日,第17版。
⑤ 《实业部积极筹办酒精厂》,《申报》1933年6月20日,第11版。
⑥ 《上海机制国货工厂联合会总务委员叶汉丞呈中国国民党中央执行委员会民众运动指导委员会》(1935年5月31日),中国第二历史档案馆藏,档号:七二二(1)-2607。

远东酒精厂与太平酒精厂,不过规模较小,日产量一为 400 加仑,一为 500 加仑。① 除上海之外,广西、湖南、陕西也先后创设酒精厂。

上海作为酒精业最集中的地区,市场竞争尤为激烈。其中中国酒精厂借助官商合办之名,极力挤压其他民营厂的生存空间。在中国酒精厂尚处于筹备阶段之时,黄江泉为了独占国内酒精市场,向实业部提请专营,双方在合同中约定"自合同生效之日起,十年内在苏浙闽省内不得另有新设之酒精公司或工厂成立,其现有之各公司或工厂亦不得新设酒精制造部分"②。由于该厂规模较其他各厂为大,黄江泉有意压低酒精售价,排挤其他国货工厂和外人工厂。美龙、中华、夏光三厂"酒精售价每加仑自 1 元 5 角至 1 元 6 角,其成本在 8 角至 1 元 2 角之间,除各种特别费用外,尚可少沾微利",而中国酒精厂 1935 年 3 月起先出品每加仑售价 1 元 5 角,暗盘则为 1 元 4 角,至 5 月份,尚不满 2 个月,一再跌价至每加仑 9 角 8 分与 9 角 6 分,暗盘实售 8 角 5 分。③ 此种压价倾销手段,抢占市场的意图十分明显,给国货酒精工厂造成重创,以致夏光、中华两酒精厂被迫停工,美龙厂遭受巨大损失。

中国酒精厂作为当时东亚最大的酒精厂,自开工制造以后,"国外酒精在我市场上可谓绝迹"④,确实发挥了"抵制外货,挽回利权"的作用。不过,在国内酒精工业的起步阶段,酒精市场常处于供过于求的状态。中国酒精厂虽然月产 21 万加仑,而实际每月销售数量则为 12 万加仑。因此,如何扩大市场需求就成了酒精业亟待解决的难题。恰在 20 世纪 30 年代,国内交通燃料自给能力

---

① 《中国酒精厂竞销纠纷,部劝同业自商》,《申报》1935 年 7 月 6 日,第 10 版。
② 《实部咨市府维护官商合办酒精厂》,《申报》1934 年 3 月 6 日,第 12 版。
③ 《上海机制国货工厂联合会总务委员叶汉丞呈中国国民党中央执行委员会民众运动指导委员会》(1935 年 5 月 31 日),中国第二历史档案馆藏,档号:七二二(1)- 2607。
④ 《中国酒精制造公司呈实业部》(1936 年 4 月 20 日),(台北)"中央研究院"近代史研究所档案馆藏,档号:17 - 22 - 054 - 02。

低下的困境为酒精业预示着新的发展前景。

　　1932年,全国已有公路81 000余公里,各省市汽车共有43 939辆,国内交通燃料悉赖国外供给,每年在公路运输上需要购买运输材料的消耗多达8 000余万元。随着国内公路线网的不断拓展,时人对严重依赖外国汽油的现状大感忧虑,有人讥评"全国公路畅通之日,即国家经济破产之时"①。早在第一次世界大战之后,英、法、德、日等缺少原油的国家,经过技术改良,将纯度较高的酒精用于替代汽油使用,一定程度上解决了本国燃料供给不足的难题。因此,国内舆论界与化工界人士倡议政府仿效外国,积极推广酒精燃料。尽管国民政府也意识到动力资源高度依赖国外的潜在危险,但彼时中国经济被资本主义国家深度渗入。在中国市场上存在着美孚、德士古、亚细亚等石油巨头,它们几乎垄断了中国石油供应市场。国民政府如若代用酒精,减少汽油的使用,势必引发石油公司的抵制,甚至产生外交纠葛。另一方面,外来油品价格低廉,有着相当的比较优势,酒精难以与之竞争也是限制政府推广酒精的现实困境。上述现实困境制约了国民政府推广酒精作为动力燃料的实践。

　　当然,酒精业能否突破市场饱和的瓶颈并非完全寄望于代汽油效能的发挥,酒精的主要作用在于服务工业生产。在工业较为发达的国家,酒精有着广阔的市场。然而,中国的情形并非如此。正如中国酒精厂董事长黄江泉自陈,"在我国未立法强制汽油渗用酒精或以酒精代替汽油之前,工商业创始振兴之时,酒精用途仅限于工业及化学工业方面,为数至微"②。化工专家续光清也曾明言,"中国需用酒精的地方,因为工业的不发达,可说是谈不到工业上的应用,除去制造香妆品及兵工厂制造火药用去一部外,就是学校的实验室

---

① 丹林:《公路上汽车汽油之危机》,《礼拜六》1933年第504期,第34页。
② 《中国酒精制造公司呈实业部》(1936年4月20日),(台北)"中央研究院"近代史研究所档案馆藏,档号:17-22-054-02。

用以代替瓦斯灯,油漆匠用作稀溶剂,医院用之以消毒防腐,连同其他正式的需用,在全量算起来,仍属少数,而实际上最大的需用,却是配成了饮用的酒而喝了"①。显然,工商业的不发达以及酒精并未作为动力燃料的现实是制约国内酒精业发展的最主要因素。在市场饱和状态下,酒精业难以壮大便不难想象。经过激烈的市场竞争,在全面抗战爆发前,除东北外,尚在开工出品的国内酒精厂仅为10家,其中还包括2家外商工厂,年产量在500万加仑以上。

二、走向新能源:战时酒精业的勃兴

全面抗战爆发后,除广西、湖南及咸阳(陕西)三厂原在内地未受损失,仍能继续生产外,其他各厂俱未内迁或已毁灭无存,或则沦于敌手。② 中国酒精厂于9月13日被日敌炸毁。战时,国内汽油供给十分紧张,酒精作为动力燃料的功用被发挥出来,或掺入汽油使用,或单独使用。1937年9月7日,国民政府通过酒精汽油混合燃料办法,并设立机关强制使用,规定凡用汽油为动力燃料者,应于汽油内混合1/5以上之动力酒精。③ 1937年9月20日,战争爆发不久,前中央大学农学院教授、中国酒精厂总化学工程师魏岩寿就上呈实业部部长吴鼎昌,认为:"长期抗战期内非增设酒精制造厂于后方不可,且设酒精制造厂于后方有二重意义焉,一可有利军用,增强抗战能力,二可增辟荒地广中甘薯以作酒精制造之原料而

---

① 续光清:《酒精制造与中国》,《国立北平大学工学院化学季刊》1933年第1卷第1期,第56页。

② 欧阳仑:《后方之酒精工业》(1941年2月26日),中国第二历史档案馆编:《中华民国史档案资料汇编》第5辑第2编《财政经济(六)》,江苏古籍出版社2000年版,第129页。

③ 《液体燃料管理委员会关于公路运输拟以酒精代汽油一案的公函》(1939年12月22日),(台北)"中央研究院"近代史研究所档案馆藏,档号:18-31-05-003-01。

移殖多数失业人民。"① 在国内汽油严重供给不足的情形下,酒精扮演着新能源的角色,也承担着保障军民运输的重大使命。

事实上,早在1935年,资源委员会即拟设酒精厂于四川内江椑木镇,七七事变爆发后,该厂筹备工作暂时被搁置。② 在此基础上,1938年初资委会与四川省政府合办四川酒精厂,资本12万元,于8月正式试机出品,月产酒精3万加仑,专供工业用途及作汽油之混合燃料。③ 四川厂的设立,成为后方酒精业的嚆矢。

为统制后方酒精业发展,各国营酒精厂除军政部开办的外,都由资源委员会筹设与运营。1940年1月,鉴于资委会经办各厂出产有限,资委员特拟订扩充酒精工业办法。考虑到增设大型工厂器材缺乏,资委会与四川酒精厂厂长魏岩寿商酌,"设计小规模制造方法,以补大工厂之不及,冀能徧设多厂,藉收集腋成裘之效",预计设立日产1000至2000加仑工厂2至3处,日产300加仑工厂10余处。④ 资委会在拓展国营工厂同时,也计划奖励民营,推广酒精工业。

在市场需求与政府倡导之下,民间投资酒精工业的热情被点燃。民营酒精业的生产与管理主要由经济部工矿调整处负责。1940年,为了满足后方日益增长的酒精需求,工矿调整处协助或督导14家民营厂开工生产、增加产能,使其日产量由1940年1月前的1010加仑,增至8月底的3650加仑,及至12月,增产至7050加仑,增产7倍左右。⑤ 经工矿调整处的努力,截至1940年

---

① 《开垦荒地种植甘薯以制造酒精而利军用计划》(1937年9月20日),(台北)"中央研究院"近代史研究所档案馆藏,档号:18-22-03-088-02。

② 金贵铸:《抗战八年来之酒精工业》,《资源委员会季刊》1946年第6卷第1、2期合刊,第133页。

③ 《内江四川酒精厂之概况》,《西南导报》1938年第2卷第1期,第47页。

④ 《资源委员会呈经济部关于扩充酒精工业办法一案》(1940年1月19日),(台北)"中央研究院"近代史研究所档案馆藏,档号:18-31-05-003-02。

⑤ 《1940年工矿调整处推动酒精增产概况表》(1941年2月),(台北)"中央研究院"近代史研究所档案馆藏,档号:18-31-05-003-02。

年底,后方已开工民营酒精厂达 35 家,每日生产量为 12 640 加仑。其中在四川境内(包括重庆)共 28 家,日产量 9 290 加仑,占民营厂酒精产量的 73.5%;不在川境的有 7 家,日产量 3 350 加仑,占民营厂产量的 26.5%。①

截至 1943 年 6 月,国统区酒精厂数量多达 233 家,每月产量 1 704 102 加仑,其中位居前列的为四川 63 家,月产 900 000 加仑,云南 38 家,月产 260 300 加仑,贵州 54 家,月产 189 257 加仑,广西 23 家,月产 45 433 加仑。②

后方酒精工业之所以发展如此迅速,主要有如下几个原因:

其一,市场需求的刺激。战前,汽车的动力燃料皆使用汽油。而国内汽油供给被美孚、亚细亚、德士古三家外国石油公司垄断。战争爆发后,东部沿海地区沦入敌手,重要海港被日敌封锁,国内油品进口严重受阻。外来油源不稳定迫使国民政府不得不谋求自给,此时玉门油矿的开发被国民政府寄予厚望。然玉门油矿产油有限,1939 年仅为 126 851 加仑,1940 年为 413 285 加仑③,且运往内地和前线极为不便,难以满足军民运输需求。酒精在此情形下成了理想的汽油替代品。战时酒精的需求量十分庞大,酒精工业遂成为官方与民间资本相继追捧的对象。

其二,国民政府的大力倡导与投资。战争爆发不久,国民政府就规定了汽油混合酒精办法,要求各机关遵照执行。当大后方成为抗战的政治、经济中心后,解决动力燃料问题便成为国府要员不

---

① 《二十九年九月至十二月后方民营酒精厂生产能力概况表》(1941 年 2 月 19 日),(台北)"中央研究院"近代史研究所档案馆藏,档号:18-31-05-003-02。

② 《1943 年 6 月国统区的酒精厂数量及产量统计》,内江市档案馆藏,档号:10-1-122。

③ 《贺耀组戴笠转呈金慎报告甘肃玉门油矿三年来出产原油数量及最近工作情形》(1942 年 1 月 29 日),陈谦平:《翁文灏与抗战档案史料汇编》(上册),社会科学文献出版社 2017 年版,第 243 页。

得不面对的问题。蒋介石曾多次指示要发展酒精业。资源委员会主任翁文灏也积极筹设酒精工厂。在国民政府的倡导与注资下,以川渝为中心的国营酒精工厂得以发展起来。如1942年度国营工矿事业经费,连采金在内,共计448 350 000元,其中约1/2用于石油、酒精及人造汽油等液体燃料。①

其三,原料充足。后方酒精工厂主要集中在四川、重庆地区,云南、贵州、湖南等省也有部分酒精厂设立。这些酒精工厂基本上都设立在原料供应充足的地区。其中,以四川的沱江流域分布最为集中。由于沱江流域是蔗糖生产十分发达的地区,能够大量供给提炼酒精。据估计,1940年四川糖品产量中,红糖为239 235担,糖清956 939担,白糖382 776担,桔糖287 082担,糖蜜287 082担,这些糖品中半数左右用于生产酒精。此外,四川每年约产1 500万公斤乾酒,其中2/3可用于制造酒精。② 四川的糖品和乾酒合计,可供制造酒精1 000万加仑以上。

其四,国民政府调节供需。战时,酒精作为战略性物质,为了防止产供之间的矛盾,国民政府实施统制政策,管理酒精生产、运输、销售与分配的各环节。1938年5月,行政院液体燃料管理委员会在汉口成立,分别办理液体燃料之采购、运储与分配各事宜。同时在各重要城市分别设立管理机关,先后组设长沙、贵阳各办事处,武汉、重庆、昆明各发证处,衡阳、桂林、柳州等地派驻办事专员。③ 1940年4月,军事委员会运输统制局以油料统制与运输业务有关,将行政院液体燃料管理委

---

① 中国第二历史档案馆编:《中华民国史档案资料汇编》第5辑第2编《财政经济(六)》,江苏古籍出版社2000年版,第145～149页。

② 金贵铸:《抗战八年来之酒精工业》,《资源委员会季刊》1946年第6卷第1、2期合刊,第136～137页。

③ 行政院液体燃料管理委员会编:《行政院液体燃料管理委员会工作报告》,1939年1月1日,第5页。

员会改隶该局。① 在需求旺盛时节,液委会协助各厂囤购原料,增加生产;在需求疲软之时,则酌限产能,以保障供需平衡。无论国营还是民营酒精厂,几乎都与各军公单位订立了运销合同。有军事订货和政府订货作为保障,酒精销路能够得以保证。

需要指出的是,酒精业并非技术密集型行业,其发展主要受制于原料与市场。战时,军运繁忙,燃料基本上处于供不应求的状态,酒精销售自然拥有广阔的市场,而且由于政府统制产供,销路有所保障,兼之靠近原料市场,酒精业的成长自然拥有着相当多的便利条件。

三、抗战后期的发展困境

进入战争后期,规模较大的国营酒精厂资中、四川、简阳产量出现下降(见表1)。

表1 资中、四川、简阳酒精厂三年来产量与生产能力比较表

(单位:加仑)

厂 名		资中酒精厂	四川酒精厂	简阳酒精厂	总 计
每年最大生产能力		696 000	960 000	540 000	2 196 000
产量	1942年	628 816	569 445	205 410	1 403 671
	1943年	644 198	500 000	438 000	1 582 198
	1944年	561 537	483 507	415 775	1 460 819
平均年产量		611 517	517 651	353 062	1 482 230
占生产能力百分比		88%	54%	65%	67%

资料来源:内江市档案馆主编:《资源委员会各酒精厂三年来产量与生产能力比较表》(1945年),《内江抗日救亡运动档案史料选编》,内部资料,1987年,第341页。

---

① 陈体荣编辑:《中国液体燃料之统制》,永安风行印刷分社,年份不详,第34页。

表 1 可见,上述三厂总产量 1943 年较 1942 年上升 178 527 加仑,增长 12.71%;而 1944 年则较 1943 年减少 121 379 加仑,下降 7.67%。另外,1942—1944 年,三厂实际产量占每年最大生产能力平均为 67%。易言之,在战时液体燃料严重不足的情形下,规模最为庞大的国营酒精厂,实际上只发挥了全部产能的一半多。

抗战后期,酒精业面临严重的发展困境。从工厂数量来看,实际上一直处于上升之中,从 1943 年 6 月的 233 家,增至 1944 年年底的 306 家。① 但不少工厂的实际产能大大低于生产能力,生产时断时续,与前期的发展状态存在着明显差距。酒精业之所以陷入危机之中,主要原因如下:

其一,融资困难。融资困难是后方企业面临的普遍难题,采购原料是酒精生产需用资金最大的环节。后方银行向酒精业借贷时,一般时限较短,一旦短期内产品难以售出,资金链就容易断裂。1940 年 9 月—1941 年 8 月,四联总处共向大成、合川、简阳、新中国、北泉、宝大 6 厂借贷 130 万元,且时限多为 6 个月,至多 1 年,只能暂缓燃眉之急。② 1942 年 2 月,第一区酒精工业同业公会向液委会主任委员秦汾陈述融资困难的情形,指出"数月以来舆论倡言经济节约、金融紧缩,而一般物价有增无减,各酒精厂借贷无门,筹资无力,不论公营民营愈感资金不足,停工减产,随处皆然",希望财政部及四行联合办事总处对于酒精工业扩大放款及投资数额。③ 1944 年,资源委员会酒精业务委员会下属资中、内江、简阳、泸县、北泉五厂,"应偿还借款 5 700 万元,又五厂应缴三十一年度

---

① 曹立瀛、赵士奇:《中国战时酒精工业之研究》,《资源委员会季刊》第 5 卷第 1 期(1945 年),第 25 页。
② 《四行贷放酒精案款项简表》(1942 年 2 月 21 日),重庆市档案馆藏,档号:02850001005410000073000。
③ 《液体燃料管理委员会公函》(1942 年 2 月 21 日),重庆市档案馆藏,档号:02850001005410000073000。

资本官息及未分配盈余计600余万元,立待送解。本年度决算核定后,应解缴之数估计为1 000万元。如是,则流动资金之减少达7 300万元以上。三十三年盈利所得,以目前情形觇估,容能抵补,但物价之高涨,其速度实难预计,自工贷成立之后,放款银行诸受限制,另筹借款掣肘必多,瞻念前途,难关重叠"①。上述国营五厂在流动资金上都大感紧张,就遑论其他民营酒精厂了。

其二,投资心理不稳定。投资心理是影响投资活动的重要因素,投资心理的不稳定性往往表现出投机性较强,投资性不足的特征,亦即投资活动主要受到短期利益的诱导,而对长期投资的信心不足。民营酒精厂的投机性较强,投资性不足。由于酒精业是战争催生下的偶发性行业,不少民营酒精厂仅仅是看到投资酒精有利可图的商机,而对企业发展的长期性缺乏信心。战争这一变量,影响着民企的投资信心。基于战争难以持久的考虑,民企在资本投入、规模扩展与技术革新上都表现出较为谨慎与保守的心态。1941年,翁文灏在推动酒精生产时便指出,民营酒精厂增产的困难之处在于"各民营酒精厂,因鉴于抗战后恐难立足,大都设备简单"②。自滇缅路运输遮断后,进口汽油来源断绝,贵阳作为后方运输的重要节点,酒精燃料的需求激增,一时酒精厂遍设贵州,至1944年年底达90余家。不过,这些酒精厂多系民营小厂,资本微小,每月产量约1 000加仑。这类带有极强投机性的小厂竞购酒精原料,致使原料大涨,开办不久"此业小厂均相继停业,致引起筑市(贵阳——引者注)酒精燃料空前恐慌"③。

---

① 《资源委员会酒精业务委员会三十二年度业务报告》(1944年),内江市档案馆藏,档号:7-1-338。
② 《翁文灏关于二十九年九月至十二月推动酒精增产情形呈经济部》(1941年2月9日),台北:"中央研究院"近代史研究所档案馆藏,档号:18-31-05-003-02。
③ 《关于陈报贵阳酒精厂产销情形及其一九四四年生产困难情形致盛今杰的函》(1945年2月12日),重庆市档案馆藏,档号:00190001005880000002。

其三,同业竞争激烈,推高了原料价格。早在后方酒精业勃兴之时,酒业同业争相竞购原料,致使原料价格上涨,影响了酒精业生产的稳定性。1943年年底,酒精业集中的资中、内江各酒精厂,时常出现停工现象。当时熟悉该业的人士即认为,"资内酒精业的困难,主要的是原料价格无法及时控制,厂方的利润逐渐减低,资金却一天天加大"①。在川渝一带,产制酒精最重要的原料为糖蜜(漏水)、桔糖与红糖。其中红糖价格的波动具有一定的代表性。

1938年,内江红糖价格较为平稳,在每公斤0.11元至0.15元之间波动。1939年之后,酒精业勃兴,原料需求激增,红糖价格迅速上涨,整体上价格由1939年年初的0.21元,涨至1941年年底的3.3元,3年上涨约14.7倍。而进入1942年之后,内江红糖价格由1942年年初的3.2元,飙升至1944年年底的112元,3年涨幅达34倍。1945年上半年,糖价完全处于失控状态,由1月的156元,涨至5月的630元,不出半年,即上涨3倍。② 显然,红糖价格在1942年之后,呈现出了更大的涨幅。

其四,成品价格被严格限制。液体燃料管理委员会根据各地酒精厂生产成本,制定酒精销售牌价,各厂不得自行定价。该办法本为限制各酒精厂哄抬价格,却因价格核定不能及时调整,以致出现酒精售价低于成本的现象。1942年5月,新中国人造汽油厂呈报该厂停工原因时称,"因资金周转不灵,同时酒精价格系受液委会限制,成品价格上涨,不及原料价格上涨之速,以是发生亏损,不得不暂时停工"。③ 1943年,经济部工业处指出:"液体燃料管理委

---

① 《资中内江等地酒精业不景气》,《新华日报》1943年12月15日,第3版。
② 参见内江地区档案馆编:《民国时期内江蔗糖档案资料选编》(下),1984年,第587~590页、630页;《1945年1至5月份各地料价行情表》,中国第二历史档案馆藏,档号:四-16795。
③ 《徐柏园呈中中交农四行联合办事处》(1942年5月22日),重庆市档案馆藏,档号:02850001004070000027000。

员会,核定各地酒精价格,常不敷各厂成本,如云南等厂,上年均有亏损,本年物价波动更烈,如核价仍低,则亏损仍难避免,亟应设法补救,以利事业之进展。"[①]1943年8月,王晓籁向经济部陈述云南酒精工业困难情形时也指出,"液体燃料管理委员会昆明办事处对于酒精之售价向例给予核定,本年1月至6月核定价为每加仑300元,历时6各月未曾稍加"[②],对于液委会的核价过低表达了不满。

上述多种因素的共同作用,交相影响,使酒精业在抗战后期陷入困境。不过,这并非意味着后方酒精业处于衰退之中。事实上,除1943、1944年略有下降外,全面抗战时期的酒精产量一直处于上升状态(见表2)。出现这种现象的主要原因是由于太平洋战争爆发后,国外汽油输入严重受阻,国民政府为解决国内油荒问题,大力督导后方增设酒精厂。

表2 1938—1945年国营和民营酒精厂产量及比较表(单位:千加仑)

年 份	共 计	国 营	民 营
1938	304(100%)	72(23.68%)	232(76.32%)
1939	812(100%)	280(34.48%)	532(65.52%)
1940	4 590(100%)	669(14.58%)	3 921(85.42%)
1941	5 408(100%)	1 298(24%)	4 110(76%)
1942	7 885(100%)	2 396(30.39%)	5 489(69.61%)
1943	7 714(100%)	2 846(36.38%)	4 868(63.62%)
1944	7 346(100%)	2 826(38.47%)	4 520(61.53%)
1945	16 222(100%)	4 013(24.74%)	12 209(75.26%)

资料来源:《1938—1948年资源委员会和民营工业主要产品生产量的比较》,陈真编:《中国近代工业史资料》第3辑,生活·读书·新知三联书店1961年版,第1439~1441页。

---

① 《酒精核价不敷成本应如何补救案》,内江市档案馆藏,档号:7-1-130。
② 《王晓籁建议以滇南所产之糖悉数供给酒精制造之用等办法两项呈经济部》(1943年8月21日),(台北)"中央研究院"近代史研究所档案馆藏,档号:18-22-01-024-05。

当然,面对酒精业的发展困局,国民政府也采取诸多措施,加大酒精原料统制力度、及时调整酒精牌价、增加对酒精同业的资金借贷、敦促用户尽早提用酒精以免酒精积压。不过,这些措施由于各方利益盘根错节、各部门步调不一,国民政府难以控制生产链的各个环节,以致收效甚微。

四、供需失衡:抗战胜利后的急剧萎缩

抗战胜利后,酒精的需求量随着战争结束而萎缩,酒精业日渐衰败。酒精业完成了新能源的使命与任务,面临角色转变,脱离新能源定位的难题。战争甫一结束,液体燃料管理委员会即减少了向酒精业的订货与贷款,酒精业普遍面临或重组,或倒闭,或减产的命运。随着军事用度的减少、企业向东南沿海的回迁,后方工矿企业发生重大危机。国民政府为酒精等项工业举办紧急工贷,试图延缓此次工业危机。1945年1月,行政院下令将液体燃料管理委员会、工矿调整处划归战时生产局管辖,酒精业的管理事务被移入战时生产局。战争结束后,战时生产局顾念"酒精工业贡献国家最大,管制最严,设备贬值最多,现在已属衰落之际,故予分配7亿元"①。虽然这7亿元在恶性通货膨胀之时,难以发挥巨大效用,但毕竟显示出战时生产局对酒精工业的扶植态度。不过,四联总处并未批准这7亿元的贷款。

战后,酒精业除了各生产要素的变动而发展受限外,国民政府对其的政策扶持力度大为降低,甚至表现出"放弃"国营酒精业的态度。1945年,翁文灏与钱昌照呈蒋介石,认为资源委员会应将重心放在接办收复区事业,对后方零星事业应早事收缩。② 1946

---

① 《第一区酒精工业同业公会呈四行联合办事总处》(1945年9月24日),重庆市档案馆藏,档号:02850001002490000123000。

② 郑友揆等著:《旧中国的资源委员会(1932—1949)——史实与评价》,上海社会科学院出版社1991年版,第131页。

年1月,国民党党政工作考核委员会对四川酒精厂的考察意见认为,"方今对日战事胜利结束,酒精之需要量亦日渐减少,政府资金之运用允宜发展重工业,如铁路、矿山、电力等,此种轻工业最好交由民营"①。可见,国民政府对于酒精工业的发展并不如战时热心,对国营酒精业酌加限制,转由民营办理。

在缺乏政策支持、市场需求疲软及融资困难等多重因素影响下,酒精工业的萎缩便不难想象。1945年11月,云南酒精厂共有职工77人,其中被遣散20人。② 1946年,资源委员会所属酒精业务委员会办理结束,分设各地的9个酒精厂合并为资川酒精厂,总厂资中,就简阳及纳溪原有设备设二分厂,由前简阳厂厂长金贵湜主持。③ 1947年该厂预计产量50万加仑,而实际仅产44万加仑。④ 1946年下半年后,四川境内仅存国营资川厂及民营中川、沱江、国防、复兴、永川等厂继续开工供应民用,"而军公机关车辆均用美援汽油,置酒精于不顾,甚且藉汽油以抵运价征用商车,益陷川境酒精事业于困境"⑤。川省酒精业为求生存,不得不将酒精运往上海销售,但也难以改变川境酒精业衰颓的趋势。1948年,资川厂月仅产5万加仑,川销约3.5万加仑,沪销约1万加仑。民营各厂断续开工,月共约产1.5万加仑,川沪均销,系属游击性质。与战时国营厂每月产20万～27万加

---

① 《蒋中正为四川酒精厂三十四年度考察情形致翁文灏代电》(1946年1月19日),(台北)"中央研究院"近代史研究所档案馆藏,档号:18-31-05-001-01。
② 《云南酒精厂紧缩员工人数及实支费用调查表》(1945年11月30日),(台北)"国史馆"藏,档号:003-010302-0008。
③ 《酒精业务委员会办理结束》,《征信新闻》(重庆)1946年第402期,第2页。
④ 《资川酒精厂生产成本及生产上之各种问题》(1948年),内江市档案馆藏,档号:7-1-495。
⑤ 《资川酒精厂厂长金贵湜呈资源委员会》(1948年9月11日),(台北)"国史馆"藏,档号:003-010303-0812。

仑,民营厂产 10 万～15 万加仑相比,可谓判若云泥。① 战时第一区酒精同业公会有 50 家,至 1947 年初仅余 12 家,年中生产几乎全部停顿。② 西南地区的酒精业如此,即便是国民政府接收复区酒精厂之后,开工者也属寥寥。③ 上海官商合办之中国酒精厂,每日可出无水酒精 1 万加仑,亦以销路不畅,无法大量生产,此外如华星、同济及远东等厂,多在半停顿状态中。光复区台湾每年出产酒精约 600 万加仑,苦无出路。④

在整体产量方面,1945 年酒精业的产量达到 1 622.2 万加仑的顶峰,其中国营 401.3 万加仑,民营 1 220.9 万加仑;1946 年,产量降为 1 237.9 万加仑,国营 339.2 万加仑,民营 898.7 万加仑。1947 年,国营酒精业的产量更是降至 164 万加仑。⑤

面对发展无力的境况,西南各省酒精业向国民政府呈请救济。1946 年 8 月,《新华日报》登载消息:"酒精工业在抗战期间是被'管理'与'统制'最严的,政府规定他们的出产量,如稍逾期,动不动就要'军法从事',但胜利后,美国汽油大批进口,他们被遗忘了,现各厂(指重庆地区——引者注)所剩酒精 20 多万加仑,屡请政府收购,毫无下文。"⑥除了希望政府继续收购库存酒精外,第一区酒精工业同业公会还建议政府制定汽油掺用酒精办法。资源委员会中国石油公司对于此项建议表达了自身顾虑:"吾国目前国产汽油不足自给,自可酌予采用,惟现在国内用油泰半赖外油供给,其中

---

① 《资川酒精厂厂长金贵湜呈资源委员会》(1948 年 9 月 11 日),(台北)"国史馆"藏,档号:003 - 010303 - 0812。
② 《酒精工业》,《征信新闻》(上海)1948 年第 642 期,第 6 页。
③ 《中国酒精工业复兴问题》,《化学世界》1946 年第 1 卷第 14 期,第 2 页。
④ 《酒精代替汽油计划,经济部正在研究中》,《征信所报》1948 年第 639 期,第 2 页。
⑤ 《资源委员会关于利用汽油掺和酒精办法的签注》(1946 年 10 月 7 日),(台北)"国史馆"藏,档号:003 - 010303 - 0699。
⑥ 《美汽油大批进口,酒精业面临危机》,《新华日报》1946 年 8 月 19 日,第 3 版。

尤以美国油为大宗,国产汽油努力竞争之不暇,如再掺入国产酒精,则其品质将因此而与舶来品不同,其效能亦将因之而减低,似此国产汽油恐难望畅销,关于本案如政府能有明令规定凡在吾国使用之汽油,必须掺入酒精始准销售,则国产汽油与舶来汽油尚可并存,国产酒精问题亦可随以解决。"①由于国民政府对外油高度依赖,难以强令外油掺入酒精,这样的办法最终被搁置。

上海的酒精同业也呼吁政府予以救助。1948年8月24日,上海市政府邀集有关机关讨论酒精掺和汽油问题,与会代表疾呼:"自汽油入口以后,酒精之用途锐减,不但国内酒精厂难于立足,即台湾酒精亦将大受影响,倘不设法挽救,则此十年苦心经营之伟大工业,将毁于一旦,而台湾糖业亦将因酒精工业之衰退,而一蹶不振也。"②该提案最终得以通过,起初仅限于不合行政院规定身份之车辆③,随着油荒的加剧,不久便要求所有汽车配用酒精。此时,台湾产的酒精由于售价较低,大量涌入上海。台产酒精的入沪倾销,使得本已处于半停产状态的四家上海酒精厂大为不满,四厂联名要求上海市工业会"函台糖公司加以制止,以维上海各酒精厂之生产"④。

综上可见,抗战胜利后,市场需求有限,酒精业面临产能过剩的困境,大量酒精厂因此倒闭。得以保全的酒精同业,在激烈的市场竞争中,也只能断续生产,艰难度日。此种情形与全面抗战时期的繁荣景象不可同日而语。

---

① 《资源委员会中国石油有限公司代电》(1946年9月24日),(台北)"国史馆"藏,档号:003-010303-0699。
② 《关于汽油掺和酒精问题》,《公用月刊》1948年第37期,第15页。
③ 《沪实行汽车渗用酒精》,《台糖通讯》1948年第3卷第11期,第32页。
④ 《台糖公司酒精运沪倾销,酒精厂要求制止》,《现代经济通讯》1949年第394期,第5页。

五、结　语

近代酒精业的发展历程可谓是大起大落,战争催生了这一偶发性行业,给其带来了机遇与繁荣,随着战争的结束,其也日渐衰败。酒精业为何难以获得持续性发展,反而是需要"借力"战争,呈现出昙花一现的短暂繁荣？熟知酒精行业的化工专家陈骑声指出,"酒精使用量之多寡,即可知工业发达之程度"[①]。中国近代工业不发达,主要工业集中于轻工业,酒精难以普遍利用,成为制约酒精业发展的最大因素。酒精战时作为燃料替代品,纯属应急之举,其动力效果远不及汽油,因而难以持久利用。且其产制成本高于汽油,在正常市场环境下,确实难与汽油竞争。战后,酒精业的衰落,正是在于酒精的其他工业用途难以拓展。正如有论者指出："国内酒精工业已告一蹶不振,因为自战争结束以后,酒精用于战争者减少,而需要酒精的化学品、医药品、化妆品、油漆、人造象牙等工业均甚幼稚,需要量不多,故该工业即无法维持。"[②]

可见,近代酒精业的发展通过不断转型来获得发展契机,但最终发展程度却受制于中国工业化程度的大环境。酒精业与工业化程度具有高度关联性,要想获得持续性发展,并不在于其单一行业的突围而出,而是需要整体工业化程度的提升作为前提。然而近代中国内忧外患,工业化程度始终在低水平徘徊,因此酒精业难以获得持续发展的动能。

（梁坤,南京师范大学社会发展学院博士生）

[①] 陈骐声：《糖蜜制造酒精经验谈》,《科学月刊》(上海)第1卷第2期(1929年),第66页。

[②] 《配合时局需要,政府将积极发展酒精工业》,《现代经济通讯》1948年第231期,第4页。

教育与体育

渲染与管控：南京国民政府初期国耻教育及两难之境(1927—1930)

熊 斌

1915年5月7日、5月9日因日本提出最后通牒与袁世凯被迫接受"二十一条"而被定为国耻纪念日,此后每逢这两日全国各界纷纷举行国耻纪念以示不忘国耻,国耻成为妇孺皆知的词汇。随着新闻媒介大力渲染,知识精英、教育团体和政府机关日益看重国耻的教育价值,希望通过全国性国耻教育来激励学生、民众雪耻救亡。目前学术界从纪念角度对国耻日的教育功能进行了一定分析,但专门探讨国耻教育的成果并不多见。罗志田对1915年全国教育联合会、教育部因应、国耻知识进入教材以及政府、媒体强化国耻记忆方式策略进行了初步探讨;①马建标梳理了"二十一条"记忆的演变轨迹,考察了它在实施救亡启蒙、国家认同等方面的价值功能,对国耻教育略有涉及;②张逸红对中小学国耻教育历程进行了整体考察,囿于篇幅所限并未详细阐释;③雷志松梳理中共成

---

① 罗志田：《乱世潜流：民族主义与民国政治》,上海古籍出版社2001年版,第74～78页。
② 马建标：《历史记忆与国家认同：一战前后中国国耻记忆的形成与演变》,《近代史研究》2017年第2期,第115～122页。
③ 张逸红：《民国前期学校国耻教育的兴起与发展》,《广西社会科学》2006年第12期。

立后国耻教育发展脉络,总结了历史经验教训,不过未与国民党进行对比分析。① 这些研究还未对南京国民政府时期的国耻教育作为专题加以研究。实际在晚清时期国耻史实就开始进入启蒙教材,1915年在全国教育会议和教育部努力下,加之提倡之声不绝于耳,国耻教育逐渐成为爱国主义教育的重要组成部分,对公众和学生开始产生影响。然而受制于军阀混战,相关政策在全国范围内并未得以真正贯彻执行,不过随着民族危机加深和国民党形式上统一全国,这一状况发生根本转变。本文拟在既有成果基础上选取五三惨案至九一八事变爆发前这一时期,考察国民党对国耻纪念的参与,蒋介石耻辱情绪与国耻教育政策确立的关系,国民党中央、各省市教育机关、社会团体以及公共舆论的反应,以及全国教育政策的制定过程,重点考察国耻教育的实施策略与两难之境。

一、蒋介石、国民党对国耻教育的重视

对1927年的国民政府而言,在根基未稳形势下如何巩固统治、塑造权威迫在眉睫。正如美国政治学家迈克尔·罗斯金所言,"新政府的合法性往往不够稳定,许多老百姓还无法确定自己是否要尊重它"②。为构建自身合法性和权威性,国民党注意调动一切可资利用的政治和文化资源。就五七、五九、五卅、六二三等国耻纪念日而言,因具强烈政治教化功能而成为国民党在政权初期展示权力、赢得认同的文化资源。5月,国民政府、中央党部、总政治部、东路和北路军政治部与商民协会等在南京筹备五月纪念活动。③ 30日即五卅惨案纪念日,初掌政权的蒋介石甚至在南京亲自参加大

---

① 雷志松:《中国共产党国耻教育史研究》,中共中央党校出版社2014年版。
② [英]迈克尔·罗斯金等:《政治学》,华夏出版社2002年版,第6页。
③ 《南京各界筹备五月纪念会》,《民国日报》1927年5月2日,第1张第4版。

渲染与管控：南京国民政府初期国耻教育及两难之境(1927—1930)

会、发表主旨演讲，①重视程度由此可见一斑。江苏、广东、上海等地政党、学生、民众受此影响也纷纷组织、参加纪念以彰显政府权威和救国雪耻热情。6月23日，武汉市民、南京百余团体举行沙基惨案纪念大会，蒋介石、胡汉民亲赴公共体育场登台演说引"众意激昂"，参与者"大呼打倒帝国主义"。②"为唤醒民众努力雪耻工作"，中央执行委员会宣传部驻沪办事处还编订"沙基惨案痛史""沙基惨案宣传大纲"和"沙基惨案告民众书"。③不过据时人观察，纪念的教育功能发挥有限，称"以国耻二字，已成为一般学生之口头禅。每值国耻纪念日，学生往往只能放假游玩，对于国耻事实，不求甚解。间有身为小学教员，而亦未能深切明了者。"④或许正是有鉴于此，教育行政委员会函发命令，要求"转知各小学教员"每逢国耻日或于平时教授常识、社会、史地科目时"参酌讲述"，如"与学生讨论救国雪耻方法尤为妥实"。收到命令后，第三中山大学立即要求各中学校长、各县县长讲述国耻史实，小学教员也须遵照执行。⑤陕西省教育厅随之公布教育改进计划节略，要求讲授国耻小史和不平等条约。⑥不过这一时期"对于把教育做救亡雪耻的工具这一个观念，却不见得有如何的特别的注重"⑦，民众"遇有丧权辱国之事"，"特无永久之宣传与深刻之纪念"，因此有"时过

---

① 《蒋介石日记》(手稿)，1927年5月30日，美国斯坦福大学胡佛研究院档案馆藏。
② 《武汉开沙基惨案纪念会》，《申报》1927年6月22日，第四版；《南京纪念沙基惨案大会》，《申报》1927年6月24日，第四版。
③ 《沙基惨案之二周纪念》，《申报》1927年6月21日，第十三版。
④ 《第三中山大学令各校讲述国耻》，《厦大周刊》1927年第173期，第7页。
⑤ 《第三中山大学令各校讲述国耻》，《厦大周刊》1927年第173期，第7页。
⑥ 《陕西省教育改进计划节略》，《大学院公报》第1年第5期，殷梦霞、李强选编《民国教育公报汇编》7，国家图书馆出版社2009年版，第223页。
⑦ 梁寒操：《从国耻说到教育的再造》，《再造》1928年第8期，第32页。

淡忘致五分狂热之诮"。①

事实上,在第二次北伐前,蒋介石就十分担心北伐引起日本过敏性反应。为消除日方疑虑,他在招待日本记者的晚宴上表示:"日本与我国唇齿相依,休戚与共,故我敢信日本国民对于我之北伐,不特不加阻害,且必进而乐观我之成功。"②然而失望的是,日本高度紧张并立取军事行动阻挠北伐。8月13日,蒋介石在两广军阀压力下宣布下野,随之流亡日本。10月24日,他对"旧人"态度和日本欺辱中国十分不满,日记写道:"到东京后,感想不佳,旧人仍以亡命视余,对国人之欺辱,令人愤慨。"③如说此时受辱体验还停留在个人层面,那么随之发生的五三惨案则推动上升到国家民族层面。

5月3日,济南惨案发生,外交部长黄郛与日方代表交涉。然而日军态度蛮横,将其扣押并软禁于日军司令部长达十几个小时,直至他在日军反诬中国军队挑起冲突的报告上签字后才予放回。黄郛向蒋介石表示:"日本人没有当我们中国人是人,这种耻辱与残酷,不仅自己从来没有受过,恐怕在历史上都不曾有过。"④蒋在日记中写道:"种种暴虐情状,非人所能出也。"⑤4日在获悉蔡公时受尽侮辱后被割耳枪决消息,派曾留学日本陆军大学的熊式辉与日军参谋长黑田周一进行谈判,谈判期间日军每两分钟即向国民党军队发射一发炮弹,炸毁国民革命军无线电台。熊式辉对蒋强调:"照现在的情形看,日本一定要与我们开战。我们只有两条

---

① 《国民政府内政部公函》,《内政公报》1928年第1卷第5期,第5页。
② 古屋奎二《蒋总统秘录》第七册,(台北)"中央日报社"1976年版,第20页。
③ 《蒋介石日记》,1927年10月24日,参见金以林《蒋介石三次下野比较研究》,参见吴景平主编《民国人物的在研究与再评价》,复旦大学出版社2013年版,第37页。
④ 古屋奎二:《蒋总统秘录》第七册,(台北)"中央日报社"1976年版,第39页。
⑤ 《蒋介石日记》(手稿本),1928年5月3日,美国斯坦福大学胡佛研究所档案馆藏。参见李玉《蒋介石在日记中对日"雪耻"——以1928年"济案"为中心的考察》,《暨南学报》(哲学社会科学版)2015年第8期,第22页。

渲染与管控：南京国民政府初期国耻教育及两难之境(1927—1930)

路——一条是决心和他决裂,对抗应战;一条是忍侮一时,避免冲突,避免牺牲,将来再作计较。"①而蒋介石仍决定"委曲求全,以期完成北伐"②。然而他的愤懑不断发酵。6日,他对冯玉祥所属军队训话时强调"济南之耻,非言可喻",又说:"苟能卧薪尝胆,则雪此奇耻有何难哉。"中央党部则命令各级党部"慎重领导"民众以"不使发生意外"。③ 7日,日军提出五项要求,要求惩办军队、撤退二十里、禁止反日运动,他的愤怒达到极点,并在日记中写道:"哀哉,国未亡,而亡国之惨祸已见矣……忍辱至此,悲惨盉极,惟愿我中华国民能因此而激励自强以充其雪耻之力量可也。"④ 8日,面对日军蛮横态度又写道:"此种横逆,古今未闻","呜呼,国已不国,尚何以人为,容忍亦有限度"。⑤ 9日因向日方让步极不情愿而在日记中写道:"国耻,余耻,民耻。今日加重二耻矣。何以雪之?""呜呼!悲乎!如有一毫人心,其能忘此耻辱乎?悲乎,何以雪之?在自强而已!"⑥感叹词"呜呼!悲呼!"与反问句的交叉运用充分地表达了内心愤怒、苦闷与无助。他还将"身耻"升华至"民耻""国

---

① 古屋奎二:《蒋总统秘录》第七册,(台北)"中央日报社"1976年版,第36页。
② 《蒋介石日记》(手稿本),1928年5月4日,美国斯坦福大学胡佛研究所档案馆藏。参见李玉《蒋介石在日记中对日"雪耻"——以1928年"济案"为中心的考察》,《暨南学报》(哲学社会科学版)2015年第8期,第22~23页。
③ 参见《蒋中正总统档案:事略稿本》(3),(台北)"国史馆",2003年,第281~283页;刘世龙《济南事件与蒋介石的对日"不抵抗主义"》,四川大学历史文化学院、广岛大学大学院文学研究科合编《"近代中国与日本"学术研讨会论文集》,巴蜀书社、四川出版集团2010年版,第132页;又见《蒋介石日记》(手稿本),1928年5月6日,美国斯坦福大学胡佛研究所档案馆藏。参见李玉《蒋介石在日记中对日"雪耻"——以1928年"济案"为中心的考察》,《暨南学报》(哲学社会科学版)2015年第8期,第23页。
④ 《蒋中正总统档案:事略稿本》(3),(台北)"国史馆"藏,2003年,第290~291页。
⑤ 《蒋中正总统档案:事略稿本》(3),(台北)"国史馆"藏,2003年,第293页。
⑥ 刘世龙《济南事件期间的蒋介石与对日"不抵抗主义"》,《史林》2010年第1期,第118页;又见《蒋中正总统档案:事略稿本》(3),(台北)"国史馆"藏,2003年,第298、302页。

耻",不过仍决定"暂时容忍"。① 10日写道:"土地任人处分,人民任其惨杀,亡国之惨痛极矣。"②在听闻日军惨杀中国军民汇报后更是"不禁泪下","悲愤良久"。③ 下午3点,大学院召开院务会议,"全体静默三分钟,为五三济案死难烈士志哀"。④ 内政部也立即反应,在11日通令各省民政厅勤修内政以雪国耻,⑤还编印地图要求各省民政厅分送,强调地图"即在使官吏民众因观与感触目惊心,上下同心,同心奋发救国以求达到光复旧壤之目的"⑥。在获知日军轰炸消息后,他又在日记中悲叹:"国亡民殃,深受奇辱,复有何生乐趣。吾惟有死而已矣。"⑦同时在致吴忠信的电文中将济南惨案视为"中华最大之国耻"⑧。

12日,由于日军炮轰济南城、袭击革命军,蒋介石心情更加郁闷,在日记中这样写道:"倭寇之横暴,无人道甚矣。吾军民之被难,真悲痛也。"同时将其与扬州十日之耻相比。随后又在致胡汉民、汪精卫等人电文中痛陈述自己的痛苦:"此次济南事件,诸同志闻之必悲愤万状,然究未若中正身受痛苦之甚也……国尚未亡,而痛苦实逾于亡国之民矣。中正从事革命以来,饱经忧患,奇耻大辱

---

① 《蒋中正总统档案:事略稿本》(3),(台北)"国史馆"藏,2003年,第298页。
② 《蒋介石日记》(手稿本),1928年5月10日,美国斯坦福大学胡佛研究所档案馆藏。参见李玉《蒋介石在日记中对日"雪耻"——以1928年"济案"为中心的考察》,《暨南学报》(哲学社会科学版)2015年第8期,第23页;又见《蒋中正总统档案:事略稿本》(3),(台北)"国史馆"藏,2003年,第303页。
③ 《蒋中正总统档案:事略稿本》(3),(台北)"国史馆"藏,2003年,第307页。
④ 《大学院院务会议录 第一次至第四次》,《大学院公报》第一年第7期,殷梦霞、李强选编《民国教育公报汇编》7,(台湾)"国家图书馆出版社"2009年版,第410页。
⑤ 《内政部通令各省民政厅战地委员会民政处勤修内政以雪国耻案》,中国第二历史档案馆,全宗号:一二(6);案卷号:2196;起止日期192805。
⑥ 《国民政府内政部训令》,《国民政府内政部内政公报》1928年第1卷第4期,第4页。
⑦ 《蒋中正总统档案:事略稿本》(3),(台北)"国史馆"藏,2003年,第310页。
⑧ 《蒋中正总统档案:事略稿本》(3),(台北)"国史馆"藏,2003年,第314页。

渲染与管控：南京国民政府初期国耻教育及两难之境(1927—1930)

无若今。"①鉴于福田"仍甚横蛮,不可理喻,有必欲解散我第二第三第四军团及对我之总指挥必欲处以严刑之要求",他又愤然写道："是可忍,孰不可忍。"②13日在听闻济南日军残忍暴行后又在日记中哀呼："惨乎,惨乎,我堂堂中华之国民,何竟受此惨乎。苟忘此惨痛,非人矣。"③14日自定"日课","每日必记灭倭雪耻方法一条",当天所拟灭倭方法为"整顿教育,严整组织,用贤任能"④,将教育置于首位。15日听完民众惨状汇报后又悲叹道："我民何辜,竟已遭亡国之惨矣。"同时强调："此耻必雪,不雪此耻,尚是人乎？……然雪耻必赖势力,势力在我自强。""雪耻之道"对教育加以强调。⑤ 随后日军要求道歉又让他深感耻辱,并提醒自己勿忘国耻,同时进行自我检讨："若日本必欲以总司令谢罪为第一条,则身辱犹可,而国耻甚矣,其可忘却……今国耻身辱,而吾自检讨,一年之间,尚未免有宴安逸乐者存在,远圣人而近匹夫,尚雪耻之能得乎。父母生我如至可宝贵之身,其将任此受辱乎。呜呼,吾罪大矣。戒之戒之。"⑥"国耻身辱"充分呈现了个人和作为国家元首的情感体验。鉴于"上下军纪废弛",他认为："长此以往,不惟难以雪耻,而且由我等亡国,故以后非严厉治军,实无救亡之道。"⑦因此雪耻之道应"先整顿基本军队",通过"整军图强"以"准备雪耻"。⑧

---

① 《蒋中正总统档案：事略稿本》(3),(台北)"国史馆"藏,2003年,第319、320～321页；《蒋介石日记》(手稿本),1928年5月12日,美国斯坦福大学胡佛研究所档案馆藏,参见李玉《蒋介石在日记中对日"雪耻"——以1928年"济案"为中心的考察》,《暨南学报》(哲学社会科学版)2015年第8期,第23～24页。
② 《蒋中正总统档案：事略稿本》(3),(台北)"国史馆"藏,2003年,第331页。
③ 《蒋中正总统档案：事略稿本》(3),(台北)"国史馆"藏,2003年,第341页。
④ 《蒋中正总统档案：事略稿本》(3),(台北)"国史馆"藏,2003年,第350页。
⑤ 《蒋中正总统档案：事略稿本》(3),(台北)"国史馆"藏,2003年,第356～357页。
⑥ 《蒋中正总统档案：事略稿本》(3),(台北)"国史馆"藏,2003年,第371页。
⑦ 《蒋中正总统档案：事略稿本》(3),(台北)"国史馆"藏,2003年,第374页。
⑧ 《蒋中正总统档案：事略稿本》(3),(台北)"国史馆"藏,2003年,第376页。

19日确定的"雪耻条"是"立志、洋气、求贤、任能"。① 20日的"雪耻之道"则是"编练军队当从安置官长,指定驻地着手"。② 不难看出,蒋介石受到刺激之大,甚至后来还指出:"身受之耻,以今'五三'为第一,倭寇与中华民族解不解之仇,亦由此而始也。"③

随着耻辱持续发酵和反日运动的压力,蒋介石从反日心境思考教育救国雪耻之道。20日,他就对郑州各校师生演讲"雪耻之道",强调:"当以爱惜光阴,努力求学,学生雪耻以此为主;立志自强,各尽职责,教师雪耻,以此为主。"④25日又致电内政部部长薛笃弼,从民众、政府和乡村三方面指示雪耻要务,同时也称应"兴教育"。⑤ 不仅如此,他还致电大学院院长蔡元培,既呼吁科学救国,又应要以历史"唤醒国民":"现今社会之贪污腐败,疲玩奢侈,乃为弱国之原因,必使人人能知科学之重要,非此不能治事,若使人人知组织系统范围,统计为办事之本,炼钢、炼铁、制药、电气、机器、铁路六者,为守国之要则,十年之内,不难复国雪耻也。雪耻之道,以卧薪尝胆、破釜沉舟之历史唤醒国民,使其有所兴起效法,是亦教育之一道也。总使人民知法守法,知耻雪耻,而纪律与秩序更当使国人知所遵守也。"⑥"十年之内"雪耻说明囿于弱国现状的蒋介

---

① 《蒋中正总统档案:事略稿本》(3),(台北)"国史馆"藏,2003年,第381页。

② 《蒋中正总统档案:事略稿本》(3),(台北)"国史馆"藏,2003年,第385页。

③ Philip Jaffe: China's destiny and Chinese economic theory, London, Dennis Dobson, 1947, p.123.参见张同心《句践故事与20世纪中国历史》,《绍兴文理学院学报》2009年第3期,第2页。

④ 周美华编注《蒋中正总统档案:事略稿本》(3),(台北)"国史馆"藏,2003年,第382页。

⑤ 《蒋总司令于济南五三惨案发生后致薛笃弼部长指示雪耻之要务电》(1928年5月25日),秦孝仪主编《中华民国重要史料初编——对日作战时期》绪编(三),台北中国国民党中央委员会党史委员会,1985年,第52页。

⑥ 蒋介石:《致电大学院院长蔡元培告以救国之道》,《先总统蒋公思想言论总集》第33卷,(台北)中国国民党中央委员会党史委员会,第429页;又见周美华编《蒋中正总统档案:事略稿本》(3),(台北)"国史馆"藏,2003年,第423页。

渲染与管控：南京国民政府初期国耻教育及两难之境(1927—1930)

石不得不作长远打算，此前已推行的国耻教育似乎成其为相对较好选择，为此对中小学教科书编写内容提出明确要求："尤须注重小学教科书与小学教师，必使其有爱国雪耻之心，而后方能任其为老师也。教科书之精神，其一即为国耻，而尤须注重胶东与辽宁之耻辱；其次乃为历史三民主义与五权宪法；再次则为本党之历史与国民革命之意义。"①将国耻置于三民主义、五权宪法、本党历史和国民革命意义之前，足见其对国耻教育的重视。在他看来，只有通过教育"使人人有团结一致、同仇敌忾之心"，而后"方能救国保种"。②

二、国耻教育政策的制定

五三惨案后，就如何救国雪耻，教育又被国民党寄予厚望。时任中央党部书记长的梁寒操就指出，培养道德、知识、体魄、组织、物质等国家力量"离不了教育"，"雪耻""救亡"均"要靠教育"。而目前"多在学校以内的教育"，"很少在学校以外的教育""大学的高等的教育"和"在成人的平民的教育"，政府将学校"看作专门研究学术的机关这一个观念"，"把教育做救亡雪耻的工具这一个观念却不见得有如何的特别的注重"，因此教育方针应"以造成有常识有组织能爱国能打仗的公民为宗旨"。③《浙江大学教育周刊》撰文呼吁将"国耻纪念日的讲题"列为"必需的应时教材"，认为此举"直接可使学生对于国耻有明白的了解，间接可使民众对于国耻有相当的认识"。因此教育界就"应负誓雪国的责任，一面唤起民众，

---

① 秦孝仪主编：《中华民国重要史料初编——对日作战时期》绪编(三)，(台北)中国国民党中央委员会党史委员会，1985年，第51页。
② 周美华编注《蒋中正总统档案：事略稿本》(3)，(台北)"国史馆"藏，2003年，第423页。
③ 梁寒操：《从国耻说到教育的再造》，《再造》1928年第8期，第29～35页。

一面加紧训练",让"大家有卧薪尝胆的决心,团结起来努力和凶暴的帝国主义者奋斗"。①

受反日运动、社会舆论和五三惨案影响,国民政府相关机构迅速制定政策推动国耻教育。5月6日,大学院通令各省教育厅从5月7日到9日三天讲授国耻色彩浓郁的"特别课程":"一、民族主义;二、日本研究,如地理,历史,人口,经济,兵力,文化等;三、中日交涉史。"②通过讲授日本、中日交涉史激励雪耻救国。南京军委会政训部还建议大学院"速编国耻痛史,作中小各学校教科书""制定卧薪尝胆、雪国耻赴国难等一类足以兴奋邦人爱护祖国之歌谱歌词";同时要求政府通令全国民众"佩带国耻纪念"以示警醒。③在南京召开的第一次全国教育会议上,与会者倡导国耻史实进入教材。18日,朱家骅等12人向大会提交"中小学应特别注重国耻教材亦唤起民族观念案",强调"我国迭受外侮,民气日弱,欲强国保种,须唤起国民同仇敌忾"。④第二天,王云五、钱端升、孙贵定等人审查并通过该案。⑤尽管如此,与会者黄统21日重提"小学教材增加国耻教材案"。⑥23日,全国教育会议一致议决:"(一)国耻教材,充分编入中小学教科书中。(二)学校遇有机会,即须宣传国耻事实,使知我国第一仇敌是谁,思有以推翻之。(三)国耻图表,必须设备,并使学生随时看见,触目惊心。(四)打到第一仇国之方法,在学校中必须师生共同时时研究之。"⑦不仅将国

---

① 《教育述评-国耻纪念日的讲题》,《浙江大学教育周刊》1928年第6期,第1页。
② 《通令各校于国耻纪念日讲授特别课程》,《安徽教育行政周刊》1928年第1卷第6期,第33~34页。
③ 《政训部之重要决议》,《申报》1928年5月14日,第四版。
④ 《中小学应特别注意国耻教材以唤起民族观念案》,《中国教育事典》(中等教育卷),河北教育出版社1994年版,第980页。
⑤ 《全国教育会议之第五日》,《申报》1928年5月20日,第十一版。
⑥ 《全国教育会议之第七日》,《申报》1928年5月22日,第十一版。
⑦ 《全国教育会议之第九日》,《申报》1928年5月24日,第十一版。

渲染与管控：南京国民政府初期国耻教育及两难之境(1927—1930)

耻事实编入教材,还对平时宣传、设备展览和雪耻方略提出具体要求。不仅如此,大学院22日还训令各省市教育行政长官、国立大学校长、专门以上学校"一律加课军事教育,每星期至少三次,以两年为限",各中等以下学校"应一律注重体育,每星期亦至少三次,至毕业时为止",各校长"宜认真办理,以期立健全国民之基础,而振民族固有之精神"①,从雪耻角度强调了军事教育、体育训练的重要性。

7月2日,内政部命令各省民政厅所属必须采用国耻印刷品激发民众雪耻之心,重点强调了编印地图的意义:"即在使官吏民众因观与感触目惊心,上下同心,同心奋发救国以求达到光复旧壤之目的。"②一些省市教育机关、社会团体按此进行翻印分送。③ 8月6日,内政部又担心命令成一纸虚文,为此重申了国耻印刷品的重要性,总务处第一科还"催促施行"以"激扬最近国耻以作警惕"。④河北省民政厅厅长孙奂仑接训令后表示"当即遵照仿制",并训令"各县切实遵行"。⑤ 不仅如此,大学院7月订定《训政时期施政大纲》,要求中等学校一般读物第一年起必须"编制国耻书籍图画",⑥8月4日,普通教育处长朱经农在中央大学区县督学教育委员讲习会上也谈到"国耻教材"。⑦ 7日,内政部又要求各省民政厅

---

① 《令各省市教育行政展馆暨各大学区及各国立大学校长》,《大学院公报》第一年第7期,殷梦霞、李强选编《民国教育公报汇编》7,国家图书馆出版社2009年版,第293~294页。
② 《国民政府内政部训令》,《国民政府内政部内政公报》1928年第1卷第4期,第4页。
③ 《中华国耻地图》,《航空月刊》1928年第18期,第1页。
④ 《内政部令各省民政厅实行国耻纪念会案》,南京:中国第二历史档案馆,全宗号:一二(6);案卷号:2199;起止日期192808。
⑤ 《民政厅呈内政部已将国耻纪念册颁发各县》,《河北省政府公报》1928年第82期,第21页。
⑥ 《大学院订定训政时期施政大纲(二)》,《申报》1928年7月9日,第十九版。
⑦ 《朱经农在中大督委会演讲》,《申报》1928年8月6日,第十一版。

对包括国耻纪念册在内的印刷品提出修改意见以激发民众"共起救国雪耻御侮"。① 16日,大学院又决定另编"国耻纪念表"来普及国耻知识。② 9月20日,内政部总务处还向社会征集国耻图画"以警国人",包括"广州湾、九龙、大沽、烟台、威海卫、海参崴形势风景照片,万县惨案、五卅惨案、汉口沙基肇事地点及死事烈士照片",③后又编单张《中华国耻地图》和单行本《市政纲要国耻纪念册》赠送燕京大学供学生观览。④ 值此背景之下,中央大学区扩充教育机关会议10月24日通过"各县通俗教育机关应多关备于国耻书画案"。⑤

与此同时,史地课程标准相继出台。8月,教育部颁行《初级中学历史暂行标准课程》,要求教材必须说明"民族受列强侵略之经过""激发学生的民族精神""唤醒其在中国民族运动上责任的自觉",还应"注重国际现势下的中国地位"。近世史部分包括"鸦片战争与南京条约""英法联军之役与俄国的侵地""新疆的平定与伊犁的交涉""中法之战与南方藩属的丧失""中日之战与中俄交涉""沿海港湾的租借""戊戌政变与八国联军之役""日俄战后的列强与中国的关系""民国十五年来的内政外交"和"废除不平等条约运动与最近外交"等内容。⑥ 10月颁行的《高级中学普通科本国史暂行课程标准》与《高级中学普通科地理暂定课程标准》与初级中学

---

① 《国民政府内政部公函》,《内政公报》1928年第1卷第5期,第5页。
② 《大学院院务会议录第十次至十三次》,《大学院公报》第一年第9期,殷梦霞、李强选编《民国教育公报汇编》8,国家图书馆出版社2009年版,第90页。
③ 《征求国耻惨案各种照片》,《申报》1928年9月20日,第五版。
④ 《内政实施计划书及图表》,《燕京大学校刊》1928年11月9日,第二版。
⑤ 《中大区扩充教育机关会议》,《申报》1928年10月25日,第七版;《中大区扩充教育机关会议(三)——正式会议之第二日》,《申报》1928年10月26日,第十一版。
⑥ 教育部中小学课程标准起草委员会编订《中小学课程暂行标准》(第二册 初级中学之部)教育部鉴定发行,卿云图书公司印刷,1929年10月初版,1930年4月再版,第25、30~31、43页。

渲染与管控：南京国民政府初期国耻教育及两难之境(1927—1930)

教育目标、教学大纲大体一致，仅是详略之别。以《高级中学普通科本国史暂行课程标准》为例，它即包括初中叙述较少或未曾涉及内容，大幅增加日本侵华史："日本维新与中日之战""国际的远东竞争""日俄战争对中国的关系""日本的侵略——自二十一条至巴黎和会""五卅事件与中国民族运动的进展""五三惨案与对日外交"和"山东问题交涉"。①

除课程标准外，国民政府还颁布既针对学生又面向公众的纪念办法。1929年4月制定的《五月革命纪念周举行办法》将五三、五九国耻日等纳入五月革命纪念周规定了纪念时间、参与团体、职责分工和具体程序，要求各地高级党部5月3日召集各地党政机关、各团体学校代表举行济南惨案周，5月9日召集党员公务员、民众团体代表召开纪念会，6—7日各级党部宣传国货。② 为避免纪念逾越秩序，政府又公布补充国耻纪念日办法，强调"纪念前后不应游行示威，以暴露吾人敌忾同仇之心，使敌人有所戒备"。③ 3日，即五三惨案一周年之际，蒋介石以中央军校校长身份发表"誓雪五三国耻"讲话，强调"隐忍雪耻"。④ 对纪念的管控力度随之不断增强。8月26日，教育部训令各省教育厅、各特别市教育局、国立大学、专科学校以及已立案的私立大学："嗣后各级学校凡遇革命纪念日简明表所载之革命纪念日，无论是否放假，除遵照该表所定办法办理外，应一律召集全体学生，举行纪念式及演讲。惟不放

---

① 教育部中小学课程标准起草委员会编订《中小学课程暂行标准》(第三册 高级中学之部)，教育部审定颁行，卿云图书公司印刷，1930年1月初版，第48～50页。
② 《五月革命纪念周举行办法》，《国民政府制发革命纪念日、纪念式、纪念办法及有关文书》，中国第二历史档案馆，全宗号：三九三；案卷号：2246；起止日期1928—1947。
③ 朱公振：《本国纪念日史》，世界书局1931年版，第7页。
④ 张其昀主编：《先总统蒋公全集》第2卷，中国文化大学出版部1984年版，第588页。

假之革命纪念日,得停课一小时。"①同时命令各书坊印行历书时一律将革命式和各革命纪念日简明表排印入内。② 9月,国民党政论性刊物《中央周报》刊载《辛丑和约国耻纪念宣传大纲》,对《辛丑条约》缔结经过、条约要点、应有努力和宣传口号进行了明确规定。③ 1930年7月1日,国民党中央第二十次常务会议决通过的《革命纪念日简明表》与《革命纪念日纪念式》又对五卅惨案、沙基惨案国耻纪念日、天津条约国耻纪念日、南京和约国耻纪念日、辛丑条约国耻纪念日的基本史实、宣传要点、程序仪式均作了具体规定,④由各地高级党部负责召集机关、学校、团体代表举行纪念大会,"不放假"。⑤ 10日,第三届中执会第100次常务会议通过《革命纪念日简明表》,将之前国耻日归并于五九"二十一条国耻纪念日"。⑥ 中央执行委员会训练部第907号公函又指出,"济南及中东路惨案为我国民革命军北伐以来奇耻大辱",中国"蒙害实深",为此要求湖南党部设法搜集两案及真相材料"择要酌量编入小学教科书籍图雪耻",同时交中执会训练部党义课程编订委员会小学组"以备参考"。湖北省教育厅接令后立即要求汉口中华书局、商

---

① 《训令第一一二三号(1929年8月26日)》,《教育部公报》第1卷第9期,1929年9月。参见[日]小野寺史郎著《国旗·国歌·国庆——近代中国的国族主义与国家象征》,社会科学文献出版社2014年版,第250页。

② 《历书须加印革命纪念日》,《中央日报》1929年8月31日,第三版;又见《令饬全国书坊印行历书日历日记.应将革命纪念式及纪念日简表印入内.以广宣传》,《国民政府公报》第256号。周俊宇《党国与象征 中华民国国定节日的历史》,(台北)"国史馆",2013年,第81页。

③ 《辛丑和约国耻纪念宣传大纲(第二十八周年)(九月七日)》,《中央周报》1929年第65期,第20~22页。

④ 《整理报告》与《革命纪念日式》,《国民党"革命纪念日纪念式"》,南京:中国第二历史档案馆,全宗号:七一一(4);案卷号:497;起止日期不祥。

⑤ 《革命纪念日简明表》,《中央党务月刊》1929年第12期,第10页。

⑥ 《国民政府蒙藏委员会审计院农矿部工商部内政部交通部等组织法革命纪念日简明表及国民政府司法部训令代电》,四川省档案馆,档号:民167-07-13541。

渲染与管控：南京国民政府初期国耻教育及两难之境(1927—1930)

务印书馆、世界书局遵照执行。① 济南惨案、中东路惨案进入课本。此外还有《五九国耻纪念宣传大纲》，包括五九国耻历史、二十一条内容、应有觉悟和口号标语。② 5月9日，中执会通过《五卅国耻四周年纪念办法》，除规定派代表参加纪念大会外，还要求"不得放假游行或举行任何性质之游艺"，同时必须"一律依照中央宣传部办法之宣传大纲宣传要点从事宣传"。③ 1931年，中央宣传部《国耻纪念宣传大纲》要求宣传五九纪念日、南京条约签订日、国民党废约运动和今后应有的努力，提出"努力撤销领事裁判权""致力于收回租界运动""中俄交涉的胜利"和"从知耻做起"等新要求。④ 综上所述，纪念大会作为国耻教育的重要方式，以明耻教战为目的，让学生民众在仪式操演中感受民族耻痛，从而实现纪念的教育功能。与此同时，这些纪念办法、相关政策的制定让"国耻又被普遍地制度化为一种集体性忧患意识"⑤，效果自然比纪念更好，课程标准又为国耻教育在全国推行提供了制度性保障。

三、各省市对政策的贯彻执行

由于蒋介石、政府相关部门的推动，一些省市中小学校、社会团体开始通过各种方式加以贯彻执行。上海宝山路口市立培本小

---

① 《训令：总字第四四四号(1930年7月28日)》，《湖北教育厅公报》1930年第1卷第8期，第12～13页。
② 《五九国耻纪念宣传大纲》，《中央周刊》1930年第98期，第53～56页。
③ 《国民政府制发革命纪念日、纪念式、纪念办法及有关文书》，中国第二历史档案馆，全宗号：三九三；案卷号：2246；起止日期1928—1947。又见《五卅国耻四周年纪念办法》，《中央周刊》1929年第49期，第24页。
④ 中央宣传部：《国耻纪念宣传大纲》，《中国童子军司令部月刊》1931年第22期，第28～29、38～43、47～49页。
⑤ [美]何伟亚《英国的课业：19世纪中国的帝国主义教程》，社会科学文献出版社2007年版，第365页。

学议决各科教材添入"系统的国耻事实",①市立小校长任方常建议更为具体,音乐课程可演唱国耻歌,表演、讲述国耻历史。大学院史地组委员诸葛甚至准备前往该校与小学生进行雪耻谈话。②河南教育厅除编辑国耻课本外,还在鼓楼中山图书馆内另外新辟国耻馆,"凡关于割地赔款丧权辱国之揖往事实,皆分类罗列,借以唤醒国人"。③北京教育会则决定14—20日举行国耻教育周活动,规定了秩序仪式,演讲"国耻概况"、伟大历史文化和雪耻途径,要求展览国耻表、模型、地图,佩戴"国耻纪念章"。④国耻教育周的第四天,全城学校"已入悲壮狂热之域",各校"悉张满国耻图画及标语触目,悉臂缠黑纱",青年学生"多请加兵式操课"。⑤

不仅如此,社会舆论、教育机关和各学校随即跟进。上海各埠提交议案注重国耻教材,浙江慈溪县民众反日委员会还提交"全国学校注重国耻教材案",⑥杭州青年会开办世界语暑期学校讲授国耻内容。⑦时人钱选青强调儿童教育要"特别注意国耻教材,遇有机会,即须宣传国耻事实,使知帝国主义之暴行,引起打倒强权,扶助弱小民族之思想"。因此应"一面与儿童设计,共同合作国耻图表(如设计中日之战,则旅大之形势,黄海大战之写真,马关条约之内容,李鸿章伊藤博文之相片,都可搜集或制作)"。⑧ 8月,湖南省教育会代表会议决小学校"增加国耻教育与国耻演习"。⑨ 9月初,

---

① 《市立培本之国耻纪念会》,《申报》1928年5月10日,第十版。
② 《市立芦滨小学举行雪耻周》,《申报》1928年5月8日,第十一版。
③ 《国耻馆开馆》,《河南教育》1928年第1卷第5期,第11页。
④ 《北京教育会举行国耻教育周》,《顺天时报》1928年5月5日,第七版。
⑤ 《本馆要电二》,《申报》1928年5月18日,第六版。
⑥ 《各埠各团体提交大会议案》,《申报》1928年7月24日,第十三版。
⑦ 《杭州青年会设立世界语暑期学校》,《申报》1928年6月26日,第十一版。
⑧ 钱选青:《三民主义教育之理论与实际(四)》,《申报》1928年7月20日,第十二版。
⑨ 《湘省教育会代表会决议案(一)》,《申报》1929年8月15日,第十一版。

渲染与管控：南京国民政府初期国耻教育及两难之境(1927—1930)

上海市教育局要求各校在 7—13 日宣传纪念周采用"简易教材"，包括："一、不平等条约一览表。二、帝国主义侵略的方式。"前者油印分发各校，后者"大缮写"后"揭示于校内适当场所"。讲授方法由各校"斟酌施行"，"务须适合儿童程度"，"能切实引起注意"。党义科、纪念周要求："一节讲民族主义（第一—六讲），二节讲第一二次全国代表大会宣言，三国耻小史。"公民科侧重不平等条约："一、讲述怎样叫作不平等条约。二、讲述'为什么要废除不平等条约'。三、高年级讨论宣传废约的方法。四、中年级讨论废约方法。五、低年级做废约游戏，如'收回划地''关税自立'等夺族竞争游戏。"社会科则要求："一、研究不平等条约订立的经过。二、较高年级学生自制中国损失中权一览表、中国失地简图。"不仅如此，还要："一、书写标语。二、做宣传文字。三、绘各种中国被压迫情形的图画。四、师生共同搜集我国民众受帝国主义者虐待凌辱的种种照片陈列展览。五、出学校新闻'运动废约'特刊。"[①]10 月初，山西全省中等校长会议议决中等学校课程必须涵盖国耻相关内容，如"帝国主义侵略政策纲要、最近各弱小民族独立运动史纲要、国耻小史、取消不平等条约之研究"。[②] 11 月，冯玉祥要求所属"刻刻施行不忘国耻教育"。[③] 12 月，浙江省立第三中学区教育行政人员第二次联席会议要求"注重国耻教育以激励人心"。[④] 1929 年年初，上海市党部向各小学下发《反日教育大纲》，各科讲授国耻和雪耻："(1) 作文，关于反日的论文和诗歌；(2) 习字，书写反日标语；(3) 图画，画出济南事变日兵横行所造成之惨状；(4) 地理，讲述丧失山东、满蒙的领土和主权；(5) 算数，日本人

---

① 《市教育局函各校行宣传纪念周 在宣传周内一律改授废约问题》，《申报》1928 年 9 月 8 日，第十二版。
② 征夷：《山西中等校长会议纪（二）》，《申报》1928 年 10 月 17 日，第十一版。
③ 《冯派石敬亭检阅改编各部》，《申报》1928 年 11 月 4 日，第八版。
④ 《浙三中区教育行政联会纪》，《申报》1928 年 12 月 12 日，第十二版。

在中国的人数、对华投资和贸易统计;(6)国语,日本对华积极政策的历史事实;(7)商业,日本在华市场的势力与进出口统计;(8)历史,日本侵略中国的历史事实;(9)党义,打倒日本帝国主义的策略。"① 不仅如此,国耻书籍得以大势出版。据笔者不完全统计,1928—1930年出版以"国耻"命名的书籍、纪念册和问答17册,仅1928年就有12册,具体如下表所示:②

国耻书籍统计表

编号	作者	书名	出版社	出版年	版次
1	黄孝先	中国国耻史略	新时代教育社	1928	
2	吴公雄	绘图国耻演义	世界书局	1928	
3	曹增美、黄孝先	新编国耻小史	商务印书馆	1928	1930年第4版
4	冯秋农	国耻写真记	泰东图书局	1928	
5	济南编辑社	五三国耻济案惨史	济南编辑社	1928	
6	国民政府内政部	国耻纪念册	国民政府内政部	1928	
7	中国国民党浙江省党务指导委员会宣传部	九七国耻二十七周年纪念册	中国国民党浙江省党务指导委员会宣传部	1928	
8	国民政府内务部编印	国耻纪念册	国民政府内务部	1928	
9	福建省废约运动大会	国耻纪念册	不详	1928	

---

① 日本外务省文化事业部编印《支那二于 排外教育》(1932年2月),第60页,(日)外务省外交史料馆藏,JACAR系统查询编码:B10070621700。转引自李欣荣《抗战前中日关于排日教科书的争端与交涉》,《近代史学刊》2016年第16辑,第101页。

② 此表系笔者搜集整理资料而成,统计过程中虽存有遗漏,但大体上能反映当时出版情况。

(续表)

编号	作 者	书 名	出版社	出版年	版 次
10	山东省立民众教育馆出版部	国耻问答	山东省立民众教育馆	1928	1932年再版
11	不详	"九·七"国耻二十七周年纪念册	不详	1928	
12	中国国民党浙江省执行委员会宣传部	打倒英帝国主义 南京和约国耻纪念特刊	中国国民党浙江省执行委员会宣传部	1929	
13	李剑虹	国耻小史	军事新闻社	1929	1931年第5版
14	徐意庐等	辛丑条约国耻纪念特刊签订辛丑条约二十八周年	不详	1929	
15	蒋恭晟	国耻史	中华书局	1929	第三版
16	王怀琪	国耻纪念体操	中国健学社	1929	
17	贾逸君	中国国耻地理	北平文化学社	1930	

革命军新闻社总部各省市中小学推介李剑虹《国耻小史》。4月25日,国立浙江大学秘书处也呼吁省内中小学购买。① 9月20日,江苏省教育厅第五科令男女学校汇款购买。② 吉林省也要求各校"一致采购",可作"课读教授"和"范本参考"。③ 中华书局出版各书也非常"注意提倡国货湔雪国耻"。④ 总之,这些论著大都以时

---

① 赵锡瑞:《绍兴县教育局训令》,《绍兴教育公报》1929年第173期,第11~12页。
② 《请订购国耻痛史及雪耻歌集》,《金山县教育月刊》1929年第5卷第9期,第76页。
③ 《本厅公函教育机关、县政府准革命军事新闻社函请采购国耻痛史文》,《吉林教育公报》1929年第37期,第3页。
④ 《中华书局宣传盛况补志》,《申报》1928年12月27日,第十四版。

间为序,上自鸦片战争,下迄五三惨案,围绕背景、惨案、丧权失地、不平等条约展开,渲染丧权失地种种耻痛,为国耻教育推行奠定了坚实基础。

四、国耻教育的策略

为更好贯彻执行方针政策、取得较好效果,社会团体、政府机关和各学校除通过纪念大会、纪念文告、集会演讲和课堂讲授等方式外,同时还以多样化策略推进国耻教育。具体而言,演讲竞赛是学校常用形式。例如吴县教育局即组织发起全县小学生演说竞进会,讲题范围以国耻为中心。① 而戏剧以跌宕起伏的矛盾冲突和生动的语言吸引打动观众,同一时空下的剧情参与能让观众产生强烈情感共鸣,因此也是宣传教育的重要手段。如徐州一些学校举行"化装讲演",其间就表演了国耻歌舞(美校)、五卅经过(徐女中)、国耻双簧(美校)、国耻哑剧(美校)、五卅惨案(徐中)和国耻双簧(徐中)。② 6月,上海牌业工会执委联席会议更是要求各工团编演亡国惨史、国耻醒剧以"唤醒民众"③。7月,同群乐体育会表演国技狮舞新剧,国耻大悲剧即"济南痛史","以一对留学生回国复仇为经,以济南惨案中之一页为纬"。④

陈列展览通过视觉感官刺激让参观者产生情绪反应,因具重要教育功能而被政府、社会团体所看重。甘肃省教育馆游艺部的国民戏院即在明耻楼内展览列强侵华图书籍表册和国耻纪念日表;⑤上海市教育局则在民众教育馆演讲部下筹设国耻纪念馆供

---

① 《吴县小学生之演说竞赛》,《申报》1928年6月4日,第十一版。
② 《徐州各界之五卅纪念》,《申报》1928年6月1日,第十二版。
③ 《各工会消息汇志》,《申报》1928年6月,第十五版。
④ 《同群乐开游艺会表演粤剧》,《申报》1928年7月17日,第二十四版。
⑤ 马鹤天:《甘肃之政治与教育(三)》,《申报》1928年7月12日,第十二版。

渲染与管控：南京国民政府初期国耻教育及两难之境(1927—1930)

各界观览；①河南省中山俱乐部增设国耻纪念室，通知各机关、学校、书肆赠送标语以及国耻图画、照相、图表、书报、杂志、传记、诗文"以资陈列，藉兴观感"；②济南中山公园设立蒋介石手书"五月三日"国耻纪念碑。③通过实地参观见证民族苦难，自然有助于强化国耻记忆，激发救国雪耻的热情。

绘制国耻挂图、地图和漫画。上海市党部宣传部要求绘制"山东地图满蒙地图以及我国历年割让之领土的地图"。④还有人编绘五三惨案国耻图和蔡公时遗像来警醒。⑤而国耻漫画以讽刺性和鼓动性的表现手法呈现日军疯狂侵略和民族深重灾难。1929年《上海漫画》所绘国耻"人民表情"通过多幅彩图呈现"愤慨者大声疾呼""悲观者心灰意冷""忧虑者长吁短叹""小孩子开始哭泣""男子们诅咒怨尤"和"女子们悲愤填胸"等令人心碎场景，日本"当局者之野心""军官之虎视""巡官贪馋嗜杀"和中国"兵士之无动于衷"病态形象被生动呈现。⑥ 5月3日，天津东马路墙上悬挂巨幅国耻宣传画进行警醒。⑦ 1930年《革命外交周刊》上的《誓雪国耻图》塑造了五三惨案、五九国耻、五卅惨案时日军残暴的丑恶嘴脸和民众被虐杀的可怜形象，艺术的战斗力得以充分发挥，最后呼吁国人洗雪国耻。⑧

---

① 《筹设民众教育馆》，《申报》1928年11月15日，第二十一版。
② 《函省垣各机关各级学校各书肆省外各中等学校矿务大学——据教育馆呈该馆中山俱乐部十月十七日开幕 又增设国耻纪念室请派员指导并赐以标语及国耻物品》，《河南教育》1929年第2卷第7期，第2页。
③ 济南中国像传通信社：《济南中山公园中蒋介石手书之"五月三日"国耻纪念碑》，《北洋画报》1929年第8卷第377期，第1页。
④ 《上海市宣传部制定反日设计教育大纲》，《申报》1928年6月13日，第十二版。
⑤ 《冯国维泣济南惨案国耻图及蔡公时遗像》，《大亚画报》1930年第226期，第2页。
⑥ 《国耻中之中国人民表情一览》，《上海漫画》1929年第54期，第3页。
⑦ 天津同生照相馆摄《五月三日天津东马路墙上之国耻宣传画及中山中学校讲演队》，《北洋画报》1929年第7卷第316期，第1页。
⑧ 《漫画：誓雪国耻》，《革命外交周刊》1930年第14期，第1页。

歌曲因通俗易懂、朗朗上口成为传播国耻观念、呼吁救国雪耻的重要载体。与1915年零星创作不同，五三惨案后则是国耻歌、雪耻歌创作的高峰期，有助于激发收复河山的决心。国立浙江大学为"培养各校儿童用于雪耻之国民性"，特"颁发悲壮歌曲，以励群志志"，同时令各校教授《五三国耻歌》。① 这首歌曲调"威壮"，歌词呼吁勿忘国耻、沙场雪耻："家可破，五三不可忘！身可以死，五三不可忘！……莫惊慌，莫彷徨，听我国耻歌，快快起来杀财狼！毁家誓死到沙场！"②国立音乐学院谱多种国耻歌分送各校学生，"藉以唤起民众惊醒世人，使人人不忘此日"。③ 1929年河南教育厅审定出版《济南惨案歌》《誓雪国耻歌》和《警告同胞歌》。④ 江西省政府公报则刊载《毋忘国耻歌》《毋志国耻歌》。⑤ 时人宋效溓还按岳飞满江红歌谱创作《誓雪国耻歌》。⑥《思国耻》呼吁国人"提戈共雪国耻"。⑦《雪耻歌》号召"同胞勿酣媒，恃血铁，杀尽虎人方罢辍"。⑧ 上述以"国耻""雪耻"和"惨案"命名的歌曲不计其数，⑨控诉了日军暴行与军阀反动，又渲染了民族耻痛和爱国情感，有助于感染各界投入到救国雪耻的洪流之中。

加强设计教学方案。五月作为国耻之月，教育界人士进行了

---

① 《浙江大学颁发国耻歌》，《兴华》1928年第25卷第39期，第42页。
② 朱因、吴伯超：《五三国耻歌》，《音乐杂志》1928年第1卷第4期，第2页。
③ 《国立音乐院国耻特刊将出版》，《申报》1928年5月30日，第十二版。
④ 《誓雪国耻歌(同岳武穆满江红歌谱)》，《河南教育》1929年第1卷第14期，第10页。
⑤ 《毋忘国耻歌》《毋志国耻歌》，《江西省政府公报》1928年第36期，第121页。
⑥ 宋效溓：《誓雪国耻歌》，《河南教育》1929年第1卷第14期，第10页。
⑦ 刘绍霆、宋籛甫：《思国耻》，《雁门旬刊》1928年创刊号，第43页。
⑧ 伍朗如：《雪耻歌》，《学生文艺丛刊》1930年第6卷第1期，第177页。
⑨ 相关内容可参考拙文《20世纪二三十年代国耻歌研究——以歌词为中心的考察》，《人民音乐》2013年第5期。例如1930年时人就写有《五卅惨案歌》，歌词既渲染了民族之耻、国家之恨，又呼吁毋忘国耻："一要不买外国货，二要经济绝交，大家团结该一致，莫作五分钟热气。"应司《五卅惨案歌》，《党务月刊》1930年第3期，第84页。

渲染与管控：南京国民政府初期国耻教育及两难之境(1927—1930)

重点设计。如 1930 年 4 月李纯仁厘定以五三国耻纪念来进行"做学教"，详细讨论如何进行"做、学、教"，认为环境须"重行布置"，教材"重行编选"，方式也须"改变"。公共场悬挂"誓雪'五三'奇耻""对日经济绝交""誓为蔡交涉员复仇""日人鲸吞山东图""国耻地图""毋忘五分钟热度图""虎头蛇尾图""国耻大事表"，各教室悬挂愿词、标语和挂图。国语科"选读关于国耻的文字"，算术科"计算赔款损失"，常识科"讲述'五三'原委"，自然、历史、地理、卫生、公民科材料"有关国耻"，艺术科"自由制作"，音乐课"编'五三'国耻歌"，体育科"做各项国耻游戏"，英语科"编作简单国耻的会语"。① 随后秦湘荪在前文基础上对"做学教"继续设计，秦文侧重儿童，内容也有差别。② 两个教学设计将国耻知识渗入不同科目，由传授知识转而鼓励参与讨论，有助于调动学生积极性和主动性。杂志《音乐教育》设计适合初中一、二年级的国耻歌曲教学，要求"前半用较平和的声调来唱，后半用急迫勇猛的态度来唱"。③ 上述设计详细具体，教学方法自然有助于提升教学效果。

  制造电影、唱片进行宣传。为增强教育效果，外交讨论委员会张继城还呈请教育部训令各省、特别市、社会教育机关在电影、留声机中插入国耻影片、标语、演讲内容以便娱乐时激发"卧薪尝胆"之志："若于其中插入国耻影片，国耻标语，国耻演讲，借普遍之娱乐，用日常之娱乐，作日常之奋发。于日常普遍的娱乐中，作日常普遍之卧薪尝胆，如此而'十年生聚，十年教训'，所谓'忧劳兴国'，其在此乎。"行政院接教育部命令后表示，提案"意在激发国民国耻观念，自属可行"，为此要求各电影制片公司、留声机片制造公司"插入或特制关于国耻之影片标语演讲或戏曲"，社会教育机关演

---

① 李纯仁：《五三国耻纪念做学教(一)》，《地方教育》1930 年第 14 期，第 1~6 页。
② 秦湘荪：《五三国耻纪念做学教(二)》，《地方教育》1930 年第 14 期，第 1~4 页。
③ 《歌曲说明——国耻歌》，《音乐教育》1935 年第 3 卷第 3 期，第 7~8 页。

讲"务多采用国耻材料,以资警惕而广宣传"。除要求编审处审查教科书时"特别注意",各省市编辑时"添入关于国耻教材"。① 3月,全国反日大会决定"函请中央宣传部制造国耻纪念影片",建议中央党部训令各级党部广泛宣传。② 上海市教育局更是要求大中华唱片公司将国耻演讲收入唱片"藉供国民普遍之娱乐,作普遍之激刺,用日常之娱乐,作日常之奋发"。后者决定"将上半年营业所得纯利不分配股东,移作制造国耻标语演讲及他社会改良等讲演唱片之用",同时准备邀请党国要人莅沪讲演、收音制片分发各省市及海外华侨"作普遍宣传"。③ 不仅如此,前大学院订定图书馆条例十五条、新出图书呈缴条例四条要求各社会教育机关通俗讲演时必须"注意多采国耻事项之材料","以电影献剧"作"推行社会教育之最大工具",还命电影、留声机公司"制映与灌入关于国耻之实情激励炯戒"。④ 4月,上海教育局奉教育部之命"分饬各书局各影片公司于编辑教科书及制片时注重国耻材料,使一般民众知所警惕而求雪耻之道"。⑤ 就国耻电影而言,它通过声音、光影自然让给人身临其境感受国家耻辱,进而以实际行动救国雪耻。

不仅如此,其他策略也被交叉采用。1930年5月9日,上海市教育局通过广播讲"五九国耻与二十一条约"。⑥ 7月,江苏民政厅的民众训练课讲国耻史略,⑦ 河北省民众教育人员养成所编撰《国耻史教授纲要》。⑧ 还有人通过创作散文诗《我的五月感想》诉

---

① 《国耻观念之激发》,《浙江大学教育周刊》1929年第49期,第26~27页。
② 《全国反日大会第五日记》,《申报》1929年3月6日,第十三版。
③ 《国耻讲演收入唱片训令》,《申报》1929年3月7日,第十五版。
④ 《关于图书馆博物馆保存古物古迹事项》,《申报》1929年3月16日,第十七版。
⑤ 《自来水标准检验法(续)市卫生局》,《申报》1929年4月13日,第二十二版。
⑥ 《泣告同胞注意九一八》,《申报》1932年9月16日,第二版。
⑦ 《苏民厅训练公安人员》,《申报》1930年7月3日,第九版。
⑧ 《国耻史教授纲要》,《河北省立民众教育人员养成所工作报告》1930年第1期,第8~9页。

渲染与管控：南京国民政府初期国耻教育及两难之境(1927—1930)

说国耻，①更有人撰写五三纪念赋进行民众唤醒："莫作五三空纪念，中华振奋在男儿；人能自立御人侮，我抱乐观何必悲。强国首从民志起，谁云雪耻不乘时。"②创作国耻小说《五九的影象》控诉日军残暴，对驾驶"飞机"投掷"民气烈弹"抗击日军的场景进行生动描绘。③ 这些方式的交替运用有助于营造悲痛屈辱的氛围，"大众化"的策略传播了国耻观念，进而增强社会公众救国雪耻的决心和信心。

五、国耻教育的两难之境

　　五三惨案因蒋介石高度重视而被渲染为奇耻大辱的代表性事件，它不仅是中国近代外交的转折点，让国民党由亲英美向转制日，在中国近代教育史上也具重要意义，成为唤醒爱国情感、激发雪耻决心的教育载体。然而随着国民党由革命党演化为时下执政党，"党民关系"由"动员体制转变为控制体制"，国民党也"由一个有着广泛群众参与的动员型革命政党变为一个以政治控制为主的执政党"，④对包括国耻纪念在内的活动和国耻教育管控日益严密。然而，日军残忍横暴激起全国反日浪潮，渲染了国家民族的耻辱，制定课程标准要求培育学生危机意识，而政府不断劝导民众，严禁示威游行，并希望民众理解支持，试图将民众、学生的愤怒情感控制在一定范围之内，避免因过度渲染耻辱而妨害社会秩序。教育部编审处议决必须通过初审、复审和终审国耻书籍后才可作

---

　　① 也鸣：《我的五月感想》，《邮声》1930年第4卷第5期，第66页。
　　② 虞和德：《五三国耻纪念特刊出版感赋二章》，《御侮宣传报》1930年第2卷第8期，第6页。
　　③ 王漫宇：《国耻小说：五九的影象》，《会报》1928年第43期，第115～118页。
　　④ 王奇生：《党员、党权与党争——1924—1949年中国国民党的组织形态》，上海书店出版社2003年版，第93页。

为参考用书。① 教育部训令道："查坊间所出各种外交史国耻史，记载稍有不合，一经传播，影响至为重大，其能切合党义，与所记载事实准确与否，均应呈部详为审核，以免遗误。"② 1930年1月，图书工作计划要求"审查国耻史、外交史"。③ 湖北教育厅为此命令商务印书馆、中华书局、世界书局、大东书局遵照执行。④ 加强审查改变了北京政府时期相对松散状态，国耻教育被纳入国民政府严密管控之下，体现政府意志。

然而，国耻教育渲染的耻辱情绪如若长期压抑而得不到宣泄释放，这让政府与学生、民众之间的关系日益紧张，因耻辱而起的学生、民众示威游行会很快将矛头直指国民政府，后者合法性与权威性遭到极大挑战。一言以蔽之，政府与社会的控制与反控制斗争必会影响国耻教育效果。1929年，尽管有蒋介石五三纪念讲话和国耻纪念办法出台，国人漠然态度则是不争事实。正如时人所言，纪念仅"五分钟热度"，不能长久坚持："诚思吾国外交史上之国耻，指不胜屈。人民多漠然置之；即有少数稍具志气之士，表示愤懑于一时，稍久亦事过境迁，致有五分钟热度之消。盖群众运动不过临时之兴奋，未足以持久远。"⑤ 有人对五月国耻放假进行了嘲讽，说学生巴望着放几天假，五月沦为休闲娱乐的"放假月"⑥。1930年，时事新报社对此也进行了生动描绘和辛辣讽刺："于国耻之日，上焉者但知奉行故事，开会演说，下焉者且藉为休乐之机。幸而有勤求雪耻之道者，亦只舍本逐末。文表驰逐，掀动感情，称

---

① 《教部编审处第十一次审查会》，《申报》1929年6月21日，第十一版；《教部编审注重国耻教材》，《福建教育周刊》1929年第26期，第25页。
② 《河南教育厅便函》，《河南教育》1929年第1卷第22期，第47页。
③ 《教部编审图书工作和计划》，《申报》1930年1月15日，第十一版。
④ 《本厅命令》，《湖北教育厅公报》1930年第1卷第16期，第35～36页。
⑤ 蒋镜寰：《图书馆之使命及其实施》，《中华图书馆协会会报》1929年第4卷，第3页。
⑥ 岂凡：《五月放假月》，《一般》1929年第8卷第1期，第256页。

渲染与管控：南京国民政府初期国耻教育及两难之境(1927—1930)

快一时,由此以往,则今者占有全年日历十分三四之国耻日,终必有变全年日历尽成国耻之一日。"① 更有人指出:"关于救国运动,民四以来,已非一次矣。但考其成绩,往往令人悲观。"购买日用物品"往往不加详察",或"明知之而故为之"②。1931 年,时人孙莆侯还在强调:"现在各地民众是否全已唤起,不要说乡村民众大都未曾反应,就是城市方面的亦未能说已经普及。"③在五九国耻日的北平,"摩登青年"对舞场"趋之若狂",过着"纸醉金迷中过国耻日"。④ 同时小学教育中的宣传材料"大多偏重在消极方面"⑤,湖北省教育厅厅长这样表示,军事教育"实行数年尚无显著成绩"。⑥

综上所述,1927—1930 年的国耻教育一方面对国耻进行了大势渲染,表达了强烈的爱国情感,另一方面由于担心妨碍社会稳定,政府试图劝说学生、民众理解忍辱负重的对日外交政策,同时消解了政府合法性和权威性。无论如何,这一阶段的国耻教育较北京政府时期还是进步明显,它在一定程度上改变了之前政令不一、执行乏力和零星实践的不足,课程标准和纪念政策增强了社会公众特别是青年学生的民族凝聚力和国家认同感,为九一八事变后国耻教育向国"难"教育转变、从强调精神"知辱明耻"到实际层面的"教战"铺垫了坚实基础。

(熊斌,西南大学马克思主义学院副教授)

---

① 《国耻真义》,《邮声》1930 年第 4 卷第 4 期,第 14 页。
② 李纯仁:《五三国耻纪念做学教(一)》,《地方教育》1930 年第 14 期,第 1~6 页。
③ 孙莆侯:《国耻与教育》,《浙江教育行政周刊》1931 年第 2 卷第 36 期,第 3 页。
④ 《北平舞场竞举行鲜花跳舞大会 纸醉金迷中度过国耻日》,《大公报》1931 年 5 月 12 日,第五版。
⑤ 《论著——为国耻问题告教育界同人》,《浙江大学教育周刊》1929 年第 43 期,第 1~3 页。
⑥ 《本厅举行国耻纪念黄厅长报告纪念意义并应注意之点》,《湖北教育厅公报》1931 年第 2 卷第 10 期,第 4~5 页。

南京学生生活社与国民党CC系的学运制控(1934—1937)

胡锐颖

"九一八"事变以后,民族复兴思潮在日益严重的民族危机之际呈现勃兴之势,成为时代流行的政治性话语。国民党通过执政资源"自觉而迅速地抓住了'中华民族复兴'这一时代的主题,并竭力将其塑造成带有国家意识形态性质的霸权话语"①。在教育领域,党政当局在强化三民主义教育宗旨的同时,试图以"民族复兴"观念对青年学生进行文化统制。因此,在CC系的操控下,国民党中央组织部调查科成立外围组织南京学生生活社,通过情报系统逐步介入学生群体,试图暗中制控学运方向。长期以来,学生生活社的组织背景、运作机制及影响均不为外界所知,其资料仅是零星夹杂在文史资料和回忆性文章里,学界研究也少有所及。② 本文

---

① 黄兴涛、王峰:《民国时期"中华民族复兴"观念之历史考察》,《中国人民大学学报》2006年第3期。

② 美国学者叶文心对民国大学的办学风格、校园文化、当局与大学生的互动关系进行详细研究,Wen-Hsin Yeh, *The Alienated Academy: Culture and Politics in Republican China, 1919—1937*, Cambridge, Massachusetts, USA: Council on East Asian Studies, Harvard University Press, 1990.桑兵探讨了抗战时期国民党在大学校园的组织发展及派系斗争,参见《国民党在大学校园的派系争斗》,《史学月刊》2010年第12期;许小青一文则注重于解读国民党文化统制政策的脉络与反响,参见"九一八"前后国民党文化政策解读》,《华中师范大学学报》(人文社会科学版)2015年第54卷第6期。以上这些著作与论文均未论及学生生活社。

南京学生生活社与国民党 CC 系的学运制控(1934—1937)

通过对抗战前南京学生生活社及其各地分社史料的爬梳整理,试图探讨该社与共产党、复兴社、政学系等各党各派的复杂关系,以便窥探 CC 系对学校进行隐性控制的面向。

一、隐性控制:CC 系的外围

国难方殷之时,内忧外患日趋紧迫,学潮趋于激烈。在蒋介石的授意之下,由黄埔系所组织的三民主义力行社和以国民党党务系统为基础的"青天白日团"①先后成立。双方积极运用外围组织的网络系统对各地学校进行渗透,以获得教育文化领域的话语权。

在党国体制下,所谓外围组织具有特殊的涵义。"凡是在党的领导和影响之下所组织的各种民众团体,都叫作党的外围组织。它的作用在取得党和民众的密切联系,深入与扩大党的政治影响,团结广大民众在党的周围,以巩固党的领导,及我们既得的政权",其最终目标是"复兴中华民族,实现三民主义",其中心任务为"肃清反动及保卫党国",②。一直以来,CC 系控制了国民党整个党务系统,建立有严密的特工组织。特工外围组织的基本任务是"深入各阶层",争取有利于工作的各阶层分子,"吸收积极勇敢的革命青年,培养他们成为复兴中华民族的战士"。③ 这种外围组织分为"基本外围组织"和"普通外围组织",两者的区别在于前者"一切都能执行特工路线及决定,每个分子都经过详细的考查",后者"只能执行一部分决定,或者只是在我们(指特工)影响之下。所以基本的外围组织,可以领导一切普通外围组织"。④ 基本外围组织可以分派经过训练的分子去领导普通外围组织,以建立关系并开展工

---

① 陈立夫:《成败之鉴》,(台北)正中出版社 1994 年版,第 223~224 页。
② 《中国国民党特工的组织工作》(出版时间不详),第 277 页。
③ 《中国国民党特工的组织工作》,第 278~279 页。
④ 《中国国民党特工的组织工作》,第 281 页。

作,凡是"参加这些外围组织的统称之为外围分子"。①

在京沪地区,复兴社的外围组织"中国文化研究会在获取上海的大学生,尤其是大专学校的学生的支持方面,要比CC派的文化组织擅长得多"②。在这种被动的局面之下,以陈果夫、陈立夫为首的CC系充分利用自身掌控的国民党中央执行委员会组织部调查科的情治系统,不断在各地学校安插和培植势力。因此,一个主导学生运动的全国性"普通外围组织"——学生生活社就应运而生了,它与全国性之"基本外围组织"——三民主义革命同志社一起"相辅而行,互相运用,以辅助特工之进行"。③

1934年11月11日,南京学生生活社在中央大学致知堂举行成立大会,国民党南京市党部、社会局、警厅第六局等机构代表及学生生活社100余名社员参加大会,筹备委员陈予漫报告筹备经过,并由南京市党部叶时俊发表训词。④ 该社先后颁发《学生生活社章程》和《学生生活社分社组织规章》,对社员进行严格的规定。

根据章程,学生生活社拥有明确的宗旨。该社以各大中学校学生为活动对象,"以团结思想纯洁品行端正之青年,作进德修业之勉励,以复兴中国民族为宗旨"⑤,但是,特工总部在筹备组织学生生活社分社的办法中,明确指示各地除了履行上述宗旨之外,"应执行特工方面之决定",譬如"吸收忠实勇敢之革命青年,团结于特工组织周围,以巩固特工组织之基础;深入于青年界及文化界之各阶层,侦查反动分子之阴谋与活动,而设法加以防范和制裁;

---

① 张文:《中统20年》,政协江苏省委员会文史资料研究委员会编:《江苏文史资料选辑》第23辑《中统内幕》,江苏古籍出版社1987年版,第52页。
② [美]魏斐德(Frederic Wakeman)著,梁禾译:《间谍王:戴笠与中国特工》,北京团结出版社2004年版,第109页。
③ 《中国国民党特工的组织工作》,第308页。
④ 毅:《学生生活社的成立大会》,《学生生活》1934年第2卷第7期"周年纪念特刊"。
⑤ 《学生生活社章程》,《学生生活》1935年第3卷第8期。

南京学生生活社与国民党CC系的学运制控(1934—1937)

在群众中揭穿反动党派之各种阴谋,动摇其下层基础,与群众并进一步,使彼等在三民主义影响之下,为复兴民族而努力"等①。显然,这份仅在情治系统内部传达的文件已经明确规定了学生生活社秘密的隐性任务。

作为"公开的普通外围",学生生活社实际隶属于国民党中央组织部调查科特工总部南京实验区管辖②,由中央大学法学院学生郝仲溪③担任社长。他们"在全国各大城市设有分社,南京是总社,隶属中统南京实验区领导,其活动的对象,主要是各大中学校的学生,以公开出版刊物,引诱一些对文艺兴趣的青年加入,并秘密地布置中统通讯员收集各学校中的情报"④。根据1934年的《南京实验区组织系统表》记载,实验区区长、副区长直接管辖总务、训练、行动、谍报、组织等股,另设下关分区、挺进队、招待所、强华通讯社等机构。学生生活社隶属于谍报股学生组管辖,并由组长郝仲溪兼南京学生生活社社长。⑤ 从组织架构看,学生生活社明显具备了搜集、调查的谍报功能,直接为特工总部南京实验区汇集学生情报,接受以CC系为背景的调查科领导。

二、双翼策略:学生社员的吸纳

学生生活社的组织形态是由中央至基层建立起自上而下的多

---

① 《各地特室筹组学生生活社分社办法》,《中国国民党特工的组织工作》,第309页。

② 参见《中统南京实验区》,许青、董体全主编,南京市地方志编纂委员会编:《南京政党志》,河海大学出版社1997年版,第352页。

③ 《南京市文化团体一览表(续二)》,第123页。

④ 永安市档案馆藏:《关于蔡力行政治问题的审查结论》影印件,馆藏号:4-30-471。

⑤ 杜超群:《中统在部分省市和交通系统的组织活动》,全国政协文史资料委员会编:《文史资料存稿选编 13 特工组织》(上),中国文史出版社2002年版,第68页。

层级体系。生活社在南京设立总社,最高权力机构为社员大会,下设理事会,在社员大会闭会期间处理一切事务。社员大会选举理事 11 人,候补理事 4 人,理事会推选理事长 1 人,对内处理一切事务,对外代表该社。生活社设总务股、出版股、研究股、游艺股和调查股,每股聘主任 1 人,干事若干人。① 特工总部指令各地特务室"物色在学生阶层之细胞,在各学校中物色优秀分子,发起筹备组织学生生活社"。② 各地分社必须"为南京学生生活社总社之宗旨为宗旨","必须绝对服从总社一切命令或决议"。"分社工作于每月须呈报总社一次","如遇有特殊事故发生须即时请示总社办法,不得擅自解决"。③

在总社的直接指导之下,全国很快成立北平、上海、苏州、盐城、武昌、汉口、芜湖、徐州、西安、镇江、贵阳、泰县、南通、泗阳、济南、安康、咸阳、长沙、常德等分社。按照规定,各地分社均由"发起人推举代表具备理由书向当地高级党部申请许可组织"④。这些属于地方层级的外围组织大多都是依附于各地党部而设立的。譬如,1935 年 7 月,学生生活社泰县分社在县党部礼堂举行成立大会。负责人宣称,这是由"一部分先知先觉的青年,大胆地负担起改造社会、复兴民族的任务"而成立起来的,他们是一个"异军突起"的带有统制性质的组织。⑤ 1936 年,长沙学生生活社在县党部成立,邓弼担任负责人,他通过党部关系得到各种社务的支持。⑥ 在江苏盐城,学生生活分社是一个"以复兴民族为号召,并接受党

---

① 《学生生活征求社员》,《学生生活》1936 年第 5 卷第 6 期。
② 《各地特室筹组学生生活社分社办法》,第 310 页。
③ 《学生生活社分社组织规章》,《学生生活》1936 年第 3 卷第 8 期。
④ 《各地特室筹组学生生活社分社办法》,第 310 页。
⑤ 白薇:《泰县学生生活社概况》,《学生生活》1936 年第 5 卷第 5 期。
⑥ 《省执委会直属人民团体表》,湖南省政府秘书处统计室编纂:《湖南年鑑(民国二十五年)》,湖南省政府秘书处 1936 年版,第 51 页。

政机关之监视指导的青年团体"。经过一年多的运作,该分社社员"计已相近二百多人"。① 抗战爆发后,随着党部力量在四川的扩张,学生生活社的社员逐渐遍及成都、重庆、内江、绵阳、自贡等地。"全省各大中城市都有分社,数目相当庞大。"②

学生生活社吸纳社员具有明确的规定。根据章程,社员加入的条件为:"凡学生或非学生如同意于本社宗旨,经社员二人以上之介绍或投稿二次以上,请求加入本社,经理事长允许举行登记手续者,均得为本社社员。"但只要是"有反革命行动者",或"受开除党籍处分者",或"褫夺公权者"皆不得加入学生生活社。③ 学生生活社的新人大多通过社员介绍入会,并须随时向总社报告入会情况。1935年3月,苏州分社在筹备期间"登记社友已有二十三人",筹备组下达任务"于四月份内发展新社员四十名,由筹备社友个别征求,并深入苏州各校普遍发展"。总社对其联系也甚为密切,负责人胡鸣、周荫千"不时与总社通讯外,每月并做工作报告呈交总社,至经常工作,完全遵照总社指示办理"。④

在吸纳社员方面,学生生活社力图借助双翼策略来影响与操控学生。在表面上,南京市党部代表叶时俊强调社员"要摆脱政治背景","学生当求学时代,最好是在学校求学,不要有政治活动"。⑤ 但是,另一方面他们却暗中强化对学生的文化统制,培育三民主义的党化思想。实际上,"凡是对国民党有利的政治思想灌输和有限度的个人参与政治,不仅获得许可,而且成为国民党'去

---

① 陈小可:《努力中的盐城分社》,《学生生活》1937年新2卷第16期。
② 《一个关于四川的政治经济文化的报告》(1938年5月19日),熊复:《熊复文集》第1卷(1937—1947),红旗出版社1992年版,第24页。
③ 《学生生活社章程》,《学生生活》1936年第3卷第8期。
④ 周荫千:《视察学生生活社苏沪两地分社社务报告》,《学生生活》1935年第3卷第10期。
⑤ 毅:《学生生活社的成立大会》,《学生生活》第2卷第7期。

政治化'策略的另一个重要部分"①。这种"去政治化"的双翼策略成为 CC 系指导和吸纳青年学生进入学生生活社的主要方式。他们虽然蒙蔽了不少学生,但有时却也无法得逞。1935 年年底,在上海真如暨南大学旁听的蔡振扬经同乡蔡侠兰介绍进入《学生生活》杂志担任编辑。当时蔡振扬"在学生生活社暂住。后来发现国民党中央党部组织部的工作人员,常在该社开会"。他只得在外面赁屋居住,有几位同乡也常来同住。社员陈诗群曾"以开玩笑的口吻"邀请他"组织一个小团体,设法抗日救亡"。蔡振扬当即表示"胆小怕事,只知读书,不愿参加政治活动",于是陈诗群也不再强求他加入组织。②

由于当时黄埔系的外围组织复兴社获取学生的支持强于 CC 系③,学生生活社上海分社在扩大组织方面遇到了阻力。研究股主任陈予漫为此要求社员限时完成发展新人的任务,他规定:"限四月份内每人征求三位社友,每个社友于每月中得调查学生生活情形,学校状况以及文化团体内容起草报告,由分社理事每月汇交南京总社,每个社友至少须征求刊物定阅者一户。"上海分社认为:"沪地社友人数不多,事实上社员碍难普遍的发展,到上海各学校,希望总社多方给予协助。"④南京总社对其进行严肃的批评,强调应用"仅有的力量向几个中心学校或在各方面条件比较顺利而易于进取的中心阵地用功夫,这样来创造了坚实的核心力量之后,才说得上往各校去普遍的发展本社的组织"⑤。总社要求各地分社

---

① 黄坚立:《难展的双翼:中国国民党面对学生运动的困境与决策(1927—1949)》,商务印书馆 2010 年版,第 93 页。
② 《蔡振扬致胡锐颖信函》,2000 年 6 月 28 日,胡锐颖藏。
③ 参见上海公共租界警务处档案,1933 年 8 月 26 日,档案号:D—4685,转引自[美]魏斐德著:《上海警察(1927—1937)》,人民出版社 2011 年版,第 314~315 页。
④ 周荫干:《视察学生生活社苏沪两地分社社务报告》,《学生生活》1935 年第 3 卷第 10 期。
⑤ 《论上海苏州分社工作及其任务》,《学生生活》1935 年第 3 卷第 10 期。

南京学生生活社与国民党CC系的学运制控(1934—1937)

必须"一方面选任热诚而有能力的社友,以造成和提高领导机关的威信,另方面便是推举社员中的领袖,以保证和扩大本社之下层基础"①。负责人发现,发展分社组织必须健全其领导机构。因此,学生生活社应"选择其能牺牲一切而为本社服务的热诚分子到领导机关中去"②。在基层组织,各地分社采用"更群众化"的方式,由个别社员"在各学校组织各种性质的文艺、学术及运动的团体,并从而吸收入社"。③

根据社务发展形势,学生生活社开始运用多元化的方式公开吸纳社员。1935年4月10日,该社理事会向全体社员颁发民国二十四年度春季社友调查表若干份,统计各社友生活情形,作为造具社员名册的依据。④ 社方以关心学生的生活为名义,多次发起《学生生活读者调查表》和社员兴趣调查,发现大中学生普遍蔓延着烦闷思想,而爱好文艺的学生尤占多数。生活社随即通过开展影坛新人悬赏⑤、半月征文⑥和夜谈会⑦等"去政治化"的文艺活动,吸纳了一大批学生成了活跃分子。

不宁唯是,总社还特设游艺股,多次组织到中山门外郊游⑧,在玄武湖后湖举行各校学生联欢大会⑨,招待到京的新安旅行团⑩,组

---

① 《论上海苏州分社工作及其任务》,《学生生活》1935年第3卷第10期。
② 《论上海苏州分社工作及其任务》,《学生生活》1935年第3卷第10期。
③ 《论上海苏州分社工作及其任务》,《学生生活》1935年第3卷第10期。
④ 《学生生活社通告(学字第四号)》,《学生生活》1935年第3卷第10期。
⑤ 《关于影坛新人的悬赏》,《学生生活》1936年第5卷第5期;《关于影场新人的悬赏揭晓 她是中央摄影场的威利小姐》,《学生生活》1936年第5卷第7期。
⑥ 《南京学生生活社举行半月征文》,《益世报》1936年4月15日,第11版。
⑦ 《学生生活社定期举行二次夜谈会》,《中央日报》1936年8月6日,第2张第3版;《学生生活社 前日举行首次夜谈会 下次决定在玄武湖举行》,《南京日报》1936年8月6日,第6版。
⑧ 《学生生活社通告(学字第三号)》,《学生生活》1935年第3卷第8期。
⑨ 《学生生活社 举行联欢会》,《南京日报》1935年7月2日,第7版。
⑩ 《学生生活社总社 昨招待新安旅行团》,《南京日报》1936年1月8日,第7版。

织社员和中学生前往滁州琅琊山旅游①等游艺活动。这些活动不仅增强了学生之间的交流,还扩大了社团影响力,有助于发展吸纳社员。组织者有意将游艺与救国的工作结合起来,在活动中灌输三民主义和民族救国思想,以期强化国民党意识形态的影响力。

三、水银泻地:调查网的通讯员

为达到在大中学校进行文化统制的目的,学生生活社通过庞大的社员网络,开始在各校建立学生通讯员制度。1936年,中统南京实验区干部组组员蔡侠兰担任南京学生生活总社干事兼《学生生活》半月刊主编。在实验区区长钱永健的指导下,他颁布《学生生活社学校通讯员通讯细则》,在全国各校着手建立通讯员制度。

通讯员制度对外宣称,其目的是为了"详细了解与敏捷沟通各地学校施教状况及学生生活起见"。细则规定:"凡在各地学校执教,任事,或肄业及熟悉该校详况者,不拘性别,年龄,资格均可担任,惟先试稿二次,经本社审查合格,即行正式聘任。"②通讯员负责采访搜集包括当地文化界、教育界、学校设施、教育情形、学生团体生活情形、学生一般生活情形、学生对于学校当局及教师之意见、校内各派别及组织人数、影响地位和活动情形等。其所搜集的材料内容巨细靡遗,无所不包。对于通讯员的个人状况及活动情形,生活社保证"绝对保守秘密,并设法帮助其学业和事业之进展"。其报酬则以来稿"优劣为标准,一律致酬现金,每篇约自一元至十元"。③

学生生活社的组织方式既采用了显隐结合的方式,其通讯员制

---

① 《学生生活社举办滁州旅行 欢迎各界参加》,《中央日报》1937年5月2日,第2张第3版。
② 《学生生活社学校通讯员通讯细则》,《学生生活》1936年第5卷第1、2期。
③ 《学生生活社学校通讯员通讯细则》,《学生生活》1936年第5卷第1、2期。

南京学生生活社与国民党CC系的学运制控(1934—1937)

度采取的策略也如出一辙。作为全国性的公开外围组织,生活社的组织"采用公开方式,惟情报工作之进行则应采取秘密方式"①。特工总部内部颁发的另一份《学生生活社通讯员通讯细则》规定,"通讯员名义在校内校外务须尽量保守秘密,以免引起他人之怀疑及其对该员忠实之态度,有所忌恨。通讯员遇有必要事件须立即口头报告总社,以免失去时间性,地点另定之。"通讯员在规定的范围内"须经常搜集各种情报"②。这些规定明确要求通讯员必须随时随地从事秘密调查的工作,并及时搜集情报上报总社。按照业务的分工,学生生活社负责人蔡侠兰"一面与中统南京实验区区长钱永健取得联系,直接收集南京的汇文、钟英、钟文女中、合肥的安徽中学等等学校的学运情报,一面又指令'学生生活社'干事李若木、姜佩生及各学校中统通讯员到各学校去收集学生抗敌救国情报,并发展了非中统特务通讯员10来名"③,在各校布置了严密的党网。

通讯员制度在实际运行取得了明显的成效,在各地被中统大力推广。后来,该制度在国民党中央调查统计局重庆实验区得到了迅速发展。其通讯员"可分为学生通讯员、特约通讯员两类。前者是在校的大专学生,由局本部第二组第四科④主管,每年都以局本部名义举办为期四周的'暑期讲习会',参加训练的几乎全为此类学生通讯员。后者则分布于社会各阶层,是中统一种普遍广泛的基层组织。此二类通讯员在地方上一般均由省室第三科领导,其数量也非常庞大,全国有近10万人"⑤。通讯员制度的发展好比水银泻地,无

---

① 《各地特室筹组织学生生活社分社办法》。
② 《中国国民党特工的组织工作》,第322页。
③ 《关于蔡力行政治问题的审查结论》。
④ 陈蔚如:《我的特务生涯》,政协江苏省委员会文史资料研究委员会编:《江苏文史资料选辑》第23辑《中统内幕》,江苏古籍出版社1987年版,第172页。
⑤ 张文:《中统20年》,政协江苏省委员会文史资料研究委员会编:《江苏文史资料选辑》第23辑《中统内幕》,第52页。

孔不入。中统局本部专员刘介鲁曾回忆说:"中统历来重视学运工作,战前特工总部在南京,运用在校学生中的特务关系组成'学生生活社'。南京设总社,各省、市设分社,作为从事反动学运的外围组织。重庆试验区在发展特务组织中也着重在大专院校中吸收学生参加,当时在中央大学、重庆大学、复旦大学、四川教育学院等院校中发展了不少的学生,并在一九四〇年夏季办了一个暑期讲习班,专门选调各院校中的特务学生十余人参加受训……训练一月,时间虽短,对于灌输特务工作之理论及技术,都起到了一定的作用。"这次训练被中统局认为是"从大学生中吸收新鲜血液提高特务工作人员质量的好办法,决定采用推广。"因此,中统局每年举办一次暑期讲习班,受训以后的部分党网分子在大学毕业后得以调到局内部担任职业特工。① 溯其源流,战前南京学生生活总社对各大院校进行隐形渗透的学校通讯员制度可谓是后来 CC 情治系统在文化团体、大专院校和重点中学广泛建立的党员调查网的滥觞。

四、舆论制控:《学生生活》的运作

从发展极端秘密组织到公开进行意识形态宣传,CC 系对全国学生的渗透采取了阴阳双轨的策略。学生生活社南京总社的机关刊物《学生生活》对于国民党文化统制政策的宣传一直不遗余力。南京《学生生活》月刊创办于 1933 年,社址设于南京大石桥新民坊七号。该刊由南京总社编行,主编先后为王怒霄、蔡侠兰。主要栏目包括小评、各地学生生活通讯、特约专闻、青年谈荟、每周讲座、文艺与生活、时事评论、读者园地等。该刊多有政治、经济、社会问题及文化

---

① 刘介鲁:《抗战时期中统在重庆的活动》,中国人民政治协商会议四川省重庆市委员会文史资料研究委员会:《重庆文史资料丛刊 重庆抗战纪事》,重庆出版社 1985 年 8 月,第 358~359 页。

运动的论著，也有不少反映学生生活的新闻通讯、科学知识和文艺作品等。同时，各地分社亦出版有《学生生活》配合总社进行宣传。

（一）"学生救国运动"

学生生活社是属于CC系向全国各大院校渗透势力的外围团体。作为学生生活社的喉舌与耳目，《学生生活》努力向学生群体传达民族复兴、救国教育的理念，使其在三民主义影响之下为党国体制效力。编辑部提出办刊的六点使命："一、唤起同学们注意复兴民族的运动"；"二、灌输同学们正确的革命思想"；"三、鼓励同学们实行新生活"；"四、灌输民族文学的思潮"；"五、指导同学们求学的方向"；"六、提起同学们活泼奋发的精神"。①

创办初期，该刊积极灌输德意法西斯蒂的独裁政治观念，鼓励三民主义教育、唯生论、新生活运动、国民经济建设运动和中国本位文化建设运动。华北事变以后，国难日亟，一二·九运动爆发，CC系认为此时的"学生救国运动已经成为全国学生的中心工作"②。1936年，《学生生活》出版"革新号·学生救国运动特辑"，在全国范围发起征求学生运动的稿件。③ 该刊还设有"每周讲座"专栏，多次邀请学者顾颉刚、张纯明、冯友兰、叶公超、潘公展和陶希圣等人发表针对时局的言论。主编蔡侠兰还提出新的编辑方针。他认为刊物的宗旨是以"挽救世界危机、复兴中华民族"为责任，立场是"以全体学生的立场为立场"，"以全体学生的意志为意志"，"以适应学生的兴趣"为内容，用"绝不盲从""绝不偏袒"的态度拥护国民党的主义和政策，反对呆板的教育制度。④ 职是之故，编辑部不仅发起针对"学生救国运动"问题的讨论，还对刊物的内容、编排、发行进行调整。经过努力，南京《学生生活》杂志的风格

---

① 怒霄：《学生生活今后的使命》，《学生生活》第2卷第7期。
② 江子扬：《肃清内奸》，《学生生活》1936年第5卷第1、2期合刊。
③ 《征求关于"学生运动"稿件》，《学生生活》1935年第4卷第8期。
④ 《革新的话》，《学生生活》1936年第5卷第1、2期合刊。

大为改进，吸引了更多学生的关注。

实际上，在党国体制下，"党即国"、"国即党"、"党化教育"就是"国化教育"。① 学生生活社对于"学生救国运动"固有明确主张，"现在中国是在中国国民党一党专政的统治之下，我们共同感觉到国民党的主义和政策，值得我们的同情与拥护"。② 社方认为："学生运动爆发的原因，是反对冀东伪自治，保障华北主权的完整，不是与政府当局和学校当局为难。"③针对学潮出现的各种现象，生活社提出了"救国运动"的方针，要求全国学生应"拥护中心势力，服从领袖人物"，"一切学生须表里如一的在中国国民党及蒋委员长的统一的指导下作全盘的整个的准备"。④ 这种带有鲜明"党化教育"色彩的政治立场凸显出主导者在运动中竭力引导与拉拢学生，努力以党国意识来把控学潮的方向。

（二）CC系背景的作者群体

从《学生生活》杂志的作者群体来看，他们的政治立场和人生轨迹都带有明显的CC系色彩，如复旦大学毕业的国民党中央宣传部副部长、国立浙江大学校长程天放，历任中央政治学校财政系主任、教务主任兼研究部主任的刘振东，毕业于国立中山大学政治系的特约撰述穆超等，学生生活社负责人郝仲溪、蔡侠兰（力行）、马中侠、黄基、陈小可、周荫千等后来也在CC直属的各地党部和司法机关任职。《学生生活》杂志有时还专门发表被调查科逮捕而"转向"的名作家如穆木天、姚蓬子、杨邨人等人的文章或近况介绍⑤，以达到

---

① 姜琦：《党化教育的真意义》，上海《中华基督教教育季刊》1928年第4卷第1期。
② 《革新的话》。
③ 《我们的意见：北洋工学院的风潮》，《学生生活》1936年第5卷第3、4期合刊。
④ 华清：《学生救国运动的方针》，《学生生活》1936年第5卷第5期。
⑤ 人人：《杨邨人的印像记》，《学生生活》1934年第2卷第4、5期；人人：《姚蓬子印象记》，《学生生活》1934年第2卷第6期；穆木天等：《左联的透视》，《学生生活》1934年第2卷第6期。

对左翼文坛进行"攻心战"的目的。

虽然《学生生活》的作者群带有明显的政治色彩,但主编蔡侠兰,编辑蔡振扬,记者姜佩生,在读学生姚江滨、张文麟、何佶、冯蕉衣、潘隽之、尹雪曼等人的思想在后来逐渐分化。有些人陆续受到左倾思想的影响,人生轨迹逐渐"左转",成为左翼作家、诗人和记者,甚至有的还被国民党中央开除党籍。有的或保持学术中立,成为著名教授、翻译家和教育家,有的却继续坚持民族文艺的立场,与左翼文人继续论争。

(三)"民族复兴"与"文化统制"

为争夺教育领域的霸权话语,CC系通过《学生生活》杂志对各校学生进行民族复兴的宣传,有意识地强化本身的影响力。该杂志发表了许多相关的文章,如《民族斗争与青年运动》(荫千)、《发扬我国民族新精神》(偶凡)、《民族复兴途程中我们从话剧来开端》(怖尔)、《解决边疆问题与国家民族之前途》(严格里)、《民族竞争的生存意义》(马中侠)、《复兴民族与青年》(兰草)、《复兴民族的重要工作》(章少力)、《论青年心理建设与民族复兴》(许曼萍)等。该刊还聘请了留日哲学博士穆超担任特约撰述。穆超将民族复兴思潮的理论撰写成《中国民族性》一书,邀请陈立夫、张治中、邹鲁、雷沛鸿等人为论著题词,①《学生生活》多次刊登广告进行大力宣传。②

为强化学生的英雄史观与民族观念,《学生生活》定期推送各时代的英雄人物事迹。如姚江滨的《中华民族英雄故事集》,陈植蕃所写的关于管仲、班超、马援、岳飞、朱元璋等人物的青年时代等文章。这些抗击外侵、振兴国家的事例有利于激发青年学生的民

---

① 穆超:《中国民族性》,汉口正义文化社 1936 年版。
② 《广告:中国民族性》,《学生生活》1937 年新 2 卷第 8 期;《本刊作者穆超先生巨著 中国民族性》,《学生生活》1937 年新 2 卷第 25 期。

族精神。

此外,生活社还不断向学生灌输文化统制的思想。以陈立夫为首的 CC 系党人试图通过民族复兴运动来加强法西斯式的统制与独裁。《学生生活》不断配合宣传,先后发表了《法西斯主义理论的哲学基础》(君扬)、《法西斯意大利的宣传工作》(穆超)、《希特勒青年队》(施德)、《有关于学生思想的训练》(鼎和)、《论独裁政治》(如在)、《独裁会加重国难吗》(文)和《对于独裁政治的认识》(马中侠)等文章,刻意在学生群体灌输法西斯主义的主张。

这股统制的力量通过宣传网络逐渐传递到各地分社,在"西安事变"后达至巅峰。1937 年 2 月 14 日,北平大中学校集资铸剑,组成"北平学生赴京献剑团"面谒蒋介石。献剑团囊括北平 24 个单位,共计 107 人,分为三个中队,规模颇为庞大。隆重的献剑典礼使学生生活社北平分社及其他团员受到强烈的精神感染。他们毫不掩饰自己对领袖意志的崇拜之情,再三表达"自动拥护政府,爱戴领袖的真心"。①

五、北平学潮:CC 系与共产党的斗争

面对学潮峰起,学生生活社逐渐从幕后走向前台,积极操控学潮的方向。

学生生活社的主要任务是支持配合 CC 系与共产党在教育领域的斗争。抗战以前,国民党基本上没有在学校建立基层党组织,战前大学师生加入国民党者为数不多。② 在 1935 年的学潮中,左派学生最为活跃,右派学生影响较小,大部分的学生属于中间派。

---

① 世星、元皋、乐钧、麟章、维彩:《北平学生赴京献剑始末》,北平《学生生活》1937 年第 3、4、5 期合刊。

② 王奇生:《革命与反革命》,社会科学文献出版社 2010 年版,第 231 页。

南京学生生活社与国民党CC系的学运制控(1934—1937)

而中间学生正是学生生活社需要大力争取的力量,因此双方的争夺颇为激烈。

在一二·九运动中,北平市学生联合会号召学生走上街头,但却受到右派势力的阻挠。1936年2月10日,国立北平师范大学物理系主任杨立奎公开指责北平市学生联合会得到共产党的资金支持。他宣称"某方面汇款二万,请平津院校教联会,转交学联会","后又汇来五万,并闻共党亦汇十二万圆给学联,彼(被)某当局所扣"。14日,师大学生杜书田率领学生20余人闯入师大,为此事质问杨立奎,双方争执甚烈。① 19日,北平学生多人被捕。② 21日,教育部宣布禁止平津学联会活动。③

针对此次事件,学生生活社强调由于学生救国阵线"组织不健全",导致苏俄"破坏中国的统一,分化御外的阵线,间接助长敌人对我们的侵略"。社方认为,杨立奎"应该将共党操纵北平学联的真相,向政府当局和全国民众,作一忠实的详细的报告"④。其实,北平市学生联合会是中共北平临时工作委员会成立的中共外围组织,主席郭明秋、秘书姚依林、党团书记黄华等均为共产党员,在"一二·九"运动中成为抗日救亡运动的组织核心。⑤ 北平学联在学潮的表现颇为引人瞩目,其号召力十分巨大,因此右派分子竭力

---

① 《北平学潮发生意外纠葛 师大教授杨立奎发表报告 指出学联有被人利用之嫌》,《中央日报》1936年2月18日,第2版;《杨立奎告被共党收买之北平学联干部启事》,《大公报》1936年2月21日,第1版;《平学联将召开大会 决定对杨立奎刊登启事后之态度》,《京报》1936年2月19日,第7版。

② 《杨立奎再答学联 谓学联已自认受共党操纵 平市学生数人昨日被捕》,《大公报》1936年2月20日,第4版。

③ 《禁平津学联活动》,《益世报》1936年2月22日,第2版。

④ 江子扬:《共党操纵北平学联》,《学生生活》1936年2月16日第5卷第3、4期合刊,第4~5页。

⑤ 中国第二历史档案馆《中国抗日战争大辞典》编写组万仁元、方庆秋、王奇生编:《中国抗日战争大辞典》,湖北教育出版社1995年版,第147页。

利用该会的资金来源对其进行攻击。不久,陶希圣、杨立奎、吴保三等组织新学联,积极培植力量来牵制左倾学生,参加者多为黄埔系的复兴社,CC 系的诚社、中华社、忠社和学生生活社成员。① 但是,由于山头林立,"各校时时有学生团体的对立,彼此互相破坏,互相倾轧",CC 系和黄埔系在针对共产党的斗争中因此"始终没有力量领导民众"②,反而导致国民党内部力量的内耗。

六、教育改革:CC 系与政学系的龃龉

国难以后,教育失败引起国人的关注,"改革教育"的呼声日趋高涨。③ 陈果夫、陈立夫、程天放等不断抨击当时的教育制度,借此攻击教育部长王世杰,冀以将 CC 系的力量渗透进入教育领域。

CC 系与政学系的龃龉由来已久,新政学系人物王世杰接掌教育部以后,教育问题进一步成为攻击目标。程天放在《兴国欤亡国欤》一文中严重抨击"教育的结果使得农人子弟不能再在乡村耕种,而跑到城市里去做游民","使得一班大学中学毕业生都无法自食其力,而感到失业的痛苦","使得政商学界倾轧排挤,分派别,立门户的现象,一天一天的加甚","使得营私舞弊,贪赃枉法的事层出不穷","使得社会生产力减少,而物质欲望,却一天一天的提高"。他批评道:"如果不赶紧改弦更张,而让这种趋势发展下去,中国的灭亡一定是无可救药的了。"④因此,"教育的改革,于国家

---

① 胡梦华:《反动学生组织诚社始末》,中国人民政治协商会议天津市委员会文史资料研究委员会编:《天津文史资料选辑》第 12 辑,天津人民出版社 1980 年版,第 110 页。
② 田光程:《最近学生界的严重问题:青年思想上的冲突、忧患、与挽救》,《国闻周报》1937 年第 14 卷第 4 期。
③ 尚传道:《改革教育初步方案平议》,《政治评论》1932 年第 10 期。
④ 程天放:《兴国欤亡国欤》,《学生生活》1935 年第 3 卷第 2 期。

南京学生生活社与国民党CC系的学运制控(1934—1937)

盛衰兴亡关系非常重大",亟需以国民教育、生产教育、师资教育和人才教育目标来改革中国学校教育。①

在校园的渗透和争夺战中,学生生活社针对会考制度、"形式"教育、民众教育等问题猛烈批评当时的教育制度。1934年6月3日,钟南中学学生王柏年被校方罚跪之后自缢身亡,学生生活社派出调查股前往该校调查。《学生生活》连续发表《钟南中学学生王柏年之死》(钟)、《改进中学师范之部令》(毅)、《关于钟南中学学生王柏年自缢之调查》(本社)、《再论王柏年之死》(钟)、《青年的自杀》(元)、《王柏年之自杀果谁负其责任》(月朗)等文章。文章对教育部的调查结果提出质疑,认为这是"抹杀事实,未免使死者含冤莫白……学校当局,均应负完全责任"。生活社还认为,王柏年是以"尸谏"的方法来对抗不合理的训育方式。因此,他们提出改进中学师范教育的制度,以改变中学教育的现状。② 此外,生活社还连续发文批评政学系的北平特别市市长袁良"取缔北平中学男女同校"的做法"贻笑中外"③,而整顿教育须着手于"教育本身问题的研究与改革",否则就会变成提倡"复古""开倒车"。④

对于CC系的攻击,教育部长王世杰不堪其苦。他离职时如释重负地说:"余于今日得解除教育部职务,私心实至慰……余自民国廿二年四月长教部,及今四年有余。在此四五年中,党中元宿,有欲假学校以扶植个人政治势力者,有提倡复古以攻击现时教育者。此两种倾向之过正,耗予之精力至多。"⑤ 随着王世杰的卸任,陈立夫正式就任教育部长职务,成功地将党部势力渗透进入教

---

① 程天放:《民族的需要和教育的改革》,《中央党务月刊》1932年第53期。
② 月朗:《王柏年之自杀果谁负其责任》,《学生生活》1935年第3卷第3期。
③ 华:《男女同学与风化》,《学生生活》1935年第3卷第10期。
④ 黄基:《复古与男女同学》,《学生生活》1936年第5卷第1/2期。
⑤ 《王世杰日记手稿本(第一册:民国二十二年五月—民国二十七年十二月)》,1938年1月1日,(台北)"中央研究院近代史研究所"1990年版,第159页。

育领域。抗战初期,学生生活社在各大中学校也得以进一步扩张,各党各派的力量由此在校园中相互角逐,竞争愈演愈烈。至三民主义青年团成立时,CC系与黄埔系之间的倾轧遂演变成为党团之争,极大影响着民国政局。

结　语

"国难"以后,国民党采取各种措施进一步加强对大中学生的文化统制。以陈果夫、陈立夫为首的CC系充分利用自身掌控的情治系统,在各校成立公开的外围组织学生生活社,以"去政治化"的双翼策略吸纳社员,积极扩建情治系统的调查网络。这一庞大的网络通过自上而下的组织系统和机关刊物《学生生活》的舆论宣传,不断在青年学生中灌输民族复兴和文化统制的观念,对学校员生进行严密控制。

这种阴阳双轨的策略使学生生活社的力量由南京逐渐扩大到全国各地的大中学校,使其在与中共、政学系和黄埔系的斗争中取得了一定的功效。但是,学生生活社或隐或显带有特务的性质,在一定程度上损害了国民党的整体形象。同时,CC系与其他派系互相倾轧,牴牾日炽,使全党的组织生命在不断的内耗中日渐衰微。从这个角度来说,这是导致国民党党务系统蜕变和自毁的渊薮。

（胡锐颖,中山大学历史学系博士生）

比附西学与立足传统:民国时期清代史学诠释的两种倾向[*]

贾红霞

王国维谓,"清初之学大,乾嘉之学精,道咸以降之学新",[①]准确归纳了清代学术的阶段特征。但如何看待清代学术,尤其是本文讨论的清代史学,却见人见智、言人人殊。以笔者看来,对清代史学的诠释,存在两种倾向。第一,比附西学,将清代史学符合西方学术精神的部分大加阐扬,甚至脱离其原有语境,导致文本的误读,其学术术语基本是西方式的。第二,立足传统,将清代史学置于中国传统文化的视野下讨论,更看重史学的经世价值,评价体系多是传统式的。值得说明的是,任何二元式的划分都有偏颇割裂的危险,如本文将梁启超归入新派,实际上隐没了他在晚年回归传统的复杂面相。然而学术研究的综合概括又难以避免,因此可以这样理解,梁启超晚年虽然主张回顾传统,但仍处于西方科学求真等价值观的统摄之下,[②]故而将其视为新派大体上仍是可行的。

---

[*] [基金项目]教育部重点研究基地重大项目"明清史学与近代学术转型研究"(项目编号:16JJD770037)。

[①] 王国维:《沈乙庵先生七十寿序》,《观堂集林外二种》,河北教育出版社 2003 年版,第 574 页。

[②] 如他晚年所著《中国历史研究法》及《补编》挖掘传统史学的内涵,多以客观、方法精到等为标准。

目前,学界对章太炎、刘师培、梁启超、钱穆的清代学术史研究较多,有关他们对清代史学的诠释研究则片段地隐匿其中,①然未有一文专门就民国时期的清代史学诠释作梳理条陈。民国时期的清史学研究并非民国史学与清代史学的简单对话,而是民国史家基于不同取向对清代史学的选择性书写,以及被选择的清代史学与西方史学观念结合进而推动近代史学建立的复杂过程,两个阶段的史学相互纠缠作用,甚至影响至今。本文截取民国学者经常讨论的三个清代史学面相,希冀能勾勒出这一复杂现象,裨益于今天的清代史学研究。②

一、清初史学的择受

清初明遗民多以王学空谈误国,于是力矫游谈无根、束书不观的王学流弊,提倡经世致用,史学也渐趋沉稳求实。但在书写清初史学时,民国学者出于不同学术背景和目的表现各有侧重。这里以最具代表性的梁启超与钱穆所作同名《中国近三百年学术史》的清初史学部分为例。

---

① 关于20世纪的清学史研究成果主要有胡文生:《梁启超、钱穆同名作〈中国近三百年学术史〉之比较》,《中州学刊》2005年第1期;李帆:《章太炎、刘师培、梁启超清学史著述之研究》,商务印书馆2006年版;武少民:《百年清学研究九论》,吉林人民出版社2007年版;张笑龙:《钱穆对明清学术思想史的研究》,南开大学博士学位论文,2013年;张昭军:《20世纪上半期清学史研究的正反合》,《北京师范大学学报》(社会科学版)2017年第5期。有关民国时期对清代史学的诠释研究主要集中在章学诚,成果主要有:章益国:《章学诚"史德"说新解》,《学术月刊》2007年第12期;刘巍:《经典的没落与章学诚"六经皆史"说的提升》,《近代史研究》2008年第2期;刘雄伟:《"六经皆史"的近现代误读》,《天津社会科学》2017年第2期。这些研究都不同程度地触及清代史学被塑造的议题,但比较零散,未构成对这一问题的全面阐释。

② 本文不会对民国伊始所有关于清代史学的论述展开,而是将重点放在20世纪二三十年代史学界重要学人如何接纳传统史学资源这一角度着眼,故不会论及章太炎、刘师培在清末民初革命背景下对清代史学的阐发。

比附西学与立足传统：民国时期清代史学诠释的两种倾向

梁启超认为，"明清之交各大师，大率都重视史学——或广义的史学，即文献学"，清初的史学精神在于"实用主义"。他将清初史学化约为文献学，以史料的多寡、鉴别史料的精疏为标准来论衡清初史学。因此，他极力贬斥宋明以来好议论的史学风气，"内中如欧阳永叔之《五代史记》，朱熹《通鉴纲目》等，号称为有主义的著作，又专讲什么'春秋笔法'，从一两个字眼上头搬演花样。又如苏老泉、东坡父子、吕东莱、张天如等辈，专作油腔滑调的批评，供射策剿说之用，宋明以来大部分人——除司马温公、刘原父、郑渔仲诸人外——所谓史学大率如此"。① 中国传统史学一向以载道为务，尤其在宋明时期，宣扬春秋大义善恶褒贬成为史学的核心要义，史学的真实性原则退居其次。这在梁启超看来是无法认同的，他以重实证践履的清初史学传达新时代的史学观念：

> 潘次耕、万季野他们所做的工作便与前不同……他们的工作，什有七八费在史料之搜集和鉴别。他们所特别致力者虽在明史，但这种研究精神，影响于前清一代史学界不少。将来健实的新史学，恐怕也要在这种研究基础之上，才能发生哩。②

以上所言，恐是夫子自道。梁启超眼中的清初史学，以科学的研究方法与精神区别于宋明理学下的义理史学。他所看重的只是清初学者搜集鉴别史料等健实的学问，这与钱穆有很大不同。钱穆对清初史学倾注了更多感情。在整个清代史学中，他最推崇清初史学，称其为"经世之学"。"经世之学"是钱穆理想的史学标准，它不仅"切合当世之人事"，而且"能为复杂变化值人事籀出几条公例"，即为现实社会提供鉴往知来的历史经验。他这样评价清初学问：

> 上承宋明理学之绪，下启乾嘉朴学之端。有理学家之躬

---

① 梁启超：《中国近三百年学术史》，商务印书馆2011年版，第110页。
② 梁启超：《中国近三百年学术史》，商务印书馆2011年版，第111页。

行实践,而无其空疏;有朴学家之博文广览,而无其琐碎。宋明诸儒,专重为人之道,而乾嘉诸儒则只讲读书之法。道德、经济、学问,兼而有之,惟清初诸儒而已。①

相较于宋明理学空疏,乾嘉朴学琐碎,清初学问既重博学实践又怀经世之心,因此钱穆认为:"清初史学是一种'变相的理学',亦可以说是一种'新理学',他们要用史学来救世教人。"②由此也可看出两人对清初史学取向的不同。梁启超是新史学旗手,其宗旨是史学科学化,因此他所取的不过态度谨严、广泛搜集史料并细致考辨真伪等与西方科学治史相近的因素,这一点,清初史学有,乾嘉考据却更为突出。梁氏以这一标准看去,自然认定清初史学不过开清代客观史学之先而已。钱穆一生尊奉宋明理学以为安身立命之本,史学所承担的文化使命才是其孜孜以求的。当然,钱穆也对空谈义理的宋明史学不满,因此结合宋明理学与乾嘉朴学之长的清初学术方为其理想的"经世之学"。

两人对清代史学的总体评价不同,自然也会体现在清初史家的解读上。梁启超谈到用科学精神治史,首推清初的吴炎、潘次耕。潘次耕《国史考异》的著述体例及用力方法,大部分功夫用于鉴别史料。接着,梁启超着重褒扬了顾炎武的科学研究方法。他以为顾炎武"所以能当一代开派宗师之名者何在?则在其能建设研究之方法而已"③,并总结顾炎武的研究方法为"勤搜资料综合研究,参验耳目闻见以求实证,力戒雷同剿说,虚心改订不护前失",治学有贵创、博证和致用三大特点,皆近世科学的研究法。其中尤以《日知录》一书不因袭依傍前人,内分卷论述经义、政事、世

---

① 钱穆:《述清初诸儒之学》,《中国学术思想史论丛(八)》,九州出版社2011年版,第1页。
② 钱穆:《略说乾嘉清儒思想》,《中国学术思想史论丛(八)》,九州出版社2011年版,第13页。
③ 梁启超:《清代学术概论》,中华书局2010年版,第16页。

风、礼制、科举等内容,"每门类所说的话,都给后人开分科研究的途径"①。梁启超所言明显受到近代学术分科观念的影响,他站在历史学科的立场去审视清代史学,而钱穆却立足传统四部之学,从整体学术角度来谈史学,这也是两人评骘史学的区别所在。

梁启超虽然也敬佩顾炎武耿介忠义的人格,但在论学时将顾炎武的做人与学问分开,这与钱穆有很大不同。钱穆认为顾炎武的人格与学问是合二为一的,他指出顾炎武论学的宗旨,一曰"行己有耻",一曰"博学于文",世人多推其多闻博学,而忘其行己有耻。但若论亭林本意,则显然以讲治道救世为主。譬如《日知录》,后人仅目之为考据之书,而"于其着精神处多所遗失矣"②。因此,钱穆在诠释顾炎武时,十分强调他论史尤重风俗,重节义而轻文章的特点。他分析顾炎武在《日知录》卷十三中于东汉特斥蔡邕,于明末极诋李贽与钟惺,意在主严别流品,引奖厚重,倡耿介,贬乡愿,而归极于尚廉耻,立名教,振清议,故晋之归罪于林下,而明之亡溯源于阳明。③ 钱穆一针见血地指出:"后世学习顾炎武者,忘其'行己'之教,而师其'博文'之训,已为得半而失半。又于其所以为博文者,弃其研治道、论救世,而专趋于讲经术、务博闻,则半之中又失其半焉。"④此言似乎针对胡适等人而发。胡适在文章中申明顾炎武的宗旨只有两条,一是实学,一是实行,并且只讲顾炎武的"博学于文",讲顾炎武最研究国家典制,郡国利病,历史形势,山川险要,民生状况,"他希望拿这些实学来代替那言心言性的空虚之学"⑤。此番解释正中

---

① 梁启超:《中国近三百年学术史》,商务印书馆2011年版,第81页。
② 钱穆:《顾亭林学述》,《中国学术思想史论丛(八)》,九州出版社2011年版,第101页。
③ 钱穆:《中国近三百年学术史》,九州出版社2011年版,第138~142页。
④ 钱穆:《中国近三百年学术史》,九州出版社2011年版,第159页。
⑤ 胡适:《几个反理学的思想家》,《胡适文集》第4卷,北京大学出版社2013年版,第60页。

钱穆所讥。

对于清初大儒黄宗羲,梁启超誉其为"清代史学开山之祖"。他认为黄宗羲对《明史》的修撰贡献很大,"《历志》求他审正后才算定稿,《地理志》则大半采用他所著《今水经》原文,其余史料经他鉴别的甚多"。梁启超列数黄宗羲关于史学的著述,指出如《赐姓本末》《海外恸哭记》《思旧录》等,都是南明极重要的史料。梁启超尤其推重黄宗羲创立的学案体,他说:"中国有完善的学术史,自梨洲之著学案始。"在这里,梁启超列出了著学术史的四个必要的条件:第一,叙一个时代的学术,须把那时代重要各学派全数网罗,不可以爱憎为去取。第二,叙某家学说,须将其特点提挈出来,令读者得很明晰的观念。第三,要忠实传写各家真相,不可以主观上下其手。第四,要把个人的时代和他一生经历大概叙述,看出那人的全人格。①

梁启超分析《明儒学案》比较符合四个条件,因此此书"是极有价值的创作,将来做哲学史、科学史、文学史的人,对于他的组织虽有许多应改良之处,对于他的方法和精神,是永远应采用的"。②

但对钱穆而言,黄宗羲的史学则熔铸了人生哲理。③ 钱穆指出:"梨洲为学,门路虽广,而精神所在注,则凝聚归一。盖欲以博杂多方之学,融成精洁纯粹之知。以广泛之智识,造成完整之人格。"④也即是说,黄宗羲治学的方法在于博闻求知,而其根基在于造成完整之人格。这与顾炎武所言"博学于文,行己有耻"有共通之处。钱穆认为黄宗羲于史学,创辟最深之处在于他的经学为体史学为用之论。黄宗羲说:"受业者必先穷经,经术所以经世,方不

---

① 梁启超:《中国近三百年学术史》,商务印书馆2011年版,第63页。
② 梁启超:《中国近三百年学术史》,商务印书馆2011年版,第64页。
③ 全祖望:《梨洲先生神道碑文》,《黄宗羲全集》第12册,浙江出版社2012年版,第8页。
④ 钱穆:《中国近三百年学术史》,九州出版社2011年版,第31页。

为迂儒之学,故兼令读史。"① 钱穆指出黄宗羲先言多读书与反求于心,继而又将读书分为经史二途,是以为有体有用之学,必兼读书与反求于心,穷经与读史,方可言学问。钱穆归纳黄宗羲治史,特点有二:其一,注意近代当身之史,与后世穷究古史者不同。万斯同撰修《明史》,实受教于梨洲。其二,注意文献人物之史,异于后之言史多偏于考订。因此黄宗羲的文集多载明遗民,不仅意在补史之阙文,更寄托了故国哀思。

在评价黄宗羲的学生万斯同及其后学全祖望时,梁启超同样以近代标准予以衡量。梁氏认为,万斯同《明史稿》保存了时代相近的史料,《历代史表》表现他的组织能力,《群书辨疑》可以看出他的考证精神,并赞扬他没有门户之见。对于全祖望,梁启超肯定他的《鲒埼亭集》"最不爱发空论,像苏明允、张天如一派的史论文章,全集可说没有一篇",认为全祖望"对于宋明两朝野史一类书,所见最多,最能用公平敏锐的眼光,评定他们的价值。订正历代史迹之传讹及前人评论史迹失当者甚多。"② 而全祖望延续黄宗羲《明儒学案》所撰之《宋元学案》,梁启超称其"更进化了",以其"不定一尊","不轻下主观的批评","注意师友渊源及地方的流别"等特点。③ 此外,梁启超还说顾祖禹的《读史方舆纪要》符合现代科学精神,应该"运用到政治地理、经济地理、文化地理之各部分"。顾栋高《春秋大事表》,将诸多事实联属起来比较研究,治史的最好方法不过如此。④ 梁启超始终强调治史应客观,最好不要掺杂主观

---

① 全祖望:《梨洲先生神道碑文》,《黄宗羲全集》第12册,第8页。
② 梁启超:《中国近三百年学术史》,商务印书馆2011年版,第115~116页。
③ 梁启超:《中国近三百年学术史》,商务印书馆2011年版,第116~117页。饶有趣味的是,钱穆在晚年所著《中国史学名著》点评《宋元学案》时却批全祖望对宋代理学认识不够,抄撮的材料虽多,实不如黄宗羲《明儒学案》识见精彩。见《中国史学名著》,九州出版社2011年版,第330~332页。
④ 梁启超:《中国近三百年学术史》,商务印书馆2011年版,第118~119页。

意见,在学术史的书写中应该着眼于思想渊源的流变,彰显出他对新史学穷源竟尾和客观精神的推崇。梁启超看似在阐释清初史学,其实意在为近代新史学作注脚。因此他在解读清初史家时,花了很大篇幅借用西方学术规则和精神去注解清代史家的治史方法,尽管有偏离与断章取义之嫌,却促使近代史学真正在中国的土壤中扎根生长。

有一事例鲜明体现了梁、钱学术标准的分野。清初考据大师阎若璩著有《尚书古文疏证》,辨明古文尚书为伪作。梁启超认为,其书破除六经神圣地位,此后一切经义,皆可以成为研究之问题,"诚思想界之一大解放"①。而钱穆却不以为然,他将顾炎武与阎若璩比较,以为就考据言,顾、阎实远非等伦。顾书着眼学术风俗、民生国计,有体有用;阎则治史炫博矜新,求知人所不知,不过一读书人耳,气魄迥异。② 可见,梁启超关注的是史家治学方法与影响,而钱穆更关注其治学目的与思想,这也是近代史学与传统史学的分水岭。

在当时,梁启超式的解读明显占据主流。如杨东莼在《中国学术史讲话》中介绍清代学术时便以朴学的启蒙、成熟与衰落为主线。陆懋德《中国史学史》就顾炎武、阎若璩、马骕、黄宗羲、万斯同等人注解清初史学的科学精神和方法,③都与梁启超的解读相差无几。但也不乏钱穆的知音,如柳诒徵,他在《中国文化史》中同样推崇清初史学,认为清初大儒兼讲为人与读书,读书以立身行己为根基,不似乾嘉学者只讲读书之法,两者截然不同,故而不可将清初学术视为开乾嘉汉学之先。他分析顾炎武"言博学于文,必兼行己有耻言之,非谓反对空谈即不讲品节也",进而归纳

---

① 梁启超:《清代学术概论》,中华书局2010年版,第21页。
② 钱穆:《中国近三百年学术史》,九州出版社2011年版,第244页。
③ 陈功甫、卫聚贤、陆懋德、董允辉撰,王传编校:《中国史学史未刊讲义四种》,上海古籍出版社2016年版,第263~267页。

清初大儒共有之精神,"抑亦承宋、明诸儒之教,有见于人之本原,不随流俗为转移者,而不图其以反对空谈,使后之学者骛于语言文字之末也"①。所论与钱穆如出一辙,体现了传统经世学术的立场。

二、科学与变质:乾嘉考据史学的不同评价

清代学术到了乾嘉时期,文网渐密,学者受其钳制,埋首古籍的整理与校勘,形成占据主流的乾嘉朴学。而所谓朴学精神同样渗透进史学的内核,呈现出以考证名物、制度、地理见长的乾嘉史学。学界历来对乾嘉史学褒贬不一,梁启超、胡适、顾颉刚等新派多誉之为科学,以为接引西方精神构建中国近代史学的必由之路。钱穆等传统派则以为其拘于短钉琐屑,无益于社会。两者的不同态度,表面上是对史学性质的理解不同,一为求真,一为致用,实则暗含了对中国传统文化价值界定的深蕴。

总体上来说,新派对乾嘉史学的评价大体上经历了由主抑到主扬的过程。1902年,梁启超发表《近世之学术》,对本朝治学的怀疑精神与科学方法颇为推崇,但更批判"其用不广,而仅寄诸琐琐之考据""支离破碎,汨没性灵","惠、戴之学固无益于人国"。② 1920年春,他欧游归来,在此基础上完成的《清代学术概论》与《中国近三百年学术史》,称乾嘉学者"自成一种学风,和近世科学的研究法极相近,我们可以给他一个特别名称,叫作'科学的古典学派'"③,他不再认为乾嘉考据学无用,转而盛赞其为真学问,"凡真学者之态度,皆当为学问而治学问……学问即目的,故更无有用无

---

① 柳诒徵:《中国文化史》,岳麓书社2010年版,第862~871页。
② 梁启超:《论中国学术思想变迁之大势》第八章《近世之学术》,《新民丛报》1904第3卷第5期。
③ 梁启超:《中国近三百年学术史》,商务印书馆2011年版,第27页。

用之可言"①。此时他对传统文化的态度趋于温和,表现出援引西学理念彰显传统学术生命力的治学倾向。他总结乾嘉间学者力矫其弊的方向及工作有四,"校勘前史文句之讹舛","订正其所载事实之矛盾错误","补其遗阙","整齐其事实使有条理易省览",进一步肯定清儒所高唱之"实事求是"主义,比较的尚能应用于史学界。② 他在《中国近三百年学术史》中罗列清代史学成绩,篇幅甚巨,而《中国历史研究法》及其《补编》更是将传统考据学的理论、方法融入近代史学中去,目的正是为近代史学奠基,完成他对中国史学从破坏到建设的必由之路。

胡适同样称"中国旧有的学术中,只有清代的'朴学'确有科学的精神",他从乾嘉学者的治学中受到启发,提出了最具代表性的治史名言"大胆的假设,小心的求证"③。1922年胡适在《国学季刊》发刊词中指出清儒考据学三点不足:(1)研究的范围太过狭窄;(2)太注重功力而忽略了理解;(3)缺乏参考比较的资料。所以清儒的治学方法是:"虽然是科学的,材料却始终是文字的,科学的方法居然能使故纸堆里大放光明,然而故纸的材料终究限死了科学的方法,故这三百年的学术而言只不过是文字的学术,三百年的光明也只不过故纸堆的火焰而已。"④胡适肯定了清代乾嘉汉学的成就和方法,但认为以现代眼光看来,仍需要在材料方面加以突破。胡适倡导科学地整理国故,正是通过总结应用清代朴学方法论,认同清代学者精神的方式进行的。这一运动轰轰烈烈地开展,促使清代考据学的科学价值得到重新估量与发扬。

众所周知,傅斯年响应新文化运动创办了《新潮》。但他在宣传西学新知的同时,还开辟《故书新读》栏目,倡导在趋新的浪潮

---

① 梁启超:《清代学术概论》,中华书局2010年版,第71页。
② 梁启超:《中国近三百年学术史》,商务印书馆2011年版,第327页。
③ 胡适:《清代学者的治学方法》,《胡适文集》第2卷,第261、274页。
④ 胡适:《〈国学季刊〉发刊宣言》,《国学季刊》1923年第1卷第1号。

比附西学与立足传统：民国时期清代史学诠释的两种倾向

下,也应读故书,不过用意不在批评旧书本身,而是取旧书来"借题发挥","以科学方法为之条理,近代精神为之宰要,批评手段为之束御"来发掘故书之新义。他在此栏目发表文章评论清代学者梁玉绳《史记志疑》:"世之非难此书者,恒以为疑所不当疑,自我观之,与其过而信之也,毋宁过而疑之。"平心而论,傅斯年知晓"《史记志疑》者原非创造之才",但"独此过疑之精神,诚然不可没也"①。另一篇文章《清代学问的门径书几种》,是他发表在此栏目的力作。文中写道:"清代的学问,很有点科学的意味,不过与西洋人用在窥探自然界不同,我们的先辈曾经用在整理古事物上,所以虽然方法近似,但彼此研究内容不同,也就不能得近似的效果了"。傅斯年虽然赞扬清代考据学的严密,但强调自己"希望有人在清代的朴学上用功夫,并不是怀着甚么国粹主义,也并不是误认朴学和科学并等,是觉着有几种事业,非借朴学家的方法和精神做不来"。这几项事业就是整理中国历史上的一切学问、研究中国语言的起源、发明中国古代的社会学。② 傅斯年强调要抛弃清代朴学的价值内核,而认同其方法论,整体上是沿用了胡适整理国故的思路。

出于学术兴趣,顾颉刚更多地从疑古的角度阐发清代的考据学。在清代学者中,他最倾心崔述,甚至不遗余力地搜集整理出版《崔东壁遗书》,而奠定他学术地位的"层累说",正是在批判继承崔述《考信录》精神和方法的基础上形成的。顾颉刚指出:"以前人对于古史之问题,愚者则信而不疑,智者则存而不论,起而为大规模的反抗,则始于崔述。"他勾勒近代辨伪的脉络发展,崔述、梁玉绳——指出事件之妄,康有为——指出作伪之时代,崔适——指出作伪之方式。顾颉刚——立于超然之位置,加以系统之说明,补其

---

① 傅斯年:《故书新评:史记志疑》,《新潮》1919年第1卷第1期。
② 傅斯年:《清代学问的门径书几种》,《新潮》1919年第1卷第4期。

所未备。① 顾颉刚将自己的辨伪与崔述辨伪区分开来，他指出崔述只把"非桀"一方面驳了，却忘记了"誉尧"一方面，誉尧一方面不但没有驳，反而以为的真，所以他的辨伪是畸形的辨伪。② 而自己倡导的古史辨运动，旨在打破圣人伦理的崇拜，只以求真为第一要务。"崔东壁信圣人，我们要去其圣人，而后东壁之真价值乃见。康有为信孔子，我们要去其孔子，而后康氏之真价值可见。盖求是与致用如不分开，必致两败俱伤。我们今日研究古代学术，求是而已，绝不当谈致用。"③

针对上述言论，一些传统派学者多致不满之辞。张尔田在与友人书中谈道：

> 考据之所贵，在能定古书之音训，及其名物度数之沿革，而诂其正义。探赜索隐，固非所长，而又必以名学公例审谛之，去其所谓便词巧说者，乃尽善耳。然而晚近学者，则多偏重于彼而略于此，见有可与远西相缘饰者，则相与诧之曰：科学方法。呜呼！为此言者，不特不知休宁、高邮之术，抑亦不知科学也乎？天下学术，争辩相寻，必综合然后是非乃见，惟其用以研究学术之方法，则必须有一标准焉。苟无标准，或标准而不能正确，综合时即无由比较。此则庄生所谓此亦一是非，彼亦一是非，归之不相为谋而已矣。④

张尔田认为，考据必须用名学公例审谛之，用一标准去取之。如无标准，则学术将陷入泛滥无所依归的局面。他不无担忧地说道："今之所谓考据者，正可谓之骨董学，不得以冒吾国学。"⑤ 钱穆也发出类似的感叹，"近人言治学方法者，率盛推清代汉学，以为条

---

① 顾颉刚：《顾颉刚读书笔记》卷三，《顾颉刚全集》，中华书局2010年版，第71页。
② 顾颉刚：《顾颉刚读书笔记》卷二，《顾颉刚全集》，中华书局2010年版，第216页。
③ 顾颉刚：《顾颉刚读书笔记》卷四，《顾颉刚全集》，中华书局2010年版，第295页。
④ 张尔田：《与人论学术书》，《亚洲学术杂志》1922年第4期。
⑤ 张尔田：《报叶君长卿书》，《学衡》1926年第57期。

比附西学与立足传统：民国时期清代史学诠释的两种倾向

理证据，有合于今世科学之精神，其说是矣；然汉学家方法，亦惟用之训诂考释则当耳。学问之事，不尽于训诂考释，则所谓汉学方法者，亦惟治学之一端，不足以竟学问之全体也"①，如果舍弃义理上的整体关怀而仅为琐碎考据，"则漫无统类，考释不可胜穷"②。在他们看来，考据仅是治学手段，如果将其视作学问本身，无疑抛弃背后传承的文化命脉，变成供人观赏把玩的古董。

钱穆对这一问题还有更深入的考虑。他指出，如果专务琐碎的考据，"无当于身心世故，则极其归必趋于争名而嗜利"，长此以往，考据学风"亦且不可久"。③ 陈寅恪评价清代史学时就说，"有清一代经学号称极盛，而史学则远不逮宋人"，并且对清代学术风气有如下阐释：

> 经学盛时，为其学者，可不读唐以后书，以求速效。声誉既易致，而利禄亦随之。于是一世才智之士，能为考据之学者，群舍史学而趋于经学之一途。其谨愿者，既止于解释文句，而不能讨论问题。其夸诞者，又流于奇诡悠谬，而不可究诘。虽有研治史学之人，大抵于宦成以后休退之时，始以余力肄及，殆视为文儒老病销愁送日之具。④

此番评论与钱穆对"以考据争名嗜利"现象的担忧何其相似。针对胡适提倡科学地整理国故，钱穆以为这一举动实则沿袭乾嘉考据治史，乾嘉为反宋，而今之考据，则以反中国，遂至于不读书，不修身。钱穆认为，"经学本来带宗教气味，中寓极浓重的人生理想"，但乾嘉时期的经学是变了质的史学，"他们只如史学家般为几部古书作校勘与注释的整理工作"。清儒研究经籍，不敢批评经籍

---

① 钱穆：《中国近三百年学术史》，九州出版社2011年版，第441页。
② 钱穆：《中国近三百年学术史》，九州出版社2011年版，第677页。
③ 钱穆：《中国近三百年学术史》，九州出版社2011年版，第615页。
④ 陈寅恪：《陈垣〈元西域人华化考〉序》，《金明馆丛稿二编》，上海古籍出版社1980年版，第238～239页。

本身,却批评经籍的版本形式与文字训诂,这些与人生道义与教训无关的方面,"换言之,是那些隔离人生较远的方面"①。钱穆批评清儒治史如同研经,只研究古代史,不研究现代史,只敢研究到明代为止,当身现实则存而不论,只为史书做校勘整理工作,却不注意史书里面所记载的真实而严重的人事问题。在乾嘉诸儒考订的经史著作里,清初大儒所提倡的经世致用思想被抛弃,文字训诂与具体而微的考订成为乐趣,凡此种种,都让钱穆对这种被阉割的史学感到失望。

钱穆在抨击乾嘉诸儒逃避人伦日用的同时,仍致力于抉发钱大昕在著述中偶然表露出的义理关怀。他注意到,钱大昕在回复段玉裁《尚书·洪范》篇"思曰睿,睿作圣"一句话时说道:"若曰思主于睿,则恐失之刻深。"学界对"思曰睿"还是"思曰容"争论已久。伏生以为作"容",郑玄则主"睿"。段玉裁说,"思曰容"乃今文尚书,"思曰睿"乃古文尚书,此属古书版本异同,故而不取"容"之义。钱穆认为钱大昕不认同主睿说而主容说,透露出钱大昕对于人生问题的见解。② 钱穆通过剖析钱大昕内心对义理的追求,侧面控诉了乾嘉考据学风对学者的精神压抑。

柳诒徵虽然对乾嘉学者"不顾行检但事博涉"颇致微辞,但对其考史成就仍予以肯定。他认为考史之学,不仅仅是赵翼《廿二史札记》、王鸣盛《十七史商榷》或章学诚《文史通义》之类有益于史学者。其实"诸儒治经,实皆考史",譬如《三礼》为古代的礼仪制度史,"诸儒反复研究,或著通例,或著专例,或为总图,或为专图,或专释一事,或博考诸制,皆可谓研究古史之专书"。即使今文学家研究《公羊》义例,也不过说明孔子之史法。至于"其他之治古音,

---

① 钱穆:《中国近三百年学术史》,九州出版社2011年版,第6~7页。
② 钱穆:《略说乾嘉清儒思想》,《中国学术思想史论丛(八)》,九州出版社2011年版,第9页。

治六书,治舆地,治金石,皆为古史学尤不待言"。乍看柳诒徵所言,似乎不太符合其一贯立场,其实不难理解。在柳诒徵、钱穆等人看来,乾嘉学者治经,不过疏通字句,考究制度,于经义大道未有大发明,其实质不过是史学,而且是变了质的史学,是专务"局部之考证,于唐以下之书率不屑读,尤鄙夷宋人,好事诋斥"的学术罢了。① 乾嘉考据学在民国时期既被誉之为"科学",又被贬损为"变质",真实反映了新派与传统派学者思想激烈交锋的学术格局。

三、章学诚史学的多重诠释

乾嘉朴学全盛之际,其内部出现了以史学理论见长的章学诚。众所周知,章学诚在生前死后并不为多数人所晓,随着1920年日本学者内藤湖南《章实斋先生年谱》与1922年胡适受其影响增补而成的同名年谱接连问世,对他的研究才开始成为显学。章学诚热不仅是其学术本身的魅力使然,更有时势的推波助澜。

学界对章学诚思想解读的差异主要集中在以下三个议题:

其一,"六经皆史"。这可以说是民国时期讨论最为广泛的命题之一。胡适将其理解为"一切著作,都是史料"。他说:"先生的主张以为六经皆先王的政典;因为是政典,故皆有史料的价值。"② 这一说法流传甚广,傅振伦就说,"章氏既以经名非示尊崇,乃所以纪政典,故六经无非史料,亦无弗史也"③,至今仍有很多学者沿用。梁启超同样取史料说,"(章学诚)以为史部的范围很广,如六经皆史,什么地方都是史料"④。梁氏还将"六经皆史"扩展到子

---

① 柳诒徵:《中国文化史》,岳麓书社2010年版,第905页。
② 胡适:《章实斋先生年谱》,《胡适文集》第7册,第102页。
③ 傅振伦:《章实斋之史学》,《史学年报》1933年第5期。
④ 梁启超:《中国历史研究法补编》,中华书局2009年版,第197页。

部、集部,甚至小说,以其均可视为史料。对于被误读的"六经皆史",钱穆曾明确反对。他指出有关"史"的涵义,章学诚《史释》篇已言之,"《周官》府吏之史,与内史、外史、太史、小史、御史之史,有异义乎?曰:无异义也"。府吏之史,指官府供书役者,也即今天所指的书吏。外史、太史、小史等五史即卿、大夫、士人为之,也即今之所谓内阁六科、翰林中书。两者虽流品高下有别,但"皆守掌故,而以存先王之道也"。后来官师治教分,遂有私门著述之谓。"学者崇奉六经,以为圣人立言以垂教,不知三代盛时,各守专官之掌故,而非圣人有意作为文章也。"①钱穆据此解释章学诚所言"六经皆史",是将其放在三代官师合一的范畴里讨论的,府吏五史所守掌故档案,皆是官府所存时王制度,也即后世所尊奉的六经。"苟明'六经皆史'论之要意,则求道者不当舍当身事物、人伦日用,以寻之训诂考订,而史学所以经世,固非空言著述,断可知矣。"从这个意义来看,便可理解章学诚所言"六经皆史"的意蕴。钱穆还进一步指出李恕谷、包世臣、周保绪、魏源、龚自珍等人沿袭实斋之余绪,其公羊今文之说,与六经皆史相通流,故"实斋论学,影响于当时者不为不深宏矣"。但近人误会"六经皆史"之旨,遂谓"流水账簿尽是史料","呜呼!此岂是章氏之旨哉!"②

其二,"记注"与"撰述"。章学诚创造的两个概念,用来划分史书类别,"记注欲往事之不忘,撰述欲来者之兴起,故记注藏往似智,而撰述知来拟神也"③。民国时期首先对"记注""撰述"概念进行解读的是何炳松,他在为胡适的《章实斋先生年谱》所作序中将记注解释为史料,撰述解释为史著,并以此为据,宣扬新史学重视史料的观点。"但是现在编纂我国国史的人好像还要努力追随司

---

① 章学诚:《文史通义》卷三《史释》,第269~270页。
② 钱穆:《中国近三百年学术史》,九州出版社2011年版,第428页。
③ 章学诚:《文史通义》卷一《书教下》,叶瑛校注本,中华书局2014年版,第58页。

马迁的抉择去取,不屑做班固那种赅备无遗的功夫,那真章氏的罪人了。我国现在的史学界要等到西洋史学原理介绍进来以后,才满口高谈'史料'两个字,真是有点不好意思呢!"① 何炳松一直强调章学诚重视记注,实际上与章氏本人所言有出入。章学诚为郑樵《通志》辩护时就说:"然而守先待后之故事,与笔削独断之专家,其功用足以相资,而流别不能相混,则断如也。"② 流品不能相混,即是有高下之分。章学诚在记注与撰述之间,自始至终都以撰述为先。自称"吾于史学宗章实斋"的刘咸炘,③对其学术自然领悟深刻。刘咸炘将章学诚的记注与撰述概念推衍开来,提出"欲究真史学,须读真史书"。什么是真史学?——"不止考证事实、品评人物,一切治史之功力不能为真史学。"什么是真史书?——"不止编纂材料、记载事实,一切记事书不能成为真史书。"但是"今之读章君书者,犹混史料与史为一"。④ 何炳松将记注、撰述拟之于刘知幾所言"书事记言,出自当时之简;勒成删定,归于后来之笔"。⑤ 刘咸炘认为很是不妥。他解释道:"盖所谓'勒成删定'者,又有专家独断与整齐故事之分,章君所谓'及时撰集,以待后人之论定'者,如《东观汉记》之流,未始非勒成删定,而实不过为比次之业而已。此固假撰述而非真撰述也。"⑥ 刘咸炘认为,何炳松简单地将撰述等同于"勒成删定"的"史著",实际上忽视了章学诚所看重的私家之识,将《东观汉记》这类比次之业当作撰述了。他强调撰述

---

① 何炳松:《代序》,胡适:《章实斋先生年谱》,《胡适文集》第7册,第9页。
② 章学诚:《文史通义》卷五《答客问上》,第546页。
③ 刘咸炘:《治史绪论》,《推十书》(增补全本)己辑全一册,上海科学技术文献出版社2009年版,第235页。
④ 刘咸炘:《史学述林》卷一《史体论》,《推十书》(增补全本)丙辑第二册,第379页。
⑤ 何炳松:《代序》,胡适:《章实斋先生年谱》,第8页。
⑥ 刘咸炘:《史学述林》卷二《论记注》,《推十书》(增补全本)丙辑第二册,第421页。

的范畴小于史书,只有别识心裁、寓理于事的史书方能称之为撰述,也即"真史书"。按照这一思路,何炳松称之为"撰述"而缺乏史识的著作只能归入"记注"的范畴,而记注也并非"史料"所能范围了。

其三,"史德"说。章学诚说:"德者何?谓著书者之心术也","盖欲为良史者,当慎辨於天人之际,尽其天而不益以人也。尽其天而不益以人,虽未能至,苟允知之,亦足以称著述者之心术矣"。① 因此弄清"天人之际"的涵义是理清"史德"说的关键。何炳松将章学诚的"天人之际"解释为客观与主观:

> 他所说的"天人之际"完全就是我们现在所说的历史上的客观主义和主观主义。
>
> 凡是人类总不免有气,不免有情。换句话说,凡是研究历史的人总不免抱有主观的见解。这是无可避免的东西。
>
> 我们如果能够用我们的理性来限制我们感情的冲动,那么我们主观里面的气和情,自然可以和客观里面的事实的真相两相印证,两相符合了。②

在何炳松看来,如果能做到摒弃主观意识,符合客观的事实真相,就是史家之德。梁启超对这一问题持相同的看法,他说史德即心术端正,"史家第一件道德,莫过于忠实","史家道德,应如监空衡平"。③ 针对梁启超、何炳松等人用主观主义与客观主义的解读,刘咸炘也有申述:

> 尽其天者,各如其分也,后之为史者,岂能如孔子。惟有各如其分,以待论定,不敢以私意击断。虽有议论,勿过方板,故马、班无峭言之论。先生论史贵史意,而贵德又如此,足见

---

① 章学诚:《文史通义》卷三《史德》,第257~258页。
② 何炳松:《代序》,胡适:《章实斋先生年谱》,第12~13页。
③ 梁启超:《中国历史研究法补编》,中华书局2010年版,第17、20页。

比附西学与立足传统：民国时期清代史学诠释的两种倾向

其持论之周密矣。

此所论者，乃作史时之德，未及读史时之德。作史必先观事，亦与读史同。其要虚而委蛇，善入而不轻断，即道家观变之术，吾以详言于他书。各如其分，不用气、恣情二语亦可该之。

先生之意非但求真，盖知作史之不能无情气也。今之论史者，偏主客观而援先生之说以相证者，非也。①

刘咸炘对章学诚《史德》篇非常推崇，以其"最为精深"②。他认识到，章学诚的"史德"指的是作史时"各如其分，以待论定，不敢以私意击断"，谨慎评价，但同时又强调要"善入"，即作史必然有其主体性，若能在"善入"的同时而不"轻断"，就达到了史德的要求。这与章学诚一贯强调的重"史意"是相通的。

对于刘咸炘的看法，柳诒徵虽大体赞同，但以为未尝切合章学诚之意。柳氏对史德的理解更具有泛道德色彩。他认为，章学诚所言"所患夫心术者，谓其有君子之心，而所养未底于粹也"是通晓"史德"说的关键。在柳诒徵看来，史学即人学，人以礼为要，因此史学是一门礼的学问。既然如此，学者之先务，"不当专求执德以驭史，而惟宜治史以畜德矣"。养心术也即修德。柳氏批评梁启超等人的解释"易使学者误认平时不必修德，而临文乃求其敬"，是"舍本逐末"也，而且以史言德，岂非"吾人不欲为史家，即无须乎修德乎？"③这样，德不只是史家撰述的一条原则，而是先于史学存在的道德修养。"为史必先修德，耸善抑恶、必明于此，然后知吾国历代史家所以重视心术端正之故。"④柳诒徵将"史德"归于传统的道

---

① 刘咸炘：《〈文史通义〉识语》卷上《史德》，《推十书》（增补全本）甲辑第三册，第1074～1075页。
② 刘咸炘：《治史绪论》，《推十书》（增补全本）己辑全一册，第237页。
③ 柳诒徵：《国史要义》，上海古籍出版社2007年版，第96页。
④ 柳诒徵：《国史要义》，上海古籍出版社2007年版，第99页。

德修养,大体上是成立的。但就章学诚对史德的解读而言,实有更确切的所指。章氏说"史德"乃著述者之"心术",又谓"慎辨于天人之际""足以称著述者之心术",可见"天"与"人"概念的解读才是关键。这一点,其实章学诚已经给出了答案。章氏说,"情本于性,天也;情能汩性以自恣,人也"。① 也就是说,章学诚理解的"天"是指受人命于天出自本性的情感,而"人"是指放纵自己的感情。史德的重要内涵即史家要发挥主体性,而抑制主观性。这与刘咸炘的点评多有相通之处。

总体来看,挖掘章学诚与西方近代史学的相似性成为学人偏重的研究路径。然其所言虽系章学诚史学的题中之义,却绝非后者真正关怀所在。何炳松一方面高度称誉章学诚关于天人之际的思想"已经当得起世界上史学界里面一个'天才'的称号"②,另一面却不无深意地写道:"章实斋的学说固然值得我们的研究,但是我觉得现在这样程度已经足够了……我们倘使把章实斋的史学鼓吹得过分了,那不但要使章氏和我们自己都流入腐化的一条路上去,而且容易使得读者看不起西洋史家近来对于史学上的许多重要的贡献。所以我主张我们此后还是多做一点介绍西洋史学的工作罢!"③显而易见,何炳松介绍章学诚思想的立脚点不是为了宣扬章学诚,而是以章为媒介,让国人更容易接受西方的近代观念,是典型的"六经注我"。相比之下,传统学者在阐述章学诚思想的时候则从中国文化特征出发,即使与西方史学进行比较,如刘咸炘将章学诚与鲁滨逊相比,认为鲁滨逊"广材料""重普通""知综合""重源流""求原理"与章学诚论风尚、求通变、别识心裁等有暗合之处,且鲁滨逊所看重的仅是物质方面,与章学诚所谓天与道者不可

---

① 章学诚:《文史通义》卷三《史德》,第258页。
② 何炳松:《代序》,胡适:《章实斋先生年谱》,第14页。
③ 何炳松:《代序》,胡适:《章实斋先生年谱》,第16~17页。

比附西学与立足传统：民国时期清代史学诠释的两种倾向

同日而语,①都旨在说明传统史学的生命力与独特内蕴,立意与前者迥异。

四、结　语

接受美学认为,读者的期待视野也即读者的思维定向或先在结构,决定了接受者如何选择文本。所以尽管清代史家创造的文本是固定的,但对它的阐释却存在很大差异,甚至发生"创造性背离"(creative deviation)。② 以梁启超、胡适等人为首奉行西方价值观的学者,以新的眼光去审视传统资源,为清代史学戴上"科学"的桂冠,在阐释中用近代话语总结清代史学的方法论,希望为近代史学转型注入强劲动力。的确,他们的目的达到了。"传统儒学的地位已为科学所取代,道德意义上的'圣人'也让位于知识意义上的'科学家'了。"③中国近代史学在清代考据学的基础上,生发出新历史考据学,至今仍推动史学的科学发展。但同时也应该看到,比附西学在无形中以消解传统史学的核心人文关怀为代价,造成了经典失落的消极影响。中国传统文化受"泛道德主义"的影响,以先验抽象的道德价值为最高原则。表现在史学领域,即诸多史学命题实际上摆脱不了儒学的伦理内核。这与孕育自西方的中国近代史学是两套完全不同的话语体系。在理解清代史学乃至传统文化时,如果仍然坚持西方价值体系的话,便很难不会发生偏离。在内忧外患急需变革的彼时,学者选择这种方式有其无可奈何处,

---

① 刘咸炘:《〈文史通义〉识语》卷下《较新》,《推十书》(增补全本)甲辑第 3 册,第 1120 页。

② [意]弗·梅雷加利著,冯汉津译:《论文学接受》,《文艺理论研究》1983 年第 3 期。弗·梅雷加利在此文所提出的概念,指那些在原来作品之上,通过个人思索和想象做出新的创造性诠释,而这种诠释通常与原作者的意图是相互矛盾的。

③ 余英时:《钱穆与现代中国学术》,广西师范大学 2006 年版,第 77 页。

但在科学史学占绝对地位的现今,则有必要将附加在传统史学的西方价值观抛开,还其本来面目,也许更加符合客观史学的真实内涵。

(贾红霞,武汉大学历史学院博士研究生)

巅峰的写照
——从参加柏林奥运会的中国足球队看近代巅峰时期的中国足球

赵 宇

1936年,作为当时远东足坛霸主的中国足球队初登奥运会的舞台。[①] 虽因诸多场外因素首轮告负即遭淘汰,但其在这场与强大的英国队及随后出访德法等国与另外9支欧洲劲旅交锋中的表现证明,20世纪30年代前中期,处在近代巅峰时期的中国足球一定程度上具备了与部分欧洲足球强国相较量的实力。代表中国队出战的22名队员均为中华全国体育协进会[②]在众多优秀球员中精挑细选而来,所以这支球队可谓当时中国足球最高水平的代表。对这支球队建队及出征欧洲过程中诸多细节的研究,在有助于进一步认知当时中国足球发展状况的同时也可明确近代中国足球能

---

① 虽然中国人首次参加奥林匹克运动会是在1932年,但那届仅有刘长春1人。参见《郝更生谈刘长春代表赴美使命》,《申报》1932年7月6日,第10版。逐步确立远东足坛霸主地位的中国队首次参加奥运会是在1936年。参见李惠堂:《世运足球的展望》,《世界运动会足球特刊》1936年,第7～8页。

② 中华全国体育协进会成立于1924年8月,是一个全国性的体育管理组织,曾多次举办全国运动会等多项赛事,参见张玉法等编《中华民国人民团体调查录》,台北"国史馆"编印,1999年版,第106页。该组织在成立后不久便取代中华业余运动联合会成为国际奥林匹克运动会的会员组织,参见中华全国体育协进会编《中华全国体育协进会年刊》(第1期),1927年,第4页。

够达到巅峰的原因。前人成果虽然对这支球队建队及出征欧洲过程中的许多细节有不同程度的阐述，但大多没有对其做深入的分析，而且有一些重要的细节或是被遗漏，或是与史料呈现的内容不符。[1] 本文将在完善这些细节的基础上，探究巅峰时期中国足球的发展特点，并剖析巅峰到来之原因。

一、夯实基础与走向巅峰

出征柏林奥运会的中国队实力较为强劲，而拥有一支实力强劲的国家队是巅峰时期中国足球最重要的特征之一。强劲国家队的构建需要一定的足球人才基础，尤其是一定数量的优秀足球运动员作为支撑，而这支球队能够在建队时通过精细挑选的方式选拔队员，在一定程度上说明当时的中国足坛已经拥有了一定的人才基础。构筑这一基础绝非一朝一夕，其为几代中国足球人在数十年间不断创造相关条件的结果，即不断推广足球运动、扩大足球人口，并在此基础上通过逐步形成的较为专业的训练模式以及不断完善的比赛体系，尽可能多的将有志于从事足球运动的年轻人培养成较为优秀的足球运动员，抑或是让懂足球的人有用武之地，才使足球人才不断涌现。这是促使近代中国足球能够走向巅峰的根本原因。

足球人才基础的形成乃至足球运动的发展都需要建立在一定

---

[1] 大多数涉及参加1936年柏林奥运会中国足球队的研究成果基本上主要侧重于对入选这支国家队的球员名单、出征欧洲前的筹款比赛、与英国队的比赛过程等部分细节的阐述。虽然《中国的足球摇篮：上海足球运动半世纪（1896—1949）》（沈文斌主编，上海文化出版社1995年版）一书对这支球队的建队与出征欧洲等过程有较为细致的描述，但遗漏了包括柏林奥运会足球赛的赛制、开赛前中国队队员的身体状态等在内的一些关键信息，包括有关赴东南亚筹款等一些细节在表述上与史料呈现的内容不符。更为重要的是，前人成果几乎都没有通过有关这支中国队建队及出征欧洲过程中的诸多细节探究巅峰时期中国足球的发展特点及原因。

数量的足球人口基础上。所谓足球人口是指每周参加 2 次或 2 次以上足球运动的人,这里暂且视其为经常参加足球运动的人。自现代足球运动传入中国后,国人通过组织足球比赛、在学校内开办相关课程、著书立说、登报宣传、言传身教等方式将其逐步推广开来,使参与这项运动的人逐步增多。① 虽然至今未曾出现有关近代时期参与足球运动人数的统计材料,但基于参与足球运动的人主要是通过组队参加竞技足球比赛这一较为普遍现象,可以通过民间球队组建的情况对当时的足球人口进行大体上的感知。从 19 世纪末 20 世纪初开始,以圣约翰大学足球队为代表的校园球队以及以南华足球队为代表的校园以外的民间球队陆续得到组建。到 20 世纪 30 年代前中期,仅经常参加在上海地区联赛的球队就至少有 50 余支,②当时有些大球会③就有上千人,比如著名的南华体育会当时便有会员五千余人,即便这其中有许多人经常参与其他运动项目,但其所属的足球运动员所占比重也是较大的。④而一些经常参加正规比赛的小球队,其所属球员应该至少会有十几人。不断扩大的足球人口为足球人才基础的形成乃至足球运动的发展提供了一个重要的前提。

一名足球运动员若想成才首先需要进行专业且刻苦的训练,训练可以有助于提高球员的技术水平与体能储备,有时也能有助

---

① 陈伟:《现代足球在近代中国的传播研究及现状反思》,曲阜师范大学硕士学位论文,2018 年。

② 这一联赛主要指由中华足球联合会在上海举办的中华足球联赛,有关参赛队等详细内容会在后文阐述。

③ 球会类似于今天的足球俱乐部,一个球会可以有若干支球队,但一支球队只能隶属于一个球会。在当时,许多被称作"会"的组织为民间自发形成的综合性体育俱乐部,足球队只是该俱乐部其中一种项目的运动队。参见笔者的《根基、代表与组织者——近代中国足球的"队"与"会"》,《沈阳大学学报》(社会科学版)2020 年第 3 期。

④ 陈晴主编:《中国足球运动百余年发展史》,华中科技大学出版社 2017 年版,第 39 页。

于提高球员的战术水平与意识。在当时,专业训练的出现与完善源自不断的足球实践活动。许多球员是在学校中接受专业足球启蒙的。① 对于成长中的球员来说,其专业训练需要在教练的指导下完成。最早有教练指导进行专业训练的球队要追溯到1896年成立的圣约翰大学足球队。该队的第一任教练是美国人沃克,他是一名业余足球教练;沃克辞职后,爱好足球的物理教师塞拉接任。② 随着足球人口数量的不断增多、各类比赛的出现及规模不断扩大,继圣约翰大学足球队后,又有许多球队先后聘请了教练,比如1920年前后位于江西九江的南伟烈大学聘用了"留美施卡角大学毕业学士"即"前任南京高等师范学校体育教员"朱美春担任该校足球队的教练。③ 虽然早期许多球队的教练并非专业出身,甚至有的也非体育教师,但他们的确掌握了一定的专业足球技能,而且随着足球运动的发展,球员出身的教练逐步涌现,专业教练队伍逐步形成。由掌握足球技能或足球技能较高者帮助没有掌握足球技能或足球技能有待提升者进行训练,也是当时一些球员进行足球启蒙或提高足球技术的一个较为重要的途径,比如当时比较有实力的门将黄纪良,其诸多技能便是由优秀的门将包家平所传授的。④ 需要说明的是,当时许多球员在训练中都比较刻苦,而且一些球员还将训练融入生活中。比如有着亚洲球王之称的李惠堂,早年读私塾时,每逢夏天便拿未成熟的柚子当足球,他以家门前的晒谷场作为球场,用砖石标记或狗洞做球门,

---

① 近代以来许多新开办的教会学校与新式学堂都会开设足球课程,比如1881年创办的北洋水师学堂其体操课教材以兵式体操为主,也包括田径、足球等项目。田国祥等编著:《中国学校体育发展史》,甘肃人民出版社2011年版,第14页。

② 沈文斌主编:《中国的足球摇篮:上海足球运动半世纪(1896—1949)》,上海文化出版社1995年版,第5页。

③ 《各会通讯:南伟烈足球大获全胜(九江)》,《兴华》[J],1920年第17卷第49期,第16~17页。

④ 勤奋书局编辑所编:《全国足球名将录》,上海:勤奋书局1936年版,第2页。

练习扫射。① 这种刻苦的训练并非一朝一夕，而是伴随球员成长的整个过程，有时甚至伴随球员的整个运动生涯，比如一位南洋的校友在一篇回忆文章中指出："南洋大学足球，是从南洋小学的小皮球踢出来的……他们朝夕苦练……各个熟能生巧，于是由小而大，踏进大学，人人便都是生龙活虎！"②历经长期专业且刻苦的训练，许多球员逐步掌握了较高的足球技能。

除专业训练外，球员还需经常参加具有一定水平的比赛，以此来达到提高战术水平和意识，并强化技术水平和体能的目的，而且经常参加足球比赛有助于其保持较好的竞技状态。在现代足球传入中国的初期，各球队参与的几乎都是自发组织的对抗赛，其比赛场次及时间都不固定，比赛水平也不一定能够得到保证。随着参与足球运动的人和相关组织不断增多，在部分区域内，一些有组织且有一定规模的正规比赛尤其是一些联赛逐步出现。1914年，圣约翰、南洋、沪江、东吴、金陵、之江6所大学共组华东各大学校体育联合会，负责开展各类体育赛事，足球联赛是其中比较重要的一个项目。③ 由于这些比赛每年都会举办，而且每个赛季参赛队都会参加一定场次的比赛，各场次时间间隔较为合理，比较有利于球员保持一定的竞技状态。由于参赛球队都比较重视，因而其水平也在一定程度上能够得到保证。随着足球运动的进一步发展，1924年，中华足球联合会在上海成立。次年，其开始参与中华足球联赛的举办工作。④ 虽然起初该

---

① 李次民：《两次参加奥运会的国脚——李惠堂》，文史资料出版社编：《奥运会与中国》，文史资料出版社1985年版，第106页。

② 钱益：《足球雄风》，载《学府纪闻：国立交通大学》，南京出版有限公司1981年版，第322页。

③ 陈晴主编：《中国足球运动百余年发展史》，第27页。

④ 1924年，中华足球联合会在中华全国体育协进会的帮助下成立，它是一个足球运动管理组织，主要负责组织包括中华足球联赛在内的各类足球比赛。参见张玉法等编《中华民国人民团体调查录》，第106页。

项赛事规模较小,但几年后其参赛队的数量急剧增加。以第七届(1930—1931年举办)为例,参赛队为56支,依据实力强弱被分入五个级别,每个级别分别决出冠军。虽然其参赛队以上海的球队为主,但也吸纳了一些来自全国其他地区的足球运动员,成了他们很好的锻炼平台。① 因而至少到20世纪30年代前中期,该项赛事成了当时由国人举办的最重要的足球联赛。需要说明的是,由于国情的缘故,当时中国境内还有一些由外国人常年举办的比赛,有时也吸纳一些中国球队参加。比如在香港,英国人于1895年开始举办特别银牌赛,南华足球队于1915年后开始参加这项赛事。② 另外,至少到20世纪30年代前中期,近代中国足球比赛体系逐步形成,有志于从事足球运动的青少年可以通过参加自发性的对抗赛以及面向学生群体的各类有组织的比赛,逐步提高自己的足球技能;已经成年的球员可以通过参加各类面向成年人的比赛尤其是中华足球联赛,在强化相关技能的同时保持较好的状态;一些比较有实力的球员有时还会被抽调至区域代表队参加区域间足球赛事。通过不断的比赛,许多球员得到了快速的成长。

随着足球人口的逐步增多以及训练和比赛的逐步完善,足球人才尤其是较为优秀的运动员数量也在逐步增多。至少到20世纪30年代前中期,当时的中国足坛已经有了一定的人才储备。1936年勤奋书局编辑出版了《全国足球名将录》一书,其中列举的130个知名球员中大多数为20世纪20年代后才开始崭露头角的,到20世纪30年代前中期,他们中的许多人正当年,也有一些是经验丰富的老将。而且,这些并非当时全部的优秀

---

① 沈文斌主编:《中国的足球摇篮:上海足球运动半世纪1896—1949》,第64页。

② 《香港特别银牌赛述评》,《足球世界(上海1935)》1935年第2期,第63~65页。

球员,还有像夏志乙等没有被列入其中。虽然相较当时中国的人口数量即便有上千名优秀球员也不算多,但这些球员足够应对国家队的选拔,而且各个位置上都有不止一名非常出色的球员:比如门将有技术出众且可以兼任中锋的包家平,有当时"声誉最盛"的门将周贤言等;后卫有被誉为"铁闸"的李天生,有攻守兼备的谭江柏等;中场有绰号为"坦克车"的黄美顺,有被称为"炸弹"的梁荣照等;前锋有亚洲球王李惠堂,有"铁腿"孙锦顺等。[①] 正是因为有了这些出色的球员,国家队的实力才可以达到一个较为强劲的程度。也正是因为有了不断创造出来的培养人才的条件,以及不断积累起来的人才基础,近代中国足球才于 20 世纪 30 年代前中期达到巅峰。

二、专业管理与科学建队

为了备战 1936 年柏林奥运会足球赛,以中华全国体育协进会为主的体育管理性组织,任用较为专业的人员,组成选拔委员会,用较为专业的方式选拔最适合的足球运动员组建国家队,并尽力打造这支球队,这是能够促使在当时的条件下形成最强国家队并使其力争发挥最强战斗力的重要因素之一。而有专门性的组织对足球运动进行较为专业的管理,是近代巅峰时期中国足球的重要特征之一。

这已不是近代中国第一次派出国家队参加国际正式大赛,早在 1913 年当时的中国便第一次派出国家队征战在菲律宾马尼拉举行的第一届远东运动会足球赛。近代中国国家队主要参加的国际正式大赛,是从 1913 年至 1934 年先后举办过 10 届的远东运动会足球赛以及 1936 年与 1948 年两届奥林匹克运动会

---

① 勤奋书局编辑所编:《全国足球名将录》,第 1~6 页。

足球赛。① 1924年前,负责派队参加远东运动会足球赛的主要是中华业余运动联合会。1924年,中华全国体育协进会成立,派队参赛工作转由该组织负责。② 需要说明的是,在先后10届远东运动会足球赛期间,中国大多派出南华足球队以国家队的名义征战,③虽然目前并无史料证明此举意欲何为,但南华足球队由于长期参加香港地区的足球联赛,其竞技水平和状态是可以得到保证的。而随着20世纪30年代前中期中华足球联赛在规模和体系上逐步稳定,且越来越多的球员从中脱颖而出,这也为相关体育管理组织在组建国家队时提供了更多的选择。

此次出征柏林是近代中国第一次大规模派出体育代表团参加世界综合性体育赛事,也是"我国体育界第一次的总动员",④因而中华全国体育协进会对此非常重视。提前两年便向国际奥委会报名参赛,⑤提前半年便着手组织选拔赛,选拔各报名项目的运动员。足球是我国当时的强项,因而足球代表队被寄予了很大的希望。为了确保选拔工作的顺利进行,协进会特请中华足球联合会

---

① 从1913年起,历届远东运动会召开的时间分别为:1913年、1915年、1917年、1919年、1921年、1923年、1925年、1927年、1930年、1934年,每届都设有足球赛,中国足球队参加了每一届的比赛。除1936年在柏林举行的第十一届奥林匹克运动会外,中国足球队还参加了1948年在伦敦举行的第十四届奥林匹克运动会。参见国家体委体育文史工作委员会、中国足球协会编:《中国足球运动史》,武汉出版社1993年版,第105~107页。

② 1924年前,负责选派运动员的主要是1915年成立的中华业余联合会。在该组织成立前,1913年参加第一届远东运动会的运动员主要由基督教青年会负责选派。而且20年代之前中国参加远东运动会的运动员基本上都采取的是指派制。参见国家体委体育文史工作委员会、中国体育史学会编:《中国近代体育史》,北京体育学院出版社1989年版,第67、161页。

③ 陈晴主编:《中国足球运动百余年发展史》,第68~69页。

④ 沈嗣良:《我们的希望》,《世界运动会足球特刊》1936年,第6页。

⑤ 《第十一届世界运动会,我准备参加足球等六项》,《体育评论》1934年第107期,第3页。

工作人员前国脚周家骐、足球教练黄家骏与颜成坤以及光华大学教授容启兆博士等人组成选拔委员会,负责此次国足队员的选拔工作。① 根据协进会及代表团的要求,此次选拔的队员除须有一定的实力外,其年龄也不宜过大。②

  有关参选球员及选拔过程,前人成果与史料之间存在一定的矛盾。虽然有关参选球员的产生,《中国的足球摇篮:上海足球运动半世纪(1896—1949)》一书与当时一些报刊所报道的内容比较吻合,即根据1935年"全运会及最近比赛"各参赛队球员的表现由选拔委员会初步圈定30人大名单。但这30人大名单公布的时间,沈文斌认为,日期为1936年2月29日,但《大公报》(天津版)在2月22日时便刊登体育协进会正式确定的30人初选名单。③ 而且,有关这30人大名单的细节,沈文斌指出,来自上海和华北的球员一共有7人,来自马来亚地区的华侨有5人;但根据《世界运动会足球特刊》以及《勤奋体育月报》等报刊的相关报道,来自上海、华北两个地区的足球运动员只有上海东华体育会足球队的孙锦顺、贾幼良、李宁、梁树棠以及上海优游体育会足球队的张荣才、天津北宁体育会足球队的谭福禛这6个人,来自马来亚地区的华侨只有蔡文礼、梁礼安、林志泉和谢福庆4人。④ 由于来自上述两个区的人数出现了问题,因而该书在有关来自其他区域球员人数

---

  ① 孙锦顺:《中国足球代表队出征第十一届奥运会的前前后后》,文史资料出版社编:《奥运会与中国》,1985年版,第90页。
  ② 当时参加奥运会足球赛的运动员并没有年龄限制。中国代表团虽自行提出年龄限制,但并没有明确参赛运动员的最高年龄。参见王正廷的《我国参加世界运动会之目的》,《世界运动会足球特刊》1936年,第6页。
  ③ 《参加世运足球预选候选员名单正式公布》,《大公报》(天津版)1936年2月22日,第7版。
  ④ 《出席世运足球候选人公布》,《勤奋体育月报》1936年第3卷第6期,第77页。来自上海和华北两区的球员其所属球会信息参见勤奋书局编辑所编:《全国足球名将录》。

的阐述中可能也会存在一些问题,这里就不再赘述了。

复选于 1936 年 4 月初开始,地点被放在了香港,分两个阶段进行。第一阶段,所有参选人员分别被临时编入南华 A 队、南华 B 队与中华队,通过参加香港地区足球联赛的方式接受选拔委员会的初步考察。经过十余场比赛后,进入第二阶段,即将 30 人合并组队并分别与英海军队、英陆军队及香港联队等球队进行比赛,在初步磨合阵容的同时,根据球员在赛场上的表现再淘汰 8 人,最终确定了出征柏林奥运会的 22 人大名单。① 具体名单如下:

表 1　出征柏林奥运会的中国队球员名单及基本信息②

序号	姓　名	年龄	位置	所在球会/球队	备　注
1	包家平	28 岁	门将	香港南华体育会足球队	
2	黄纪良	25 岁	门将	香港南华体育会足球队	
3	李天生	30 岁	后卫	香港南华体育会足球队	
4	麦兆汉	24 岁	后卫	香港中华体育会足球队	
5	蔡文礼	32 岁	后卫	马来亚星洲队	马来亚华侨
6	谭江柏	25 岁	后卫	香港南华体育会足球队	
7	徐亚辉	24 岁	中场	香港中华体育会足球队	
8	黄美顺	30 岁	中场	香港南华体育会足球队	

---

①　孙锦顺:《中国足球代表队出征第十一届奥运会的前前后后》,文史资料出版社编,《奥运会与中国》,1985 年版,第 90 页。
②　《我国足球队的阵容和征程》,《世界运动会足球特刊》1936 年,第 9 页;《我世足选手的体格》,《足球世界(上海 1935)》1937 年第 3 期,第 18 页;勤奋书局编辑所编:《全国足球名将录》。有关这份名单,虽然前人许多成果都会提及,但目前无一将球员的位置、所属球会等这些较为关键的信息全部列出,尤其前人一些成果将球员在奥运赛场上失利的一个原因归结为球员年龄偏大,但其在阐述相关论断时并没有详细列出每一名球员的年龄。

(续表)

序号	姓 名	年龄	位置	所在球会/球队	备 注
9	梁荣照	25岁	中场	香港南华体育会足球队	
10	梁树棠	24岁	中场	上海东华体育会足球队	
11	陈镇和	26岁	中场	香港中华体育会足球队	
12	李国威	24岁	中场	香港南华体育会足球队	
13	曹桂成	29岁	前锋	香港中华体育会足球队	
14	孙锦顺	30岁	前锋	上海东华体育会足球队	
15	冯景祥	29岁	前锋	香港南华体育会足球队	
16	贾幼良	26岁	前锋	上海东华体育会足球队	
17	卓石金	23岁	前锋	香港南华体育会足球队	
18	张显源	25岁	前锋		印尼华侨
19	郑季良	24岁	前锋	香港南华体育会足球队	
20	李惠堂	32岁	前锋	香港南华体育会足球队	
21	叶北华	29岁	前锋	香港南华体育会足球队	
22	杨水益	25岁	前锋	香港南华体育会足球队	

上述球员基本上都是技术出众、能力突出,像前文提到的包家平、黄纪良、李天生、黄美顺、李惠堂、孙锦顺等名将悉数在列,其中有一些球员还有一定的国家队比赛经历,比如李惠堂,从1921年起便跟随国家队征战了包括第五至第十届远东运动会足球赛在内的多场国际比赛。[①] 因而由这些球员组成的中国队基本上可以代表当时中国足球的最高水平。

选拔结束后,为了能够更好地磨合阵容,形成较为有效的战术体系,新组建的中国国家队在上海分别与葡商队、西联军队、法商队这三支来自上海西人联赛的劲旅进行了热身赛,除第二场爆冷

---

① 《李惠堂评传》,《足球世界(上海1935)》1935年第1期,第4页。

以 2 比 3 不敌西联军队外,其余两场分别以 6 比 1、2 比 1 的比分战胜对手。需要说明的是,与西联军这场比赛是出征欧洲前,新组建的国家队在亚洲地区众多比赛中唯一的一场失利。①

以中华全国体育协进会为主的体育管理组织能够通过较为专业的方式精细选拔队员,这就有利于国家队尽可能多地吸收当时足球界的精英人才,从而能够成为一支实力较为强劲的球队。在召集到有实力的球员后,能够通过热身比赛的方式尽力打磨这支球队,这就有利于球队能够尽快形成战斗力。从上述组织在选拔过程中所发挥的作用来看,有较为专业的管理性组织能够整合全国的相关资源并对足球运动进行较为专业的管理,是近代巅峰时期中国足球的一个较为重要的特征。上述组织早在 20 世纪 30 年代之前便已经成立,他们与其他类似的组织一道为当时足球运动的专业管理贡献着力量,这是巅峰时期能够到来的一个重要的因素。

三、场外因素与真实水平

一场足球比赛的结果除了取决于双方实力对比外,有时还要受到诸多场外因素的影响。受场外因素的影响而未能以最佳状态出战的中国队最终输掉了柏林奥运会足球赛首轮与英国队的比赛,但在这场及之后几场与真正意义上的欧洲劲旅交锋中,中国队用表现及成绩证明,处在近代巅峰时期的中国足球一定程度上具备了与部分欧洲足球强国相较量的实力。

在出征柏林奥运会前,中国队实际上已经确立了远东足坛霸

---

① 《世运足球代表队六比一击败葡萄牙》,《大公报》(天津版)1936 年 4 月 26 日,第 8 版;《世运足球代表队未出国门竟遭败绩》,《大公报》(天津版)1936 年 4 月 27 日,第 8 版;《世运足球队今午出国,昨以二比一败法商》,《大公报》(天津版)1936 年 5 月 2 日,第 8 版。

主的地位。从1915年至1934年,中国队连续获得了9届远东运动会足球赛的冠军;在其他与东亚、东南亚、南亚地区球队的交锋中,中国队也几乎赢下了其中绝大多数场次的比赛。① 但是,现代足球毕竟起源于欧洲的英国,较之亚洲足球,欧洲足球在实力上更胜一筹;且当时许多欧洲国家的足球运动已经进入了职业化阶段;②第二次世界大战爆发前,国际足联一共举办过3届世界杯,欧洲球队两次夺魁的事实是对欧洲足球发展水平最好的诠释。③ 虽然1936年前中国队也曾与多支由欧洲人组成的球队进行过比赛,但当时大多数优秀的欧洲球员几乎都在欧洲本土效力,因而与中国队交手的这些球队不是真正意义上的强队。④ 1936年中国队欧洲之行所面临的对手几乎都比之前的要更为强劲,这其中既有像维也纳这样来自奥地利业余联赛的冠军,也有像红星(Red Star)这样来自法国职业联赛的劲旅,且他们几乎都占据主场之利。⑤ 尤其此次欧洲之行的首个对手,在奥运会足球赛首轮与中国队交手的英国队,来自足球强国,其球员实力都很强劲,且对方对与中国队的这场比赛非常重视。⑥

---

① 从1915年第二届远东运动会起一直到1934年第十届远东运动会为止,中国队连续获得9次足球赛的冠军。

② 尹怀容、宋守训等著:《风靡世界的职业足球》,人民体育出版社1993年版,第7页。

③ 1930年世界杯冠军为乌拉圭队,1934年与1938年世界杯冠军皆为意大利队。参见饶广平主编的《世界足球大全》,人民体育出版社1990年版,第17、27页。

④ 李惠堂:《世运足球的展望》,《世界运动会足球特刊》1936年,第7~8页。

⑤ 孙锦顺:《中国足球代表队出征第十一届奥运会的前前后后》,文史资料出版社编:《奥运会与中国》,1985年版,第93~95页。

⑥ [法]阿尔弗雷德·瓦尔、[法]皮埃尔·兰弗兰基著;于虹译:《职业足球运动员的生活1930—1995》,山东画报出版社2005年版,第30页。赛前两个月,英国人就开始搜集有关中国队的信息。本场比赛开始前,英国国王特意给国脚发来电报,鼓励他们要维护国家荣誉。参见陈晴主编:《中国足球运动百余年发展史》《文学教育(上)》2018年第5期,第70页。

与对手相比,中国队虽然也具有一定的实力,但却因经费不足导致球队无法通过合理的饮食、休息、训练与比赛保持良好的状态并抑制伤病情况的出现,这是此次出征欧洲所面临的最大场外因素。经费问题是当时整个中国体育代表团所面临的最大的问题。虽然代表团曾向南京国民政府求助,但南京国民政府因财力有限只能给代表团拨出少量的经费。代表团出征所需的相当一部分经费是由中国足球队在东南亚通过筹款比赛的方式获得的。有关中国体育代表团当时遇到的经费问题以及中国足球队筹款比赛这两点,前人对此或没有太明确的阐述,或所述细节与史料呈现的内容严重不符。比如在《中国的足球摇篮:上海足球运动半世纪(1896—1949)》中,作者指出整个中国奥运代表团出征柏林所需经费为22万元,国民政府给代表团拨出17万元,中华全国体育协进会将其拨给除足球队以外的全部运动队,但据孙锦顺及叶北华两个人回忆,足球队所赚取的经费并非仅为本队所用,还有相当一部分汇给了在国内因经费不足等待出发的其他运动队。

　　在完成组队后,中国队先是为筹集赴东南亚的旅费在香港与港英联军队及香港联队各赛一场,随后赴上海集训并进一步磨合阵容,然后转到南京,在聆听国民政府高层的训示后,便于5月2日启程赴东南亚。从5月到7月,中国队先后转战越南、印度尼西亚、马来西亚、缅甸、印度等多国,与当地球队进行了18场比赛,虽然取得了16胜2平的好成绩,[①]并顺利筹集到了20余万元的经费,但过于密集的赛程及比赛中无法通过营养与休息来调节与恢复体力,致使筹款比赛结束后中国队的小伙子们几乎都筋疲力尽,

---

① 《世运足球队转战南洋所向无敌》,《大公报》(天津版)1936年6月27日,第8版;《我参加世运足球队又胜仰光锦标队》,《大公报》(天津版)1936年6月30日,第8版;《我世运足球队与印度媾和》,《大公报》(天津版)1936年7月6日,第8版。

有许多球员还伤痕累累。① 需要说明的是,此次赴东南亚中国足球队本是为自身筹集经费,但在筹款比赛结束后,中华全国体育协进会却派周家骐赴东南亚与足球队协商,请求拿出一部分收入以支援其他的运动队;队员们经过商议以后,决定以国家利益为重,向其他运动队拨出10万元。和今天赴客场比赛便可乘飞机不同,在民用航空业不太发达的当时,队员们赴海外比赛主要是靠海轮,即便许多欧美球队也是如此。已经疲惫不堪的中国队依旧要乘坐轮船的经济舱,而且还要到意大利转乘火车赴德国;抵达柏林时已经是7月底了,距离8月1日奥运会开幕仅剩几天的时间,而且中国队在接待、训练场地等方面受到主办方的重重刁难,这无疑更是雪上加霜。

有关奥运会足球赛的赛制及中国队参与的比赛所处阶段这两点,实际上在一定程度上体现了当时中国足球实力及国际上对中国足球水平的认可度。前人对此未曾有丝毫的提及。根据组委会的安排,参与柏林奥运会足球赛的队伍如果超过了16支,国际足球联合会会根据报名参赛球队及所属国足球发展的情况,于8月3日前组织一部分实力较弱的球队进行预选赛。通过预选赛决出的球队与之前未被安排参加预选赛的球队共同参加正赛阶段的比赛。据当时路透社的消息,截至6月20日,组委会确定已报名参赛的球队达到了18支。组织预选赛已经具备条件。但中国队并没有参加预选赛,而是参加8月3日开始后的正赛。由此可见当时中国足球的水平基本上得到了国际足球界的认可。正赛阶段采取单场淘汰制,首轮对阵

---

① 据孙锦顺回忆,在2个多月的比赛中,中国队的小伙子们为了节约经费,辗转时仅乘坐经济舱,住宿仅住最便宜的旅馆,吃饭仅吃最便宜的食物,而且搬运行李及收门票等也需队员们亲力亲为。在欧洲征战期间,许多球员是带伤上阵。参见孙锦顺:《中国足球代表队出征第十一届奥运会的前前后后》,文史资料出版社编:《奥运会与中国》,1985年版,第91、93页。

通过抽签来决定,①中国队抽到的是英国队。抽签结果出来后,中国队的小伙子们充满斗志,积极备战。在比赛中,中国队尽遣主力出场。②面对强大的英国队,中国队与其互有攻守,双方联手奉献上了一场精彩的比赛。上半场,中国队的小伙子们曾多次组织起有效的进攻,并数次威胁到英国队的球门,据当时在场上的叶北华回忆,如果不是英国队守门员发挥神勇以及孙锦顺的破门被判无效,中国队很有可能会在上半场便取得领先。孙锦顺利用一记重炮叩开了英国队的大门,但裁判判罚孙锦顺越位在先进球无效,不过据孙锦顺回忆当时他并没有处在越位的位置上。③上半场双方战成0比0。中场休息时,体育场的广播员以非常不可思议的语气播报了赛况。易边再战,在下半场头25分钟里,由于英国队更加重视中国队这个比较强劲的对手,因而双方呈现胶着的态势。不过比赛进行到70分钟后,中国队的体能急剧下降,英国队利用一次角球的机会趁中国队盯人不紧首开纪录。随后趁中国队队员思想波动注意力不够集中再下一城并锁定胜局。最终,中国队遗憾地以0比2告负从而惨遭淘汰。不过,即便如此,以当时其自身的状态及裁判的那次有争议的判罚,中国队有此发挥已实属不易。④

---

① 《本届世界运动会足球赛办法》,《世界运动会足球特刊》1936年,第10页;《本届世运足球日程:采淘汰制,在柏林体育场举行》,《世界运动会足球特刊》1936年,第11页;《柏林世界运动会足球比赛消息》,《体育季刊》1936年第2卷第2期,第162~163页。

② 本场比赛中国队的出场阵容是:门将包家平,后卫李天生、谭江柏,中场徐亚辉、黄美顺、陈镇和,前锋曹桂成、冯景祥、李惠堂、孙锦顺、叶北华。参见《世界足球大赛中英之战的详记和集评》,《足球世界(上海1935)》1937年第3期,第115页。

③ 孙锦顺:《中国足球代表队出征第十一届奥运会的前前后后》,文史资料出版社编:《奥运会与中国》,1985年版,第93页。在《中国足球的摇篮:上海足球运动半世纪(1896—1949)》一书中,作者误将孙锦顺的破门说成了曹桂成的破门。

④ 《世界足球大赛中英之战的详记和集评》,《足球世界(上海1935)》1937年第3期,第115页。

巅峰的写照

在结束了奥运会足球赛征程后,中国队出访德、法等国,先后与9支欧洲劲旅进行了对抗赛,取得了1胜3平5负的成绩。① 虽然这一结果仅能体现出当时中国足球与欧洲足球强国的差距,但结合比赛过程中的细节及当时自身情况,中国队确实有着较为出色的表现。这仅有的一场胜利是在对阵瑞士苏黎世联队的比赛中获得的,中国队以3比2击败对手,这也是近代中国的足球队在欧洲比赛取得的第一场胜利。三场平局中,中国队先后逼平了较为强大的红星(Red Star)、阿吉士(Ajax)、依士林顿三支球队。5场失利的比赛中,除与德国的法兰克福联队、法国的勒阿弗尔(Le Havre)、奥地利的Papid的比赛外,其余两场比赛都是以1到2球小负,而且中国队都取得了进球。需要说明的是,在与Papid的比赛中球队是因自身发生内讧无心比赛而酿成惨败的;在未能取胜的8场比赛中,中国队有几场是先取得进球,特别是在对阵法兰克福联队、依士林顿等球队的比赛里中国队是领先结束上半场,而且根据当时队中大将叶北华的回忆,中国队的丢球大部分发生在比赛进行到70分钟之后,这其中也许有经验与训练等方面的因素,②但结合中国队之前的经历,在这九场比赛中经常出现这种状况与其自身的状态有着较为密切的关系。

在整个出访欧洲的过程中,中国队的小伙子们在赛场上展现出的风貌和实力得到了欧洲人的认可。在全部比赛结束后,队中大将李惠堂受到了几支欧洲职业俱乐部的加盟邀请,这在一定程度上证明,当时的一些中国球员还具备了征战欧洲强国职业联赛的实力。③

---

① 孙锦顺:《中国足球代表队出征第十一届奥运会的前前后后》,文史资料出版社编:《奥运会与中国》,1985年版,第93~95页。
② 叶北华:《第十一届奥运会亲历记》,文史资料出版社编:《奥运会与中国》,1985年版,第97页。
③ 《李惠堂评传》,《足球世界(上海1935)》1935年第1期,第4页。

四、结　　论

　　自19世纪中后期传入中国后,现代足球在中国大地上呈现逐步发展之势头。到20世纪30年代前中期达到近代时期的巅峰。巅峰时期的中国足球具有较高之水平,而巅峰的出现得益于几代足球人为夯实基础提高管理所作出的努力。1936年出征柏林奥运会的中国队在建队及出征欧洲过程中的诸多细节是对这一切的真实写照。

　　通常情况下,一国国家级足球队在长期国际比赛中的成绩基本上可以反映出该国足球运动的发展水平。在出征柏林前,中国队通过远东运动会9连冠以及其他与远东球队进行的各项赛事中取得的佳绩,逐步确立了远东足坛霸主的地位。然远东足球乃至整个亚洲足球都远远无法与欧洲足球相媲美。此次出征欧洲的中国队挑战的是真正意义上的欧洲劲旅,虽然无法通过这仅有的10场比赛判断出当时中国足球在世界足坛中的位置,但以中国队的状态及在场上的表现可知,当时的中国足球不仅仅是远东一流,而且一定程度上具备了与部分欧洲足球强国相较量的实力。

　　构建一支强大的国家队需要一定的足球人才基础,尤其是一定数量的优秀足球运动员做支撑。至少到20世纪30年代前中期,当时的中国已经拥有了一定的足球人才。而这一基础的构建是几代中国足球人通过不断努力创造培养人才的结果,即不断推广足球运动、扩大足球人口,并在此基础上通过逐步形成的较为专业的训练模式及较为完备的比赛体系,尽可能多地将有志于从事足球运动的年轻人培育成优秀的足球运动员。这既是国家队实力强大成绩优异的根本原因,也是近代中国足球能够达到巅峰的根本原因。

　　从以中华全国体育协进会为主的体育管理组织在选拔队员组

建中国队的过程中所发挥的作用来看,巅峰时期的中国足球运动有较为专业的管理性组织,能够整合全国的相关资源对其进行较为专业的管理。这些组织早在20世纪30年代之前便已经成立,他们与其他类似的组织一道为当时足球运动的专业管理贡献着力量,这是巅峰时期能够到来的一个重要因素。当然,这类管理性组织的出现与中国足球人夯实基础的努力也是有着较为密切的关系。

虽然巅峰时期中国足坛有着一定的足球人口以及一定数量的人才基础,许多有志于从事足球运动的人可以接受较为专业的训练并可以参加体系较为完备的比赛,但这一时期中国足球运动的发展依旧面临着较为严峻的形势。首先,受区域经济发展不平衡等因素的影响,当时中国各地区足球运动的发展也极不平衡,这一点从参加选拔的队员所效力的球会便可看出。另外,由这届国家队出征的艰辛历程可知,受动荡政局及落后经济条件的影响,即便处在巅峰时期的近代中国足球有时也得不到足够的财力支持,这在很大程度上制约了当时中国足球运动的进一步发展。

尽管如此,近代中国的足球人依旧不断努力克服重重困难发展着这一运动。只可惜到了1937年后,他们热衷的事业受到了日本发动的全面侵华战争的严重冲击,受战争的影响,近代中国的足球运动再也无法恢复到巅峰时期的状况。让中国足球运动再现巅峰的重任也随之落到了新中国足球人的肩上。

(赵宇,中国社会科学院近代史研究所助理研究员)

专题笔会：孙中山与博爱莲

孙中山与莲花

熊月之

水陆草木之花,本为自然之物,天地造化,与人无涉。或浓艳欲滴或素净雅致,或挺直或弯曲,或刚劲或柔弱,或向阳或喜阴,亦其来有自,自成因果。一切物趣,都是人趣。"感时花溅泪,恨别鸟惊心",花鸟自花鸟,溅泪、惊心均属人为。然而,此花此鸟一旦进入人的世界,被人赋予意义,那便不再是独立存在,而是蕴含了特别意义的为人所化之物。自古以来,人类就有寓物以情、赋物以趣的传统,如《幼学琼林》所云:"莲乃花中君子,海棠花内神仙。国色天香,乃牡丹之富贵;冰肌玉骨,乃梅萼之清奇。兰为王者之香,菊为隐逸之士。竹称君子,松号大夫。萱草可忘忧,屈轶能指佞。"作为明代以后家喻户晓的启蒙读本,《幼学琼林》概括的这些花草品格,几乎成了中华花草意象的定评。

莲花作为君子的象征,最著名的是宋代周敦颐的《爱莲说》,称其"出淤泥而不染,濯清涟而不妖",为花之君子。除此之外,莲花还有其他多种意象:由藕断丝连生发出来的感情真挚;由莲子充实生发出来的生生不息。在佛教中,莲花象征净洁无染、清凉平静、慈悲为怀,释迦牟尼、阿弥陀佛、观音菩萨都坐在莲花台上。中山先生具有丰厚的文化素养,对这些与莲花有关的文化了然于胸,其家乡更是具有悠久而丰富的植莲爱莲传统。所以,他在1918年,为了感谢日本友人田中隆先生对中国革命的热情支持,在书赠

"志诚感神"和"天下为公"条幅的同时,特赠四颗莲子,并表示:"这是我从中国带来的莲子,是我们故乡的。日本和中国应该像这莲茎上长出来的两朵莲花;而日本和中国就像这藕丝一样,在任何外国势力施压下也分不开。在古代中国,牡丹表示富贵,菊花表示隐士之清廉,莲花则表示君子之间的高尚友谊。今天,将此莲子赠与田中先生,请田中先生把它培育开花。当这些莲子开花的时候,中国革命也会成功,东洋也会带来和平。"

这段话包含四层意思:其一,中日两国共同兴盛,如同莲茎上的两朵莲花;其二,中日两国永远友好,不惧任何压力;其三,中日两国人民应为互相友好做出不懈努力;其四,中日两国未来一定更加美好,一定会迎来东亚和平。

中山先生是极富人情味的伟人,善于通过赠送条幅、照片、名片或题字来联络友情,拓展关系。但是,赠送莲子,似仅此一例,也体现了中山先生更深一层的情趣。因为,莲子本身就有如上所述的文化意象,又是有生命之物,可以代代繁衍、无限扩种。赠送莲子,是赠送情义,也是赠送希望,赠送未来。1918年,那是中国国际国内形势危急年代,是日本提出二十一条以后的年代,是中日两国关系紧张年代。中山先生戎马倥偬之际,有此眼光,有此情趣,可见其良苦用心!

果然,他特意赠送的四颗莲子,在不同国度,不同城市,繁衍为孙文莲、中山莲与逸仙莲。现在,民革上海市委和上海中山学社又培育出"博爱莲"。博爱,是中山先生一生奉行的崇高价值,与莲花君子意象正相契合。可以相信,只要两国人民不懈地努力下去,中山先生期待的中日两国共同繁荣、世代友好,一定会像莲花那样,中通外直,不蔓不枝,亭亭净植,香远益清。

(熊月之,上海社会科学院研究员,中国史学会副会长)

博爱莲应时而生

王慧敏

2020年适逢民革上海市委会成立65周年,孙中山先生逝世95周年,继承和发扬孙中山精神是民革的优良传统和基本特色。结合第十四届民革上海市委会花文化重点工作的总体部署,民革上海市委、上海中山学社和上海辰山植物园(中国科学院上海辰山植物科学研究中心)携手开展了"孙中山与莲文化创新发展"的跨界合作,"博爱莲"应时而生。

一、孙中山与莲文化的历史故事:赏莲花、赠莲子、食莲藕

孙中山一生为振兴中华四处奔忙,无论是他的著作,还是在后人的研究史料中,鲜见涉及花的内容。在花文化的研究中,我们了解到孙中山与莲花、莲子、莲藕的三则故事,发现先生家乡爱莲的文化传统,根植在孙中山的心中,孙中山不仅深谙中国传统花文化的人格化内涵,赞赏莲花"出淤泥而不染"的高尚品格,并娴熟"以花交友""以花喻人"的魅力外交,留下用花文化助力革命事业生生不息、代代相传的美丽佳话。

1. 西湖赏莲花。应浙江督军兼省长吕公望邀请,1916年8月16日孙中山从上海去杭州,正值西湖荷花盛开,孙中山一行前往

观赏。据1916年8月19日上海《民国日报》和《新闻报》报道：过湖至公园游览,孙先生自采荷花,笑曰:"中华民国当如此花。""笑"让我们看到革命伟人与普通人一样,拥有爱花的天然情结;"当如此花"则让我们看到革命伟人心系中华、心系祖国的博大情怀,以及"见花思国"的崇高境界。

2. 漂洋过海赠莲子。第一次护法运动失败后,1918年5月4日孙中山辞去大元帅职,6月去日本下关与曾经资助他革命的日本友人田中隆(1866—1935)相见。在《孙中山年谱长编》(陈锡祺,1990)和《孙中山辞典》(张磊,1994)等文献资料中记载:此次见面,孙中山为其白绢题写"至诚感神",并赠送古莲4枚,以示中日高洁君子之交开花结果。在日本荷花专家古幡光男所著《孙文莲》一书中,详细地描述了孙中山赠送莲子时与田中隆先生的对话:"这是我从中国带来的莲子,是我故乡的。在古代中国,牡丹表示富贵;菊花表示隐士的清廉;莲花则表示君子之间的高尚友谊。当这些莲子开花的时候,中国革命也会成功。"可见,孙中山对牡丹、菊花、莲花等中国传统的花文化有深刻的领悟,用莲子表达高尚的君子情操,致谢友人,是赋有创意的文化礼仪。莲子具有顽强的生命力,千年古莲也能发芽开花。在1918年革命失败的特殊年份,孙中山漂洋过海赠送莲子,亦是传播希望的种子,表达革命一定会成功的坚强信念。

3. 故居展陈的红烧莲藕。在孙中山的故乡广东中山市实地调研中,我们走访了中山市对外友好协会会长韩泽生、中山市社会科学联合会会长胡波、中山市外事局副局长孙海卿、孙中山故居纪念馆馆长黄健敏、中山市花卉协会会长刘思扬等,切身感受到中山人植莲爱莲的情结,以及浓郁的莲花文化氛围。在孙中山故居农耕文化展示区,有几个荷花池,分别种植孙文莲、逸仙莲、中山莲和中山红台等以孙中山命名的莲花;故居建筑,以雕塑、绘画、楹联等装饰艺术,展示了丰富的莲文化;最令人印象深刻的是,故居厨房的陈列品中有一碗红烧藕段,是当年孙中山先生喜爱的美食,仿佛述说着政治伟人与莲文化之间藕丝般的万缕联系。不少人曾有这样的疑惑,孙中山先生为何会随身携带莲子东渡日本呢?或许可以用"乡愁"来解读,莲子发芽生根形成的莲藕,正是孙中山记忆中难忘的"家乡的味道"。

二、孙中山与莲文化的现实故事:孙文莲、中山莲、中山红台、逸仙莲

在国际上,以名人命名花卉新品种有悠久的历史,如法国的月季、新加坡的兰花、荷兰的郁金香等,都成为传播本国文化的载体,传递友好情谊的美丽使者。"孙中山先生是伟大的民族英雄、伟大的爱国主义者、中国民主革命的伟大先驱"(习近平,2016),在现实生活中,除了我们熟知的中山路、中山公园、中山学校、中山医院、中山装等,各地还用"孙中山"来命名花,以纪念一代伟人。就莲花而言,目前有4个品种同孙中山相关,分别是日本友人命名的"孙文莲"、中山市的"中山莲"和"中山红台"、南京市的"逸仙莲",这些莲花的背后不仅具有传奇故事,也成为弘扬中山思想、传播莲花文化、推进对外友好的经典案例。

1. 孙文莲。田中隆1918年获孙中山赠送的四颗莲子,将其视为"传家宝"存放在金库保管,后为其子田中隆敏继承。1959年9月,田中隆敏委托日本著名荷花专家大贺一郎博士进行培育。当时的四颗莲子,一颗已经发霉,留存的三颗经培育发芽,可惜一株苗被老鼠吃了,另一株枯萎了,仅幸存一株宝贵的幼苗,在精心呵护下,于1962年8月7日绽放第一朵花,被命名为"孙文莲"。

从四颗莲子到"孙文莲",至今已穿越百年历史,背后的传奇故事还有许多未解之谜:孙中山随身携带的四颗莲子来自何处?是别人赠送的还是孙中山先生本人亲自采集的?是野生莲还是栽培

品种？它同其他莲花的亲缘关系如何？诸如此类的等等问题，均尚无定论。关于莲子的来源目前有三种不同说法：一是辽宁普兰店古莲子(张磊、杨瑞云)；二是杭州西湖的莲子；三是广东中山的莲子(李尚志、李素霞)。目前，上海辰山植物园(中国科学院上海辰山植物科学研究中心)的荷花专家、国际荷花登录权威田代科博士正在综合实地考察、人物访问、文献调研、形态学和分子生物学等多种方法进行研究分析，相信不久谜底就会揭晓。

特别值得一提的是，"孙文莲"自开花之日，就成为中日友好的使者。据《人民日报》报道，1972年中日两国正式建交后，日本作家富成博带着"孙文莲"访问北京，并将其赠送给了北京中山公园，"孙文莲"第一次回到故土；1979年，日本唐招提寺主持森本孝顺长老，将"孙文莲"等一批珍贵的荷花品种交给了在日访问的邓颖超，后由中国科学院武汉植物园栽育；1986年和1991年日本荷花专家古幡光男先生，先后两次赠送"孙文莲"的藕种给台湾，种植在台北故宫博物院内；1995年，下关市中日友好协会会长金田满男先生赠青岛"孙文莲"，并亲自栽种在青岛中山公园内；2011年10月10日，辛亥革命百年纪念日，青岛中山公园在全国中山公园联谊会上将"孙文莲"的分株赠送给全国各处的中山公园；2018年，日本京都花莲研究会理事、事务局局长金子明雄将"孙文莲"莲根交给孙中山先生曾孙孙国雄，带回孙中山家乡广东中山市，"一朵莲花，百年情缘"的故事，成为全国对外友好协会《如何讲好中国故事》的33个经典案例之一；2019年，孙中山先生的母校——广东中山翠亨小学将"孙文莲"作为礼物赠送给南京市中山小学；2020年，南京市中山小学赠送莲子给全国多地中山小学，在小学生中开展丰富多彩的莲文化活动。

2. 中山莲和中山红台。重瓣的白莲和红莲是广东中山长期种植的品种，一直没有正式命名，直至2002年，被誉为"荷花夫妻"的中国荷花专家王其超、张行言夫妇到中山考察荷花资源，鉴定这两种莲花是中山特有的本土品种,因中山市是孙中山的家乡,教授夫妇将白莲命名为"中山莲",红莲品种命名为"中山红台",2005年入选《中国荷花品种图志》。

3. 逸仙莲。由南京艺莲苑的荷花专家丁跃生培育而成,2006年首次开花,因"与孙文莲近似,故以孙文字逸仙命名"。"逸仙莲"有中美莲杂交血统,株高、花大、花期长,能结实。除了广东中山孙中山纪念馆、台北孙中山纪念馆等地外,全国其他许多单位和个人有收集栽培。

三、博爱莲:故事之花、文化之花、创新之花

孙中山与莲之花、莲之子、莲之藕的故事,尽管史料记载不甚丰富,还有待进一步挖掘和考证,但却为研究和学习孙中山提供了一个全新的花文化视角。日本、广东、江苏等地以孙中山命名莲花,围绕中国传统莲花文化讲述孙中山的故事、开展对外交流和廉政教育活动的实践,开启了"以花为媒"传承和弘扬孙中山思想的文化创新路径。"继承和发扬孙中山精神"已经写入民革党章,是每个民革党员肩负的历史使命,孙中山倡导的博爱思想,铭记在民革党员的心中,落实在民革党员的行动中,形成了博爱基金、博爱助学、博爱讲堂、博爱画苑、博爱图书等民革系列品牌。为纪念民革上海市委会成立65周年、孙中山逝世95周年,民革上海市委、上海中山学社和上海辰山植物园(中国科学院上海辰山植物科学研究中心)联合推出"博爱莲"。

"博爱莲"是上海辰山植物园(中国科学院上海辰山植物科学研究中心)田代科博士课题组历经数年培育而成的莲花新品种,民革上海市委和上海中山学社受邀为其正式命名,"博爱莲"的命名仪式将于2020年6月底在上海民主党派大厦举行。应时而生的"博爱莲",不仅仅是一个莲花新品种、一朵美丽高洁的莲花,她是

延续孙中山与莲花百年历史的"故事之花",是传播孙中山思想的"文化之花",是学习孙中山精神的"创新之花"。

1. 故事之花。在大众传媒时代,讲故事是思想传播最有效的方式,孙中山与莲花、莲子、莲藕的故事,本身富有传奇色彩,引发探究的欲望;延续百年仍然鲜活,拥有生生不息的自然之美,故事具有极强的生命力和形象意义;海内外影响深远,拥有跨越时空的普适意义,故事具有深入人心的情感魅力。用"博爱莲"讲述孙中山的故事,就是要"以花为媒",把孙中山思想、孙中山精神寓于其中,通过"讲事实说服人,讲形象打动人,讲情感感染人,讲道理影响人"(习近平,2016)。花是大众语言、美丽语言和国际语言,相信无论是莲花、莲叶、莲子、莲藕本身的故事,还是孙中山与莲的故事,及其背后的思想和精神,一定"使人想听爱听,听有所思,听有所得"(习近平,2016)。

2. 文化之花。莲花,有30多种别称,荷花、芙蓉、芙蕖、菡萏、芰荷、水芸、水旦、泽芝、水华、君子花、净友、凌波仙子、六月花神等,是具有深厚传统文化意蕴的中国名花。经过数千年的积淀,莲文化已经成为中国传统文化宝库中一颗闪亮的大众明星,拥有多种文化样式,包括:(1)入茶、入食、入药等贴近大众生活的物质文化。人们春天植莲,夏天泡一壶清凉的荷叶茶,秋天炒一盆清香的莲藕、冬天煮一碗养生的红枣莲心,人与莲四季相伴。(2)入诗、入画、入景等深受百姓喜爱的精神文化。在我国的文学艺术、音乐歌舞、戏剧曲艺、书法绘画、雕刻装饰、建筑园林中莲花比比皆是。入诗最早见于《诗经》:"山有扶苏,隰有荷华",莲在我国园林应用历史长达2 500年,荷花池是中国风景名胜的"标配"。(3)人格化、意象化、符号化的文人文化。周敦颐著名的《爱莲说》家喻户晓,塑造了莲花"出淤泥而不染"的君子人格,成为高洁品格的象征,用来规范人们的道德行为。(4)和谐、廉洁、吉祥、美好的民间民俗文化。民间传说农历六月二十四是莲花的生日,也即是"莲花节";民间以莲花比喻为官清正,如画青莲和一只白鹭组成的图画,名为"一路清廉"。

莲文化融大众文化、精英文化、高尚文化、民俗文化、宗教文化于一体,是自带流量的文化 IP,"博爱莲"正是传承和弘扬孙中山思想的大众文化载体,让人们在植莲、养莲、画莲、咏莲、赏莲、赞莲、食莲等文化活动中,营造情景式、体验式和沉浸式的学习氛围,使人想学爱学、学有所乐、学有所获、学有所动。

3. 创新之花。"博爱莲"由民主党派、孙中山学术团体和荷花科研机构共同策划,联合推出,是融合多方智慧的跨界创新产物。作为创新之花,在实践中要发挥学习、交流、教育等多元创新效应,拓展科普、生态、健康、产业等多种衍生效应,最终形成"博爱莲"的品牌效应。设计各种愉悦人、打动人的创新载体,让孙中山的思想和精神在潜移默化中走近大众,让博爱的种子播撒在每个人的心里,绽放出永不凋谢的博爱之花,汇聚成庞大的社会正能量和内生动力,为孙中山先生振兴中华的梦想继续奋斗,这正是我们对孙中山先生最好的纪念。

(王慧敏,上海社会科学院研究员,民革上海市委副主委,上海中山学社常务副社长)

中山思想的具象化传承与弘扬

廖大伟

孙中山一生是革命的一生,也是博爱的一生、与时俱进的一生。孙中山的事功、精神和思想已经成为全球华人共同记忆和凝聚亲和的宝贵资源,如今应当更好地传承和发扬。

孙中山认为,"博爱"这个词可以理解为"兄弟""同胞","当中的道理,和我们的民生主义是相通的。因为我们的民生主义是图四万万人幸福的,为四万万人谋幸福就是博爱"。他说中国历史上不乏博爱的思想和实践,"古代若尧、舜之博施济众,孔丘尚仁,墨翟兼爱,有近似博爱也者",但是这些皆是"狭义之博爱,其爱不能普及于人人",而是应该提倡"社会主义"的博爱,广义的博爱也。"社会主义为人类谋幸福,普遍普及,地尽五洲,时历万世,蒸蒸芸芸,莫不被其泽惠",这种"社会主义"的博爱,才是真正的博爱。孙中山指出,博爱、平等、自由,暨是"人道主义",也是"社会主义之真髓"。在解释为什么要进行革命时,孙中山回答说革命正是为了追求"自由、平等、博爱三者而已"。"仁之种类,有救世、救人、救国三者,其性质则皆为博爱。"所以革命并不断地革命,就是为了为民众谋幸福,"为四万万人谋幸福"就是博爱。大家"一心一德,共济时艰",这样的爱是大爱,不是小爱。大爱为公爱而非私爱,与仅仅"爱父母妻子者有别"。因为"其所爱在大","故谓之博爱"。他希望整个世界充满博爱,他说,"现在世界文明未达极点,人类智识,犹不免于幼稚,故以武装求和平,强凌弱,大欺小之事,时有所闻。然使文明日进,智识日高,则必能推广其博爱主义,使全世界合为一大国家,亦未可定"。

从"为生民请命"懵懂小伙,到成为伟大的爱国者、民族英雄和民主革命先行者,孙中山的一生从未离开过博爱的呼唤和使命,即使在他从事反清革命和抗击军阀的时候,博爱的思想也未远离过他的心头,只不过他对"博爱"有着辩证的看法和清醒的认识,博爱的内容也随着时代洗礼和具体实践而不断得到升华和丰富。

孙中山长期被迫流亡海外,一生居不久远。终年59岁的他,大约一半的时间在国外奔波,一半的时间公开或秘密地待在国内。在31年的革命生涯中,孙中山曾先后27次到过上海(含上海附近地域),就国内而言除老家香山外,他在上海先后待的时间比在老家的省会广州都要多。从早期北上了解国情到上书李鸿章,从辛亥革命高潮中由欧洲直接回沪到筹组南京临时政府,从撰写《建国方略》到确定联俄、联共、扶助工农三大政策,促成国共两党第一次合作,等等,所有这一切无不与上海息息相关。所以说,上海是孙中山革命事业的重要空间之一,是他施展抱负、贡献建树的中心舞台之一。

再进一步地说,上海之于孙中山有三个"最":

一是政治生涯最辉煌的地方。1911年12月15日,他从欧洲直接回国到上海,经过党内统一思想和分头布置,不久在这里获悉当选中华民国临时大总统,然后新年元旦这一天从这里出发前往南京就任临时大总统。

二是思想理论最成熟的地方。1916—1919年,孙中山在这里潜心著书立说,先后完成《民权初步》《孙文学说》《实业计划》并陆续出版,1922年春,孙中山经过修改和调整,将三者编汇成《建国方略》,由上海民智书局出版。《建国方略》是孙中山为中国国民党制定的指导思想和基本原则,也是孙中山构建的资产阶级共和国的蓝图。这部著作饱含着他的长期思考和理论精华,是他一生为之追求的理想目标,即使今天仍熠熠生辉,具有启示意义。1922年8月,孙中山与中国共产党领袖人物李大钊在上海见面,并诚挚希望李大钊加入国民党。次年孙中山与苏俄代表越飞在上海联名发表了《孙文越飞宣言》,为第一次国共合作奠定了基础,也再一次证明孙中山能够不断地与时俱进。

三是爱情生活最甜蜜的地方。上海这段岁月,是他一生最为安定美好的时光。他1916年携爱妻宋庆龄回国,夫妇俩先是租住上海环龙路63号(南昌路59),后来居住莫利哀路29号(香山路7号),一直到1924年11月孙中山抱病北上呼吁和平。这8年多时间,孙中山在上海著书立说、接见各方和运筹党务,还曾数度南下广州,但待在上海的时间相对更多,法租界环境条件相对安逸。无论是在上海,还是南下广州,宋庆龄始终相伴左右,上海的这段时光属于孙中山和宋庆龄两个人最好的记忆。

北宋理学大师周敦颐有《爱莲说》,赞美莲花"出淤泥而不染"的品格。孙中山的一生致力于革命事业,在世界各地奔波漂泊,无暇顾及摆弄花卉,但对莲花从小喜爱有加。1916年8月16日,孙中山一行游览西湖,时值莲花盛开,他情不自禁摘了一朵莲花,微笑着说,"中华当如此花",希望中华像莲花那样灿烂芬芳。1918年6月,孙中山东渡日本,为感谢房东田中隆先生对当时中国革命的大力支持和帮助,亲笔题写"至诚感神"书帖赠送田中隆,同时赠送的还有来自家乡香山、象征君子友谊的四颗莲子,希望能在东瀛国土上生根、开花、结果,希望两国同志友谊长存,东亚和平!后来田中隆后裔将这四颗莲子培育开花,命名为"孙文莲",在孙中山先生诞辰150周年之际,"孙文莲"重回孙中山先生的故乡。

孙中山精神感人至深,孙中山思想博大精深,孙中山影响历久弥新。现在,孙中山当年赠送的莲子已经开花并推广至海内外各地,此外,还有"中山莲""逸仙莲"。博爱是孙中山的一贯思想和精神写照,如果以莲花为载体,这个载体能阐述中山思想与精神,展示先生的博大胸怀和山高精神、高山景行,体现他的大爱大德,我以为取名"博爱莲"是个很好的创意,它是具象的中山思想的传承与弘扬。

(廖大伟,上海大学文学院历史系教授,中国孙中山研究会副会长)

孙中山的莲花情结与
中山人的荷花世界

胡 波

中山市是一个百花盛开、四季如春的地方。自古就有"神仙茶丛生焉,色香俱绝"和"地多神仙花卉,故曰香山"的说法。在中山人的世界里,花既是美的象征,又是文化的符号,更是人的一种精神寄托。

近代中国民主革命的先行者孙中山先生,从小生活在百花吐艳、五彩缤纷的香山县翠亨村,对兰溪河畔的花草和金槟榔山上的树木,以及翠亨村周围迎风招展的花朵,自然有着特殊的情感。他赠送给日本朋友四颗家乡的莲子,说明他对故乡百花的钟情和对莲花独特的偏爱。

中山位于珠江三角洲的中南部,阳光、雨水、土壤、气候等自然环境和地理条件,都有利于荷花的生长发育。唐代郑愚在《泛石岐海》诗中,就有"鬓愁蒲柳早,衣怯芰荷秋"的诗句,表明至少在唐代,香山地区已有种植荷花的现象。明代黄仲翁《邑八景诗》中,有"天池方半亩,半亩尽荷花。借问荷花主,蓬莱是主家"的赞诵。明代黄佐在《石岐夜泊》中,亦有"道出青门月子冈,浴凫飞鹭满莲塘"的诗句。"荷花"频频入诗,既表明香山地区素有培植荷花(莲花)的传统,又显示了香山人偏爱荷花(莲花)的情结。

孙中山生长在这样一种生产生活与文化习俗都洋溢着荷花清

孙中山的莲花情结与中山人的荷花世界

香雅洁之气的文化环境里,自然对荷花的品种、特征、习性、价值和作用等有着深刻的印象。1918年6月,孙中山为了感谢日本友人对中国革命的热情支持,赠送四颗莲子给田中隆先生,并郑重地表示:"这是我从中国带来的莲子,是我们故乡的。日本和中国应该像这莲茎上长出来的两朵莲花;而日本和中国就像这藕丝一样,在任何外国势力施压下也分不开。在古代中国,牡丹表示富贵,菊花表示隐士之清廉,莲花则表示君子之间的高尚友谊。今天,将此莲子赠予田中先生,请田中先生把它培育开花。当这些莲子开花的时候,中国革命也会成功,东洋也会带来和平。"

显然,孙中山深知莲花和莲子的品格和特性,也明白莲花的喻意与象征。将"四颗莲子"作为真挚友谊的代表和乐观自信的物证,送给最值得尊敬和感谢的朋友,这也表明孙中山看重莲花的品格,了解莲子的属性,确信莲子的再生。身处逆境、人在他乡中的孙中山,借家乡莲子顽强的生命力和高尚的品格以自况。

孙中山珍重友谊,爱惜名誉,心有所寄,情有所系,去国怀乡,屡败屡战,始终像莲花一样"出淤泥而不染,濯清涟而不妖,中通外直,不蔓不枝,香远溢清,亭亭净植",俨然如莲花一样有君子之风。

孙中山喜爱荷花固然受中国荷花文化的影响,但家乡的荷花文化对他的熏陶,也许更加直接。中山的名花红莲和白莲,均由野生莲演化而来。白莲为重瓣型,洁雅清逸,气质非凡。其优点是花茎大,着花密,心皮多,结实高,群体花期长,观赏价值高。红莲的花瓣瓣化程度高,心皮瓣化,花色艳丽,醒目端庄,其特点是花期早,群体花期长,是其他荷花所不能比拟的。

中山人的爱莲情结和荷花文化,内容丰富,形式多样。莲花的培植和食用,有品种的多样性和培植方法的特殊性,以及食用的奇异性。在多数香山人的心目中,莲花固然可以一物多用,尤其是经过加工制作后可以作为美味佳肴,甚至可以起到药物的功效,但是莲花"出淤泥而不染,濯清涟而不妖","中通外直,香远益清","可远观而不可亵玩"的君子品格,却总是令中山人魂牵梦绕,爱得如痴如醉。

在龙头环村的周氏宗祠里,就有不少与莲花有关的景物和故事。周氏宗祠后殿门联书写着"道源衍派,理学流徽";前殿朱漆屏风上刻有"爱莲世泽",中堂悬挂鼻祖周敦颐那著名的《爱莲说》,而祠堂天井里常年摆放着一缸莲花。用周氏家族后人的话说:莲花是周氏家族的爱好,也是督促我们后人要像莲花一样,为人正直,洁身自好。

中山人不仅在池塘、田野里种植莲花,生产莲藕,采摘莲蓬和莲子,而且还在建筑物的装饰、居室摆设、日常生活用品以及家训族规中,注入了丰富的莲花文化内涵,使其在文化上和精神上起到愉悦身心、陶冶情操、化育性灵的积极作用。曾是香山县辖的澳门卢廉若公园内,虽然有假山飞瀑、荷池柳岸的景致,但更有"出污泥而不染,亭亭净直;干云霄以无尘,习习清冷"和"莲青竹翠无由俗,柳色波光已斗妍"的门联先声夺人。

在中山人的内心世界里,除了作为自然景物的莲花之外,还有人格化和文化化的莲花,都是值得呵护和景仰的圣洁清正之花。"中山莲"就是自然植物之莲,更是社会文化之莲,它们共同孕育了孙中山的莲花情结,也构成了中山人的荷花世界。

像绝大多数中国人多神信仰一样,中山人也在学儒行儒的同时,还有着道心和佛性,更在社会生产和生活中形成了自己的莲花情结,也不断地在思想观念和社会实践中构成了自己的荷花世界。他们以莲花自况,甚至以莲花自命,在培植和观赏莲花中不断地进行自我心性的调养和人格的完善。

孙中山先生就曾以莲花廉洁雅静自况,并向日本朋友表示自己心如明镜,性如莲花,崇尚君子之道。买办商人和思想家郑观应,也曾有过借莲花以自持的表白。在近现代中山名人的诗文著作里,同样有不少用莲花喻人格的做法。中山人种植莲花,重其品

孙中山的莲花情结与中山人的荷花世界

性而不在其果实,所需要的不是莲花盛开的景致,期望的是人性的莲花和心灵的莲花。莲花成了中山人修身立德、成人成才的动力,也成为教化育人的张本。在中山人的生活世界和精神世界里,莲花无处不在,无时不有。

1988年开始的中山"慈善万人行",是常开不败的爱的莲花,到如今已有30多年的历史。它让中山大地到处洋溢着博爱的热情,也使这个社会处处都散发出欢乐和谐的气息。莲花也是荷花,有着廉洁的谐音与和谐的寓意。中山人齐修身,行善举,固然是践行社会主义核心价值观的自觉表现,但同时也有传承香山文化,重建中山人文精神的意韵。

总之,莲花纯洁而清正,低调而高雅,是中山人道德的体现,也是中山人人格的化身。

(胡波,中山市社会科学界联合会主席)

札记与史料辑存

令人肃然的学术论著
——陈伟桐《谭嗣同〈仁学〉研究》评介

丁凤麟

提起谭嗣同,国人皆知其为戊戌六君子之首,其代表作更非《仁学》莫属。然而多年以来,学术界虽有不少研究《仁学》的文章问世,但却未见研究《仁学》的专著出版,深以为憾。

值得庆幸的是,数月前,笔者收到多年未见的老同窗陈伟桐从杭州寄赠的书,展开一看,竟然是浙江大学出版社2019年7月出版的陈伟桐著《谭嗣同〈仁学〉研究》,不禁喜出望外。更令我惊诧的是,从其题为《我的五十年〈仁学〉路》的序言中获知,这是他在五十年的教学与研究过程中孜孜不倦探求的学术成果。过去,我们只知道他在求学期间,便对谭嗣同的为人及其《仁学》颇有兴趣,但根本未想到他在走南闯北的数十年人生旅程中,一直对此课题锲而不舍,到了古稀之年,方才献出这部带有补缺性质的学术专著,更使我对这位老同学肃然起敬。

陈伟桐在这部12万字的学术专著中,从"如何解读谭嗣同《仁学》"入手,阐述了梁启超、康有为、宋恕和陈宝瑄等人对谭嗣同及其著作《仁学》的影响和启发;进一步阐述了《仁学》的体系结构,尤其是仁学中"仁"与"元"的关系,"无"与"有"的关系,乃至仁学中的佛学思想;接着,作者对《仁学》中的要点和难点进行了解读,认为《仁学》中贯穿的平等思想"来自精神对现象的每一次克服";作者还重点阐述了《仁学》的设计理路，指出谭嗣同的"以太为仁"是担当唯心主义的"预设"，"从理学到仁学"体现了晚清思想界"哲学形态之重构"；作者进而对《仁学》的成就进行了阐述，他从《仁学》在哲学上的创新成就着眼，指明谭嗣同的《仁学》和黑格尔的《精神现象学》具有不少相似之处，更从梁启超对《仁学》的总体评价——"实禹域未有之书，抑众生无价之宝"，指明谭嗣同确实堪称近代中国的思想巨人；最后，作者还对《仁学》的影响进行了重点爬梳，剖析了谭嗣同对新儒家、熊十力乃至陈独秀的影响，并指出《仁学》对新文化运动的深厚启迪，进而提出"复兴儒家可从《仁学》开始""中国人接受辩证法是马克思主义传入及谭嗣同倡导的共同结果"的重要论述。

陈伟桐通过缜密研究和多侧面的论述，得出了如下结论：谭嗣同的《仁学》，是其吸收了多种文化资源所获取的学术成果，《仁学》不同于孔子的仁学，不只讲个人道德的提升，而是谋求社会革命及人民解放的一门新的精神哲学，从而具有无与伦比的时代性和社会感召力，对近代中国的思想解放具有浓厚的启蒙作用。

经过陈伟桐对《仁学》的多层次剖析，我们就不难理解，当年梁启超在《清代学术概论》中，为何推崇谭嗣同为晚清思想界的一颗"彗星"，为何当年谭嗣同在撰写《仁学》后，"书成，自藏其稿，而写一副本畀其友梁启超；启超在日本印布之，始传于世"。梁启超进而写道："嗣同遇害，年仅三十三，使假以年，则其学将不能测其所至。仅留此区区一卷，吐万千光芒，一瞥而逝，而扫荡廓清之力莫与京焉，吾故比诸彗星。"

简介至此，我更从心底里感佩老同学陈伟桐的不懈努力使谭嗣同《仁学》的内涵及其学术成就能多侧面地公之于世，为我国近代思想史研究提供了一本颇有启迪性的学术成果，可喜可贺。

（丁凤麟，《解放日报》退休高级编辑）

谈谈光绪十四年王韬的山东之行
——读王韬晚年信函的札记

陈正青

近代著名学者王韬,1828年(道光八年)出生于苏州甪直,经过几十年异乎寻常的奔波,晚年从1884年(光绪十年)起,在上海定居了十四年,于1897年(光绪二十三年)去世。我最近两年在收集王韬晚年的信件、文章,看到有他致盛宣怀、谢绥之、孙少襄等人的一百多封信函,其中有好多信函记叙了光绪十四年,王韬从上海去山东前前后后的一系列事情,发现有些可以补充以前的资料,有些可以更正以前的资料,再查找对照了一些有关资料,随手做了一些札记。现在我把这些札记的内容整理出来,与大家共同阅读,共同研究,共同探讨。

王韬怎么会有山东之行的?

王韬是应山东巡抚张曜邀请而去山东的。张曜(1832—1891),字朗斋,晚清名臣。他与王韬本是两种不同的人,一位是统领千军万马的著名武将,封疆大吏,盛情邀请王韬去山东济南他的官邸做客;一位是兼通中文西学的饱学之人,布衣寒士,欣然应张曜之邀,甚至有点受宠若惊。王韬青壮年时游历很广,见识颇多,曾在英国、法国、日本等国家漫游,还在香港旅居多年,有这样经历的人当时是极少的,而到了晚年,他却对相隔不太远而且较落后的山东那么感兴趣,还欣然有山东之行,我认为有以下几点原因。

首先张曜非常尊崇王韬。当年张曜收复新疆,抵御英俄,有较大业绩,本可以做布政使,但有人参奏他"目不识丁",朝廷就只给他较低级的总兵这个官职。张曜发愤镌刻了"目不识丁"的印章,佩带在身,努力读书。后来朝廷考核他已有一定文才了,于1886年(光绪十二年)升任他为山东巡抚,高为二品大员。王韬是当时著名文人,办报纸,开学堂,懂洋务,致力西学东渐,主张变法自强。张曜重视王韬的学问才能,想跟他熟悉洋务,学习洋务,更好地治理山东,就于光绪十三年十月写信邀请王韬去做客①,可惜这封信至今没找到。

同时王韬也非常仰慕张曜。他说张曜"用兵二十年,转战数千里,于时风尘澒洞,戎马倥偬,被命即行,不惮劳瘁"②,还说他"经纶兼文武,威望震遐迩。用兵如神,有战必克"③,甚至赞美他"气量之恢廓,识力之超迈,前无古人,后无来者"④,推崇备至,评价极高。王韬认为有如此名将赏识自己,邀请自己,那么就一定要去山东,"即使异地异时,犹将越国过都而往见,百世之下,闻风兴起,况乎其为竝地竝时也哉!"⑤

还有,张曜礼贤下士的作风气度,让王韬感到有知遇之恩。王韬赞誉张曜:"抚兹山左⑥也,侧席以求士,开馆以延英,幕府中不乏奇材异能,远近名流,翔集奔赴,求一顾以为荣。"⑦王韬甚至称颂张曜"爱才下士,礼贤任能,近今大臣中实所罕见"。⑧ 王韬在感

---

① 见张志春先生著:《王韬年谱》,河北教育出版社1994年版。
② 见《弢园尺牍续钞》卷六《答沈荔之大令》。
③ 见《弢园尺牍续钞》卷六《与蔡和甫观察》。
④ 见光绪[十五]年四月二十日《王韬致盛宣怀函》。
⑤ 见《弢园尺牍续钞》卷六《答沈荔之大令》。
⑥ 山左,即山东。
⑦ 见《弢园尺牍续钞》卷六《与蔡和甫观察》。
⑧ 见《弢园尺牍续钞》卷六《答沈荔之大令》。

慨之余自问："韬何人？斯得豫斯列,故感知遇之恩,亟思力亟而东迈。"①张曜接连写来四封邀请信②,还派人送来礼物,王韬越发感到"雅意殷拳,不能不往"③了,他期盼在张曜手下能发挥自己经文纬武的能力,实现多年以来埋藏在心底的指点江山、纵横捭阖的远大志向。

另外还有一个不能忽略的原因。张曜祖籍是浙江上虞,但他却从小在江苏吴江长大。吴江与王韬的故乡甪直,同属苏州辖下,所以王韬是张曜的同乡人。那时人们同乡观念很重,与王韬走得较近的人,有许多是苏州同乡人,如谢绥之、潘伟如、潘镜如、杨醒逋、许壬瓠、冯桂芬等,还有许多大同乡江苏人,如盛宣怀、薛福成、马建忠、徐寿、徐祝三、邹翰飞等。

在王韬的山东之行前前后后的过程中,有一个人引起我的注意,他也是王韬的同乡,是张曜手下的将士孙少襄,名金彪,江苏盛泽人。盛泽与王韬的故乡甪直,也同属苏州辖下。孙少襄比王韬小十四岁,少年时就与枪匪头子父亲一起打家劫舍,鱼肉乡民,控制了苏州一带江湖。后来他率领部下接受朝廷改编,投奔他父亲的拜把子兄弟张曜,驻扎烟台,筹备边防,得到重用。王韬与孙少襄关系很好,经常书信来往,从信中可以看到孙少襄起到了联络张曜与王韬关系的作用。王韬在光绪十二年九月二十五日致盛宣怀函中提道："顷又接孙军门函,谓朗帅有信,当将寄来也。"后来王韬得到张曜去山东的邀请后,还写信给孙少襄,约定去山东时先到烟台去看他④。这样看来,王韬到烟台,除了要拜见盛宣怀,还要去会见孙少襄呢！后来王韬到烟台见没见到孙少襄,孙少襄有没有

---

① 见《弢园尺牍续钞》卷六《与蔡和甫观察》。
② 见光绪[十四]年七月十一日《王韬致盛宣怀函》："朗公大中丞已来四书。"
③ 见光绪[十四]年七月十一日《王韬致盛宣怀函》。
④ 见《弢园尺牍续钞》卷六《答孙少襄军门》："韬来必取道于芝罘(即烟台),定当暂停行躅,晋谒崇阶,敬聆绪言,藉抒襟袍……"

陪同王韬一起去济南，我至今没见到文字记载，但是我推测，这种可能性是有的。王韬从山东回来后在给盛宣怀的信中，几次提到托孙少襄办事。孙少襄在王韬成功山东之行中，起到催化作用是一定的。

以上种种原因成就了王韬的山东之行。

王韬山东之行究竟在什么时候？

1994年河北教育出版社出版的张志春先生著《王韬年谱》，简明扼要记叙了王韬一生，尤其是考证了王韬晚年在上海的作为，其中也写到王韬山东之行，这些都超越了以前其他关于王韬的书。《王韬年谱》给我整理王韬晚年信件的工作，带来了极大的帮助和便利。

但是，张先生把王韬动身去山东的日子定为光绪十五年七月初（没说什么时候回来），我认为根据不足。他主要的根据是王韬《蘅华馆诗录》卷六《六月二十九日……》诗末句注云："不日有山左之行。"这本诗集每首诗后都没有落款日期。这首诗描写六月二十九日，松江知府陈悔门宴请王韬、任伯年等人，任伯年即席作画。我查了《申报》等有关史料，期盼能找到线索判断写这首诗的年代，却一无所获。但是仅仅根据六月二十九日后"不日"，就定为光绪十五年七月初去山东，这是有失偏颇的，更何况王韬先后几次定下去山东的日子还一改再改呢。

张先生又从《弢园著述总目》"未刻书目"里《漫游随录图记》[①]一条中，摘引了王韬一些在济南的"泛明湖，跻历山"等句子。我查得《弢园著述总目》这本书是光绪十五年出版的，并且注意到这些句子前面王韬还有一句话，"迩年为齐鲁之行"。如果按照张先生

[①] 《漫游随录图记》，张志春《王韬年谱》中为《漫游随笔图说》，似有误。

所说王韬于光绪十五年七月去山东,但王韬不可能在光绪十五年指当年为"迩年"。再说,我们可以从王韬给盛宣怀的信中看到,王韬是十一月二十七日从山东回到上海的①,那么光绪十五年出版此书的可能性几乎没有,所以这个十一月二十七日可能是在光绪十四年。

从以上分析可以肯定,张先生定王韬光绪十五年七月初去山东的说法是很难成立的。

我最近有幸收集并阅读了香港中文大学、上海图书馆珍藏的王韬致盛宣怀许多信函,觉得有不少资料可以补充《王韬年谱》中有关王韬山东之行的内容,特别是对张先生确定王韬去山东的日子,可以作进一步探讨。

光绪十三年十月以后和十四年上半年,王韬致盛宣怀好几封信中都在定夺动身去山东的日子,定了改,改了定,这里就不摘录了。下面摘录的是,王韬在光绪十四年下半年中致盛宣怀的几封信,确切表明去山东的部分内容。这些信函落款日期都只有月日,没有注明年代。我把考证推测写信年代的理由,和认定王韬行踪的判断,写在每封信摘录文字的下面,推测确定的写信年代都加上了方括号。

光绪[十四]年七月十一日:"山左之行……约于中秋后束装就道。"

此信提到龚仰蘧、盛宣怀、薛叔耘与胡芸楣分别为格致书院出春、夏、秋、冬四季课题,查《格致书院戊子课艺》,这是光绪十四年的事,所以确定此信写于此年。

光绪[十四]年八月二十六日:"韬本拟于节后束装就道,因诸事都来摒挡,须俟月杪启轮,重阳佳日定可追陪旌节。"

王韬山东之行于光绪十四年九月初从上海出发了。

---

① 见光绪[十四]年十二月初三日王韬致盛宣怀函。

光绪[十四]年九月二十三日："芝罘①茈止,得挹芝宇……计程千二百里,阅时十有一日……二十一日安抵济南。"

根据信的内容推测,王韬先到烟台盛宣怀处小住几日后,过了重阳,九月十一日再出发去济南,二十一日到达。

光绪[十四]年十二月初三日："韬于十一月廿七行抵沪上。"

下面是王韬从山东回来后第二年写给盛宣怀的三封信,对他于光绪十四年去山东的日期有进一步证明。

光绪[十五]年正月二十日："韬去岁行时,朗帅畀以马封二百,盖以探悉洋务之用。"

此信中提及"京江之役衅启",并有一番议论。京江,即镇江。据史料记载,光绪十五年正月初六,镇江洋捕殴毙华人,群众怒毁洋行及英美领事署。由此证明此信当写于光绪十五年。

光绪[十五]年四月十七日："自山左归来,骤患肠红,服药百裹,终罔见効……恐不能久于人世矣。行年六十有二……"

这里说自己今年行年六十二,那此信就肯定写于光绪十五年的四月十七日,那"自山左归来"是十一月二十七日,起码是光绪十四年或更早年份。

光绪[十五]年四月二十日："去年获见张宫保朗斋中丞……韬行年六十有二矣……"

这封信写得更清楚,今年(光绪十五年)行年六十有二,是"去年"即光绪十四年到山东拜见张曜的。

我又查看了光绪十五年出版王韬的《弢园著述总目》里最前面几页的《弢园酦赀刻书启》,更有确凿证据:"余自山左归来,骤患肠红,服药百裹,终罔见効。医者谓,由食后骤车颠簸所致……犬马之齿六十有二……"文末落款日期为"光绪己丑七月下澣"。

---

① 芝罘,即烟台。

谈谈光绪十四年王韬的山东之行

这里写得再明白不过了,"光绪己丑"就是光绪十五年。如果按照张先生的说法,王韬是光绪十五年七月初去山东,路途那么遥远,交通那么不便,还要先在烟台盛宣怀处住几天,却在七月下旬写下这份启事,谈到"山左归来"生病一事,这好像于情于理都无此可能。

根据光绪十五年三月十五日《申报》登载浙西逸民《论典业利弊,拟请移款济急》一文,王韬在文后附识中写道:"余去秋自烟台达济南,冬杪回沪,又自济南达袁浦①,陆行二千余里……"

光绪十五年十二月二十二日《申报》登载张幼亦②《祭黎母》一文,王韬在文后附识中写道:"余去岁偕司马③自山左还沪,途中昕夕相见……"

那么,我们不仅仅可以进一步肯定王韬是于光绪十四年秋天去山东,还可以知道他从济南回上海,是与张幼亦一起自济南直接从陆路走的,没有再先弯到烟台再出海走水路。当初王韬从上海去山东的时候,先乘船走海路到烟台,再从烟台走陆路去济南"虽仅一千二百里"④,花费了十一天,那么返程从济南到上海陆路花费的时间恐怕要更长一些日子了。

根据上面分析考证,我得出结论:王韬于光绪十四年九月初从上海出发乘海轮去山东,先到烟台拜见盛宣怀,小住几日。九月十一日从烟台走陆路再出发,于九月二十一日到达济南张曜处。王韬在济南住了一个多月后,与张幼亦一起从陆路返回上海,于十一月二十七日到达。王韬山东之行,从上海出发至回到上海,长达两个月二十多天。

---

① 袁浦,可能是指江苏华亭县柘林镇袁浦盐场,现属上海市奉贤区。
② 张幼亦,王韬在《祭黎母文》后附识中介绍:"侯官张幼亦司马,代方棣生观察祭黎母文也。司马负经济才,服官粤西,三提县印,诗文颇有奇气。"
③ 司马,即张幼亦。
④ 见光绪[十四]年九月二十八日王韬致盛宣怀函。

王韬山东之行前前后后

王韬山东之行将近三个月,前前后后有不少事情值得我们关注。

在光绪十四年上半年王韬给盛宣怀的许多信里,我们可以看到,王韬去山东出发的日子改了又改,真所谓好事多磨,一波三折。他公务繁忙,诸事缠身,更要命的是身体不好,"本拟仲春束装就道,以除夕感冒风寒,喘疾剧发,夜不能寐,危坐达旦,日夕在药炉火边作生活,即欲其间水陆而遄征,恐未能也"。① 这是光绪十三年除夕的事。后来身体一直病病歪歪,不能启程。除此以外,还有一些别的烦心事。

最烦心的事是钱。王韬两袖清风,却是风流名士,除了大笔花钱刻书外,稍有余钱,就"载酒看花,以为乐境"②,却还连连悲叹"惟杖头乏买醉之赀"③。晚年从香港回到上海定居后,除了有《申报》《点石斋画报》等稿费外,盛宣怀给王韬在招商、电报两局中各虚设了一个文案的位子,每月也可各得二十大洋。王韬只怕去山东后这些钱都不给了,所以请求盛宣怀:"弟至东后,招商、电报两席,求仍如旧,即画报中《淞隐漫游》两则,亦不复辞。"可能他自己也觉得不好意思,接着马上自嘲:"愿公勿笑吴下老饕瞻前虑后,作冯骥狡兔三窟想也。"④

王韬还想向盛宣怀借一点钱:"韬即日束装,不无摒挡,可否先行汇寄若干?非求行李之辉煌,聊给全家之蔬水。"⑤ 盛宣怀一向

---

① 见《弢园尺牍续钞》卷六《答孙少裹军门》。
② 见光绪[十二]年四月十七日王韬致谢绥之函。
③ 见光绪[十]年正月十八日王韬致盛宣怀函。
④ 见光绪[十三]年十二月二十日王韬致盛宣怀函。
⑤ 见光绪[十四]年三月初八日王韬致盛宣怀函。

谈谈光绪十四年王韬的山东之行

对王韬比较慷慨,除了给电报、招商两局的钱外,还几次一百、二百地送给他,另外在自己公费内每月再给王韬二十大洋。这些钱不算少,当时普通老百姓一家几口人,一个月只不过十元钱左右就可以度日了。后来王韬又从盛宣怀手里借到了二百大洋。王韬非常看重盛宣怀,不时写信给他,不可否认其中很大一个原因,就是看在盛宣怀能资助他的份上,否则王韬不会说这些话:"生我者父母,知我者鲍子,将何以图报也哉!"[①]"阁下之大惠……高于九天,厚于九地。"[②]类似这样的话,在王韬致盛宣怀的函中经常可以看到,真正感激涕零到无以复加的地步。

  王韬是个文弱老人,一个人千里迢迢去山东未免困难,这也是一件烦心事,所以他考虑再三,打算与徐祝三、钟鹤笙一起去。[③]徐祝三,名华封,江苏无锡人,是近代著名科学家徐寿的第三子。徐祝三是格致书院的中方董事,也是盛宣怀手下督办矿务的人。许多史料都记载,光绪十四年,他去山东淄川矿务局购买机器,采炼铅沙。钟鹤笙,名天纬,松江华亭人,是王韬格致书院学生。光绪十三年,盛宣怀为格致书院出夏季课题,钟鹤笙文章得第一名,王韬极力推荐他到盛宣怀处,得到重用。钟鹤笙就此上海、烟台两地来来往往,经常替盛、王两人之间传递信函物件。我至今没有看到有文字记载,后来究竟是不是徐、钟两人陪同王韬去山东的,但是王韬不大可能一个人去,而且从山东回来以后,他在给盛宣怀的信中一再提到,张曜替他还给盛宣怀的钱,从徐祝三买机器的钱里扣除,那么很可能仍是先前所约定的,由徐、钟两人陪王韬去山东的。

  光绪十四年九月初,王韬终于从上海乘海船出发去山东了。

---

① 见光绪[十三]年十二月二十九日王韬致盛宣怀函。
② 见光绪十年四月二十日王韬致盛宣怀函。
③ 见光绪[十四]年三月初八日王韬致盛宣怀函。

他先到烟台拜见盛宣怀,这是他早在一年前给盛宣怀的信中就约定的,日后"束装作山左之游,聊抒郁闷,必先渡海,来芝罘晋谒崇阶,与阁下作平原十日之饮"①。他离开烟台到达济南两天后就写信给盛宣怀,字里行间可以看出王韬在烟台曾得到盛宣怀的热情接待:"猥蒙雅意殷拳,情文笃挚。既隆之以礼貌,复馈之以赀财。古人所云知己、感恩,兼而有之者也。"但王韬在烟台只住了没几天,不无遗憾:"惟以阁下玉体偶尔违和,不能作康骈之剧谈,刘伶之痛饮,抒三年之悃愫,为十日之勾留,犹为憾事也。"②

九月十一日,王韬拜别盛宣怀,从陆路乘骡车去济南。他以前到英国,游日本,去香港,回老家苏州,即使这次去山东先到烟台,都是坐船的,这相对于坐骡车可舒服多了,而现在坐骡车路上颠沛劳累,辛苦万状:"韬陆行之苦,生平未历。计程千二百里,阅时十有一日。土墙茅屋,芦炕瓦灯,旅舍之陋,同于豚栅鸡栖,牛皂马廐,以视我苏杭,真有天壤之别。食物粗粝,尤难下咽。"当时交通不发达,途中食宿条件恶劣,王韬写得生动之极,特具感染力,我相信谁看到这里都不免会替古人担忧,真正难为他这样一位体衰病弱的老书翁了。王韬继续写道:"出门一步,即已思家,悔不如在床头博狮子一笑也。"③"狮子"就是指他的妻子,不是称悍妻为河东狮吗,王韬这里用"狮子"两个字,比用"河东狮"三个字还要传神,还要诙谐。随着"狮子一笑",我这个一百多年后看信的人,刚刚还在替王韬叫苦不迭,也立马忍俊不禁而喷饭了。一般古文,人们读起来常常会感到古板枯燥,但是王韬的文章,写到通顺畅达如行云流水之时,常常会笔锋一转,忽而奇峰突起,忽而峰回路转,如握神来之笔,更加引人入胜,这就是文章大家的功力了,所以读王韬的

---

① 见光绪[十三]年十二月二十日王韬致盛宣怀函。
② 见光绪[十四]年九月二十三日王韬致盛宣怀函。
③ 见光绪[十四]年九月二十三日王韬致盛宣怀函。

文章,我总会有一种享受的感觉。

九月二十一日,王韬风雨兼程,历尽千辛万苦,总算到达济南,张曜"已差官于三十里外相迓,十五里外遣舆来迎,待士之厚,爱才之殷,真为近今所罕遘者矣"。① 王韬得到如此隆重迎接,感慨不已,也不枉他动身前张罗了好多日子,再加上一路风尘仆仆、车马劳顿了。

"二十二日迁入抚署,始意以珍珠泉五椽为下榻之所,继以相距太远,乃以签押房对面为憩息地。窗明几净,幽敞异常,可与中丞昕夕相见。抚署为明季藩王故邸,宏壮广大,颇有池石花木之胜。徘徊延眺,颇足娱情。"②张曜"公牍之闲,即来韬处纵谈一切,盱衡时局,剖析近事,无不辩论纵横,识精虑远"。王韬更感到张曜是"一代伟人,钦佩莫名"。③

"济南距烟台虽仅一千二百里,而洋务消息如在瓮中。故朗帅之意,欲韬于海上采访洋人近事,邮寄济南,以冀有裨于时局。韬自当竭其所知为朗帅告,藉以仰酬于万一。"④张曜请他在上海采访洋人的任务,王韬乐意接受,临走时得到张曜赠与的二百元,但是王韬觉得最好还是每月给钱,就请盛宣怀帮他在张曜前说项:"若朗帅委以探缉洋务一役,月给薪水,则此事必有就绪。再得阁下一言,则重于九鼎矣。"⑤张曜一向对王韬舍得给钱,早在光绪十二年就送给他二百元资助刻书。⑥

可能因为王韬是苏州天堂里出生的人,济南的凡俗风景一点不入他的法眼。"行抵济南,风景一无可览,不禁为之废然……前

---

① 见光绪[十四]年九月二十三日王韬致盛宣怀函。
② 见光绪[十四]年九月二十三日王韬致盛宣怀函。
③ 见光绪[十四]年九月二十八日王韬致盛宣怀函。
④ 见光绪[十四]年九月二十八日王韬致盛宣怀函。
⑤ 见光绪[十五]年正月二十日王韬致盛宣怀函。
⑥ 见光绪[十二]年九月二十五日王韬致盛宣怀函。

日往游千佛山,拾级三百,奋勇而登。俯瞰齐烟九点,殊足以远豁吟眸,惜无精舍三椽,名花万本,为之点缀其间也。又偕同人往观趵突泉,一泓清澈,可洗俗尘,亦无山石花木之胜可作小憩者。北地之陋,可见一斑。"①大名鼎鼎的千佛山、趵突泉,在王韬看来都不值一提。这里更有一种可能,他到山东不是来游山玩水的,而是想实现多年来立下的参政议政的远大志向,所以了无心思来欣赏风景。

王韬兴致勃勃地考察了山东的军事地理形势:"胶州既为形胜之地,进口之处,曲折纡远,此四十余里中,尽可屯兵设伏,讲海防者,似当于此首先措意。炮台既筑,船坞可即设于此,庶几南北洋修理铁甲战舰,可以无俟外求。"王韬在许多其他文章信件中,也经常谈论军政。他来到山东就是想为张曜在这方面多多出谋划策,显露自己经纬天下的才华,"拟论说一篇呈之抚帅,惟连日以酬应往来,尚未涉笔也"。②

王韬在济南住了一个多月后启程返沪了,一路陆行奔波,回到上海以后一直生病。他本身年老体衰,再加上旅途辛苦,"因是饮食锐减于前,几于枯瘠无人理,精神意兴迥不如昔,即使载酒看花,亦了无乐趣,知距死境不远矣"③。他好像因病而心灰意冷,但还是挂念着山东的军政:"胶州筑造船坞,朗帅拟为出奏,其余炮台亦当次第兴建。此为防务所必需,似不可视为缓著也……朗帅意将一一施行,特以山左地狭民穷,赀无所出,此不可不先为筹虑者也。前韬曾拟理财十策,曾许为出奏,由今思之,尚有数事可见之措施者。"④从这里可看到王韬病而不屈、老而弥坚的另外一面,他胸中文韬武略的抱负仍然不减当年。

---

① 见光绪[十四]年九月二十八日王韬致盛宣怀函。
② 见光绪[十四]年九月二十八日王韬致盛宣怀函。
③ 见光绪十五年七月下旬《弢园醵赀刻书记》。
④ 见光绪[十五]年正月十五日王韬致盛宣怀函。

谈谈光绪十四年王韬的山东之行

回到上海以后王韬常常挂念山东的民情,听到山东遭灾,老百姓"甚至掘食青草麦苗,苟延残喘,且亦将殆尽矣。其情形急迫,较之各省为尤重。"他非常担忧,因为他在来去山东的路上,"亲见东省穷民家少盖藏,食荼茹辛,窘苦万状,即无水旱之灾,尚且朝不保暮,况又重之以荒歉耶!"①过了半年,王韬又听到"山左秋收闻颇丰稔",非常高兴,"被水灾民想有其苏之望"②。将近三个月的山东之行,把王韬与千里之外的齐鲁大地联系起来了,因为他在那里留下了深深一段情。

(陈正青,上海供销职工大学退休教师)

---

① 见光绪十五年三月十五日《申报》浙西逸民《论典业利弊,拟请移款济急》文后王韬附识。
② 见光绪[十五]年十月初六日王韬致盛宣怀函。

胡佛研究所藏宋庆龄与索克思往来信函译析

徐 涛

一、引　言

笔者关注"孙中山与上海"议题研究有年，2018年，受美国南加州大学东亚研究中心主任史瀚波教授（Brett Sheehan）的邀请，前赴该校担任访问学者半年。笔者搜索孙中山相关史料时发现，胡佛研究所保存之索克思（George Ephraim Sokolsky,1893—1962）个人档案中存有若干与宋庆龄相关珍贵文献，或许因归档于"File Sun Yat-sen,1919—1921"（"孙中山文件，1919—1921年"）[1]而没有得到前人研究的注意。[2]

索克思1893年9月5日出生于美国纽约州由提卡城（Utica），为俄罗斯犹太移民的后裔，父亲是一名犹太教的"拉比"（即犹太教牧师，笔者按）。索克思出生后不久，他的父亲带领一

---

[1] Box113:3, Sun, Yat-sen, 1919—1921, Sokolsky, George E. (George Ephraim) Papers, 1893—1962. Collection number: 59004, Hoover Institution Archives, Stanford University.

[2] 吴景平：《斯坦福大学胡佛研究院藏宋氏家族史料——以索克思档案为中心》，吴景平主编：《宋氏家族与近代中国的变迁》，东方出版中心2015年版，第470～476页。

家人搬往纽约市定居。索克思自幼成长在犹太社区的封闭环境之中,长期受到激进思潮的影响。1917年,他毕业于美国纽约哥伦比亚大学新闻学院,获得学士学位。是年夏,因受俄国二月革命的吸引,他离开美国,前往俄国彼得格勒市为当地英语报纸《俄罗斯日报》(*Russian Daily News*)撰稿。亲历十月革命后,他的政治取向由"激进"转为"反动",1918年3月离开俄国,动身来到中国。天津是索克思中国旅程的第一站,他在英国人开办的一家英文报社——《华北明星报》(*the North China Star*)谋得了一份糊口的职业。① 1919年五四运动前后,他南下上海,加入了英文《沪报》(*Shanghai Gazette*)。英文《沪报》是由上海大北电报公司任职的丹麦人聂尔森(Gordius Frederick Nielsen, 1864—1936)与陈友仁(Eugene Chen)合办的英文报纸,1918年4月创刊,1922年8月停刊,作为孙中山为首的南方政府宣传喉舌之一。② 索克思在上海开创了他人生事业的第一次高潮,不仅与上海的学生运动产生密切关系,更为重要的,取得了与孙中山为首的中国国民党人的直接联系。离开英文《沪报》后,他与汤节之在上海成立了"中华公同通信社"(the Committee on Public Information)③,继续为孙中山服务。此后,他与汤节之一起又创立了一份中文日报——《商报》。"名义上索克思是《商报》的财政

---

① Warren I. Cohen, *The Chinese Connection*: *Roger S. Greene, Thomas W. Lamont, George E. Sokolsky, and American-East Asian Relations*, New York: Columbia University Press, 1978, pp. 71-73.

② 万启盈编:《中国近代印刷工业史》,上海人民出版社2012年版,第154页;马光仁:《马光仁文集》,上海社会科学院出版社2013年版,第485页;上海市档案馆编:《租界里的上海》,上海社会科学院出版社2003年版,第113页。

③ 汤节之,英文名为Dr. F. C. Tong,或简称Dr. Tong,他与索克思共同创立了中华公同通信社,自任该社主席,索克思为经理。参见 *The North-China Herald*, August 7th, 1920, p.349。

主管和股东,事实上他也一直用他的中文名字在每周的专栏上撰写有关国外的文章。"①索克思在中国生活了14年,很快地他"就变成了一个只要关系不管政治立场的文化宣传贩子"。索克思的老板包括:黎元洪、桂系岑春煊手下的温宗尧、江苏军阀李纯、北洋政府,而他当时还是国民党宣传部(为"中华公同通信社"之误,引者按)的经理。因在中国的丰富经历,他与美国的全国制造商协会②建立了终身合作关系。1935年回到美国后,他担任美国全国制造商协会广播电台的评论员,兼做《纽约先驱论坛报》(*New York Herald Tribune*)的专栏作家,1948年起,担任美国犹太反共产主义联盟(the American Jewish League Against Communism)主任,直至1962年12月12日心脏病发作死于纽约曼哈顿,享年69岁。索克思是美国麦卡锡主义(McCarthyism)的急先锋。孔华润(Warren I. Cohen)写道:"索克思的墓志铭必须刻上:他是麦卡锡主义诞生最主要的促成者——其作用甚至可能更甚于麦卡锡本人。"③

本文所译述的与宋庆龄相关文献,包括17封宋庆龄与索克思来往信函和1份《孙中山致田中义一函的英文原件修订稿》,集中在1919—1920年,即孙中山、宋庆龄因为护法运动受挫处于事业低潮期时不得不离粤赴沪,而与索克思初次结识,并日渐交往密切的时段。

---

① [美]顾德曼:《上海报纸的跨国现象》,上海市档案馆编:《租界里的上海》,上海社会科学院出版社2003年版,第115页。

② National Association of Manufacturers,建成NAM,是一家总部位于美国华盛顿特区的"利益团体"(Advocacy Group),代表美国几乎每个工业部分近14 000家大小制造商的利益,游说国会议员,影响国家决策制定等。

③ Warren I. Cohen, *The Chinese Connection: Roger S. Greene, Thomas W. Lamont, George E. Sokolsky, and American-East Asian Relations*, New York: Columbia University Press, 1978, p. 272.

二、宋庆龄与索克思来往信函

信件一：
尊敬的索克思先生：

对不起，来信告知你，我不能履行之前的承诺。由于我兄弟①生病，文稿的翻译工作不可能在星期四前写好了。我今天才知道他有恙，而没人比我更合适去代他的工作了。

如果你找不到什么人来翻译，那么我下个星期会自己来翻译。目前，我还有其他工作要做。当然，在这种情况下，我不得不请你帮忙润色我的译文。

你真诚的朋友
R. C. 孙②
1919年6月25日。

另附：迈克③，我非常感谢你在我另一处翻译文本中所做的诸多修订。

信件二：
尊敬的索克思先生：

（孙博士）请我回复你：我们家中没有关于山东的任何资料，也没有你想要的地图。但只要孙博士有时间，他会尽快亲自给你画一幅。

---

① 宋庆龄共有3个兄弟，宋子文、宋子良、宋子安。从上下文谈及的工作内容推测，该处提及的宋庆龄代为工作的生病之人应为宋子文。

② R. C. Sun，译者认为是Rosamonde Chungling Sun，即"罗莎蒙德·庆龄·孙"的英文缩写。此处英文书信手迹的判认要感谢上海市孙中山宋庆龄文物管理委员会朱玖琳的帮助。

③ 原文为"Mike"，具体人物待考。

你知道上海机器公会①决定不抵制日本的机器吗?这是事实。请尽你所能,让学生们知道,并煽动此事。

致以最良好的祝愿
你真诚的朋友
R.孙②
1919 年 7 月 11 日

信件三:
尊敬的索克思先生:
  非常感谢你,我们非常喜欢铃木③的故事。你把我的翻译文稿修订好了吗?如果有的话,你能给我们两份吗?如果没有,你能给我原件吗?我现在就需要它(原件)。

致以亲切的问候
你真诚的(朋友)
孙逸仙夫人④
1919 年 7 月 26 日

---

  ① 原文为宋庆龄手写的"the machinery guild at Shanghai"。上海机器公会 1912 年 12 月 22 日在张氏味莼园召开成立大会,为江南造船厂、浦东祥生厂、杨树浦瑞熔厂、南市求新厂、老公茂厂等联络组合而成。孙中山、伍廷芳、上海市总商会周金箴、贝润生、董事傅筱庵、临时名誉会长朱志尧及招商局、维持会暨社会党、共进社并各团体、各报社等约三四千人到会。周金箴为临时主席,报告该会宗旨。孙中山在大会发表《机器可以富国》的演说。罗元铮编著:《中华民国实录》(第一卷・际会风云》,吉林人民出版社 1998 年版,第 127 页。

  ② 英文手迹为"R. Sun",译者认为是 Rosamonde Sun,即"罗莎蒙德・孙"的英文缩写。

  ③ 英文手书译者判断认是"Suki's",应是一位日本作者,未能有进一步考证。

  ④ 英文手书"(Mrs.) Y. S. Sun",译者认为是 Mrs. Yat Sen Sun 的缩写,故而译为"孙逸仙夫人"。

信件四：

尊敬的索克思先生：

　　请把你答应给我的翻译件交给送信人。如果它们还没完全完工，你可以将手写稿亲手交给他吗？如此情形下，手写稿也是可以的。

你真诚的(朋友)
R. 孙
（孙夫人）
星期四①

信件五：

尊敬的索克思先生：

　　我打电话找不到你，所以写信告诉你，我刚刚得知孙博士文章被删减后，今天发表在中文报纸上。

　　《大陆报》也有孙博士那篇文章的英文版，但我们不知道它是否会最终付印出版。

　　不过，每篇原文的(英文)翻译可能都有所不同，所以请不要犹豫，去更正我的译文，如果你愿意，请把我的译文润色一下。

你真诚的(朋友)
R. C. 孙
下午 4:30②

---

　　① 根据信件内容判断，译者认为此星期四应该是在 1919 年 7 月 31 日，列在此处。自信件四至信件八皆为宋庆龄手书，没有具体时间，译者亦是根据内容，推断在 1919 年 7、8 月间。

　　② 信件是宋庆龄手写于卡片之上，根据译者考证，1919 年 7、8 月间讨论内容是《实业计划》"第二计划"，因为《实业计划》第一计划最早刊登在 1919 年 6 月《远东时报》(第 15 卷第 6 期)上。

信件六：

尊敬的索克思先生：

　　这是我的译文。请修订它。你可以用任何你喜欢的方式修订它，但是请保留这些改写的内容，因为总有一天我会翻译整本书，而以书的形式重新付印。

　　当你完成修订时，请给我们寄一份文稿的打印本。

致以亲切的问候
你真诚的（朋友）
R. C. 孙

　　另外，当你看完原件后，请把它寄还给我。①

信件七：

尊敬的索克思先生：

　　我已经把沃德先生②的文章读给孙博士听了。我们都认为这篇文章真得精彩极了。

　　感谢你的好意。

我是你真诚的朋友
R. C. 孙
周四的夜③

信件八：

尊敬的索克思先生：

　　《纽约先驱报》④刊登了孙博士发展计划的第一部分。我寄给

---

　① 该信由宋庆龄手书在卡片之上，此一句是在全信写完之后又于卡片空白处补写。
　② 原文中写为"Mr. Ward"，具体人物待考。
　③ 该信由宋庆龄手书在卡片之上，具体手写日期待考。
　④ 原文为"The Herald"。世界各地有很多以 Herald 为名的报纸，此处可以确认不是上海的 The North-China Herald。孙中山1919年8月26日致威廉士　（转下页）

你10份第二计划的文稿。这是我们目前所能共享的。

所附的照片是4年前拍摄的。①

你真诚的(朋友)

R. 孙

信件九：

1919年8月11日

我亲爱的孙夫人：

我已经寄给你这篇文章的两份副本。文章还是需要修订。如果你能定个时间，我们可以一起通读它，我将会很高兴。

我希望很快就离开这里，但你可以和彭金凤小姐②约时间，我

（接上页）函中写道："谢谢你把《前锋报》的剪报寄给我。现在中国有很多的机会可供有资本的人士前来发展。中国人热切盼望美国人士前来协助发展这个国家。所以我希望你能在最近的将来前来中国一游，看看有什么适合你来做的工作，以有助于这个国家的发展。"（广东省社会科学院历史研究所等合编：《孙中山全集》第5卷，中华书局1985年版，第101页）《孙中山全集》编者注释中写明"麦克·威廉士系孙中山在美国纽约的友人"。译者认为以《前锋报》直译"the Herald"是错误的。以威廉士所在美国纽约来推测，The Herald 应为 The New York Herald 的简称，应译为《纽约先驱报》。译者再搜索《纽约先驱报》，1919年7月6日第32页有整版关于孙中山与中国政局的报道，故疑威廉士所寄送给孙中山的报纸剪报即为该页。

① 信件八是宋庆龄手书在信封之上，与信件七从笔迹方面上极为接近，译者认为信件七、八可能是一封信函。信中宋庆龄提及赠送索克思一幅照片，若信件为1919年，4年前即为1915年，译者推断该附件所赠之照片应为孙中山与宋庆龄拍摄与1915年10月的结婚照。

② 原文为索克思打印信件，无地址。此处为"Miss Phang"，译者认为是日后成为索克思妻子的彭金凤（Rosalind Phang）。索克思与彭金凤于1922年结婚。彭金凤是牙买加出生的广东移民的后代，是一位精湛的音乐家，伦敦皇家音乐学院的硕士，是宋美龄的密友，与上海的宋氏和郭氏家族的相熟。"索克思是犹太人，又娶了华裔女子为妻，在上海的洋人社交圈自然受到了排斥；但因为彭金凤的关系，他却更容易与中国上层社会的精英们保持社交往来。上海市档案馆编：《租界里的上海》，第115～116页；江勇振：《舍我其谁：胡适》（第二部 日正当中 1917—1927）下，浙江人民出版社2013年版，第375页。

不在的时候,她会在这间办公室。

你忠实的朋友

信件十:

莫利爱路 29 号
1919 年 9 月 5 日

索克思先生
上海

尊敬的索克思先生:

  孙博士刚收到您的来信,将立即营救胡适先生①,并将尽其所能救他效劳。

致以诚挚的问候
你真正的朋友
孙逸仙夫人②

  附笔:
  孙博士和我很抱歉,星期六③我们不能来您家喝茶,并祝您一天愉快,因为那天下午我们在自己家有一个约会。

信件十一:
尊敬的索克思先生:

---

  ① 英文信中为"Mr. Hu Suh"。胡适是在 1910 年 7 月考取第二届清华庚子赔款留学官费生,8 月 16 日乘船由上海出发,经日本赴美。胡适在留学美国 7 年间以 Suh Hu 或是 Hu Suh 为名,而不是日后的 Hu Shih。为什么胡适将名字 Suh Hu 改为 Hu Shih?仍待细考,原因之一可能是 Suh 的英语发音虽近安徽绩溪的"适"音,但和国语的"适"却不合。参见陈士翰、宁学寒:《胡适留学时由 Suh Hu 更名 Hu Shih 的始末》,美国《世界日报》,2006 年 12 月 16 日,上下古今版;邹新明:《从 Suh Hu 到 Hu Shih——胡适英文名字变化考略》,《胡适研究通讯》2010 年第 2 期(总第 10 期),第 9~12 页。
  ② 原信为宋庆龄打印稿,但有亲手签名,写"Mrs Y. S. Sun"。
  ③ 译者推断此日很有可能是 1919 年 9 月 6 日。

一句话想让你知道,胡适被捕的传言不是真的。胡先生现在在天津。

> 你真正的朋友!
> 孙逸仙夫人
> 1919年9月11日

信件十二:
尊敬的索克思先生:
  孙博士将在本月23日下午4点举办茶会,希望您能参加。

> 致以最良好的祝愿
> 你真诚的朋友
> R.C.孙
> 1919年10月14日

信件十三:

> 1919年10月20日

我亲爱的孙夫人:
  我非常感谢您和孙博士邀请我在本月23日下午4点喝茶,我一定会参加的。

> 向你致以最良好的祝愿
> 我是您忠实的朋友

孙逸仙夫人
莫利爱路29号
法租界
中国,上海

信件十四:
尊敬的索克思先生:
  谢谢你给孙博士的信,他说他很高兴把他的文章交给《远东共和》杂志①出版。

孙博士即将发表一份宣言。当宣言被翻译成英文时,它会被发送给你。与此同时,请问随函奉上的(文稿)是否就可以?

谨致问候
非常真诚的(朋友)
R. C. 孙
(逸仙夫人②)
1919 年 11 月 23 日

信件十五:

1920 年 4 月 28 日

我亲爱的索克思先生:

这是一张中国报纸的剪报,你可能会感兴趣,因为在你和史密斯上尉③来这儿两个多星期里,孙博士向你们两位透露了他打算做什么。现在,他的话都变成了现实。如果你愿意,你可以公开这一声明。孙博士以四川省为首例,未来将废除中国的"督军制度"(the system of Tuchuns)。

---

① 《远东共和》,英文杂志,英文名为"*Far Eastern Republic*",自我介绍为"一本为在美国和中国的华人介绍中华民国信息的杂志",1919—1920 在美国旧金山市刊行的月刊,由侨美中国国民外交会(Chinese National Welfare Society in America)编辑出版。力图通过刊登为人们所熟知的"中国通"如芮恩施、董显光等中西方人士所撰写的"进步"文章来促进中美关系,激烈批评巴黎和会对待中国的态度,并针对舆论场中"不公正"的评价而为中华民国进行辩护。Rudolf G. Wagner, Don't Mind the Gap! The Foreign-language Press in Late-Qing and Republican China, *China Heritage Quarterly*, No. 30/31, June/September 2012.

② 此处宋庆龄的签名为 R. C. Sun (Mrs. Y. S.),我将 Mrs. Y. S. 其直译为"逸仙夫人"。

③ 原文为"Capt. Smith",具体人物待考。

非常感谢你的文章。我们阅读时总是饶有兴致的。

致以最良好的祝愿

你真诚的朋友

R. C. 孙

信纸背面印有：

File Bupin①	孙逸仙(手书)
File Journal of Commerce②	
Dr. F. C. Tong 汤节之先生	
Financial 商业部	
Features 杂记部	
Translation 翻译部	
Private③	

另附有中文剪报：

熊克武辞职通电

孙总裁鉴。克武随诸公之后,兴师护法,谬总川军,于今三载虽仰讬军府威灵,境内粗定,而救敝起衰,终非其任,重以大局纠纷,解决无日,既乏戡乱之方复鲜斡旋之力,长此因循尸位,不特遗误地方,实乃无裨国事,抚躬内省,负疚良多,兹已电请军府

---

① Bupin 为中华公同通信社的电报地址。参见 the North China Desk Hong List, 1920 年 1 月,第 34 页。

② 即《商报》。

③ 意为私人信函。

辞去四川督军一职,冀得别简贤良,藉补克武未尽之责。惟念数年以来,与诸公并力一心,共赴国难,提挈拥护,感荷殊深,当此内忧未宁,外患交迫,遗大投艰,实维诸公是赖,所有团结精神,俾西南局势,日增巩固,进而解决大局。克武身虽在野,亦得优游林下,终为幸民,则拜嘉惠于无既矣。仅布区区,尚希鉴□,熊克武即篠。

信件十六:

1920年8月8日

尊敬的索克思先生:

  明天中午一点,你是否能来和孙博士一起午餐?我寄送给你100份孙博士的演讲稿,请帮忙分发到美国不同的出版物上。

致以最良好的祝愿
你真诚的朋友
R. C. 孙

信纸背面印有:

File Bupin	√(手写)
File Journal of Commerce	
Dr. F. C. Tong 汤节之先生	
Financial 商业部	
Features 杂记部	
Translation 翻译部	
Private	

信件十七：

1920年8月21日

尊敬的索克思先生：

孙博士让我告诉你，我们南方的部队在本月20日占领了汕头，俘获了敌人的大炮。这是一个决定性的胜利。

你真正的朋友

R. C. 孙

宋庆龄与索克思来往信函统计表

编号	通信时间	往来双方	备注
1	1919年6月25日	宋庆龄致索克思	手书，有附语
2	1919年7月11日	宋庆龄致索克思	手写
3	1919年7月26日	宋庆龄致索克思	手写
4	星期四	宋庆龄致索克思	手写
5	下午4:30	宋庆龄致索克思	手写
6	不详	宋庆龄致索克思	手写
7	周四的夜	宋庆龄致索克思	手写
8	不详	宋庆龄致索克思	手写
9	1919年8月11日	索克思致宋庆龄	打印
10	1919年9月5日	宋庆龄致索克思	打印，亲笔签名，有附语
11	1919年9月11日	宋庆龄致索克思	手写
12	1919年10月14日	宋庆龄致索克思	手写
13	1919年10月20日	索克思致宋庆龄	打印
14	1919年11月23日	宋庆龄致索克思	手写，签名处有两种
15	1920年4月28日	宋庆龄致索克思	手写，信纸背面有手写有孙逸仙英文名字
16	1920年8月8日	宋庆龄致索克思	手写，信纸背面有相同印章
17	1920年8月21日	宋庆龄致索克思	手写

(二) 索克思档案中保存之《孙中山致田中义一函的英文原件修订稿》

孙中山致田中义一函英文原件修订稿①

田中先生阁下：②

久疏音问③,时切驰思④,惟德业日隆,动定吉祥为颂。⑤

文避处沪滨,不直接与闻时局者经年,⑥然关于国际关系之变迁,世界思(潮)流之移易,固亦注意研究之。至于亚洲之危险,及两国国交之恶化,此乃文之所素引为己责者,更未尝不时时计及,思有以救济之。

鄙见所及,亦往往为日本人士之来访者告。今则时局益迫矣,其恶化之原因,颇关系日本之政策。

盖日本为世界强国,亚洲先进,挟海陆军及资本之力,以主张东亚之特殊地位,凡东亚弱小之国,其治乱安危,⑦未有不系于日本之意向者。据文所知,日本政治权力,恒以陆军为中枢,而对于亚洲大陆政策,尤为陆军当局者之马首是瞻。

---

① 打印稿件空白处,索克思于1920年7月10日用铅笔英文写有:"此致田中义一将军公开信已经发表,我修订了孙逸仙博士的一些遣词造句。"

② 孙中山致田中义一函,原中文刊登在上海《民国日报》1920年7月9日,题为《孙中山致日本陆相书》,被《孙中山全集》收录(《孙中山全集》第5卷,第275～277页)。译者以《孙中山全集》文本为底稿,将档案中英文修订之处逐一做标识,并写明前后差别。

③ I have not heard from you for such a long time 改为 I have not written to you for such a long time。

④ but my heart has been with you all the time 改为 but I have thinking of you constantly。

⑤ I have been sincerely hoping that you are enjoying yourself during these times 改为 I sincerely hope that you are enjoying good health and prosper it always。

⑥ I have been living at Shanghai in seclusion for the last few years 改为 I have been living at Shanghai in seclusion for the last two years。

⑦ whether peaceful or war 改为 whether peaceful or warlike。

先生为日本现代军事上之最高指挥者,在事实上,亦能操纵群僚,主持政局,而于文之心事,亦知之最深。敢举最近之感想及希望,一一述之。

近代日本对于东亚之政策,以武力的、资本的侵略为骨干,①信如世人所指;而对于中国,为达日本之目的,恒以扶植守旧的反对的势力,压抑革新运动为事。始则极力援助袁世凯,酿成民国四五年间之乱事。② 帝制问题既发生,中国人民排袁势力,勃然爆发,日本舆论,亦反对袁氏,日本当局知袁氏绝不能再维持国民信用,欲与中国排袁之势力相结纳,以图伸张日本在中国之势力,而又不欲民主主义者获得中国政权,因利用一守旧顽固且甚于袁氏之官僚,如岑春煊者,使主南方政局。而在北方,则又假宗社党人金钱武器,贻后日无穷之祸。③ 此中经过,先生为主要当事者之一人,当尚能记忆也。

袁氏既殁,日本政府利(用)北洋派之武力,倡为援段之说,黎元洪之失势,国会之遭解散,无一不与日本之援段政策有密切关系。张勋复辟,说者亦谓出于日本有力者之赞同。其时适阁下游历中国,行未数月,而复辟之祸便起④;且有人疑阁下与张勋之复辟有关。文虽未敢尽信其说,然亦不能断其真伪。盖中国复辟运动,与日本陆军系之政策,尝有不可离之关系在也。

---

① This military and financial imperialism makes up the backbone of Japanese Asiatic Policy 改为 This military and financial imperialism forms the backbone of Japanese Asiatic Policy。

② Japan supported Yuan Shih-kai and the disturbances of 1913 and 1914 改为 Japan at first supported Yuan Shih-kai and caused the disturbances of 1913 and 1914。

③ Japan rendered help to the monarchists by providing munitions as well as money 改为 Japan rendered help to the Manchu monarchists by providing munitions as well as money。

④ Only a few months after your arrival to China 改为 Only a few days after your departure from China。

国会遭武人压迫而解散之后，文以护法为义不容辞，因纠合同志，帅领海军，①建护法军政府于广东。是时日本政府，标不干涉中国内政之名，行援段氏压民党之实，数以武器、金钱援助北京政府，使战祸延长，及今未已。

当文领袖军政府之时，曾致正式公文于各国政府，声明吾人护法之理由，各国皆已收受；其拒不受者，惟日本一国。就此过去之种种事实论，则人之谓日本政府对于中国所持政策，专以援助反动党排除民主主义者为事者，将无可剖辩矣。

当护法军兴，南北相持者两年。其时日本所持政策，非标调和之名，行援段之实乎？数月以来，段氏鉴于穷兵之无益，武力主义之不容于世界，不容于国人，亦将幡然悔悟其昔日之非，愿与民党协调，弭兵祸而兴民治。乃双方谋和之协商尚未开始，而阻碍和平之恶耗已至，张作霖之突然入京，其征候也。张氏入京之目的，道路喧传，谓为阻段氏与民党言和，②且与复辟阴谋有关，事之确否，虽未敢必，然而征诸前年张勋入京后之变局，固足令人疑骇也。张作霖本一胡匪，其能得今日地位者，纯出于日本之提挈。日本友人中曾列内阁之某君，尝谓张为日本政府之寒暖计，一切行动，无不仰日本政府鼻息。③ 此论文深谓然。就年内张之行动观之，已历

---

① I gathered all my friends and summoned all units of the navy 改为 I gathered all my friends and summoned a part of the navy。

② It is said by many that Chang's purpose was to prevent Tuan from making terms with the South and was to start another Restoration Movement 改为 It is said by many that Chang's purpose was to prevent Tuan from making terms with the Constitutionalists and was to start another Restoration Movement。

③ One of my Japanese friends who has been serving on the Japanese Cabinet said that in order to wait for further development, Chang is willing to receive whatever instructions Japan might give him. 改为 One of my Japanese friends who has been serving on the Japanese Cabinet said that Chang Tso-ling is a their marionette of the development policy in China。

历不爽。则今兹张之赴京,纵不出于日本之所指使,亦必为日本之所同意。倘风传果确,是日本又将移前日援段以破中国平和者,为唆张以破中国之平和。文窃为中国前途忧,且为东亚之和平虑。

近年以来,中国人民对日恶感日深,根本原因,实由于日本之政策与民国国是不相容,故国人咸认日本为民国之敌。若再以到中国之和平为事,则国人之恶感更深,积怨所发,其祸将不止于排货。

阁下为日本陆军之领袖,握政界之枢纽,当能鉴于世界之大势与东亚之安危,一变昔日方针,制止张氏之阴谋,以缓和民国人民对日之积愤,两国人民国际的感情,或可渐趋融和。阁下亦尝以亚洲之和平为说者,尚望深筹而熟思之。肃此敬颂

道安

诸维亮察不宣。

孙文　六月二十九日①

四、史料价值评述

美国斯坦福大学胡佛研究所保存之索克思个人档案是研究近代中国政治变局的一座宝库。仅其档案中第 113 盒第 3 文件夹"孙中山文件,1919—1921 年"中,包括索克思与孙、宋等多人来往通信 37 封。这些来往信函,不见于已有出版物中,故未被学界引用,只言片语间涉及中国近代史上许多重要议题。本文所节选译注的与宋庆龄来往信函 17 封与和《孙中山致田中义一函的英文原件修订稿》,就笔者学力所及,管见如下:

(一) 对于宋庆龄研究的价值

宋庆龄是 20 世纪东方最伟大的女性,她具有深刻的革命思

---

① 该修订稿之底稿为 1920 年 6 月 19 日打印。

想、高尚的道德情操和为新中国而奋斗的伟大精神,是中国近现代史上最值得认真和深入研究的伟大人物之一。① 经过近40年来众多学者的共同努力,宋庆龄的研究新作不断,取得了可喜的进展和成绩。但毋庸讳言的是,"由于主客观条件的限制,造成不少研究文章和著作局限于表层的叙述,缺乏深入分析,而且重复不少,错讹颇多,在工作中尚存在着诸多阙失和遗憾,致使整个研究工作向前推进步履维艰"。②

宋庆龄漫漫人生的88年中,研究最为薄弱的阶段是在1915—1925年与孙中山婚后10年,尤其在夫妇两人在上海的生活经历。已有研究将宋庆龄与孙中山重叠放置研究,或满足于孙中山1918年10月17日给康德黎夫人信中对于宋庆龄的评价:"我的妻子受过美国大学教育,她是我一位老伙伴、老朋友的女儿。目前我正过着新生活,享受我以前所没有的一种真正的家庭生活,以及一个伴侣,一个贤内助"③;或将止步于宋庆龄对多年后追忆这段生活状态的自我定位:"那些夜晚,可以说是我当孙先生学徒的时代。"④甚至有学者迟将宋庆龄结束"学徒"生活,独立工作和战斗的时间定在了1924年11月孙中山与宋庆龄北上途中路经日本,在神户县立女子高等学校的公开讲演。⑤ 显然一手史料文献的缺乏是这段时期宋庆龄历史作用未得到恰当评价的根本原因。宋庆龄基金会、中国福利会编辑出版之1999年版《宋庆龄书信集》二册中,1915—1925年共计收录书信22封,全部为其中仅1924—1925年11封,占据一半。此次译介的索克思与宋庆龄17封来往

---

① 苏爱荣:《宋庆龄研究文献综述》,《北京图书馆馆刊》1996年第3期。
② 尚明轩:《宋庆龄研究中的阙失》,《贵州社会科学》2013年第12期。
③ 郝盛潮主编:《孙中山集外集补编》,上海人民出版社1994年版,第224页。
④ 宋庆龄:《我家和孙中山先生的关系》,《党的文献》1994年第5期。
⑤ 尚明轩:《宋庆龄生平概述》,尚明轩:《宋庆龄研究论丛》,西苑出版社2013年版,第12~13页。

信函,其中15封为宋庆龄亲笔书写给索克思,而有2封是索克思回函给宋庆龄。这并非因为两人交往之不平等,恰相反的是,索克思去信往往是直接写给孙中山,孙中山则并不复函,而由宋庆龄代为与索克思直接联系。①

(二) 对于孙中山研究的价值

孙中山是理解近代中国的核心人物之一,相关研究毫不夸张地说自其生前即已开始,累积至今,著述之多可谓汗牛充栋。但浩瀚无涯的文字中,或许因为孙中山领导的革命战斗几乎都发生在以广州为中心的南中国地区,学界对上海这个通商大埠之于孙中山关系的研究一直以来处于乏人问津的地位。②

索克思个人档案中这批与孙中山、宋庆龄的来往信函,与孙中山1918年年底在第一次世界大战之后,世界资本如何走向、中国实业如何发展的"利用此绝无仅有之机会,以谋世界永久和平之实现也"③的规划文本——《实业计划》的成书过程密切相关。《实业计划》出版之后,与《民权初步》《孙文学说》并列,构成《建国方略》,是孙中山生命晚期的思想集大成者,备受其本人珍视,以至于"国事遗嘱"中第一个被提及,排在《建国大纲》《三民主义》与《第一次全国代表大会宣言》之前。④ 孙中山逝世后,尤其在南京国民政府建立之后,《建国方略》位列榜首之上述孙中山一系列著述作为"总理遗嘱",上升为国家意识形态,在全国范围内推广。但《实业计划》并非用一种语言写作,结集出版之前,中英文交织、发表过程十分复杂,刊印于不同国家,有多种版本。迄至今日,40年之前人

---

① 索克思与孙中山往来信函的译介,笔者将另撰一文。
② 徐涛:《孙中山与上海关系新论》,《社会科学》2012年第3期。
③ 广东省社会科学院历史研究所等合编:《孙中山全集》第6卷,中华书局1985年版,第247页。
④ 广东省社会科学院历史研究所等合编:《孙中山全集》第11卷,中华书局1986年版,第639~640页。

论述皆偏重于分析其言说之内容,对其成书过程几乎无人涉及。上述这批书信中蕴藏《实业计划》成书过程中诸多未解谜题之线索。

举例说明之。胡汉民曾追忆:"总理草作实业计划是用英文来写的……总理是一个顶忙的人,党事国事集于一人之身,当然忙个不了,空着的时候又马上要手不释卷的读书……总理在草作实业计划的时候,大概孙夫人的帮助是很大的。"①至于宋庆龄在《实业计划》撰写过程中如何帮助,胡汉民等一众亲历者则是语焉不详。由上述来往信函可知,宋庆龄不仅仅只是提供阅读资料、打印文稿的秘书工作,而是在撰写书稿、修订成书中,起到了至关重要的作用。而由《孙中山致田中义一函的英文原件修订稿》可知,孙中山最终发表的文稿并不一定采用索克思的修订意见,文本修订往复的整个过程与个中原因,都值得研究者深入挖掘。

(三) 对于胡适研究的价值

五四运动爆发,1919年8月末北京《每周评论》被查封,当时亦有传言胡适也被拘捕。前人论述孙中山参与营救胡适的史料中,皆引用1919年12月16日沈定一复胡适的长函,中云:"孙先生一见着许世英,就说起你和(陈)独秀被拘的话。当时正《每周》被封,上海方面大传你也被捕的话;所以孙先生对许说:'独秀我没有见过,适之身体薄弱点,你们做得好事,很足以使我国民相信我反对你们是不错的证据。但是你们也不敢把来杀死;身体不好的,或许弄出点病来,只是他们这些人,死了一个,就会增加五十、一百。你们尽着做吧!'许听了这番话,口口声声的'不该,不该,我就打电报去'。没有几天,我们就听到独秀出狱的消息。当时很赞同孙先生的话说得好。事前也有人再次要求孙先生打电报营救你两

---

① 胡汉民述,张振之记:《关于实业计划》,《新亚细亚》1932年第4期第1号,第9~12页。

位,孙先生不答应,说:'你们要我发电给谁?'来信所传孙先生发电的事,是没有的。"①索克思与胡适为美国哥伦比亚大学时的同学,在中国亦有亲密往来。② 信件十三、十四为孙中山应索克思之请,参与营救传闻中被拘押的胡适的第一手史料,具有重要的文献价值。③

除上述三点价值外,本文所译介之内容中还涉及上海五四学生运动、美国《远东共和》杂志、第一次世界大战结束最初时期的中美关系与中日关系,以及督军制度废除与粤军攻占汕头等诸多重要事件中的历史细节,不能在此一一赘述,希冀可以借由笔者译文,引起更多学者的研究兴趣。

(徐涛,上海社会科学院历史研究所副研究员)

---

① 中国社会科学院近代史研究所中华民国史组编:《胡适来往书信选》上,中华书局1979年版,第77~78页。

② 江勇振:《舍我其谁:胡适》(第二部 日正当中 1917—1927)下,第375~377页。

③ 此处感谢中山大学赵立彬教授的指点。

李鸿章佚文五篇拾补

王建勇　整理

　　晚清名臣李鸿章(1823—1901)是近代中国的重要人物之一。安徽教育出版社2008年出版,由顾廷龙、戴逸主编的《李鸿章全集》,则为李鸿章研究甚至晚清历史研究提供了最翔实可靠的文献资料,实是"李氏文献资料整理工作的丰硕成果,也是迄今对李氏文献资料搜集最为全面、点校最为精审、编辑排版最为完善的一部历史文献资料集"①。然囿于种种原因,仍有一些作品遗落于《全集》之外,相关辑佚著述也不少②。今复于清末盛康纂修的《龙溪盛氏宗谱》、侯倬翰等纂修的《锡山东里侯氏七修宗谱》及民国间杨楫等纂修的《盐城杨氏宗谱》中,新发现李鸿章的五篇佚文:《旭人方伯六十寿序》《盛旭人方伯八黉寿序》《盛杏荪方伯五旬寿序》《候

---

① 王汝丰:《新编〈李鸿章全集〉评介》,《社会科学战线》2008年第3期,第146页。
② 如张晓:《李鸿章对西方近代科学的认识》,《社会科学论坛》2010年第24期,第4~14页;徐世中:《〈李鸿章全集〉漏收文稿一篇及其文献价值》,《图书馆理论与实践》2013年第6期,第72~73页;徐世中:《李鸿章集外文考论》,《安徽史学》2015年第2期,第125~129,141页;李永泉:《李鸿章集外文补遗》,《安徽史学》2016年2期,第144~146页;王同策:《〈李鸿章全集·信函〉补遗五通》,载氏著《同策丛稿——古籍和古籍整理》,上海古籍出版社2016年版,第356~361页;徐世中:《新见李鸿章集外诗文辑考》,《中国国家博物馆刊》2017年第7期,第90~99页;李永泉:《李鸿章集外文再补》,《安徽史学》2018年第1期,第135~139页;陈开林:《李鸿章佚文辑补十一篇——兼辨李鸿章集中的误收之作》,《重庆第二师范学院学报》2019年第1期,第51~58页。

选教谕侯君家传》《菊仙杨君家传》，对于观察这位晚清重臣与盛康父子、杨延俊父子的交谊颇有裨益。

一、旭人方伯六十寿序

　　贤士大夫生当圣明之世，出身加民，致位通显，复时时能以济人利物为心。其在官也，有循良茂异之誉；其居乡也，有慈惠恺悌之称。而其胞与所及，周困振乏，若将举天下之大胥，泯疫疠天札之患。用是身名俱泰，进退裕如，享大年而备遐福者无他。其得于天者独厚，而人事之修省复有，以培其根而沃其膏。斯福禄寿考，天之所以报施之者，亦灼然其不爽。此其故，吾于方伯盛君旭人征之而益信。

　　方伯家世通德，代有闻达，以道光庚子岁受益阳胡文忠公知举于乡，寻成进士。内官郎署，外典州郡，兴利除弊，奸宄敛迹，所至有声。尝守庐州，不苛不泄，政成民和，父老至今犹能道之。迨其观察楚北也，适文忠帅鄂檄，君佐治饷事，综覈度支，钩稽出纳，榷盐征厘，用佐军实。楚军肃清，江皖规复，金陵兵食无匮，君实与有力焉。以劳除盐法武昌道，尝一摄藩司兼署臬司，盖亦骎骎乎大用矣。君为政宽敏，不以察察名，而吏奉厥职，人乐其利，百废具举，纲纪秩然。虽设施未竟，而规量固已远矣。同治癸亥夏，匝月不雨，米价腾踊，请于大府，发丰备仓，积谷平粜，贫民借以得食。咸丰庚、辛之际，苏、常不守，乡人之流寓江皖者，分俸倡捐，全活无算。及其归里也，为义田以赡其族，凡宗人之贫无所赖者，生有以养，殁有以葬，冠昏之礼有以举。戚郧之间，待君以举火者无虑数十百家。岁在辛未，畿辅大水，倡捐棉衣若干件，米若干石。命喆嗣宣怀赴淮南北劝捐，集资采购米麦，由沪上航海运津，散放接济，流民之得免于饥寒者甚众。余为上其事于朝，得旨加布政使衔。此其济人利物孜孜不倦，殆有根于天性者。

　　癸酉秋八月，值君周甲之辰，宣怀方应京兆试，归自津门，将以九月某日奉觞上寿。皖人之宦游于津者思君旧德，皆愿以一言为寿，而乞序于余。君兄应以道光癸卯捷京兆试，与余有齐年之谊。君之守庐也，余方假归，周旋稍久。及余兄弟持节鄂畺，又为同官。其后督师入秦，宣怀尝佐余军西至咸阳，北上太行，从余游者又久，习知君之为人和平坦易、廉静不苟，在官以不扰为治，居乡以乐善见称。迹其所为，固终始以济人利物为心者。充斯量也，享年之永，受福之隆，天之所以报施之者，正未有艾。区区世俗称觞介寿之词，不足为君道，故于宣怀之归，举君之生平懿行可为世法者，著之于篇，以为保世滋大者券，是为序。

时同治十二年岁次癸酉八月，赐进士出身、诰授光禄大夫、钦差大臣、太子太保、武英殿大学士、兵部尚书兼都察院右都御史、总督直隶等处地方兼管长芦盐政、一等肃毅伯、加一骑都尉世职、治年愚弟李鸿章顿首拜撰并书。①

二、盛旭人方伯八韺寿序＊

国家景庆延洪，榘圜粲晏，钧钤协瑞，鞮译胪欢。昭阳先甲而

---

① 此文辑自清光绪间盛康纂修《龙溪盛氏宗谱》卷二二，清光绪十九年（1893）木活字本。盛康（1814—1902），字勖存，号旭人，晚号留园主人。道光二十四年（1844）进士，历官铜陵令、庐州知府、宁国知府等。太平天国间，以布政使衔掌湖北盐法武昌道。丁忧服除，改官浙江杭嘉湖兵备道按察使，寻致仕归家。编有《皇朝经世文续编》一百二十卷传世。盛康长子盛宣怀（1844—1916），字杏荪，一字幼勖、荇生、杏生，号次沂，又号补楼，别署愚斋，晚号止叟。历轮船招商局会办、天津海关道、直隶津海关道、工部左侍郎等职，累仕至邮传部尚书。父子两人同是近代常州盛氏家族的代表人物，均在晚清朝野享有盛名，尤其盛宣怀更被誉为中国实业之父、中国高等教育之父。

＊ 盛康自咸丰间受胡林翼委托筹办军需而认识李鸿章，盛、李两家从此结下深厚情谊。同治九年（1870），时年二十七岁的盛宣怀复经杨宗濂函招，投入李鸿章幕府，成为淮系集团的骨干人物。同治十二年（1873）八月，北闱乡试报罢，盛宣怀便于该月十六日出京，旋经天津、上海赶赴盛康在苏州的住处〔夏东元编著：《盛宣怀年谱长编》，上海交通大学出版社2004年版，第21页〕，以庆祝父亲的六十寿诞。应宦游天津的众多皖籍官员之请，李鸿章撰序以为寿言。序后罗列有同祝寿者，如刘铭传、潘鼎新、刘盛藻、丁寿昌、马绳武等，都是淮系集团的重要成员。

播徽音,颐和肇辰而开寿寓。万方备物,将修祝嘏之上仪;九老绘图,爰稽锡类之盛典。斯时赞襄,在位浚明,有家平格,相迪以棐。忱引年常,记为惇史,莫不颂媲旗翼,祈介耇骀,躬际昌期,侈扬荣遇。至若南桥北梓秉桢干以长生,左林右泉驻神仙于福地。殊猷传为治谱,承欢进一品之衣;上善勖以义方,遍德诵万家之佛。如我盛公旭人方伯者,诚熙朝纳祜之征,亦德门济美之报,求之当世,复莫与伦。

公秀毓天真,聪彝人范。是寿者相,证瞿昙之凤因;现宰官身,本瑶苑之列宿。皖山巀嵲,遥峙清颂之碑;淝水渟潆,犹饮神君之泽。当夫简书孔棘剡荐,频膺宏总军谘,洊迁台秩。公知惟乘武汉之上游,可握淮吴之胜算。假衢用骋,叱驭忘危。云合星屯,其伸夫敌忾;刍飞粟挽,特重乎储胥。既权度支,遂任禺筴。陶士行之军实,纤屑靡遗;刘士安之监缗,公私仰给。肃清江表而功成不居,暂摄藩禾而礼终遽退。十年树木,孺慕系其永思;千亩分田,义举循乎往哲。洎东山赴阙,北徼从师,仍资馈饟之劳,咸诵筹边之策。湖山管领,协公望于台司;风月婆娑,付儿曹以整顿。遂修初服,已届悬车。

长君杏荪观察,导绎仁施,恢张远略。始拜东嵎之命,旋移北海之躔。犹忆岁纪重光,支临单阏。瀛槎就养,喜看官阁之双星;锦轴书勋,遥侑宾筵之三祝。兹公八秩览揆之日,适值重游泮水之期。灵椿八千,春秋撷藻芹而成彩;博士数百,弟子随杖履以称觞。观察海屋瞻云,华陔延月,寅寮胥乐,申祝乞言。鸿章钦茂绩于高贤,羡祥龄于爱景,曾预介眉之颂,奚烦骈拇之辞?第举恩庆之洊臻,与夫德寿所自致,更端相质,近事可征。公之再官浙右也,观察已摄篆畿南。迨越臬陈符而莱台秉节,卜居颐养而特进头衔。拜前拜后,方辉映于一时;采繁采蘋,亦褒嘉于三世。次君荣膺赤帻,秋驾先声。文孙秩晋绣衣,春官属望。英物皆占郎宿,群从咸励官方。识富平之子,自有千秋;集河内之门,何止万石。此国恩之渥也。

夫繁露扬华,其称者人爵;德星聚顺,难得者天伦。公晬盎成春,觥盅为福,棣辉白发,常呼卯君。以瘫仙兰梦丹山,并戏冬郎;于雏凤蓬峤佳气,觳佩重谐。桐峰新枝,瑶瑜竞秀。更喜飚轮稳渡,如陆贾之安车;爓景遥传,成穆宁之家令。甘旨时奉夫方物,定省靡阙于晨昏。此家庆之具也。

自来共财会食,仕禄比于膏梁;洒沉澹灾,受政求其刍牧。未有买园独乐,竟成后乐之庄;归岫闲云,翻作大云之庇。公永贻敦睦,宏愿恫瘝,观察亦辰告。尊亲子惠,养志孝友,推为任恤。广厦开以万间,饥溺廑其勋劳,仁粟遍乎行省。此施济之德也。

是知修道养寿,美意延年。倘使态作龙钟,餐须鸠祝,虽摄生之多术,已娱老之无方,而乃气海常温。天君弥泰,订平泉草木之记;手筑灵岩,摹洛社耆英之图,齿尊高会。宫墙展谒,率后进而恰称童颜;云礽衍祥,兆多男而犹占吉梦。经世续四朝文献,老眼尤明;表微征一郡典型,德毛克举。此神明之寿也。

综厥庶征,识灵钟之独厚;揆诸美报,宜嘉贶之方滋。鸿章夙佩风规,遥仪日秩,羡与龄于余庆,咏保艾以增欢。会看典锡东朝,数燕喜一堂之盛事;更卜辉生南极,为鹿鸣重宴之先声。谨序。

赐进士出身、诰授光禄大夫、太子太傅、文华殿大学士、直隶总督、一等肃毅伯、治年愚弟李鸿章顿首拜撰,诰授荣禄大夫、礼部右侍郎、南书房翰林、会典馆总纂、提督顺天学政、愚侄李文田顿首拜书。①

---

① 此文辑自清光绪间盛康纂修《龙溪盛氏宗谱》卷二二,清光绪十九年(1893)木活字本。光绪十九年(1893)八月,为庆祝盛康八十寿辰,李鸿章乃承盛宣怀之请而作此骈序。序文由当时的书法名家李文田(1834—1895)书写,更是增色不少。文后还附有一同祝寿的数十位大小官员,如裕长、张梦元、张国正、周馥、季邦桢、刘含芳、潘骏德、方恭钊等。

《龙溪盛氏宗谱》卷二二除存录李鸿章寿序外,还保存有汪鸣銮、奎俊、潘霨、崧骏、恽祖翼、孙金彪、恽鸿仪、汪洵、朱仪训、李谦、邓华熙等撰写的寿文、寿诗,足见当时庆寿的盛况。

三、盛杏荪方伯五旬寿序

国家幅员之宏度,越前代咸、同以来,宙合一家,遂成开辟之局。西、南洋诸国搏搏总总,鳞集而羽萃,耆欲杂,语言歧。其地之广漠,情伪之相万,大章不能步,而隶首不能算也。于是朝廷特置南、北洋两大臣以分治之,北洋治天津,又置津海关道以为辅。来宾来王暨通商惠工诸政并会于天津,皇华四牡之使三岁而一更,旌幢相望于道,亦以天津为权舆。故虽北海一隅,而拱卫皇畿,实笃中外之枢,甲于他省。濒海郡县有事则白之道,以上北洋大臣。诪张恫喝,朝异而夕不同,操纵缓急可否之数,一不得当,举足以启衅而召侮。故任之者,恒难其选,非通明开敏孚中朝而柔远人者,不足以胜之。

岁在壬辰,武进盛君杏荪自登、莱、青移莅津海。津海于杏荪为旧部,髽首鬾结之徒闻杏荪之来,讴颂忭舞,转相告语。治之阅一岁,有奇四夷,咸大和会。且随其操纵缓急可否之数,靡不犁然得中外驩焉,若符契无纤芥之枘凿,蒙亦获少少休。于是杏荪春秋五十,盖蒙之与杏荪共事,倚如左右手者且三十年矣。岁九月既望,为杏荪设弧之辰。先期八月,适届尊甫旭人先生八龝正庆,嘉庥滋至,咸进相祝。且所属望于杏荪者,事无钜细,悉仰规画,自经始以底于成。盖杏荪泽旭人先生之教,少志经世,于国是之利病、民俗之善败深维而切究之。而尤达于中外之故,今宙合一家,古所未有,亦必以古所未有之策应之。

而士大夫蹈常袭故、拘文牵义,鳃鳃然胶一成之见,应情伪相万之变,堂襄雨袭,知其鳖矣。或震于耳目,所未经一切唾弃,有及此者,辄讻言攻之,自诩为持正。其及此者,又皆庸隶贱竖,稍习彼语言文字,效奔走供会计,苟焉以济其欲,匪唯士大夫号为持正者唾弃之,抑亦彼所不屑也。噫!事会所乘,材艺之士辐辏其间,大率河汉。其言逞索隐,行怪之习,试之以事,非激则随。必得通明开敏如杏荪者,与之讲求中外之故,不是古而非今,不执一而废万,彼我之情洞然,无毫发之蔽,神而明之,优而柔之,蕲所以自强。比在北洋久,亦稍事讲求,革前二者之弊矣。电有报,轮船有局,机器若五金之属,旁及纺纱织布,诸工皆有厂以属他人。或劳精疲神,梦不可理,或始勤而终瘝,积至窳败。独杏荪当之,应几立断,无洪纤夷险,恢恢乎其有余。西、南洋诸国往来于天津者,得杏荪一言,若岑鼎之重,若秦权汉符之不可易也。其通明开敏,上为九重所知,下而海内士大夫亦莫不贤杏荪,而不复訟言攻中外之故。蒙老矣,杏荪年益进识益练,古今之变、彼我之情伪益习,且深知必蕲所以自彊。用克尊主庇民,孚中朝而柔远人,补蒙所不及,镜清砥平,中外禔福,不其懿与。

爰举此以为寿,而不循世俗祝嘏之文。杏荪家庆方臻,聿著伟绩,他行谊亦纯备,所至有声。然无与天下之大,与蒙之所以重杏荪者,故不复觀缕且悉数之,而亦更仆难既也。是为序。

赐进士出身、诰授光禄大夫、太子太傅、文华殿大学士、直隶总督、一等肃毅伯、世愚兄李鸿章顿首拜撰,赐进士及第、诰授荣禄大夫、礼部右侍郎、南书房翰林、会典馆总纂、提督顺天学政、愚弟李文田顿首拜书。①

---

① 此文辑自清光绪间盛康纂修《龙溪盛氏宗谱》卷二二,清光绪十九年(1893)木活字本。光绪十九年(1893)九月,适逢盛宣怀五十诞辰,李鸿章为序祝之,并请李文田书写[李文田曾在光绪十九年(1893)八、九月间,接连书写李鸿章所撰《盛旭人方伯八秩寿序》和《盛杏荪方伯五旬寿序》,而相关论著没有载录其事,宜予以补充]。序文中对这位左膀右臂极其赞赏,并致以甚高的期许。文后并附有数十位同祝寿者,如裕长、张梦元、张国正、周馥等。

五十大寿除李鸿章有寿序,家谱中就只保留下汪洵(1846—1915)《盛杏荪方伯五旬寿序》[盛康纂修:《龙溪盛氏宗谱》卷二二,清光绪十九年(1893)木活字本]。年满四十时,仅见钱塘陈昌绅(?—1900)作《为电局同人公赠盛杏荪方伯四十寿言百韵》(陈昌绅:《为电局同人公赠盛杏荪方伯四十寿言百韵》,《字林沪报》1883年11月2日,第4版)。花甲之庆因为父守丧、经营丧事(夏东元编著:《盛宣怀年谱长编》,上海交通大学出版社2004年版,第787~791页),自然无法操办,而古稀之寿则未见相关材料。

四、候选教谕侯君家传

君讳炜,字石琴,无锡侯氏。祖讳申源,父讳廷枋,本生父讳廷楠。君幼而颖敏,读书过目成诵,尝缚草为帚,学擘窠书。家贫,父命习贾。不数日弃归,益肆其力于举业,篝灯课诵,环宵旦不寐。试辄冠其曹,补博士弟子员,旋饩于庠。同县邹壮节公鸣鹤见其文奇赏之,君从之游,遂之河南、之江西、之京师,益得山川奇气,而一发之于时文。会粤寇焱起,海内骚动,君归而授徒。逾六七年,寇警日迫,苏、常郡县皆陷于贼。君避之县东北斗山之阳,与县中豪杰议立义团,富者出财,贫者输力,村置旗鼓为期会,每有警则数十里团丁毕集。别募敢死士为之倡,人裹白巾为标识,连击出掠之贼藏。其渠声势大振,贼惮之,呼曰"白头"。于是,江阴、常熟诸乡皆仿行之。白头之起,实自斗山始。既而常熟陷,后路无援,团遂散。君亦奉母渡江,侨寓盐城。而贼惩前败斗山,一隅得不被蹂躏者数年。同治三年,余既收江苏全境,开书院课士,得君文,知为绩学士,拔置前列。君旋以丁卯举于乡,入赀为教谕。家居待选,贫益甚,至卖字为活。光绪三年十一月十六日卒,年五十七。君性孝友,淡于荣利,然伉爽徇义,能急人之急。工擘窠书,尤精汉隶。自言游某氏园,见怪石森立,老梅古干偃仰,忽悟八分笔法,书学遂大进。子四人:家麟、家凤,庠生;家驹、家骥,尚幼。

论曰:国家以制艺取士,不过藉觇所蕴,非谓实用之学尽于此也。自士争磨砺以求售,而制艺之法日益精,或耗神竭能,占毕穷年,皓首而不遇。幸而一遇,往往以所习非所用,见困于时,盖贤才所由日衰也。侯君之才力,向令不限于制艺,充其所学,岂可量哉!乃束于功令,而毕生之全力敝焉,又不获稍乘时位以摅所韫。此余所以为君惜也,此余所以为天下之士困于制艺者慨也。

光绪六年庚辰夏四月,诰授光禄大夫、钦差北洋大臣、太子太傅、文华殿大学士、兵部尚书、都察院右都御史、直隶总督兼管盐政、一等肃毅伯李鸿章撰。①

五、菊仙杨君家传*

君讳延俊,字吁尊,号菊仙,余同岁生也。其先世居无锡之鸿山,分居寺头镇,明季迁于城,累代多通儒循吏,本朝成进士者数人,官未显。高祖若千公,讳度汪,举乾隆丙辰博学鸿词,授翰林院庶吉士,改江西德兴县知县,有政声。曾祖考讳廷彬,祖考讳陛荄,俱积学不遇。考桂岩公讳绍基,廪贡生,授丹徒县学训导,摄苏州府学教授。博学,工诗文,有孝行,君其长子也。余交君晚,不审君幼时行谊,获闻于君舅侯少宰叶唐先生者甚详。

君少颖异,五岁入塾,诵读如成人,群儿嬉其旁,不稍顾。时君

---

① 此文辑自清宣统间侯倬翰等纂修《锡山东里侯氏七修宗谱》卷六,清宣统二年(1910)懿德堂木活字本。传主侯炜(1821—1877),字景文,一字心声,号石琴。同治六年(1867)举人,候选教谕。存世著述有《铁梅庵劫余拾烬默存集》,民国九年(1920)侯鸿鉴抄校《无锡乡先贤遗稿三种》本(柯愈春:《清人诗文集总目提要》,北京古籍出版社2001年版,第1568页)。侯炜生平事迹,详载其弟侯琫森所撰《石琴公行略》[侯倬翰等纂修:《锡山东里侯氏七修宗谱》卷六,清宣统二年(1910)懿德堂木活字本。]。据朱炳清《邑宰侯铁生琫森胥江走雨图叙》,知侯琫森号铁生,光绪十八年(1892)署海盐知县(朱炳清:《晚翠楼诗钞》卷三,江晓敏主编:《南开大学图书馆藏稀见清人别集丛刊》第31册,广西师范大学出版社2010年版,第212页),词学大家谭献(1832—1901)也有《题侯铁生琫森胥江走雨图》诗(谭献著,罗仲鼎等点校:《谭献集》,浙江古籍出版社2012年版,第573页)。

* 同治三年(1864),太平天国覆亡,李鸿章率淮军肃清江苏全境。同年十月,即亲赴常州主持江南乡试科场(刘忆江:《李鸿章年谱长编》,河北大学出版社2015年版,第80页。按,《年谱》误以十月初七日的《复曾中堂》为十月初九日作),其事详载十月七日《复曾中堂》(顾廷龙、戴逸主编:《李鸿章全集》第29册,安徽教育出版社2008年版,第344页)、十月十三日《致曾中堂》(顾廷龙、戴逸主编:《李鸿章全集》第29册,安徽教育出版社2008年版,第346页)两函。经此科考,李鸿章得侯炜之文而将其拔置前列,两人遂相识。侯琫森《石琴公行略》亦曰:"今伯相合肥李公抚吴,设书院取士,拔其尤者十人入署。再试,伯兄与焉。"[侯倬翰等纂修:《锡山东里侯氏七修宗谱》卷六,清宣统二年(1910)懿德堂木活字本]

祖妣刘太夫人在堂,太夫人故武进相国文恪公曾孙女,太史芙初先生之姑雅善吟咏,置君膝授以诗。八岁,习五言,得长古一首曰《招隐篇》,桂岩公阅之不怿,太夫人慰之曰:"此子虽不能大显贵,当不玷清白史,其善教之。"弱冠失怙,哀毁骨立,益发愤,悬桂岩公小像于左右,读且泣,长夜倦,辄以夏楚自击额。年二十四,始入邑庠生,文名噪乡里。道光甲辰,与余同登贤书,犹未之识也。丁未,会试三场,同号舍。余病几殆,君为调药饵,检策对。余瞑眩间不暇详询,仅记其姓籍而已。试既毕,余病未瘳,先大夫德君,甚遍访,晤君于侯少宰邸第,谈次无德色。少宰且未知闱中事,何论他人也。是科同捷礼闱,君以第六人魁选,海内传诵其人。余忝入词垣,君得山左令。阅二年,访君于济南,谓余曰:"邑令为国家要职,非才守职兼优,鲜能胜任。人言科目致身,必操守廉洁,或且以自负。抑知我诚廉,莫必所用之人皆廉,廉不济之以公明,其贻误民生者不少。吾才识短浅,不敢以家贫贪禄,祸及子孙,将呈改教职,授生徒餬口。"余力阻之,且勉曰:"君所见若此,当不负斯民矣。"

咸丰辛亥,君长子宗濂应京兆试,请业于余。余沈沦史馆,庸庸无建白。旋假归,值粤捻扰庐江,先大夫奉命办团练,不肖继之,佐皖抚长白福公、新宁江公幕。江公战殁,曾文正公督两江檄,余入幕,兼统淮扬水师。庚申,苏、常陷,与君音耗久隔。辛酉冬,宗濂以户部郎乞师来安庆,一见喜极。知君历任烦剧,遭时不幸,饥馑军旅无宁岁,为民御灾捍患尽心力。以与某长官不相能,谢官归里,所任交代事缪辖。复之山左,殁于旅次,时己未七月也。宗濂、以回、宗瀚在都应试,宗济、宗瀛奉母侯太夫人家居,惟宗瀚妇视含殓。诸公子闻讣,未终试,星奔山左扶衬归,庚申三月厝于惠山。

不数旬而寇至,宗濂兄弟奉母归乡,集民团拒贼,战屡捷。相持五阅月,既而四面贼逼,岌岌不终日。宗濂间道走沪,与江南团练使者阁学庞公谋,乞师于皖。皖必道金陵,贼踞不得越,宗濂毅然受使。曾文正公壮其行,留佐戎幕,与余共晨夕,悉君行状。同治壬戌春，余奉巡抚江苏之命楼船东驶，惟宗濂是赖。以回、宗瀚亦相继从军，文武兼资。不数年，而粤寇捻股以次削平，转战千里，宗濂兄弟实始终之。累功，均擢道员，其季亦有声庠序。孙男十余人，皆崭然头角，以是见君之忠厚郁积，所以垂裕子孙者，未有艾也。

君殁后，家无余财，宗濂兄弟以力未能偿官。适当道与宗濂有隙，将假公事中伤之，宗濂告急，余以累万金为君偿。适议者谓余过厚，不知余与君遇合之缘。彼苍所玉成者远且大，君非望报于余也。世之角逐名利之场至戚，不顾形人短以显己长，区区小惠，矜张作色，纤屑微嫌，反目不相识者，闻君之风亦且稍愧矣。

赐进士出身、诰授光禄大大、太子太保、文华殿大学士、兵部尚书兼都察院左都御史、总督直隶等处兼管河道、提督军务粮饷、紫荆密云等处关隘管巡抚事、一等肃毅伯、加三级、年愚弟李鸿章顿首拜撰。①

（王建勇，南京大学文学院博士研究生）

---

① 此文辑自民国间杨楫等纂修《盐城杨氏宗谱》卷一六，民国十二年（1923）木活字本。录文并见杨年建编著《杨氏命脉回溯》（杨年建编著：《杨氏命脉回溯》，上海古籍出版社2010年版，第717～718页），然脱文讹字较多。传主杨延俊（1809—1859），与李鸿章同登道光二十七年（1847）进士而有同年之好，且其长子杨宗濂（1832—1905）、三子杨宗瀚（1839—1907）都曾为李鸿章重要幕僚，李、杨二家往来甚深。惜该传未书撰写时间，然从文末所题职衔来看，应是李鸿章晚年所作。

江苏无锡惠山横街及上河塘的杨延俊祠（四褒祠）壁间，原嵌有《皇清诰授朝议大夫晋赠光禄大夫山东补用同知肥城县知县贵先杨君（延俊）暨配诰封恭人晋封一品夫人侯太夫人墓志铭》碑石，2000年9月移嵌于太湖鼋头渚风景区横云山庄诵芬堂外墙水榭内。墓志末题"赐进士及第、光禄大夫、兵部尚书、湖广总督、南皮张之洞撰文，赐进士及第、光禄大夫、经筵讲官、户部尚书、常熟翁同龢篆盖书丹"，约撰于光绪十九年（1893）正月左右，可以配合本传了解杨延俊生平行事。墓志录文及碑石拓本载朱震峻等编著《无锡园林碑刻选：十方翰墨留梁溪》（朱震峻等编著：《无锡园林碑刻选：十方翰墨留梁溪》，古吴轩出版社2011年版，第99～107页），而河北人民出版社1998年版、武汉出版社2008年版《张之洞全集》均未收。

纂修于清末的《龙溪盛氏宗谱》《锡山东里侯氏七修宗谱》及民国的《盐城杨氏宗谱》，所保存下来的五篇李鸿章佚文，都属于应酬之作，写完应该就交付盛康、盛宣怀、杨宗濂等人，原文手稿因而散落难觅。五篇佚文的价值，既在于弥补《全集》的阙漏，更为考索李鸿章同盛康父子、杨延俊父子的密切关系增补新材料，从而帮助理解晚清淮系集团在近代社会变革中的突出贡献。

陈宝箴集外诗文拾遗*

刘 猛 整理

晚清时期,随着列强的侵略,救亡图存成为时代的最强音,其中湖南巡抚陈宝箴领导的湖南维新运动颇具时代性。20世纪以来,陈宝箴研究成为学术界关注的热点课题,陈氏相关文献的搜集、整理与刊布成为许多学者所关注的重点。例如,许全胜、柳岳梅整理了上海图书馆所藏的陈宝箴书札、遗文。尹飞舟梳理陈宝箴在湖南维新运动中的史料。刘经富、蒋信、黄嬿婉、张求会等学者,先后公布了陈宝箴的部分未刊诗文、信札等。自2003年开始,汪叔子、张求会整理、出版了《陈宝箴集》三册,将遗存的大多数陈氏文献网罗其中,是陈宝箴研究和近代湖南新政研究不可或缺的基础资料。① 然而,

---

* 本文系国家社科基金青年项目《新发现陈宝箴抚湘文献整理与研究》(批准号:18CZS060)的阶段性成果。

① 相关研究成果列举如下:许全胜整理:《陈宝箴友朋书札(一)》,《历史文献》第三辑,上海社会科学院出版社,2000年版。柳岳梅整理:《陈宝箴友朋书札(二)》,《历史文献》第四辑,上海科学技术文献出版社2001年版。柳岳梅整理:《陈宝箴友朋书札(三)》,《历史文献》第五辑,上海社会科学院出版社2001年版。柳岳梅整理:《陈宝箴友朋书札(四)》,《历史文献》第六辑,上海古籍出版社2004年版。许全胜、柳岳梅整理:《陈宝箴遗文》,《近代中国》第十一辑,上海社会科学院出版社2001年版。柳岳梅、许全胜整理:《陈宝箴遗文》(续),《近代中国》第十三辑,上海社会科学院出版社2003年版。刘经富:《陈宝箴集外诗文钩沉》,《文献》2011年第1期。刘经富:《陈宝箴集外诗文钩沉续》,《南昌大学学报》(人文社会科学版)2013年第4期。黄嬿婉:《陈宝箴 (转下页)

由于陈宝箴文献的收藏较为分散,虽经学界的多方搜集,至今未能全璧。笔者十分关注陈宝箴抚湘事迹,在阅读历史文献的过程中,也注重对陈宝箴未刊文献的搜集与整理。目前已发现多件陈宝箴未刊的公文、书札、电文、诗文,具有重要的研究价值。现将部分公文、诗文等迻录如下,祈求方家指正。

一、奏沈齐献调补酃县知县缺折

奏为遵照部驳更补知县,恭折仰祈圣鉴事。窃照湖南酃县知县张祖良调补长沙县知县遗缺,扣留外补,于光绪二十一年四月十九日奉旨:坐四月二十四日行文,照湖南省程限七十日减半计算,扣至五月二十九日接到作为开缺日期,归五月分截缺咨部在(案)。前以新海防分缺先补用知县陈吴萃请补,兹于光绪二十二年正月十四日奉准吏部咨覆,应以该员更补在前之石门县知县病故所(遗)之缺,其酃县知县员缺,应令按限另拣合(例人)员更补,即专折具奏。等因。自应遵照拣员更补。查定例,知县升调所遗选缺,用各项候补前先进士即用前先一人,各项候补进士即用相间轮补一人,委用前先一人,委用一人,本班前先大挑一人,本班大挑一人;各项候补前先进士即用前先一人,各项候补进士即用相间轮补一人,委用前先一人,委用一人,本班前先议叙一人,本班议叙一人;各项候补前先进士即用前先一人,各项候补进士即用相间轮补一人,委用前先一人,委用一人,本班前先捐纳一人,本班捐纳一人;其捐纳补用两班之后,接用捐输一人,本班前先截取进士

(接上页)书札》,《历史文献》第十八辑,上海古籍出版社2014年版。张求会、俞声恒:《陈宝箴致俞廉三未刊信札释考》,《中国文化》2016年第43期。蒋信:《陈宝箴未刊手札两通考释》,《文献》2013年第4期。汪叔子、张求会编:《陈宝箴集》,中华书局2003—2005年版。

一人,本班截取进士一人,本班前先拔贡一人,本班拔贡一人,(本)班前先孝廉方正一人,本班孝廉方正一人;拔(贡)及孝廉方正用过两班之后,用本班前先教习一人,本班教习一人,本班前先优贡一人,本班优贡一人,本班前先教职一人,本班教职一(人),本班前先截取举人一人,本班截取举(人)一人,本班前先荫生一人,本班荫生一人,本班前先八旗截取举人一人,本班八旗截取举人一人。又,郑工章程内开,道府以至未入流,无论何项到班,先用郑工遇缺先二人,海防新班先一人;无人,用郑工遇缺先人员抵补,至第四缺,海防即、海防先分班轮用一人,第一轮用海防即,第二轮用海防先。海防先无人,仍用海防即;海防即无人,用旧例银捐遇缺先人员;如无人,用旧例遇缺之人;再无人,遇班即接用各项班次轮用一人。以五缺为一周。又,轮用各项试用时,先将郑工分缺先、分缺间人员用一次再到班,再将海防分、无先分缺间人员用一次。郑工无人用海防,海防无人用郑工;均无人,用旧例银捐分缺先前、分缺间前之人。又,郑工新例(分)缺先、分缺间,遇轮补升调遗及病故休之缺到班时,于各本班中先用正途出身,及曾任知县,曾任实缺、应升知县者二人,再用各本班中各项出身者一人。如正途出身,及曾任知县,曾任实缺、应升知县无人,即用各项出身之人。又,(新)海防章程内开,报捐新海防遇缺先、分缺先、分缺间各项本班尽先人员,应仍照郑工事例跟接,分别按班铨补。各等因。湖南省升调遗知县一项,前出有龙阳县知县调补遗缺,系另起一轮,补过郑工候补本班尽先补用知县上官廉;安乡县知县调补遗缺,补过正途出身候补正班汪文焕各在案。今郿县知县调补遗缺,郑工新海防遇缺先,海防新班先、新班即,旧例银捐遇缺先、遇缺,及委用先、委用均无人,轮用大挑到班,本班前,先用大挑举人,及郑工新例分缺先,亦均无人,应接用新海防分缺,先正途出身,及曾任知县,曾任实缺、应升知县之人,是班内正途出身之陈吴萃,业经另详更补在前石门县知县病故所遗之缺,其余均不合例,应用新海防分缺先各项出身之人。查有新海防分缺先补用知县沈齐献,年四十八岁,浙江余杭县人,由附贡生遵例在湖北协黔捐局,报捐通判选用,复加捐分发指省湖北试用,同治十一年十一月领照到鄂,光绪二年军需报销案内保加四品衔,十三年遵海防例在部库降捐知县,分发试用,签掣贵州,亲老告近,改掣安徽,是年八月十二日引见,奉旨:照例发往。钦此。领照起程。九月二十三日到皖,旋委署霍山县篆务。十七年三月在任丁母忧,回籍守制,复遵新海防例在部库报销,请俟服阕后过入新班,并捐离省改指湖南,归分缺先补用,免试用。十九年六月服阕起复,由浙领咨来湘。是年九月十七日到省,十月初三日奉准吏部行文知照,准其捐离贵州原省,改指湖南分缺先补用免试在案。据布政使何枢、按察使俞廉三会详前来。臣查该员□□□□,以之更补酃县知县,调补遗缺,与例相符,相应奏明请旨,准以分缺先知县沈齐献更补酃县知县,如蒙俞允,该员系分缺先用知县请补知县,衔缺相当,毋庸送部引见,亦毋庸列叙参罚,合并陈明。谨会同湖广总督臣张(之洞)恭折具陈,伏乞皇上圣鉴,敕部核覆施行。谨奏。

光绪二十二年二月二十三日吏科

奏沈齐献调补酃县知县缺一折

头品顶戴^{兵部侍郎}_{巡抚部院}陈

按:录自《陈宝箴抚湘文献》不分卷(笔者自拟),清钞本,上海图书馆藏,原文献无页码。①

---

① 除特别说明外,以下文献均来源于上海图书馆所藏《陈宝箴抚湘文献》,后不赘述。

二、恭谢恩赏方略折（光绪二十三年九月初四日）

奏为恭谢天恩，仰祈圣鉴事。窃臣于光绪二十三年九月初二日奉到颁赏平定陕甘、新疆回匪暨平定云南回匪、贵州苗匪方略各全部，当即恭设香案，望阙叩头祗领。伏维我国家抗踪轩顼，方驾唐虞，六七作配上帝之郊禋，三万里入司空之版籍。金瓯巩祚，玉弩销芒。固已函夏无尘，熙春有庆。乃汉家四七之际，值元运百六之艰。多难兴邦，殷忧启圣。维时粤匪、捻匪既摧落夫鲸牙，回疆、苗疆尚枝掌乎螳臂。绵暧者十数稔，蔓延者八九州。我文宗显皇帝被濯群材，遽铸荆湖之鼎；经营中夏，未弢葱海之弓。皇上虹璧当阳，龙图启运。乘乾斡化，扬显烈于文谟；奋震除残，秉隆规于姒训。文以经而武为纬，近既辑而远亦绥。追念艰难，怆怀继述。分虞书为二典，如闻咨儆蜂辛；仿泰誓之三篇，丕着圣谟彪丙。臣昔驰戎传，冀习龙韬，忝绾疆符，未窥豹略。书万本，诵万遍，幸瞻金函玉检之祥；截九有，式九围，喜睹云缦星辉之盛。所有微臣感激欣忭下忱，谨缮折恭谢天恩，伏乞皇上圣鉴。谨奏。

三、饬筹备总局援案承佃洲土札

为札饬遵办事。照得沅江县属之草尾嘴、十一图等处新淤洲土，四面滨湖，实与江心突涨无异，照例均应归官，不准私行垦种、樵采，业经本部院札饬该令会绅驰往该处，清查丈量，办理招佃开垦在案。近核该令历次禀报，民间领照承佃者，固不乏人，而未经佃出之土，尚复不少。查从前南洲淤土招佃，曾准常德、武(陵)、龙(阳)、沅(江)、华(容)各府县地方公局、善堂、书院领照承垦，并留出官桑园地土，均有成案。现值时势孔棘，亟应添练精兵，广造军火，以御外侮，创设武备、时务各学堂，以育人才。与夫开矿、备荒各事宜，均为通省切要之举，在在需费，必须设法筹维，以备支给。今拟在省设立筹备总局，综理新开利源，分应各项经费，所有湖中淤土，自应均准筹备总局援案承佃，合行札饬。札到，该令即便遵照。除已经发照之土不计外，其余淤土已丈者暂停发照，未丈者仍赶紧丈量，听候本部院饬令筹备总局，筹措庄钱，前往承佃，佃定之后，由筹备总局仍招附近贫民分承开垦，以湖中自然之地利，济湖南通省之要公，附近虿氓又可分承耕凿，实于国计民生，两有裨益。该令于奉文之后，将前领未发执照，查明张数，妥为封存，克日禀报查考，不得倒填月日，徇情滥发，致干咎戾，并移沅江县知照。切切。特札。

四、严禁痞徒造言阻挠电线示

为出示晓谕事。照得南北洋通商以来，钦奉谕旨，设立电线，以速军报而便机务，各直省均遵行。湖湘居天下上游，四通八达，声息尤贵灵通，迄今尚未举办，推原其故，民间以电线创自泰西，必有夷人杂处，且电杆有碍室庐田墓，而逞不经之说者，并谓电气所触，人畜不安，小民念切身家，疑惧在所不免，而地方官因民情有所不惬，亦无议及于此者。本部院身膺疆寄，苟利于国，事在必行，兹定在会城设局，执事员役，均用汉人。至勘路时，另委本地正绅引导，凡有碍于民间室庐田墓者，必令绕越保全，建造工作并无夷人混杂，动用官帑，毫不扰累。其电路自长沙、湘阴、巴陵、临湘，以达武昌，悉由驿道，不涉民业，似此规画周详，足破群疑之惑，合亟出示晓谕。为此示，仰沿途居民人等知悉，须知电线之设，不害于民，无所用其过虑，倘有痞徒造言阻挠，即照甘肃成案，严拏重办，决不宽贷，各宜凛遵。毋违。特示。

五、严禁借端阻挠安设电线示

为剀切晓谕事。照得现在中外一家，皇上厉精图治，凡泰西铁路、轮船、电线等制，有益于国计民生者，曾经迭降谕旨，令各直省次第仿造，认真举行。查湖南地势，上通云贵、两广，下达鄂、皖、江、浙，旁邻四川、江西，为十数省之通衢，抑东南之关键，首务在安设电线，俾消息得其灵通，用为振兴商务之基，即为开创富强之业，有益于国，有益于民，莫此为若。兹者事在必行，择定自长沙省城设起，由桥头驿至湘阴县，由归义驿、大荆驿，至巴陵县属之青冈驿、岳阳驿，至临湘县之云溪驿、长安驿，至湖北属之港口驿，至蒲圻县及官塘驿，至咸宁县及山陂驿、东湖驿，至武昌省城止，一路皆由驿道安设，与尔百姓私地绝不相干，即或间有须用私地处所，自当斟酌尽善。或驿道两旁，遇有民人坟墓屋宇及祠庙相碍者，亦议设法绕越，决不逆尔众百姓之意，尔众百姓即宜曲体公家之心。蒿目时艰，共争先着，一腔热血，同勉存通权达变之思，一乡有一乡之善士，谅必有以默喻其隐者，毋拘执陈说，毋冒袭清议，毋诧为异事，毋轻听浮言，毋过于虑后。须知此次乃系朝廷自行举办，与外国绝不相干，且不经书差之手。所有一切经费，皆由电报局发给，其将来搬运电杆、电线一切脚力，亦议从丰，毫无苛派骚扰，业经本部院札委正绅前来，率同沿途地方团保，先行逐一踏勘明白，比于沿途标记，倘其应设电竿之处，间有与附近居民意见不合者，许即当场陈明，亦可曲从所请。为此示，仰沿途居民人等知悉。此次安设电线，事在必行，既经理谕在先,亟应恪遵于后,倘有不逞之徒,再行造谣煽惑,借端阻挠者,一经查获,定即援照甘肃省阻挠电线成案,就地正法。本部院一言既出,三尺随行,愿尔众百姓,切毋以身试险,是为切要。至外间痞棍,如有假充电局匠役,以及在事匠役,果有不肖,借端需索者,亦许尔等公同捆送,立予重办,以儆刁风,其各凛遵。无违。切切。特示。

六、调喻光容办平江黄金洞金矿札

为札委事。照得本部院开办矿务,钦奉谕旨,尤以金银为先,自应勘择较旺金矿,并力开采,以扩利源而裨国计。查平江县属黄金洞等处地方,旧有著名金矿,前经饬派矿师温秉仁前往查勘,据称苗线甚旺,宜用机器开采,当经札委江苏试用县丞周翰先往该处总办,购地建厂,及试办一切事宜。并一面札委现在出差外洋之候选同知蔡丞灏元,就近购买各项机器,以资拣炼。兹据电称,此项机器年内即可起运来湘。等因。亟应加派员绅前往督率,认真开办。兹查在籍甘肃候补知府喻绅光容,本为开采金矿招致来省,因矿师未到,经本部院札委办理辰永沅靖矿务,业经布置妥协,渐收成效。所有平江近矿事宜,尤关紧要,必得该绅前往总理一切,以期悉臻妥善。除札委会办矿务总局、福建候补道朱绅彝前往接办辰州局务外,合特札委。为此札,仰该绅即便遵照,一俟朱绅到辰,将各项经手事件,交代完竣,刻日驰赴平江黄金洞地方,会同周县丞翰妥为筹办,以副本部院推广矿务,力图振兴之至意。俟开办后,将一切章程妥议,详报核夺。该绅薪水银两,按月照常支领。毋违。切切。此札。

札调办平江金矿甘肃候补知府喻绅光容
又札行平江县、矿务总局、周县丞翰

七、委朱彝督办辰永沅靖矿务札

为札委事。照得辰永沅靖道等处矿产繁多,前经汉口亨达利洋行承销安的摩尼一项,尤为大宗,亟应广为收采,以浚利源。本年正月间,业由本部院札委在籍甘肃候补知府喻绅光容设局辰州府城,办理收采、转运事宜在案。现在喻绅调往平江总办金矿,所有该局应办事宜,自应遴委员绅前往接办。兹查有会办矿务总局、福建候补道朱绅彝堪以派往,除分行外,合亟札委。为此札,仰该绅即便遵照,刻日前往接办,所有辰永沅靖各属现经开办之锑矿及沅陵金矿、铜矿,并由该绅相度机宜,督率办理。此外,各属一应矿产,亦由该绅就近酌量情形,随宜分别收采,以期渐次推广。锑砂急待运汉,现又设炉提炼,尤应广招商民,分途开采,以资运解。该处距省甚远,一切均难遥度,如需用员绅分往各处查勘收买,即由该绅随时派委,另行详咨,以专责成,而免贻误。各该分局请领经费,呈送报册,并仰该绅核发汇解。本部院现饬矿务总局刊换关防,发交该绅启用,仍将到局、启用日期及筹办情形,随时禀报,并移行矿务总局备查。切切。此札。

札会办矿务总局、督办辰永沅靖矿务局、福建候补道朱绅。

为札饬事。照得云云仝上。除札委外,合亟札行。为此札,仰该府、道、州即便遵照,并由本部院饬由矿务总局刊换关防,文曰"督办辰沅永靖矿务局之关防",发交该绅启用,仰并转饬所属州县,一体查照。毋违。切切。此札。

札辰州、沅州、永顺三府,辰沅永靖道,靖州直隶州。

又札行矿务总局分别移行知照。

八、委蔡灏元代购开矿机器札

为札委事。照得湘省各属，出产金砂颇旺，现在亟应逐渐开采，以浚利源。惟内地采金，纯用人力，是以事难而效缓。查泰西各国压石淘沙，均有机器。湘省现拟酌量购置，藉资利便。从前各省民间采金，均为深求机器之用，故此项机器外洋运入通商口岸者甚少，若不遴派出洋委员，就各国工厂随宜购运，一时必难集事。兹查有候选同知蔡丞灏元，现（在）德国监造鱼雷快船，堪以委令就近订购。除咨请出使大臣查找外，合行札委。札到，该丞即便探询，单开各项机器究以何国何厂所造为精，即择其较精之厂，亲身前往，按照图样，估定相宜价值，逐一购造齐全，务求工坚费省，电知矿务总局发款汇寄，赶速先行解运来湘，以资应用。毋违。切切。此札。

计单图各一件。

札前北洋海军右翼左营千总、候选同知蔡灏元

一　　咨 _{照缮咨稿}

钦差出使德国大臣工部左堂许

九、陈宝箴兴办内河轮船批

鄂绅吴道锦章等禀请兴办内河轮船，会同湘绅设局合办，兹由湖南巡抚臣陈中丞批其禀云：

据禀已悉。湘绅兴办内河轮船，业准督部堂咨会在案。嗣经湘绅议请两省合办，既据该绅等意见相同，拟两省会同设局办理，甚为妥协。应俟该鄂绅等会议章程，呈请督部堂与湖北抚部院暨本部院会核，奏咨立案，并应请两省发给各轮船护照，以凭查验。此举便商便民，亦即为自保利源之一端。两省

诸绅，智识深远，诚能和衷共济，历久不渝，此公极则私存，义极则利存之道也。仰即查照，并候督部堂、湖北抚部院批示遵行。光绪二十三年九月　日。

按：录自《萃报》1897年第13期，第7页。①

十、宝塔洲厘局不得留难湘煤咨湖北巡抚

为咨覆事。案准贵部院咨开，据湖北牙厘局司道议覆，委办宝塔洲厘局补用知府施守纪云禀，湖南矿务局煤区别免厘，以杜流弊，请加给验票、交票等情，并钞录原禀，咨行到本部院。准此，查湘省开办矿务，应请免收税厘，业经本部院会同贵督部堂奏准，钦遵办理在案。嗣因宁乡、湘潭各局运煤赴鄂，持验矿务总局护照，经宝塔洲厘卡勒令完厘。又将湘煤关系官本，应请免厘，其余商运煤觔，仍应照章完纳情形，咨明督部堂/贵部院核饬遵照在案。旋又准经贵督部堂电开，官开之煤，自应免厘，商煤则未便概免。如宝塔州（洲）误抽官煤之厘，可令发还。此言早告司局，因复电商，杜绝商煤朦领局票之法，本部院遂请以矿局护照，以后改由抚署临时印发，以昭慎重，并承鄂/贵抚部院电覆照办，并札行牙厘总局速饬遵照，不准稍有留难在案，感佩良深。不意改用本部院印照之后，该守仍任情留难，若不知有前事者，置奏案于不问，置贵督部堂/贵鄂抚部院谕饬于不闻，其是何居心，殊难索解。查阅原禀内开加给验票、交票各节，琐屑鳌重，无非为作抵比较而设，不知此项煤觔，与商民照常采运者，迥不相涉，牙厘总局斥其不得列入比较，盖已深见及

---

① 《陈宝箴集》只载有标题，未载全文。

此。且湘省自奏办矿务以来,商矿之采煤者日形踊跃,现在下游煤价渐涨,商煤络绎,有过于前,是该守即不鳃鳃过计,比较亦未尝不能增加,若徒意存遏抑,不改其盘剥小民之常态,本部院纵不置议,亦断难逃^{督部堂}贵部院之明鉴。又,原禀称载运来鄂之后,官本所开,民膏所出,初无记认,持有护照,遂不得指为商煤,抚署护照仍由矿局请发,亦与矿局护照等耳云云。查护照之有无,即官商之分别,此固了然易明,无须记认,矿局凭各分局解文,填发护照,分批编号,毫无含混,万不至有商煤朦领之事。若矿局护照可以朦领,该卡联票独不可以混截乎。况现在经本部院另刊护照,随时印发,煤船到时,尚须在省河过称,核实填明,另派司事亲兵分船押还,原以严防船户夹带影射之弊,似此尚有可疑,则更有何事可以措手。至云与矿局护照等,是指矿局为作奸之尤,本部院特扶同作弊耳,此种谬戾,殊出情理之外。又,原禀称拟恳电询清溪焦炭、小花石生煤,每月能各出若干吨,请将约数电覆,俟覆到照数允其免厘云云。查煤苗衰旺不常,何能按月预计,此固不待智者而知,况宁乡现开清溪、和尚桥、沙子塘、陇塘等矿山数处,窿口无数,小花石暂亦开窿口六处,有已获大煤者,有尚未获煤者,此时均属试办不久,即须购置各项机器,并力深入数月之后,所采之数,或远过于今日,亦不可知,在该守不过欲故意藉此为难,岂真限于不知,而立此室碍难行之法乎。又,原禀称该船交煤时,将交票呈缴铁厂汇存,请铁厂换给收条,由原船呈缴矿局存据云云。查从前湘煤运鄂,均由船户运交驻鄂转运局,过称验收,即由转运局陆续估价,分交铁厂及枪炮、银元、织布各局。因煤质各有所宜,价值亦各从其便,不能由船户径交受售,局厂掣取收条,此自一定办法,如原禀所言,不惟与矿局现在办法,全不相符,即按之交易常情,亦多不合,且此项煤觔,如何售销,本部院自当谕饬矿局及转运局员,悉心筹划,该守何能越俎主持,硬为此不近人情之举。至所称该矿局,不得借口加价云云,尤为无理已极,价值因煤质为转移,随时轩轾,自有权衡,岂该守所能裁抑。总之,现在时局艰危,自强无术,该守正宜激发天良,泯除私见,以图裨补于万一,乃不能仰体德意,一味与邻省作难,希图蒙蔽,当亦督部堂/贵部院之所不取也。兹准前因,相应备文咨覆,烦请贵部院察核,仍请查照前次咨电,严饬该卡不得稍有留难,实为公便,并希垂谅施行。须至咨者。

十一、湖南巡抚部院陈照会江海关道

为照会事。案据矿务局详称,职员欧阳栋、举人朱道濂,于上年六月派往汉口,试销白铅砂一项,久不回局销差,屡催罔应。兹于本年三月十五日回省,据称已将常宁县属水口山黑白铅砂,议售与上海法国商人戴玛德,以该山矿砂尽为度,议定价值,书立合同,经法领事印押持回,合同候总局核准盖印等情。本局查核合同,内称该职等奉抚部院札饬,运砂至汉,委员来申专卖等情,语多捏饰。此外种种荒谬之处,不一而足,殊出情理之外。用特抄录合同原文,详请核办前来,阅竟不胜诧异。查该职欧阳栋等奉总局札委,运砂赴汉口试销,并无径赴上海专买水口山矿砂,主立合同之权,乃敢捏称奉本部院札饬,擅往上海招摇,私将水口山矿砂一概专卖与人,并敢书立合同,呈请总局核准盖印,互执为据,寔属胆大妄为,殊堪痛恨。若不严行究办,将来假冒撞骗之徒,何所忌惮。当经批饬矿务总局,即将欧阳栋、朱道濂等发交长沙府,从严审讯,治以应得之罪。旋据矿务总局禀称,转据该职员欧阳栋、举人朱道濂投具甘结,称合同内原有"候总局核准盖印"字样,方能为凭,实无擅专舞弊情事。今经总局详奉批斥,并饬将职员等发交长沙府审讯。职等自维此举,不免冒昧,自愿亲赴上海,将所立合同退回缴销,作为废纸等语。除派员押解前往,勒限退销,再行究办外,相应照会贵道,请烦查照前因,照会驻沪法领事,将前项该职员欧阳栋、举人朱道濂与法商戴玛德私订之合同,湖南矿务总局断不允准,并不能认受等情,饬知法商戴玛德,如商人戴玛德因此有受亏情事,湖南矿务总局万不能承认也。望切,盼切,即祈见覆施行。须至照会者。

右照会。

江苏苏松太道刘　三月十八日由湖南发

十二、祈雨祀城隍文 候补道陈宝箴,义宁人

曰:惟神勒司于幽,以弼邦治;惟城暨隍,厥惟民依。惟咸乂宰,物经世时;惟百工阴阳,风雨舛忒。咸曰惟政之疵,亦惟神有攸疢。嗟!惟若兹州,实罹旱虐,自仲夏至于九月,雨弗下尺,土膏用绝,多稼既熸,麦菽罔时艺,黎民重困,讹言繁兴,罔常厥居。大府钦承天子威命,抚兹湘楚,怒焉若阻饥,简任守土,惟新厥治;更命不佞宝箴莅兹拊驭,乃纲乃纪,俾不干于彝宪,莫厥居。予惟惮厥衷,孚信兆民,罔敢自逸。惟民为邦本,艰食乃乱,兹旱魃肆虐于兹土,有司咸惧,恐不克共承国家明命,覆乃悚。惟神实相兹域,鉴于幽显,式彰厥灵。民罔不祇肃,亦唯曰克庇我里,捍厥灾,是用祇于罔斁。兹遘沴凶,罔攸告,其亦若有司弗共厥事,予小人曷其有攸赖,是用告于尔神,尚兹觊山暨川,肆敷泽于兹土,用佐我圣清丕冒惟庥,兆民咸若。吏不省厥躬,弗祇厥职,神降之罚。惟于民罔攸;暨民不安厥彝,肆戾于下,惟吏有刑。呜呼!天道福善祸淫,即厥躬无逮乃师,惟我有司与神,匍匐下民,咸祇励于弗逮,以承天庥。敢告。

按：录自李镜蓉等修，许清源等纂：光绪《道州志》卷十一《艺文志》，《中国地方志集成·湖南府县志辑》第48册，江苏古籍出版社2002年版，第227～228页。

十三、孔刚介公神道碑铭

同治元年壬戌某月某日，台澎兵备道、曲阜孔公殉难于台湾之彰化，以某年某月归葬于曲阜祖茔之次，而墓道之文缺如。越三十四年乙未，宝箴守藩直隶，公季子宪高为新城县知县，以状来请。公讳昭慈，字文止，孔子七十一世孙，曾祖讳传铆，江南布政使、诰授通奉大夫。祖讳广禧，举人，候选知县，妣某氏。自布政公由曲阜迁寓济宁，三世皆用，公贵，赠资政大夫，妣者二品夫人。公自少力学，敦志节，慕海忠介之为人。道光十三年成进士，改翰林院庶吉士，散馆授广东饶平县知县。母忧服除，改福建古田县知县，调闽县，历署沙县、莆田知县，摄兴化通判、邵武同知。所至有惠爱，尤善捕盗，得剧盗立置之法，而宥其从，使各捕余盗，盗发辄得，由是解散。在沙田兴农桑之利，莠民远迹，莆民有私斗者，辄相戒曰勿贻孔公羞。迁鹿港同知，已擢台湾知府，除兵备道，其间整饬盐政，穿台、嘉两邑之渠溉田，所设施皆为民规久远。凡官台湾十有四年，而难作始。彰化民戴万生潜结社，聚徒众，公戒彰化知县密侦之，知县以民自为团练不之问。台湾民性喜乱，公至台反者已六起，公皆预设方略，应时捕灭。戴万生之起治嘉义，反者甫定反书闻，公方卧病，立出私钱募勇，舁疾入守彰化城，淡水同知秋日觐为前锋，遇贼战死。先是贼闻公之速至，犹疑畏怀两端，及邂逅戕日觐，遂胁众进薄城下，公激厉士卒，拒守三昼夜，有为贼内应者，夜开门纳贼，公麾兵巷战，被重创，贼中识公者，趋前欲负公还郡，公不可，令掖送至彰化孔子庙前，死年六十有八。台湾悬隔海东南，自初定时设总兵官一，主兵；兵备道一，加按察使衔，治吏事。有急故，兵备道得奏事，而署总兵官名其前。额置戍兵，三岁一渡海，与内地兵相更代。道光末，更戍之制弛，兵额日益侵耗，公白知台湾府，三上书大府，论戍兵空籍，当饬总兵汰疲弱，益募土人骁勇充补，备缓急，不省。及为兵备道，乃仅得按故籍选用其材武。会粤寇犯闽，省中征调急，发兵内援。所遣彰人林文察后击贼为名将，公所拔之于狱者也。然自是台湾备益虚变起，兵官既疲，老不任事，公仓卒召募，军仓、器械都不具，故及于难。事闻赐祭，葬祀昭忠祠，赏其子骑都尉世职，台湾人又以请复昭建专祠台湾，予谥刚介，国史馆立传已，又允建祠于其乡。配郑夫人，继配杨夫人。生子二，曰宪曾，翰林院编修；曰宪高，直隶新城县知县。公廉于财，其为治究切利病，务使实惠，及人不为声誉，而遇义所当为，无毫厘顾虑。咸丰八年，朝旨许泰西各国通商台湾淡水，公力争台湾乃郡城民夷逼处，为不便，卒与西国领事改议，开市沪尾，其智勇有足多者。彰化之役，贼众十倍，官军人谓宜待内地兵大集乃赴救，既赴救见事危可退守郡城，图恢复，公一不为动，以职在守土，不当避难，求苟活，毅然不欺其志如此。自公没后，台湾变迭起，今且遂沦为异域，使公而在世，其愤恨当何如于。宪高之来请铭，揭公之大节于碑，益不能无感云。铭曰：

　　运屯东南，妖徒揭竿。如障江河，万首并攒。莽莽台澎，负海一隅。

　　迹阻势遏，孰究孰扶。帝简贤良，公来自东。迄十四年，焦心瘁容。

　　抚其棒狃，奸顽弭伏。空渠行盐，载以煦育。夷市初开，氓吏惊怛。

　　抗言庭争，处之区脱。难发不虞，下邑狂獝。奋袂兴师，星颓云翳。

虚备养痈,柄非由已。宁惜一身,以隳人纪。闵嵩万众,失声所亲。

归元故邱,川岳诞灵。自天有命,褒德悼忠。阅世镌辞,永奠穹窿。

清光绪二十五年岁次己亥月谷旦。

按：录自孙永汉修,李经野、孔昭曾纂：民国《续修曲阜县志》卷八《艺文志》,《中国地方志集成·山东府县志辑》第74册,凤凰出版社2004年版,第244页。

十四、和邓保之精舍宴集_{前河北道陈宝箴,江西人}

山川如有神,簦笈及兹堂。西河踵遗烈,南车导周行。
春风坐方永,已踰夏日长。池荷澹秋芬,庭草摇夜凉。
皓月悬中天,倬彼云汉章。危楼聚坟索,作作生寒芒。
采蘋罗嘉宾,醉夕傍流觞。安得致大酺,毕睹斯民康。
所愧行能薄,偃然尸一方。甄俗在淑材,举网必絜纲。
敢云相士识,意得先骊黄。道隆皋比尊,望海何汪洋。
列宿耿高雯,元精贯中央。大河横吾前,太行翊吾旁。
郁纡互盘礴,会令斯道昌。愿言维白驹,毋与寞鸿翔。

按：录自史延寿修,王士杰纂：民国《续武陟县志》卷十四《文词志》,《中国方志丛书》华北地方第107号,台北：成文出版社1969年版,第524～525页。[①]

(刘猛,安徽大学徽学研究中心讲师)

[①] 《陈宝箴集》附录有《河北致用精舍课士录》、邓绎《致用精舍警士铎言》等(汪叔子、张求会编：《陈宝箴集》下册,中华书局2005年版,第1870～1884页),然未载陈宝箴之诗文,特转录如上。

征 稿 启 事

本刊为 CSSCI 来源集刊,设有"孙中山研究""经济社会""政治外交""思想文化""近代人物""学术述评""史料辑录"等涉及近代中国社会的多个专题专栏,热忱欢迎上述范围内有新意的学术论文投稿。具体要求如下:

一、论文篇首应有学界对论文主题相关之以往研究成果的扼要概述。

二、论文引文注释凡例,请参照《近代史研究》的相关规定。

三、来稿篇幅宜在一万五千字以内,有关作者个人信息请统一附于文末。

四、本刊不收版面费,一经录用即付相应稿酬。

五、来稿一经录用发表,即表明作者同意将该作品的专用出版权和网络传播权授予本刊行使,以上授权报酬已包含在作品发表时本刊一次性支付的稿酬中,如有不同意见须在投稿时声明。

六、凡本刊未有特殊注明的文章,欢迎各媒体转载,但应先征得本刊同意并按国家版权规定支付报酬,如有违者本刊将依法追究其法律责任。

投稿邮箱地址:jdzg2016@126.com。

联系地址:上海市陕西北路 128 号 1308 室,上海中山学社,邮编:200041。

图书在版编目(CIP)数据

近代中国.第三十三辑 / 上海中山学社主编.— 上海：上海社会科学院出版社，2020
 ISBN 978-7-5520-3393-9

Ⅰ.①近… Ⅱ.①上… Ⅲ.①中国历史—近代史—文集 Ⅳ.①K250.7-53

中国版本图书馆 CIP 数据核字(2020)第 238857 号

近代中国(第三十三辑)

编　　者：上海中山学社
责任编辑：杨　国
封面设计：黄婧昉
出版发行：上海社会科学院出版社
　　　　　上海顺昌路 622 号　邮编 200025
　　　　　电话总机 021-63315947　销售热线 021-53063735
　　　　　http://www.sassp.cn　E-mail:sassp@sassp.cn
排　　版：南京展望文化发展有限公司
印　　刷：上海龙腾印务有限公司
开　　本：889 毫米×1194 毫米　1/32
印　　张：11.875
插　　页：2
字　　数：300 千字
版　　次：2020 年 12 月第 1 版　2020 年 12 月第 1 次印刷

ISBN 978-7-5520-3393-9/K·587　　　定价：58.00 元

版权所有　翻印必究